高等院校"十三五"经济管理类课程规划教材
国家级特色专业配套教材

中级财务会计（第二版）

主　编　白秀英　　孙再凌　　傅贵勤
副主编　巴雅尔图　杨艳艳　　王晓玲

Intermediate Financial Accounting

经济管理出版社

图书在版编目（CIP）数据

中级财务会计（第二版）/白秀英，孙再凌，傅贵勤主编. —北京：经济管理出版社，2017.8
ISBN 978-7-5096-5237-4

Ⅰ.①中… Ⅱ.①白… ②孙… ③傅… Ⅲ.①财务会计—高等学校—教材 Ⅳ.①F234.4

中国版本图书馆 CIP 数据核字（2017）第 168401 号

组稿编辑：王光艳
责任编辑：许　兵
责任印制：司东翔
责任校对：王淑卿

出版发行：经济管理出版社
　　　　　（北京市海淀区北蜂窝 8 号中雅大厦 A 座 11 层　100038）
网　　址：www.E-mp.com.cn
电　　话：（010）51915602
印　　刷：玉田县昊达印刷有限公司
经　　销：新华书店
开　　本：787mm×1092mm/16
印　　张：24.75
字　　数：499 千字
版　　次：2018 年 3 月第 1 版　2018 年 3 月第 1 次印刷
书　　号：ISBN 978-7-5096-5237-4
定　　价：49.80 元

·版权所有　翻印必究·

凡购本社图书，如有印装错误，由本社读者服务部负责调换。
联系地址：北京阜外月坛北小街 2 号
电话：（010）68022974　邮编：100836

前　言

本教材自首版推出已经四年有余。随着我国经济发展不断进入新阶段，会计改革成果也不断显见。经济环境决定会计的产生和发展，为适应当前环境，及时跟进会计变化，尽可能地满足高等院校会计教学之所需，这是我们修订本次教材的初衷，希望修订后的教材能够为满足高等院校会计教育发展和培养高素质、应用型人才增添一抹亮色。

本书为内蒙古财经大学国家级特色专业的配套教材，也是省级精品课"中级财务会计"之所选用教材。

本教材是在借鉴多本优秀财务会计教材的基础上，并结合了我们多年的教学经验及自身的理解和感悟编写而成。本书在编写过程中主要突出以下几个特点：第一，本书是依据最新的会计准则作为编写规范。第二，本着精练的原则，突出基础理论，注重把实例和实务作为全书的基本内容。确定了全书的总体编写框架。

自我们首版教材编写至今，我国企业会计准则发生了较大的变化，于2014年先后又发布了《企业会计准则第39号——公允价值计量》《企业会计准则第40号——合营安排》和《企业会计准则第41号——在其他主体中权益的披露》3项新的会计准则，并对原有会计准则长期股权投资、职工薪酬、财务报表列报、合并财务报表、金融工具列报、金融工具确认和计量、金融资产转移、收入等准则进行了修订。加之营业税改征增值税改革的全面推广等，这些变化皆为首版之后发生的，为适应经济环境发展和使用者的相关需要，重新修订本教材显得尤为迫切。与首版教材相比本教材主要在以下两个方面进行了改动：

第一，教材结构。考虑到财务会计教学内容整体的完整性和章节内容量的安排，将原第三章应收款项与原第二章货币资金合并为一章；将原第五章投资拆分为第四章金融资产及第五章长期股权投资两章内容；将原第九章负债拆分为第九章流动负债及第十章非流动负债。

第二，教材内容。尽量结合最新准则修订及相关新准则发布情况，对再版教材内容进行了许多修订。主要集中在第五章长期股权投资、第九章流动负债和第十二章收入、费用和利润等相关章节中。此外，对其他章节内容也结合准则变动进行了相应改动，这里不再一一赘述。

本书适用于高等院校会计学等经济管理类专业本科生教学，也可作为会计工作者和经济管理人员学习参考之用，本书需要在学习"基础会计"的基本原理之后，进一步对财务会计理论和方法深化学习所用。

　　本书由白秀英、孙再凌和傅贵勤担任主编，巴雅尔图、杨艳艳和王晓玲为副主编，负责设计教材体系、修订提纲、章节总撰和全书定稿。各章修订分工如下：前言和第一章由白秀英执笔；第二章、第三章由孙再凌执笔；第四章、第九章、第十三章由杨艳艳执笔；第五章由傅贵勤执笔；第六章、第七章由范云霞执笔；第八章、第十四章由巴雅尔图执笔；第十章由王晓玲执笔；第十一章由宝乌云塔娜执笔；第十二章由高志辉执笔。

　　由于编者水平和时间有限，书中可能有不妥之处，真诚希望使用者给予批评指正！我们将会在今后的使用过程中不断摸索并加以完善，力求教材的科学性、先进性、实用性与可读性。在此我们也非常感谢所借鉴教材和相关资料的编者们，正是学者们提供了写作的思路，才使我们的编写工作得以顺利完成，我们已在参考文献中给予重点标注。

目 录

第一章 总论 ·· 1
 第一节 财务会计的基本理论 ·································· 1
 第二节 财务会计概念框架 ······································ 6
 第三节 企业会计准则 ·· 7

第二章 货币资金及应收款项 ·· 10
 第一节 货币资金 ·· 10
 第二节 应收款项 ·· 24

第三章 存货 ·· 38
 第一节 存货概述 ·· 38
 第二节 存货的取得与发出 ···································· 43
 第三节 存货的清查 ·· 57
 第四节 存货的期末计价 ·· 60

第四章 金融资产 ·· 69
 第一节 金融资产概述 ·· 69
 第二节 交易性金融资产 ·· 71
 第三节 持有至到期投资 ·· 78
 第四节 可供出售金融资产 ···································· 87

第五章 长期股权投资 ·· 96
 第一节 长期股权投资概述 ···································· 96
 第二节 长期股权投资的取得 ································ 100

第三节　长期股权投资的后续核算方法 ……………………………………… 108
第四节　长期股权投资的减值 …………………………………………………… 122
第五节　长期股权投资的处置 …………………………………………………… 123
第六节　长期股权投资核算方法的转换 ……………………………………… 124

第六章　固定资产 ……………………………………………………………………… 128
第一节　固定资产概述 …………………………………………………………… 128
第二节　固定资产的确认与初始计量 ………………………………………… 130
第三节　固定资产的后续计量 …………………………………………………… 148
第四节　固定资产的处置 ………………………………………………………… 159

第七章　无形资产 ……………………………………………………………………… 165
第一节　无形资产概述 …………………………………………………………… 165
第二节　无形资产的初始计量 …………………………………………………… 169
第三节　无形资产的后续计量 …………………………………………………… 174
第四节　无形资产的处置与期末计价 ………………………………………… 179

第八章　投资性房地产 ………………………………………………………………… 183
第一节　投资性房地产概述 ……………………………………………………… 183
第二节　投资性房地产的取得 …………………………………………………… 185
第三节　投资性房地产的后续计量 ……………………………………………… 189
第四节　投资性房地产的转换和处置 …………………………………………… 192

第九章　流动负债 ……………………………………………………………………… 199
第一节　流动负债概述 …………………………………………………………… 199
第二节　短期借款 ………………………………………………………………… 201
第三节　应付票据与应付账款 …………………………………………………… 203
第四节　应付职工薪酬 …………………………………………………………… 205
第五节　应交税费 ………………………………………………………………… 216
第六节　其他应付款与预收账款 ………………………………………………… 229

目 录

第十章 非流动负债 ... 233
第一节 非流动负债概述 ... 233
第二节 长期借款 ... 234
第三节 应付债券 ... 236
第四节 长期应付款 ... 242
第五节 借款费用 ... 244

第十一章 所有者权益 ... 252
第一节 所有者权益概述 ... 252
第二节 实收资本 ... 253
第三节 资本公积 ... 258
第四节 其他综合收益 ... 261
第五节 留存收益 ... 263

第十二章 收入、费用和利润 ... 269
第一节 收入、费用与利润概述 ... 269
第二节 收入 ... 273
第三节 费用 ... 289
第四节 利润及综合收益 ... 293
第五节 所得税费用 ... 300

第十三章 财务报表 ... 318
第一节 财务报表概述 ... 318
第二节 资产负债表 ... 321
第三节 利润表 ... 336
第四节 现金流量表 ... 341
第五节 所有者权益变动表 ... 358
第六节 附注 ... 361

第十四章 资产负债表日后事项 ... 370
第一节 资产负债表日后事项概述 ... 370

第二节 资产负债表日后调整事项的处理 …………………………… 374
第三节 资产负债表日后非调整事项的处理 ………………………… 382

参考文献 ……………………………………………………………………… 387

第一章 总 论

学习目标

▶ 掌握

财务会计的基本理论,如财务会计的概念及目标,会计信息质量特征,会计要素的确认、计量和报告。

▶ 了解

财务会计概念框架与我国企业会计准则体系及其作用。

第一节 财务会计的基本理论

一、财务会计概念

财务会计是适应现代市场经济的要求,在继承传统会计精华的基础上进行扬弃与发展,逐渐形成的一门系统的知识。

财务会计首先出现在美国,大致是 1939~1965 年。迄今已有几十年的历史,但如何理解"财务会计",尚无一个公认的定义,国内外有一些代表性的提法,综合各种提法可概括如下:财务会计与管理会计共同构成现代会计的两大分支。财务会计以通用会计原则为指导,运用系统的会计专门方法,对企业资金运动进行反映和监督,旨在为各方信息使用者提供有用信息的对外报告会计。其概念特征主要揭示了财务会计三层核心内容:

(一)财务会计以公认会计原则为指导

财务会计受统一会计规范所约束,即公认会计原则,它是指导会计工作的基本原理和准则,是组织会计活动、处置会计业务的规范。公认会计原则由基本准则和具体准则组成,还附有会计准则应用指南,共同构成会计规范体系。

(二)财务会计以传统会计专门方法为手段

传统会计学中的基本程序和基本方法也是财务会计学所运用的方法,即以传统会计模式作为信息加工整理的方法（如复式记账法等），为实现财务会计的目标，完成会计工作的使命，财务会计需要运用已成熟的会计信息处理的方法编制会计报表，提供会计信息。其手段科学、系统、合理。

（三）财务会计以提供有用信息为目的

财务会计作为对外报告会计，以其特有的方式（财务报告）向企业的投资者、债权人、政府部门以及社会公众合理地披露会计信息，其所提供的信息主要是让信息使用者了解企业的财务状况和经营成果等，以便帮助信息使用者在了解和分析会计信息的基础上做出较为准确的决策和完成既定的目标。

二、财务会计目标

会计工作作为一项社会实践活动，与其他实践活动一样，具有一定的目标，会计工作作为现代企业的管理工作，必须服从于企业的经营目标，其具体和直接的目标如下：财务会计以其特有的财务报告形式，提供有关企业财务状况、经营成果和现金流量等对决策有用的会计信息，同时也反映企业管理层受托责任的履行情况，如实反映企业经营活动的情况，以便信息使用者做出合理的经营决策。不同的信息使用者，既包括企业外部的投资者和债权人等，也包括企业内部的管理者，他们对企业信息需求的侧重点有所不同，财务会计必须遵从于会计准则的要求，以其特有的方式满足各类信息使用者对信息的使用和分析需求。

为实现财务会计的目标，需要明确企业会计为谁提供和怎样提供信息，为此，应明确来自外部和内部的对企业会计信息的需求。

（一）企业会计信息的内部使用者

企业管理层为了了解受托责任的履行情况、经营管理目标的实现情况以及进行正确的决策，需要以可靠的、有用的信息为依据。企业内部会计信息的使用者主要包括董事会高层管理人员、各部门的管理人员等，他们对会计信息的了解和使用侧重点有所不同，但其宗旨是一样的，都是为实现企业的战略目标，对大量的会计信息进行加工处理，为企业进行经营管理决策所用。

（二）企业会计信息的外部使用者

企业会计信息更重要的是为外部使用者所用，外部使用者一般为企业的投资者、债权人、政府部门等。

企业投资者，借助于企业财务报告所提供的信息，了解企业的经营情况和经营成果，评价企业的过去并且预测企业的未来，并通过相关信息进行重要的决策等；企业的债权人关心企业是否能够到期还本付息方面的信息，需要了解企业的偿债能力，以便做出有关的决策等；政府有关部门通过会计信息了解企业所承担义务的履行情况，如税金的缴纳、政府法规条例的执行情况等；企业职工通过会计的一些综合性信息，关心企业发展情况及对职工利益的保障情况；企业顾客，通过企业所提供的常规信息，了解企业的经营状态、信用状况以及支付能力等方面的信息。

三、财务会计信息的质量特征

为实现财务会计的目标,确保信息者使用的信息是有用的,要求企业所提供的会计信息需要达到一定的质量要求。一般来讲,会计信息的质量特征主要包括可靠性、相关性、明晰性、可比性、实质重于形式、重要性、谨慎性和及时性八项要求。

（一）可靠性

可靠性,也称为真实性或客观性,是指企业所记录和报告的会计信息必须真实、客观地反映企业的经济活动,这既是会计信息最重要的特征,也是相关性的前提,有用的相关信息是基于可靠性基础之上的。会计信息如果不具有可靠性,会降低信息价值,甚至会误导使用者的决策和有效的管理。

（二）相关性

相关性,是指企业提供的会计信息应与信息使用者经济决策需要相关,有助于财务会计报告使用者对企业过去、现在或者未来的情况做出评价或者预测。相关性的核心是对决策有用,会计信息的外部使用者包括多个利益群体,不同的信息群体进行决策所要求的信息不尽一致,在现代市场经济条件下,满足各类利益相关者进行经济决策的需要,就必须考虑会计信息的相关性特征。

（三）明晰性

明晰性,也称为可理解性,企业提供的会计信息必须清晰明了,便于财务会计报告使用者理解和使用。

提供会计信息的目的在于让使用者了解和使用,这就要求会计信息要简单明了,不能过于复杂烦琐,以便提高会计信息的有用性。会计信息应力求在客观性与相关性的前提下,简单易懂,当然对于重要的会计信息不能由于难以理解排除在应披露的信息之外。使用者应具备一定的会计专业知识才能发挥会计信息的作用。

（四）可比性

可比性要求企业通过的会计信息应当相互可比;主要包括两层含义:

其一,同一企业不同时期发生的相同或者相似的交易或者事项,应当采用一致的会计政策,不得随意变更。确实需变更的,应当在附注中说明。

其二,不同企业发生的相同或者相似的交易或者事项,应当采用规定的会计政策、确保会计信息口径一致、相互可比。

（五）实质重于形式

企业应当以交易或事项的经济实质进行会计确认、计量和报告,不应仅以交易或者事项的法律形式作为依据。企业发生的交易或事项的实质与它们的法律形式有时会产生不一致的情况,例如,融资租入的固定资产,其所有权并没有转移给承租人,但从经济实质来看,该项固定资产的控制权已经归属于承租人,因此承租人应视同自有固定资产来使用、管理及核算,如实反映经济现实,体现经济实质的重要性。

(六) 重要性

企业提供的会计信息应当反映与企业财务状况、经营成果和现金流量等有关的所有重要交易或者事项。企业会计信息对信息使用者决策具有较大影响,企业应在全面反映财务状况和经营成果的前提下,对一些重要会计事项按照规定的基本程序和方法加以处理,在财务报告中充分、准确地进行披露,以便信息使用者有针对性地选择所需要的信息。

会计事项是否重要可从两个方面判断:一是从性质上,该会计事项的发生,可能对决策产生影响;二是从数量上,该事项达到一定量时,可能对决策产生影响。

(七) 谨慎性

谨慎性,也称为稳健性,是指企业对交易或者事项进行会计确认、计量和报告应当保持应有的谨慎,不应高估资产或者收益、低估负债或者费用。谨慎性要求是在不确定情况下做出判断时,保持必要的谨慎,应当合理预计可能发生的费用或损失,但不应预计尚未取得的收益或高估资产价值。遵照这一原则,使可能发生的损失在各期进行反映,能够真实反映各期经营成果。

(八) 及时性

企业对于已经发生的交易或者事项,应当及时进行会计确认、计量和报告,不得提前或者延后,会计信息具有时效性。

及时性要求就是对企业会计信息及时记录和报告,超过时限的信息都会使有用信息变成无用信息,因此及时性也是会计信息质量的制约因素。

四、会计要素的确认、计量和报告

(一) 会计要素的确认

会计要素也称为财务报表要素,会计基础原理已详细加以明确,即我国《企业会计准则——基本准则》定义的资产、负债、所有者权益、收入、费用和利润六大要素,是对会计对象的具体分类。会计要素的确认是指将交易或事项中的某一项目作为一项会计要素加以记录和列入财务报告的过程,是财务会计的一项重要程序,就是把一个交易或事项正式作为会计要素予以认可的会计行为。

会计确认主要解决以下三个问题:①判断一个交易或事项是否进入会计系统;②如果该事项进入会计系统,应以何会计要素进入;③该交易或事项应当在何时进入会计系统。

初次确认与再次确认的关系:初次确认是对输入数字的"筛选",再次确认是对输出信息的"检验"。

(二) 会计要素的计量

会计要素计量就是会计计量,会计计量与会计确认密不可分,两者共同发挥作用行使会计记录的功能。所谓会计计量就是将符合确认条件的会计要素登记入账,并且列报于财务报表而确定其金额的过程。会计计量的外在表现形式就是会计计量属性,企业应当按照规定的计量属性对会计要素及其项目进行计量,确定其金额。会计计量属性主要包括历史成本、重置成本、可变现净值、现值和公允价值等。

1. 历史成本

历史成本又称实际成本,是指企业取得或建造某项财产物资时所支付的现金及现金等价物。在历史成本计量下,资产按照其购买时实际支付的现金或者现金等价物的金额,或者按照购置资产时所付出对价的公允价值计量。负债按照其因承担现时义务而实际收到的款项或者资产的金额,或者承担现时义务的合同金额,或者按照日常活动中为偿还负债预期需要支付的现金或者现金等价物的金额计量。

2. 重置成本

重置成本又称现行成本,是指在现时的市场条件下,重新取得相同的资产所应支付的现金或者现金等价物的金额。在重置成本计量下,资产按照现时购买相同或者相似的资产实际所能支付的现金或者现金等价物的金额计量。负债按照现在偿付该项负债实际所需支付的现金或者现金等价物的金额计量。

3. 可变现净值

可变现净值,是指资产按照其正常对外销售所能收到现金或者现金等价物的金额,扣减该资产至完工时估计将要发生的成本、估计的销售费用以及相关税费后的金额计量。该计量属性通常应用于存货资产减值情况下的后续计量。

4. 现值

现值,是指未来现金流量折现后的价值。是资产按照预计从其持续使用和最终处置中所产生的未来净现金流入量的折现金额计量。负债按照预计期限内需要偿还的未来净现金流出量的折现金额计量。

5. 公允价值

公允价值,是指市场参与者在计量日发生的有序交易中,出售一项资产所能收到或者转移一项负债所需支付的价格,即脱手价格。

《企业会计准则——基本准则》第四十三条规定:企业在对会计要素进行计量时,一般应当采用历史成本,采用重置成本、可变现净值、现值、公允价值计量的,应当保证所确定的会计要素金额能够取得并可靠计量。

(三) 财务会计报告

财务会计报告是指企业对外提供的反映企业某一特定日期的财务状况和某一会计期间的经营成果、现金流量等会计信息的文件。

财务会计报告包括会计报表及其附注和其他应当在财务会计报告中披露的相关信

息和资料,《企业会计准则——基本准则》规定:会计报表至少应当包括资产负债表、利润表和现金流量表等报表。

资产负债表是反映企业在某一特定日期财务状况的会计报表;利润表是反映企业在一定会计期间的经营成果的会计报表;现金流量表是反映企业在一定会计期间的现金和现金等价物流入和流出的会计报表;所有者权益变动表是反映一定会计期间构成所有者权益的各组成部分当期的增减变动情况的会计报表;附注是指对在会计报表中列示项目所作的进一步说明,以及对未能在这些报表中列示项目的说明等。

企业对某些重要的非财务信息,无法包括在财务报表中,如应承担的社会责任、对社区的贡献、可持续发展能力等信息,如果与使用者决策相关,有规定或者使用者有需求,也应当在财务报告中加以披露。

第二节　财务会计概念框架

一、财务会计概念框架的概念

财务会计概念框架,于1976年12月最早出现于美国财务会计准则委员会公布的《财务会计概念结构:财务报表的要素及其计量》等文件中。至今,在美国、英国、澳大利亚、加拿大等发达国家都建立了各自的财务会计概念框架。现代会计理论研究是以财务会计概念框架为中心的。

许多国家会计准则制定机构,都提出过概念框架及类似的概念,其具有代表性的概念表述如下:

财务会计概念框架是由一系列说明财务会计并为财务会计所应用的基本概念所组成的理论系统,它可用来评估现有的会计准则、指导和发展未来的会计准则和解决现有会计准则未曾涉及的新会计问题。

财务会计概念框架"是一部章程、一套目标与基本原理组成的并且互相关联的内在逻辑体系。它可以引导相互一致的准则,并对财务会计和财务报表的性质、作用和局限性做出规定。目标确定了会计的目的和意图。基本原理是指会计的基本概念,这些概念可以用来指导会计核算事项的选择、各项事项的计量以及总结这些事项并向各利益集团传达的方式。由这些概念所派生的其他概念,在制定、解释和应用会计与报告准则时会反复被引用,因此,这些概念是最基本的"[①]。

财务会计概念框架所包括的基本概念内容国际上基本达成一致认同,主要分三个层次,涵盖了会计的目标和目的、会计基本假设、会计信息质量特征、会计要素的确

[①] 葛家澍:《中级财务会计》,辽宁人民出版社2000年版。

认和计量以及财务报表的列报要素。这些内容构成了会计理论体系中重要的基本概念。基础原理已有详细论述，此处不再重复。

二、财务会计概念框架的作用

从美国制定会计准则及会计准则制定机构更迭的历史发展来观察，财务会计概念框架越来越受重视。财务会计概念框架的主要作用包括以下两个方面：

（一）为制定会计准则提供依据和指导

会计准则的技术性、经济后果性、市场性及政治性等，决定了会计准则在制定过程中会受到利益集团的干预，从而影响会计准则的技术含量及中立性。同时如果缺少理论的指导和支持，准则制定者会通过流行的会计惯例及制定具体准则来解决实际的会计问题，有较大的随意性。因此，财务会计概念框架的存在，等于事先为准则制定者应付利益相关者围绕会计准则进行博弈统一了口径，抵御来自各方面的压力。同时建立共同认可的概念基础，为制定新会计准则提供了方向性的判断和框架支持。

财务会计概念框架，为会计准则的制定提供了总体方向，即明确的目标和宗旨，事实证明，美国会计准则委员会成立之前，各个组织所制定的公认会计准则采取的是救火式的制定方式来解决问题。因此，只有以概念框架为指导，会计准则的制定才可以按照合理和一致的方式进行。

（二）评估已颁布实施的会计准则的质量

财务会计概念框架的评估作用体现在，它可以用来定期对业已制定的会计准则的质量进行评估，看其是否与财务会计概念框架的逻辑相一致。高质量的会计准则是信息使用者获取有价值信息的重要保证，由于会计准则制定的技术性和中立性不是绝对的，所以特定时期内颁布实施的会计准则，并非全部都是高质量的。为此，适时地借助于财务会计概念框架，评估已经实施的会计准则的质量，并据以进行相关准则的修订必不可少，即对原准则做出修订和完善，弥补缺陷，对所发生的重要会计问题的解决提供理论支持。

第三节　企业会计准则

一、企业会计准则及其作用

如前所述，现代企业财务会计的具体目标就是以财务报告的形式为经济决策提供高质量的信息，为确保这一目标的实现，需要建立一套会计规范体系，即会计标准，用来规范会计行为，保证信息质量，其中一个重要的表现形式就是会计准则。

会计准则概念于20世纪30年代产生于美国，20世纪80年代传入我国，会计准则是指在财务活动中通过会计手段生成和提供会计信息所需遵循的规则，即会计行为的标准、会计技术的规范。企业会计准则既是企业会计信息系统运行的制度标准，也是评价企业会计信息质量的依据。其基本作用如下：

第一，会计准则是一项技术标准。为保证交易事项所生成的信息真实和公允，在记录、整理、分类并汇总信息时就要遵循一定的规范，财务会计的基本任务就是通过财务报表的形式，经过多个基本程序将企业所发生的经济活动汇集成有用的信息，会计准则给予相应的约束与规范，使其完成既定的目标。

第二，会计准则是资本市场的重要规则。资本市场的建立和发展，决定了财务会计作为对外报告会计存在的必然性，现代企业所有权与经营权分离的特征，资本市场的参与者要求掌握信息优势的一方提供真实、公允和透明的信息，并尽可能减少信息的不对称，资本市场必须通过制度安排达到这一目的，其中制定高质量的会计准则是制度安排的重要内容。

二、中国会计准则体系

我国财政部发布的《企业会计准则》是会计法规体系的组成部分，属于政府部门的规章，是规范性文件，具有强制性，要求企业必须执行。

我国第一项会计准则是在1992年发布的，即《企业会计准则》，与2006年之前先后共发布了16项具体准则。2006年2月15日正式建立了中国会计准则体系，包括1项基本准则，38项具体准则，之后又发布了企业会计准则应用指南，实现了我国会计准则和国际财务报告准则的实质性趋同。自2014年始又先后发布了《企业会计准则第39号——公允价值计量》《企业会计准则第40号——合营安排》《企业会计准则第41号——在其他主体中权益的披露》和《企业会计准则第42号——持有待售的非流动、处置组和终止经营》，并对原有会计准则进行了部分修订。

会计准则体系作为一项技术规范，有着严谨的结构和层次。中国会计准则体系由四部分构成：一是基本准则，在整个准则体系中起统驭作用，视同于财务会计概念框架，主要规范财务报告目标、会计假设、会计信息质量要求、会计要素的确认、计量和报告原则等，其作用是指导具体准则的制定和为尚未有具体准则规范的会计实务问题提供处理原则；二是具体准则，是在遵守基本准则的基础上，规范企业具体交易或者事项会计处理的规范；三是会计准则应用指南，是对具体准则的一些重点、难点问题做出的可操作性规定和细化具体准则的相关条款；四是企业会计准则解释公告，是对企业会计准则贯彻实施过程中所遇到的问题做出解释。企业会计准则体系所构成的内容相互独立，互为关联，构成完整、统一的具有依存性的整体。

另外，《小企业会计准则》于2013年1月1日开始执行，本准则适用于在中华人民共和国境内依法设立的、符合《中小企业划型标准规定》所规定的小型企业标准的企业。

【思考题】

1. 如何理解财务会计的概念和目标?
2. 会计信息质量特征有哪些?
3. 什么是会计要素,如何理解会计要素的确认、计量和报告?
4. 如何理解财务会计概念框架?
5. 什么是企业会计准则,有何作用?
6. 试述我国会计准则体系。

第二章　货币资金及应收款项

学习目标

▶ 掌握

库存现金及银行存款管理的主要内容；库存现金和银行存款收付业务的会计处理及清查盘点的方法；其他货币资金包括的主要内容及其会计处理，应收款项减值的核算。

▶ 理解

编制银行存款余额调节表的目的和方法；应收款项的核算；计提坏账准备的目的及影响坏账准备的因素。

▶ 了解

银行支付结算办法的内容及其相关规定。

第一节　货币资金

货币资金是指企业在生产经营过程中可以立即投入流通的以货币形态存在的经营资金。在企业中，以货币形态存在的资金包括硬币、纸币、存于银行或其他金融机构的活期存款以及本票和汇票存款等可以立即支付使用的交换媒介。凡是不能立即支付使用的（如银行冻结存款等），一般不能视为货币资金。

货币资金是企业资产的重要组成部分，在企业全部资产中，货币资金的流动性最强，也是最能够代表企业现实购买力水平的资产。一个企业拥有货币资金量的多少是分析判断企业偿债能力与支付能力的重要指标。因此，加强对货币资金的内部控制是企业生存和发展的重要基础。

货币资金按其存放的地点和用途不同，可分为库存现金、银行存款和其他货币资金。

一、库存现金

库存现金,指允许企业保留的,用于支付日常零星开支的现金①。在我国,企业使用现金的方式主要受国务院 1988 年颁布的《中华人民共和国现金管理暂行条例》的约束。根据该管理条例,企业只能在规定的范围内使用现金,在经批准的限额内保留库存现金,并且按照规定处理现金收支。

(一) 库存现金的管理制度

1. 现金的使用范围

企业可以使用现金的范围主要包括以下方面:

- 职工工资、津贴
- 个人劳务报酬
- 根据国家规定颁发给个人的科学技术、文化艺术、体育等各种奖金
- 各种劳保、福利费用以及国家规定的对个人的其他支出
- 向个人收购农副产品和其他物资的价款
- 出差人员必须随身携带的差旅费
- 结算起点(1000 元人民币)以下的零星支出
- 中国人民银行确定需要支付现金的其他支出

凡是不属于上述现金结算范围的款项支付一律通过银行进行转账结算。

2. 库存现金的限额

库存现金的限额,是指为了保证企业日常零星开支的需要,按规定允许留存现金的最高数额。这一限额由开户银行根据单位的实际需要核定,一般按照单位 3~5 天日常零星开支的需要确定,边远地区和交通不便地区的企业,库存现金限额可以多于 5 天,但不能超过 15 天的日常零星开支量。库存现金的限额一经核定,要求企业必须严格遵守,不能任意超过,超过限额的现金应及时存入银行;库存现金低于限额时,可以签发现金支票从银行提取现金,补足限额。

企业因生产或业务变化,需要增加或减少库存现金限额的,需向开户银行提出申请,经批准后方可调整。

3. 库存现金日常收支管理

库存现金日常收支管理的主要内容如下:

(1) 企业现金收入应于当日送存开户银行。当日送存有困难的,由开户银行确定送存时间。

(2) 企业支付现金,可以从企业库存现金限额中支付或者从开户银行提取,但不

---

① 现金的含义有狭义和广义之分。狭义的现金仅指硬币和纸币,既可以是人民币,也可以是任何币种的外币;广义的现金包含企业所有可动用的货币资金,包括库存现金和金融机构存款。本书此处讲述的是狭义的现金概念。

得从企业的现金收入中直接支付（即坐支）。因特殊情况需要坐支现金的，应当事先报经开户银行审查批准，由开户银行核定坐支范围和限额，并定期向银行报送坐支金额和使用情况。

（3）企业从开户银行提取现金，应当写明用途，由本单位财会部门负责人签字盖章，经开户银行审核后，予以支付现金。

（4）企业因采购地点不固定、交通不便以及其他特殊情况必须使用现金的，应向开户银行提出申请，经开户银行审核后，予以支付现金。

（5）不准用不符合制度的凭证顶替库存现金，即不得"白条抵库"；不准谎报用途套取现金；不准用银行账户代其他单位和个人存入或支取现金；不准用单位收入的现金以个人名义存储；不准保留账外公款，不得设置"小金库"等。

（二）库存现金的核算与清查

1. 库存现金的核算

为了总括地核算和监督企业库存现金的收入、支出和结存情况，企业应当设置"库存现金"账户，进行总分类核算。借方登记库存现金的增加额，贷方登记库存现金的减少额，期末余额在借方，反映企业实际持有的库存现金的金额。企业收到现金时，借记本账户，贷记有关账户；支出现金，借记有关账户，贷记本账户；从银行提取现金，根据支票存根所记载的提取金额，借记本账户，贷记"银行存款"账户；将现金存入银行，根据银行退回的进账单第一联，借记"银行存款"账户，贷记本账户。

为了加强对现金的管理，随时掌握现金收付的动态和库存余额，保证现金的安全，企业必须设置"现金日记账"，由出纳人员根据收付款凭证，按照现金业务发生的先后顺序逐笔序时登记。有外币现金收支业务的企业，应当按照人民币现金和外币现金的币种设置现金账户进行明细核算。

【例 2-1】 蒙利股份有限公司（以下简称蒙利公司）5 月 1 日从开户银行提取现金 5 000 元，以备零星开支。蒙利公司的账务处理如下：

借：库存现金 5 000
　　贷：银行存款 5 000

【例 2-2】 蒙利公司采购员王海 5 月 4 日外出采购，预借差旅费 2 000 元。蒙利公司的账务处理如下：

借：其他应收款——王海 2 000
　　贷：库存现金 2 000

【例 2-3】 5 月 10 日，采购员王海出差回来，经审核，报销差旅费金额合计为 1 800 元。

借：管理费用 1 800
　　库存现金 200
　　贷：其他应收款——王海 2 000

2. 库存现金的清查

为了确保账实相符,应对库存现金进行清查。库存现金清查包括两部分内容:一是出纳人员每日营业终了进行账款核对;二是清查小组进行定期或不定期盘点和核对。

库存现金清查采用的方法是实地盘点法。在对库存现金进行盘点时,必须以现金管理的有关规定为依据,不得以白条抵库,不得超限额保管现金。对库存现金进行账实核对,如发生账实不符,应根据盘点结果及时编制"库存现金盘点报告表",列明现金实存数、现金账存数、差异额及其原因,对无法确定原因的差异,应及时报告有关负责人。该表由清查人员和出纳共同签章认可,既是明确经济责任的依据,也是调整账实不符的原始凭证。其格式如表2-1所示。

表2-1 库存现金盘点报告

单位:　　　　　　　　　　　　　　　　　　　　　　　　　　年　月　日

币种	实存金额	账存金额	差异额		备注
			盘盈	盘亏	
合计					

盘点人:　　　　　　　　　　　　　　　　出纳员:

在库存现金清查中发现的账实不符称为现金溢缺,有两种情况:一是实存数大于账存数,即盘盈;二是实存数小于账存数,即盘亏。对现金溢缺的会计处理一般通过"待处理财产损溢——待处理流动资产损溢"科目进行核算。待查明原因后,再根据不同原因及处理结果,将其转入有关科目。

(1) 对库存现金短缺进行处理的一般原则。

其一,属于应由责任人赔偿的部分,借记"其他应收款——应收现金短缺款(××个人)"或"库存现金"等科目,贷记"待处理财产损溢——待处理流动资产损溢"科目。

其二,属于应由保险公司赔偿的部分,借记"其他应收款——应收保险赔款"科目,贷记"待处理财产损溢——待处理流动资产损溢"科目。

其三,属于无法查明的其他原因,根据管理权限,经批准后处理,借记"管理费用"科目,贷记"待处理财产损溢——待处理流动资产损溢"科目。

(2) 对现金溢余进行处理的一般原则。

其一,属于应支付给有关人员或单位的,借记"待处理财产损溢——待处理流动资产损溢"科目,贷记"其他应付款——应付现金溢余(××个人)"科目。

其二,属于无法查明原因的,经批准后,借记"待处理财产损溢——待处理流动资产损溢"科目,贷记"营业外收入——现金溢余"科目。

【例2-4】 蒙利公司盘点库存现金发现有600元的短缺，经查明，其中500元系出纳人员责任造成，应由出纳赔偿，向出纳人员发出赔偿通知书；其余100元无法查明原因，经批准予以核销。蒙利公司的账务处理如下：

(1) 发现账实不符时。

借：待处理财产损溢——待处理流动资产损溢　　　　　　　600
　　贷：库存现金　　　　　　　　　　　　　　　　　　　　　　600

(2) 查明原因处理时。

借：其他应收款——应收现金短缺款（出纳员××）　　　　500
　　管理费用——现金短缺　　　　　　　　　　　　　　　　　100
　　贷：待处理财产损溢——待处理流动资产损溢　　　　　　　　600

【例2-5】 蒙利公司盘点库存现金发现有150元的溢余，经反复核查，仍无法查明该笔款项的具体原因，经单位领导批准，予以核销。蒙利公司的账务处理如下：

(1) 发现账实不符时。

借：库存现金　　　　　　　　　　　　　　　　　　　　　150
　　贷：待处理财产损溢——待处理流动资产损溢　　　　　　　　150

(2) 查明原因处理时。

借：待处理财产损溢——待处理流动资产损溢　　　　　　　150
　　贷：营业外收入——现金溢余　　　　　　　　　　　　　　　150

进一步说明的是，企业清查的库存现金损溢，一般应于期末前查明原因，并根据企业的管理权限，经股东大会或董事会等类似机构批准后，在期末结账前处理完毕。如清查的现金损溢在期末前尚未批准的，在对外提供财务报告时先按上述原则进行处理，并在财务报表附注中做出说明；若其后批准处理的金额与已处理的金额不一致的，再按资产负债表日后事项的处理原则调整财务报表相关项目的金额。

二、银行存款

银行存款是企业存放在银行或其他金融机构的货币资金。按照国家有关规定，凡是独立核算的单位都必须在当地银行开设账户。企业在银行开设账户以后，除按核定的限额保留库存现金外，超过限额的现金必须存入银行；除了在规定的范围内可以用库存现金直接支付的款项外，在经营过程中所发生的一切货币收支业务，都必须通过银行存款账户进行结算。

(一) 银行存款的管理制度

任何单位都必须按规定进行银行存款的管理。银行存款的管理主要包括银行存款开户管理及结算管理两个方面。

1. 银行存款开户管理

按照国家《支付结算办法》的规定，企业应在银行开立账户，办理存款、取款和转账等结算。企业在银行开立人民币存款账户，必须遵循中国人民银行《银行账户管理办法》的各项规定。

企业开立账户，依其不同的用途可以分为基本存款账户、一般存款账户、临时存款账户和专用存款账户。①基本存款账户是企业办理日常结算和现金收付的账户。企业的工资、奖金等现金的支取，只能通过基本存款账户办理。一个企业只能选择一家银行的一个营业机构开立一个基本存款账户，不得在多家银行机构开立基本存款账户。②一般存款账户是企业在基本存款账户以外的银行借款转存、与基本存款账户的企业不在同一地点的附属非独立核算单位的账户。企业可以通过一般存款账户办理转账结算和现金缴存，但不能办理现金支取。企业不得在同一家银行的几个分支机构开立一般存款账户。③临时存款账户是企业因临时经营活动需要开立的账户。企业可以通过临时存款账户办理转账结算和根据国家现金管理的规定办理现金收付。④专用存款账户是企业因特定用途需要开立的账户。

企业在银行开立账户后，可到开户银行购买各种银行往来使用的凭证（如送款簿、进账单、现金支票、转账支票等），用以办理银行存款的收付款项。企业除了按规定留存的库存现金以外，所有货币资金都必须存入银行，企业与其他单位之间的一切收付款项，除制度规定可用现金支付的部分以外，都必须通过银行办理转账结算，也就是银行按照事先规定的结算方式，将款项从付款单位划出，转入收款单位的账户。因此，企业不仅要在银行开立账户，而且账户内必须要有可供支付的款项。

2. 银行存款结算管理

在我国，企业办理转账结算必须遵守中国人民银行《支付结算办法》的各项规定：账户内必须有足够的资金保证支付，必须以合法、有效的票据和结算凭证为依据。单位和个人办理支付结算，不准签发没有资金保证的票据或远期支票，套取银行信用；不准签发、取得和转让没有真实交易和债权债务的票据，套取银行和他人的资金；不准无理拒绝付款，任意占用他人资金；不准违反规定开立和使用账户。企业应根据业务特点，采用恰当的结算方式办理各种结算业务。

（二）银行结算方式

根据中国人民银行有关支付结算办法规定，目前企业发生的货币资金收付业务可以采用以下几种方式，通过银行办理转账结算。

1. 银行汇票

银行汇票是汇款人将款项交存当地出票银行，由出票银行签发的，由其在见票时，按实际结算金额无条件支付给收款人或持票人的票据。银行汇票具有使用灵活、票随人到、兑现性强的特点，适用于先收款后发货或钱货两清的商品交易。单位和个人各种款项结算，均可使用银行汇票。

银行汇票可以用于转账，填明"现金"字样的银行汇票也可以用于支取现金。银行汇票的提示付款期限自出票日起1个月。收款人可以将银行汇票背书转让给被背书人。银行汇票丧失，失票人可以凭人民法院出具的享有票据权利的证明，向出票银行请求付款或退款。

2. 商业汇票

商业汇票是出票人签发的，委托付款人在指定日期无条件支付确定的金额给收款人或者持票人的票据。在银行开立存款账户的法人以及其他组织之间须具有真实的交易关系或债权债务关系，才能使用商业汇票。商业汇票的付款期限由交易双方商定，但最长不得超过6个月。商业汇票的提示付款期自汇票到期日起10日内。商业汇票既可以由付款人签发并承兑，也可以由收款人签发交由付款人承兑。

商业汇票按承兑人不同，分为商业承兑汇票和银行承兑汇票两种。

（1）商业承兑汇票是由银行以外的付款人承兑。商业承兑汇票按交易双方约定，由销货企业或购货企业签发，但由购货企业承兑。汇票到期时，如果购货企业的存款不足以支付票款，开户银行应将汇票退还销货企业，银行不负责付款，由购销双方自行处理。

（2）银行承兑汇票由银行承兑，由在承兑银行开立存款账户的存款人签发。承兑银行按票面金额向出票人收取万分之五的手续费。购货企业应于汇票到期前将票款足额交存其开户银行，以备由承兑银行在汇票到期日或到期日后的见票当日支付票款。销货企业应在汇票到期时将汇票连同进账单送交开户银行以便转账收款。承兑银行凭汇票将承兑款项无条件转给销货企业，如果购货企业于汇票到期日未能足额交存票款时，承兑银行除凭票向持票人无条件付款外，对出票人尚未支付的汇票金额按照每天万分之五计收罚息。可见，银行承兑汇票的风险要低于商业承兑汇票，当汇票到期企业不能及时支付购货款时，开户银行将代替企业付款，并保留对该项债务向企业追索的权利，而商业承兑汇票仅靠企业的信誉作为担保。

3. 银行本票

银行本票是银行签发的，承诺自己在见票时无条件支付确定的金额给收款人或持票人的票据。银行本票由银行签发并保证兑付，而且见票即付，具有信誉高、支付功能强等特点。用银行本票购买材料物资，销货方可以见票付货，购货方可以凭票提货；债权债务双方可以凭票清偿；收款人将本票交存银行，银行即可为其入账。无论单位或个人，在同一票据交换区域支付各种款项，均可以使用银行本票。

银行本票分为不定额本票和定额本票两种。银行本票的提示付款期限自出票日起最长不得超过2个月。收款人可以将银行本票背书转让给被背书人。

4. 支票

支票是单位或个人签发的，委托办理支票存款业务的银行在见票时无条件支付确定的金额给收款人或持票人的票据。

支票结算方式是同城结算中应用比较广泛的一种结算方式。单位和个人在同一票据交换区域的各种款项结算，均可以使用支票。支票由银行统一印刷，支票上印有"现金"字样的为现金支票，支票上印有"转账"字样的为转账支票，未印有"现金"或"转账"字样的为普通支票，普通支票左上角划两条平行线的为划线支票。现金支票只能用于支取现金；转账支票只能用于转账；普通支票既可以用于支取现金，也可用于转账；划线支票只能用于转账，不得支取现金。

支票的提示付款期为自出票日起 10 日内，中国人民银行另有规定的除外。超过提示付款期的，持票人开户银行不予受理，付款人不予付款。企业财会部门在签发支票之前，出纳人员应该认真查明银行存款的账面结存数额，防止签发超过存款余额的空头支票。

5. 信用卡

信用卡是商业银行向个人和单位发行的，凭以向特约单位购物、消费和向银行存取现金，且具有消费信用的特制载体卡片。信用卡在规定的限额和期限内允许善意透支，透支期限最长为 60 天。超过规定限额或规定期限，并且经发卡银行催收无效的透支行为称为恶意透支，持卡人使用信用卡不得发生恶意透支。严禁将单位的款项存入个人卡账户中。信用卡按使用对象分为单位卡和个人卡；按信誉等级分为金卡和普通卡。

单位卡账户资金一律从其基本存款账户转账存入，不得交存现金，也不得将销售收入的款项存入信用卡存款账户。个人卡账户的资金以其持有的现金存入或以其工资性款项及属于个人的劳动报酬收入转账存入。在我国，单位卡不得用于 10 万元以上的商品交易、劳务供应款项的结算，也不得支取现金。

6. 汇兑

汇兑是汇款人委托银行将其款项支付给收款人的结算方式。单位和个人的各种款项的结算，均可使用汇兑结算方式。

汇兑分为信汇、电汇两种。信汇是汇款人委托银行通过邮寄方式将款项划转给收款人。电汇是汇款人委托银行通过电报或其他电子方式将款项划转给收款人。这两种汇兑方式由汇款人根据需要选择使用。

7. 托收承付

托收承付是根据购销合同由收款人发货后委托银行向异地付款人收取款项，由付款人向银行承认付款的结算方式。使用托收承付结算方式的收款单位和付款单位，必须是国有企业、供销合作社以及经营管理较好，并经开户银行审查同意的城乡集体所有制工业企业。办理托收承付结算的款项，必须是商品交易以及因商品交易而产生的劳务供应的款项。代销、寄销、赊销商品的款项，不得办理托收承付结算。托收承付结算款项划回的方式分为邮寄和电报两种，由收款人根据需要选择使用。

8. 委托收款

委托收款是收款人委托银行向付款人收取款项的结算方式。单位和个人都可以凭已承兑商业汇票、债券、存单等付款人债务证明委托银行收取同城或异地款项。委托收款还适用于收取电费、电话费等付款人众多、分散的公用事业费等有关款项。委托收款结算款项划回的方式分为邮寄和电报两种。

9. 国内信用证

国内信用证是指开证行依据申请人的申请开出的，凭符合信用证条款的单据支付的付款承诺。适用于国内企业之间的商品交易结算业务。只有经中国人民银行批准经营结算业务的商业银行总行以及经商业银行总行批准开办信用证结算业务的分支机构,才可以办理国内企业之间商品交易的信用证结算业务。信用证只限于转账结算,不得支取现金。

在我国,国内信用证一般为不可撤销、不可转让的跟单信用证。信用证与作为其依据的购销合同相互独立,银行在处理信用证业务时,不受购销合同的约束。

10. 网上银行支付

网上银行支付是指在银联在线支付平台通过输入用户名和密码的方式登录到网络银行,并完成支付的方式。企业办理业务,可以通过互联网直接进入银行,随时进行账务查询、转账、外汇买卖、网上购物、账户挂失等。网络银行通过互联网平台可以向用户提供开户、查询、对账、转账、网上证券、投资理财等各项金融服务,是一种以信息技术和互联网技术为依托的新型银行机构与服务方式。企业银行的用户只需登录到相关银行的网络,便可安全方便地完成对资金的管理与运用。不同银行的网络功能有所差异,但一般都具有支付结算功能、代发(工资等)业务功能、电子回单功能、电子对账功能、国际业务功能、电子票据功能、单位借记卡功能等。

(三)银行存款的收付与核对

1. 银行存款的收付

为了核算企业存入银行或其他金融机构的各种款项,应设置"银行存款"账户进行总分类核算。该账户借方登记银行存款的增加额,贷方登记银行存款的减少额,"银行存款"账户期末借方余额,反映企业存在银行或其他金融机构的各种款项。企业在不同的结算方式下,应当根据有关的原始凭证编制银行存款的收付款凭证,并进行相应的账务处理。企业将款项存入银行等金融机构时,借记本账户,贷记有关账户;提取或支付在银行等金融机构中的存款时,借记有关账户,贷记本账户。

为了详细反映银行存款的收付及结存情况,企业必须设置"银行存款日记账",由出纳人员根据收付款凭证,按照银行存款业务发生的先后顺序逐笔序时登记,并随时结出余额。银行存款应按银行和其他金融机构的名称和存款种类进行明细核算。有外币存款业务的企业,还应按照人民币和外币进行明细核算。

【例2-6】 蒙利公司将产品销售给乙公司,开出的增值税专用发票列明货物价款为63 000元,增值税为10 710元。在发货的同时收到乙公司开出的银行本票,面额为73 710元。出纳于当日将本票和进账单送交开户银行办理转账。

蒙利公司根据银行盖章退回的进账单第一联和相关原始凭证,账务处理如下:

借:银行存款   73 710
  贷:主营业务收入   63 000
      应交税费——应交增值税(销项税额)   10 710

【例2-7】 蒙利公司签发转账支票58 500元支付前欠明达公司购货款,其中货物价款为50 000元,增值税额为8 500元。蒙利公司的账务处理如下:

借:应付账款   58 500

贷：银行存款　　　　　　　　　　　　　　　　　　　　　　　　58 500

2. 银行存款的核对

　　企业每月至少应将银行存款日记账与银行对账单核对一次，以检查银行存款收付及结存情况。企业银行存款账面余额与银行对账单余额之间如有差额，必须逐笔查明原因，并按月编制"银行存款余额调节表"调节相符。月份终了，"银行存款日记账"的余额必须与"银行存款"总账科目的余额核对相符。

　　通过核对发现双方账目不符的主要原因如下：其一，企业或银行记账错误；其二，存在未达账项。

　　所谓未达账项，即企业与银行之间，由于凭证传递上的时间差，一方已收到结算凭证已登记入账，而另一方尚未收到结算凭证因而尚未登记入账的款项。具体有四种情况：①企业已经收款入账，银行尚未收款入账的款项。②企业已经付款入账，银行尚未付款入账的款项。③银行已经收款入账，企业尚未收款入账的款项。④银行已经付款入账，企业尚未付款入账的款项。

　　以上任何一种情况的发生都会使双方账面的余额不一致。

　　企业与银行对账前，首先应检查本单位的"银行存款日记账"，争取做到准确无误。然后与银行对账单逐笔进行核对，如发现错账、漏账，应及时查明原因并更正。如发现未达账项，则应在查明原因后编制"银行存款余额调节表"检查双方的账目是否相符。

【例2-8】 蒙利公司20×2年12月31日银行存款日记账的余额为5 400 000元，银行转来对账单的余额为8 300 000元。经逐笔核对，发现以下未达账项：

　　（1）企业送存转账支票6 000 000元，并已登记银行存款增加，但银行尚未记账。

　　（2）企业开出转账支票4 500 000元，并已登记银行存款减少，但持票单位尚未到银行办理转账，银行尚未记账。

　　（3）企业委托银行代收某公司购货款4 800 000元，银行已收妥并登记入账，但企业未收到收款通知，尚未记账。

　　（4）银行代企业支付电话费400 000元，银行已登记减少企业银行存款，但企业未收到银行付款通知，尚未记账。

　　计算结果如表2-2所示。

表2-2　银行存款余额调节表

单位：元

项目	金额	项目	金额
企业银行存款日记账余额	5 400 000	银行对账单余额	8 300 000
加：银行已收、企业未收款	4 800 000	加：企业已收、银行未收款	6 000 000
减：银行已付、企业未付款	400 000	减：企业已付、银行未付款	4 500 000
调整后的存款余额	9 800 000	调整后的存款余额	9 800 000

在不存在记账差错的情况下,双方调节后的余额应核对相符。但是,经调整后重新求得的余额,既不等于本企业银行存款余额,也不等于银行账面余额,而是银行存款的真正实有数。对于由未达账项造成的差异,不需要进行账务处理,待有关方面实际收到相关凭证时再入账。

三、其他货币资金

(一) 其他货币资金的内容

其他货币资金是指存放地点和用途不同于库存现金和银行存款的货币资金。具体包括以下内容:

1. 外埠存款

外埠存款是指企业到外地进行临时或零星采购时,汇往采购地银行并在采购地银行开立采购专户的款项。

2. 银行汇票存款

企业为取得银行汇票,按规定用于银行汇票结算而存入银行的款项。

3. 银行本票存款

企业为取得银行本票,按规定用于银行本票结算而存入银行的款项。

4. 信用卡存款

企业为取得信用卡以办理信用卡结算而按规定存入银行的款项。

5. 信用证保证金存款

企业为取得信用证而按规定存入银行的款项。

6. 存出投资款

企业为购买股票、债券、基金等根据有关规定存入在证券公司指定银行开立的投资款专户的款项。

其他货币资金同库存现金和银行存款相比较有其特殊的存在形式和支付方式,在管理上也有别于库存现金和银行存款,因此应单独进行会计核算。

(二) 其他货币资金的核算

企业应当设置"其他货币资金"账户,核算所有的其他货币资金的收支业务,并按其他货币资金的内容设置明细账户进行明细核算,同时按外埠存款的开户银行、银行汇票或银行本票、信用证的收款单位、信用卡的开出银行及信用卡的种类等设置明细账对其收付情况进行详细记录。

1. 外埠存款

企业在外埠开立临时采购专户,需经开户地银行批准。汇出款项时,须填写汇款委托书,加盖"采购资金"字样,提交给开户银行,委托其将款项汇往采购地。银行对临时采购户一般实行半封闭式管理的办法,即只付不收,付完清户。除采购人员差旅费用可以支取少量现金外,其他支出一律转账。

企业将款项汇往外地开立采购专用账户，根据汇出款项凭证编制付款凭证时，借记"其他货币资金——外埠存款"科目，贷记"银行存款"科目；收到采购人员转来供应单位发票账单等报销凭证时，借记"材料采购"或"原材料""库存商品""应交税费——应交增值税（进项税额）"等科目，贷记"其他货币资金——外埠存款"科目；采购完毕收回剩余款项时，根据银行的收账通知，借记"银行存款"科目，贷记"其他货币资金——外埠存款"科目。

【例2-9】 蒙利公司将派采购员到异地采购一批材料，估计金额约50 000元。20×3年3月20日公司委托其开户银行办理了汇款手续，将50 000元汇往异地银行设立采购账户，并收到开户银行的汇款凭证。20×3年4月15日，采购员提交了在异地采购的相关凭证，其中价款为40 000元，增值税税额为6 800元，蒙利公司通过采购账户全额支付，材料已验收入库。20×3年4月20日，蒙利公司收到开户银行的收款通知，采购账户中的剩余款项已转回开户银行。蒙利公司的账务处理如下：

(1) 20×3年3月20日。

借：其他货币资金——外埠存款　　　　　　　　　　　　　50 000
　　贷：银行存款　　　　　　　　　　　　　　　　　　　　　50 000

(2) 20×3年4月15日。

借：原材料　　　　　　　　　　　　　　　　　　　　　　40 000
　　应交税费——应交增值税（进项税额）　　　　　　　　　6 800
　　贷：其他货币资金——外埠存款　　　　　　　　　　　　46 800

(3) 20×3年4月20日。

借：银行存款　　　　　　　　　　　　　　　　　　　　　3 200
　　贷：其他货币资金——外埠存款　　　　　　　　　　　　　3 200

2. 银行汇票存款

企业办理银行汇票，需先向银行提交"银行汇票申请书"，并将一定金额的款项交存开户银行时，借记"其他货币资金——银行汇票"科目，贷记"银行存款"科目；企业持银行汇票购货、收到有关发票账单时，借记"材料采购"或"原材料""库存商品""应交税费——应交增值税（进项税额）"等科目，贷记"其他货币资金——银行汇票"科目；采购完毕收回剩余款项时，借记"银行存款"科目，贷记"其他货币资金——银行汇票"科目。

销货企业收到银行汇票、填制进账单到开户银行办理款项入账手续时，根据进账单及销货发票等，借记"银行存款"科目，贷记"主营业务收入""应交税费——应交增值税（销项税额）"等科目。

【例2-10】 蒙利公司欲向异地供应商乙公司采购一批商品，故向开户银行申请办理银行汇票，并将50 000元存入银行。20×3年4月10日，蒙利公司收到出票银行签发的银行汇票、解讫通知和申请书的回单。蒙利公司采购员前往乙公司所在地采购商品，并持银行汇票办理转账结算。20×3年4月25日，蒙利公司收到乙公司开出的销售发票以及发出的商品并已验收入库,其中商品价款为 40 000 元,增值税税额为 6 800 元。20×3 年 4 月 26 日,蒙利公司收到开户银行转来的多余款收账通知,剩余款项已转回银行存款账户。蒙利公司的账务处理如下:

(1) 20×3 年 4 月 10 日。

借:其他货币资金——银行汇票　　　　　　　　　　　　50 000
　　贷:银行存款　　　　　　　　　　　　　　　　　　　50 000

(2) 20×3 年 4 月 25 日。

借:库存商品　　　　　　　　　　　　　　　　　　　　40 000
　　应交税费——应交增值税(进项税额)　　　　　　　 6 800
　　贷:其他货币资金——银行汇票　　　　　　　　　　 46 800

(3) 20×3 年 4 月 26 日。

借:银行存款　　　　　　　　　　　　　　　　　　　　 3 200
　　贷:其他货币资金——银行汇票　　　　　　　　　　　3 200

3. 银行本票存款

企业办理银行本票,需先向银行提交"银行本票申请书",并将一定金额的款项交存开户银行时,取得银行本票后在同城之间办理业务进行结算。对于逾期尚未办理结算的银行本票,应按规定及时转回(借记"银行存款科目",贷记"其他货币资金——银行本票"科目),未用的本票存款也应及时办理退款。其账务处理与银行汇票存款基本相同。此处不予赘述。

4. 信用卡存款

企业申领信用卡,按照有关规定填制申请表,并按银行要求交存备用金,银行开立信用卡存款账户,发给信用卡。企业对于信用卡存款的核算主要包括办理信用卡存款以及以信用卡支付有关费用等。

企业应填制"信用卡申请表",连同支票和有关资料一并送存发卡银行,根据银行盖章退回的进账单第一联,借记"其他货币资金—信用卡"科目,贷记"银行存款"科目;企业用信用卡购物或支付有关费用,收到开户银行转来的信用卡存款的付款凭证及所附发票账单,借记"管理费用"等科目,贷记"其他货币资金——信用卡"科目;企业信用卡在使用过程中,需要向其账户续存资金的,应借记"其他货币资金——信用卡"科目,贷记"银行存款"科目;企业的持卡人如不需要继续使用信用卡时,应持信用卡主动到发卡银行办理销户,销卡时,信用卡余额转入企业基本存款户,不得提取现金,借记"银行存款"科目,贷记"其他货币资金——信用卡"科目。

【例 2-11】 蒙利公司 20×3 年 3 月 8 日将银行存款 50 000 元存入信用卡,3 月 10 日使用信用卡支付业务招待费 2 000 元。蒙利公司的账务处理如下:

(1) 20×3 年 3 月 8 日。

借:其他货币资金——信用卡存款　　　　　　　　　　50 000

　　　　贷：银行存款　　　　　　　　　　　　　　　　　　　　　　　　　50 000
（2）20×3年3月10日。
借：管理费用　　　　　　　　　　　　　　　　　　　　　　　　　　　2 000
　　　　贷：其他货币资金——信用卡存款　　　　　　　　　　　　　　　2 000

5. 信用证保证金存款

企业办理信用证结算，申请人向其开户行申请开立信用证的，应填制开证申请书，并在开证申请书背面开证申请人承诺书上签章，连同有关购销合同交其开户行。审核无误后，同意开证的，应根据申请人的资信情况，确定向其收取保证金的比例。一般惯例银行只收取部分开证保证金，故信用证存款户的资金多数不足以付清货款，还需补足差额。

信用证保证金的核算主要包括缴纳保证金和支付货款两部分。

企业填写"信用证申请书"，将信用证保证金交存银行时，应根据银行盖章退回的"信用证申请书"回单，借记"其他货币资金——信用证保证金"科目，贷记"银行存款"科目；企业接到开证行通知，附发票账单，借记"材料采购"或"原材料""库存商品""应交税费——应交增值税（进项税额）"等科目，贷记"其他货币资金——信用证保证金"科目等。

【例2-12】　蒙利公司20×3年2月3日申请开证并向银行缴纳信用证保证金50 000元。2月10日接到开证行交来的信用证来单通知书及有关购货凭证等，以信用证方式采购的材料已到并验收入库，货款全部支付。货款总计161 460元，其中材料价款138 000元，增值税23 460元。蒙利公司的账务处理如下：

（1）20×3年2月3日。
借：其他货币资金——信用证保证金　　　　　　　　　　　　　　　　50 000
　　　　贷：银行存款　　　　　　　　　　　　　　　　　　　　　　　　50 000
（2）20×3年2月10日。
借：原材料　　　　　　　　　　　　　　　　　　　　　　　　　　　138 000
　　应交税费——应交增值税（进项税额）　　　　　　　　　　　　　 23 460
　　　　贷：其他货币资金——信用证保证金　　　　　　　　　　　　　 50 000
　　　　　　银行存款　　　　　　　　　　　　　　　　　　　　　　　111 460

6. 存出投资款

企业对于存出投资款的核算主要包括资金划出和使用两部分。

企业向证券公司划出资金时，应按实际划出的金额，借记"其他货币资金——存出投资款"科目，贷记"银行存款"科目；购买股票、债券、基金等时，借记"交易性金融资产"等科目，贷记"其他货币资金——存出投资款"科目。

【例2-13】　蒙利公司20×4年6月28日存入某证券公司银行存款100 000元，7月2日存入证券公司的款项用于购买股票并已成交，购买股票的成本为99 000元。蒙利公司的账务处理如下：

(1) 20×4年6月28日。

借：其他货币资金——存出投资款　　　　　　　　　　　　　　100 000
　　贷：银行存款　　　　　　　　　　　　　　　　　　　　　　　100 000

(2) 20×4年7月2日。

借：交易性金融资产　　　　　　　　　　　　　　　　　　　　　99 000
　　贷：其他货币资金——存出投资款　　　　　　　　　　　　　　99 000

(3) 若剩余的资金不再进行投资。

借：银行存款　　　　　　　　　　　　　　　　　　　　　　　　1 000
　　贷：其他货币资金——存出投资款　　　　　　　　　　　　　　1 000

第二节　应收款项

应收款项主要包括应收票据、应收账款、其他应收款和预付账款等。

一、应收票据

应收票据是指企业因销售商品、提供劳务等而收到的商业汇票。商业汇票是一种由出票人签发的，委托付款人在指定日期无条件支付确定金额给收款人或者持票人的票据。商业汇票的付款期限，最长不得超过六个月。

商业汇票可以按不同的标准进行分类。按照票据是否带息分类，商业汇票分为带息票据和不带息票据；按照承兑人的不同，商业汇票分为银行承兑汇票和商业承兑汇票；按照是否带有追索权，商业汇票分为带有追索权的商业汇票和不带有追索权的商业汇票。

(一) 商业汇票的取得

企业由于赊销商品等而收到商业汇票，应按商业汇票的票面金额，借记"应收票据"科目；根据确认的收入，贷记"主营业务收入"科目；根据收取的增值税税额，贷记"应交税费——应交增值税（销项税额）"科目。

【例2-14】蒙利公司于20×1年2月1日销售一批产品给A公司，货已发出，增值税专用发票上注明的销售收入为200 000元，增值税额为34 000元，收到A公司开出并承兑的商业承兑汇票一张，期限为6个月的不带息商业汇票一张，金额共计234 000元。

蒙利公司的账务处理如下：

借：应收票据　　　　　　　　　　　　　　　　　　　　　　　　234 000
　　贷：主营业务收入　　　　　　　　　　　　　　　　　　　　　200 000
　　　　应交税费——应交增值税（销项税额）　　　　　　　　　　　34 000

(二) 商业汇票的到期

商业汇票到期时，可能出现两种情况：一种是付款单位有足够的货币资金或虽然货币资金不足但票据承兑人为银行，企业能够按时将商业汇票兑现；另一种是付款单位货币资金不足且承兑人为非银行单位，企业无法将商业汇票按时兑现。上述两种情况下，收款企业应分别进行会计处理。

1. 商业汇票的到期兑现

商业汇票到期日，如果付款单位的货币资金充足，不论采用银行承兑汇票还是商业承兑汇票进行结算，企业都将能够按期足额收到商业汇票款；如果付款单位货币资金不足，采用银行承兑汇票进行结算，则承兑银行将代为支付商业汇票款，企业也将能够按期足额收到商业汇票款。企业收到商业汇票款时，应终止确认应收票据，根据商业汇票的到期价值，借记"银行存款"科目，贷记"应收票据"科目。

2. 商业汇票到期无法兑现

商业汇票到期日，如果付款单位货币资金不足，采用商业承兑汇票进行结算，企业将无法收到商业汇票款。在这种情况下，该商业汇票由银行退回，票据作废，款项由收付款双方协商解决。在这种情况下，企业不能终止确认该项金融资产，而应将该项应收票据转为应收账款，仅改变该项金融资产的具体形态。企业收到退回的商业承兑汇票时，应根据其票面金额，借记"应收账款"科目，贷记"应收票据"科目。

【例2-15】蒙利公司于20×1年11月30日销售一批产品给A公司，货已发出，增值税专用发票上注明的销售收入100 000元，增值税税额为17 000元，收到A公司开出并承兑的商业承兑汇票一张，期限为90天的不带息商业汇票，面值为117 000元。蒙利公司的账务处理如下：

(1) 20×1年11月30日收到商业票据时。

借：应收票据　　　　　　　　　　　　　　　　　　　　　117 000
　　贷：主营业务收入　　　　　　　　　　　　　　　　　　　　100 000
　　　　应交税费——应交增值税（销项税额）　　　　　　　　　17 000

(2) 90天后，汇票到期，若收到票据款。

借：银行存款　　　　　　　　　　　　　　　　　　　　　117 000
　　贷：应收票据　　　　　　　　　　　　　　　　　　　　　117 000

(3) 90天后，汇票到期，若未能收到票据款。

借：应收账款　　　　　　　　　　　　　　　　　　　　　117 000
　　贷：应收票据　　　　　　　　　　　　　　　　　　　　　117 000

(三) 商业汇票的贴现

商业汇票贴现是指企业在商业汇票到期前需要资金时，持未到期的商业汇票向银行申请提前兑付款项，银行将根据提前兑付时间的长短和贴现利率，扣除相应的贴现利息。根据贴现商业汇票到期价值和贴现利息，贴现银行给予企业商业汇票贴现款。其计算公式如下：

贴现期=票据期限-企业已持有票据期限

贴现利息=票据到期值×贴现率×贴现期

贴现所得金额=票据到期值-贴现利息

持未到期的商业汇票向银行贴现，符合金融工具确认和计量准则有关金融资产终止确认条件的，应按实际收到的金额（即减去贴现息后的净额），借记"银行存款"等科目，按贴现息部分，借记或贷记"财务费用"等科目，按商业汇票的票面金额，贷记"应收票据"科目；不符合金融工具确认和计量准则有关金融资产终止确认条件的，不应结转应收票据，应按实际收到的金额（即减去贴现息后的净额），借记"银行存款"等科目，按贴现息部分，借记或贷记"财务费用"等科目，按其差额，贷记"短期借款"等科目。

【例2-16】 蒙利公司于20×1年5月8日，将所持有的商业汇票一张到银行贴现，该商业汇票出票日为3月23日，期限为6个月，面值为80 000元，假设蒙利公司与承兑企业在同一票据交换区内，银行年贴现率为8%。

票据到期值=80 000（元）

贴现天数=138天（24+30+31+31+23-1）

贴现利息=80 000×8%×138/360=2 453（元）

贴现所得金额=80 000-2 453=77 547（元）

(1) 假设该贴现符合金融资产终止确认条件，则蒙利公司贴现时账务处理如下：

借：银行存款　　　　　　　　　　　　　　　　　　　　　　77 547
　　财务费用　　　　　　　　　　　　　　　　　　　　　　 2 453
　　贷：应收票据　　　　　　　　　　　　　　　　　　　　80 000

(2) 假设不符合金融资产终止确认条件，则蒙利公司贴现时的账务处理：

借：银行存款　　　　　　　　　　　　　　　　　　　　　　77 547
　　财务费用　　　　　　　　　　　　　　　　　　　　　　 2 453
　　贷：短期借款　　　　　　　　　　　　　　　　　　　　80 000

【例2-17】 蒙利公司20×1年1月销售A商品给乙企业，货已发出，蒙利公司开具的增值税专用发票上注明的商品价款为100 000元，增值税销项税额为17 000元。当日收到乙企业签发的不带息商业承兑汇票一张，该票据的期限为3个月。A商品销售符合会计准则规定的收入确认条件。

蒙利公司的账务处理如下：

(1) A商品销售实现时。

借：应收票据　　　　　　　　　　　　　　　　　　　　　117 000
　　贷：主营业务收入　　　　　　　　　　　　　　　　　100 000
　　　　应交税费——应交增值税（销项税额）　　　　　　17 000

(2) 假定3个月后，应收票据到期，蒙利公司收回款项 117 000 元，存入银行。
借：银行存款　　　　　　　　　　　　　　　　　　　　　　117 000
　　贷：应收票据　　　　　　　　　　　　　　　　　　　　　　117 000

(3) 假定3个月后，应收票据到期，乙企业无力偿还票款，蒙利公司应将到期票据的票面金额转入"应收账款"科目。
借：应收账款　　　　　　　　　　　　　　　　　　　　　　117 000
　　贷：应收票据　　　　　　　　　　　　　　　　　　　　　　117 000

(4) 假定蒙利公司在该票据到期前向银行贴现，且不符合金融资产终止确认条件的，则蒙利公司应按票据面值确认短期借款，按实际收到的金额（即减去贴现息后的净额）与票据面值之间的差额确认为财务费用。假定蒙利公司该票据贴现获得现金净额 115 830 元，则蒙利公司的账务处理如下：
借：银行存款　　　　　　　　　　　　　　　　　　　　　　115 830
　　财务费用　　　　　　　　　　　　　　　　　　　　　　　　1 170
　　贷：短期借款　　　　　　　　　　　　　　　　　　　　　　117 000

二、应收账款

应收账款是应收款项的一个最重要组成部分。应收账款是指企业在正常经营活动中，由于销售商品、产品、提供劳务等应向购货单位或接受劳务的单位收取的款项。它产生于商业信用条件下的赊销业务。与应收票据不同，在赊销交易中应收账款不要求债务人出具付款的书面承诺，货款能否按期如数收回，纯粹是建立在债务人商业信用的基础上，所以，应收账款的流动性较应收票据要弱，在资产负债表中，应收账款应列为应收票据之后。

（一）应收账款的入账价值

作为金融资产之一，应收账款在初始确认时，应当按照公允价值计量。在一般情况下，应收账款的公允价值就是销售合同上规定的价款。因此，应收账款应按买卖双方成交时的实际发生额入账。除销售价格外，根据现行会计惯例，"应收账款"账户的计量金额还包含代收的增值税以及代购货单位垫付的包装费、运杂费等。

企业为了及时回笼货款，在销售时往往实行折扣政策；企业为了确保货物的销售、对客户建立商业信用，对已售出的商品可能实行折让或退回制度等。此类事项的发生，会不同程度地影响应收账款入账价值。

企业向购货单位提供的折扣可以分为两种：现金折扣和商业折扣。现金折扣和商业折扣是两种不同形式的折扣，其对应收账款入账价值的影响也不相同。

1. 现金折扣

现金折扣，是指债权人为鼓励债务人在规定的期限内付款而向债务人提供的债务扣除。现金折扣的目的是鼓励债务人在规定期限内尽快付款，折扣条件通常表示为 2/10、1/20、N/30。即一笔赊销期限为30天的商品交易，销售方规定的现金折扣条件为10天内付款可得到2%的现金折扣,超过10天但在20天内付款可得到1%的现金折扣,超过20天付款须按发票金额全额付款。现金折扣使企业应收账款的实收数额在规定的付款期内,随着顾客付款时间的推延而增加,因而对会计核算会产生影响。

附有现金折扣条件的销售,应收账款入账价值的确定会计处理有两种方法:总价法和净价法。

在总价法下,按发票金额对应收账款及销售收入计价入账,现金折扣只有客户在折扣期内支付货款时,才予以确认。如果购货方能够在折扣期限内付款,销售方应将购货方取得的现金折扣作为财务费用处理。在净价法下,按发票金额扣除现金折扣后的净额对应收账款及销售收入计价入账,如果购货方未能够在折扣期限内付款,销售方应将购货方丧失的现金折扣冲减财务费用。我国企业会计准则规定,涉及现金折扣的商品销售,应采用总价法进行会计处理。

2. 商业折扣

商业折扣,是指企业为促进商品销售而在商品标价上给予的价格扣除,实际上是对商品报价进行的折扣。例如,企业为鼓励买主购买更多的商品,因而规定:购买10件以上者给10%的折扣,或买主每买10件送1件;再如,企业为尽快出售一些残次、陈旧、冷背商品而进行降价销售等。商业折扣的目的是鼓励购货方多购商品,通常根据购货方不同的购货数量而给予不同的折扣比率。商品标价扣除商业折扣后的金额,是双方的实际交易价格,即发票价格。由于会计记录是以实际交易价格为基础的,且商业折扣是在交易成立之前予以扣除的折扣,所以它只是购货双方确定交易价格的一种方式。因此,企业销售商品涉及商业折扣的,应当按照扣除商业折扣后的金额确定应收账款及销售商品收入金额。可见,商业折扣对会计核算不产生任何影响。

(二) 应收账款的核算

企业应设置"应收账款"科目来反映应收账款的增减变动情况。其借方登记企业因赊销商品和提供劳务等而应向购货单位收取的款项,包括按专用发票上注明的增值税销项税额、企业代购货单位垫付的包装费和运杂费等;贷方登记收到的货款和代垫的费用;余额一般在借方,表示企业尚未收回的赊销等款项,该科目按照债务人进行明细核算。

企业销售商品、提供劳务发生应收账款时,按应收的金额,借记"应收账款"科目,按实现的销售收入,贷记"主营业务收入",按增值税专用发票上注明的增值税额,贷记"应交税费——应交增值税(销项税额)"等科目;收回款项时,借记"银行存款"科目,贷记"应收账款"科目。

企业代购货单位垫付包装费、运杂费时,借记"应收账款"科目,贷记"银行存款"科目。收回代垫费用时,借记"银行存款"科目,贷记"应收账款"科目。

【例2-18】 蒙利公司为增值税一般纳税人,适用的增值税税率为17%。20×1年7

月1日，采用赊销方式向A公司销售一批货物，商品价目单中所列的不含增值税的价格为100 000元，商业折扣为优惠20%；现金折扣条件为"1/20、n/30"，按照收取的全部价款计算。7月20日，收到A公司偿还的货款，给予1%的现金折扣。蒙利公司根据相关业务编制的会计分录如下：

（1）7月1日，销售货物。

不含增值税税额的实际销售价格=100 000×（1-20%）=80 000（元）

增值税税额=80 000×17%=13 600（元）

应收账款合计=80 000+13 600=94 600（元）

借：应收账款　　　　　　　　　　　　　　　　　93 600
　　贷：主营业务收入　　　　　　　　　　　　　　　　80 000
　　　　应交税费——应交增值税（销项税额）　　　　　13 600

收到货款时：

借：银行存款　　　　　　　　　　　　　　　　　59 500
　　贷：应收账款　　　　　　　　　　　　　　　　　　59 500

（2）7月20日，收到A公司偿还的货款。

现金折扣=93 600×1%=936（元）

实际收回账款=93 600-936=92 664（元）

借：银行存款　　　　　　　　　　　　　　　　　92 664
　　财务费用　　　　　　　　　　　　　　　　　　　936
　　贷：应收账款　　　　　　　　　　　　　　　　　　93 600

三、其他应收款及预付账款

（一）其他应收款

其他应收款是指应收票据、应收账款和预付账款以外的各种应收款项、暂付款项。其主要内容包括：应收的各种赔款、罚款；应收取的出租包装物租金；备用金及应向职工收取的各种垫付款项等。

企业应设置"其他应收款"科目对其他应收款进行核算。该科目借方登记发生的各种其他应收款，贷方登记企业收到的款项和结转情况。余额一般应在借方，表示应收未收的其他应收款项。企业应在"其他应收款"科目下按债务人设置明细科目进行明细核算。

企业发生的拨出用于投资的各种款项，在尚未进行投资之前，属于企业的其他货币资金，该类款项应该通过"其他货币资金"科目核算，不属于其他应收款的范围。

【例2-19】 20×1年5月18日，蒙利公司为本企业职工李某以现金垫付应由其个人负担的住院医疗费900元，拟从其工资中扣回。

蒙利公司的账务处理如下：

(1) 垫支时。

借：其他应收款 900
　　贷：库存现金 900

(2) 扣款时。

借：应付职工薪酬 900
　　贷：其他应收款 900

【例2-20】 蒙利公司租入包装物一批，以银行存款向出租方支付押金3 000元。

蒙利公司的账务处理如下：

(1) 支付押金时。

借：其他应收款 3 000
　　贷：银行存款 3 000

(2) 收到出租方退还的押金时。

借：银行存款 3 000
　　贷：其他应收款 3 000

(二) 预付账款

预付账款是指企业按照购货合同规定预付给供应单位的款项。预付账款是企业暂时被供货单位占用的资金。企业预付货款后，有权要求对方按照购货合同规定发货。预付账款必须以购销双方签订的购货合同为条件，按照规定的程序和方法进行核算。

为了反映和监督预付账款的增减变动情况，企业应设置"预付账款"科目。该科目借方登记预付的款项和补付的款项，贷方登记收到采购货物时按发票金额冲销的预付账款数和因预付货款多余而退回的款项，期末余额一般在借方，反映企业实际预付的款项。预付账款应按供应单位设置明细科目进行明细核算。

预付账款的核算包括预付款项和收回货物两个方面。

1. 预付款项的会计处理

根据购货合同的规定向供货单位预付款项时，借记"预付账款"科目，贷记"银行存款"科目。

2. 收回货物的会计处理

企业收到所购货物时，根据有关发票账单金额，借记"材料采购""应交税费——应交增值税（进项税额）"等科目，贷记"预付账款"科目；当预付货款小于采购货物所需支付的款项时，应将不足部分补付，借记"预付账款"科目，贷记"银行存款"科目；当预付货款大于采购货物所需支付的款项时，对收回的多余款项应借记"银行存款"科目，贷记"预付账款"科目。

【例2-21】 蒙利公司向华峰公司采购材料2 000千克，单价50元，所需支付的款项总额为100 000元。按照合同规定向华峰公司预付货款的40%，验收货物后补其余款项。

蒙利公司相关账务处理如下：

（1）预付40%的货款。

借：预付账款　　　　　　　　　　　　　　　　　　　　　40 000
　　贷：银行存款　　　　　　　　　　　　　　　　　　　　　40 000

（2）收到华峰公司发来的2 000千克材料，经验收无误，增值专用发票上记载的货款为100 000元，增值税税额为17 000元，据此以银行存款补付不足款项77 000元。

借：原材料　　　　　　　　　　　　　　　　　　　　　　100 000
　　应交税费——应交增值税（进项税额）　　　　　　　　　17 000
　　贷：预付账款　　　　　　　　　　　　　　　　　　　　117 000
借：预付账款　　　　　　　　　　　　　　　　　　　　　　77 000
　　贷：银行存款　　　　　　　　　　　　　　　　　　　　77 000

在会计实务中，预付款项不多的企业，可以不设"预付账款"账户，而直接在"应付账款"账户中核算。但在编制资产负债表时，应当将"应付账款"账户的借方明细余额填入"预付账款"项目。

四、应收款项的减值

现代商业信用作为一种营销手段，其应用日益广泛。企业向客户提供商业信用虽然能使销货增加，但也承担客户因某种原因而不付款所造成的损失。企业无法收回或收回的可能性极小的应收款项，称为坏账。由于发生坏账而产生的损失，称为坏账损失。

（一）应收款项减值的确认

在应收款项确认为坏账之前，通常会有明显的迹象表明这些应收款项出现了减值。为了真实反映应收款项的价值，企业应当在资产负债表日对应收款项的账面价值进行检查，有客观证据表明该金融资产发生减值的，应当计提减值准备。

应收款项发生减值的客观证据，是指应收款项初始确认后实际发生的、对该应收款项的预计未来现金流量有影响，且企业能够对该影响进行可靠计量的事项。具体来说，主要包括下列各项：

- 债务人发生严重财务困难
- 债务人违反了合同条款，如偿付利息或本金发生违约或逾期等
- 债权人出于经济或法律等方面因素的考虑，对发生财务困难的债务人做出让步
- 债务人很可能倒闭或进行其他财务重组
- 其他表明应收款项发生减值的客观证据

企业在判断是否出现减值迹象时，应根据企业所面临的环境进行应综合考虑。比如，债务人信用等级下降并不足以说明债权人的应收款项发生了减值，但在判断是否发生减值时应当考虑这一因素。

(二) 应收款项减值损失的计量

当应收款项发生减值时,应当将该应收款项的账面价值减记至预计未来现金流量(不包括尚未发生的未来信用损失)现值,减记的金额确认为资产减值损失,计入当期损益。

考虑到短期应收款项的预计未来现金流量与其现值相差很小,在确定相关减值损失时,可不对其预计未来现金流量进行折现。直接根据预计未来现金流量低于应收款项账面价值的差额,确认减值损失,计提坏账准备。

对于存在大量应收款项的企业,在对其进行减值测试时,应先将单项金额重大的应收款项区分开来,单独进行减值测试。有客观证据表明其发生了减值的,应当根据其未来现金流量低于应收款项账面价值的差额,确认减值损失,计提坏账准备。但对于单项金额非重大的应收款项,可以单独进行减值测试,确定减值损失,计提坏账准备;也可以与经单独测试后未减值的应收款项一起按类似信用风险特征划分为若干组合,在资产负债表日,按这些应收款项组合余额的一定比例计算确定减值损失,计提坏账准备。

企业在确定计提坏账的比例时,应当根据以前年度与之相同或相类似的、具有类似信用风险特征的应收款项组合的实际损失率为基础,结合现时情况确定本期各项组合计提坏账准备的比例,据此计算本期应计提的坏账准备。

需要注意的是,企业可以根据具体情况确定单项金额重大的标准。该项标准一经确定,在使用中应当一致,不得随意变更。

(三) 应收款项减值损失的核算方法

应收款项减值损失的核算方法有两种:直接转销法和备抵法。

1. 直接转销法

直接转销法是指当实际发生坏账时,才将坏账损失计入当期损益,同时冲销应收款项。在这种方法下,企业在日常会计核算中并不考虑可能发生的坏账,只有在实际发生坏账时才将它注销,同时确认坏账损失。直接转销法的优点是简单、易行、易操作;缺点是不符合配比原则,并且不能恰当地反映应收款项所能带来的未来经济利益。正是由于直接转销法的这两个缺点,现行会计准则不允许采用这种方法核算坏账。

2. 备抵法

备抵法是指根据应收款项已经发生减值的判断,在减值损失实际发生之前预先估计可能发生的减值金额,据以确认减值损失,并计提坏账准备的方法。在这种方法下,企业按期估计坏账损失,形成坏账准备,当某一应收款项全部或部分被确认为坏账时,根据其金额冲销坏账准备,同时转销相应的应收款项金额。这种方法的优点:①它使销售收入与之相关的坏账损失被计入同一会计期间,从而较好地遵循了配比原则;②资产负债表上的应收款项按净额列示,从而更真实地反映资产所能带来的经济利益,避免高估资产。其缺点是,由于采用估计数作为确认减值损失、计提坏账准备的基础,不可避免会带有主观性，因此给企业管理层带来盈余操纵的机会。按照我国会计准则的规定和国际通行做法，企业应当采用备抵法核算坏账损失。

（四）应收款项减值的会计处理

企业应当设置"坏账准备"科目，核算坏账准备的计提、转销等。坏账准备的贷方登记当期计提的坏账准备金额，借方登记实际发生的坏账损失金额和冲销的坏账准备金额，期末余额一般在贷方，表示企业已计提但尚未转销的坏账准备。

资产负债表日，应收款项发生减值的，应按确认的减值损失金额，借记"资产减值损失"科目，贷记"坏账准备"科目。本期应计提的坏账准备大于其账面余额的，应按其差额计提；应计提的坏账准备小于其账面余额的差额，作相反的会计分录。

对于确实无法收回的应收款项，按管理权限报经批准后作为坏账损失，转销应收款项，借记"坏账准备"科目，贷记"应收票据""应收账款""其他应收款"等科目。

已确认并转销的应收款项以后又收回时的，应按实际收回的金额，借记"应收票据""应收账款""其他应收款"等科目，贷记"坏账准备"科目；同时，借记"银行存款"科目，贷记"应收票据""应收账款""其他应收款"等科目。

企业采用备抵法进行坏账核算时，首先应按期估计坏账损失。估计坏账损失的方法主要有应收款项余额百分比法和账龄分析法。

1. 应收款项余额百分比法

应收款项余额百分比法，是根据资产负债表日应收款项的余额和估计的坏账率进行估计坏账损失并提坏账准备的方法。在某一会计期末，企业可按下列公式计算确定当期实际计提的坏账准备金额：

当期实际计提坏账准备金额＝按期末应收款项计算的减值金额－坏账准备科目原有贷方余额

或者：

当期实际计提坏账准备金额＝按期末应收款项计算的减值金额＋坏账准备科目原有借方余额

按期末应收款项计算的减值金额＝应收款项期末余额×计提坏账准备的百分比

坏账准备科目期末贷方余额＝应收款项期末余额×计提坏账准备的百分比

【例2-22】 蒙利公司按采用应收账款余额百分比法估计坏账损失。20×1年1月1日，"坏账准备"账户余额为零。20×1年末应收账款为2 400 000元，预计该项应收账款的未来现金流量为2 350 000元，则蒙利公司于20×1年12月31日计提的坏账准备的账务处理如下：

借：资产减值损失　　　　　　　　　　　　　　　　　　　　　50 000
　　贷：坏账准备　　　　　　　　　　　　　　　　　　　　　　50 000

20×2年3月，蒙利公司发现有3 000元的应收账款确实无法收回，按有关规定确认为坏账损失。

  借：坏账准备   3 000
    贷：应收账款   3 000

20×2年12月31日，蒙利公司应收账款余额为2 800 000元，预计该项应收账款的未来现金流量为2 720 000元，则蒙利公司于20×2年12月31日计提的坏账准备计算如下：

年末计提坏账准备前"坏账准备"科目的贷方余额：

50 000－3 000＝47 000（元）

本年度应补提的坏账准备金额：

(2 800 000－2 720 000)－47 000＝33 000（元）

20×2年12月31日，蒙利公司计提坏账准备时的账务处理如下：

  借：资产减值损失   33 000
    贷：坏账准备   33 000

20×3年12月31日，蒙利公司应收账款余额为2 900 000元，预计该项应收账款的未来现金流量为2 850 000元，则蒙利公司于20×3年12月31日计提的坏账准备计算如下：

年末计提坏账准备前"坏账准备"科目的贷方余额：

47 000＋33 000＝80 000（元）

本年度应冲回多提的坏账准备金额为80 000－(2 900 000－2 850 000)＝30 000（元）

20×3年12月31日，蒙利公司作如下账务处理：

  借：坏账准备   30 000
    贷：资产减值损失   30 000

2. 账龄分析法

账龄分析法，是根据应收款项账龄的长短来估计坏账的方法。这种方法是以账款被拖欠的时间越长，发生坏账的可能性越大为前提的。尽管应收款项能否收回及能收回多少，并不完全取决于欠账的时间长短，但就一般而言，这一前提还是可以成立的。

采用这种方法计提坏账准备，首先要对应收款项按账龄的长短进行分类，然后分别确定各类应收款项计提坏账准备的百分比，据以计算各类应收款项应计提的坏账准备金额，最后将各类应收款项计提坏账准备进行加总，计算出全部应收款项应计提的坏账准备金额。

【例2-23】 蒙利公司本期坏账损失估算情况见表4-1。

表2-3　应收款项账龄分析及坏账损失估算

20×2年12月31日　　　　　　　　　　　　　　　　　　单位：元

应收款项账龄	应收款项金额	估计坏账损失（%）	估计坏账损失金额
未到期	600 000	1	6 000
过期1个月	320 000	5	16 000
过期2个月	180 000	10	18 000
过期3个月	160 000	15	24 000
过期6个月	140 000	20	28 000
过期8个月	120 000	50	60 000
过期1年以上	100 000	80	80 000
过期2年以上	80 000	90	72 000
过期3年以上	40 000	100	40 000
合计	1 740 000		344 000

蒙利公司根据表2-3的计算结果及"坏账准备"科目计提前的余额情况，作如下账务处理：

(1) 假设蒙利公司20×2年12月31日计提坏账准备前，"坏账准备"科目无余额。

借：资产减值损失　　　　　　　　　　　　　　　　　　344 000
　　贷：坏账准备　　　　　　　　　　　　　　　　　　　　　344 000

(2) 假设蒙利公司20×2年12月31日计提坏账准备前，"坏账准备"科目已有贷方余额60 000元。

本年计提的坏账准备＝344 000－60 000＝284 000（元）

借：资产减值损失　　　　　　　　　　　　　　　　　　284 000
　　贷：坏账准备　　　　　　　　　　　　　　　　　　　　　284 000

(3) 假设蒙利公司20×2年12月31日计提坏账准备前，"坏账准备"科目已有贷方余额500 000元。

本年计提的坏账准备＝344 000－500 000＝－156 000（元）

借：坏账准备　　　　　　　　　　　　　　　　　　　　156 000
　　贷：资产减值损失　　　　　　　　　　　　　　　　　　　156 000

(4) 假设蒙利公司20×2年12月31日计提坏账准备前，"坏账准备"科目已有借方余额10 000元。

本年计提的坏账准备＝344 000＋10 000＝354 000（元）

借：资产减值损失　　　　　　　　　　　　　　　　　　354 000
　　贷：坏账准备　　　　　　　　　　　　　　　　　　　　　354 000

【本章小结】

货币资金是企业资产的重要组成部分，是企业资产中流动性最强的一种资产。货币资金按其存放的地点和用途不同，可分为库存现金、银行存款和其他货币资金。对货币资金建立内部控制制度是保证企业货币资金安全有效的重要内容。

库存现金是指允许企业保留的，用于支付日常零星开支的现金。根据国家现金管理制度和结算制度的规定，企业只能在规定的范围内使用现金，在经批准的限额内保留库存现金，并且按照规定处理现金收支。库存现金要做到日清月结，在对库存现金清查中若发现账实不符（即现金溢缺），应根据不同原因做出会计处理。

银行存款是企业存放在银行或其他金融机构的货币资金。按照国家有关规定，凡是独立核算的单位都必须在当地银行开设账户。银行存款账户分为基本存款账户、一般存款账户、临时存款账户和专用存款账户。银行结算方式主要有银行汇票、商业汇票、银行本票、支票、信用卡、汇兑、托收承付、委托收款、国内信用证、网上银行支付等十种结算方式。银行存款日记账应定期与银行对账单核对，如发现未达账项，则应在查明原因后编制"银行存款余额调节表"检查双方的账目是否相符。

其他货币资金包括外埠存款、银行汇票存款、银行本票存款、信用卡存款、信用证保证金存款及存出投资款，这些业务均需通过"其他货币资金"账户进行核算。

应收款项是指企业在日常经营活动中形成的回收期不超过一年的债权，包括应收票据、应收账款、应收股利、应收利息、其他应收款以及预付账款等。企业无法收回或收回的可能性极小的应收款项，称为坏账。由于发生坏账而产生的损失，称为坏账损失。应收款项减值损失的核算方法有两种：直接转销法和备抵法。按照我国会计准则的规定和国际通行做法，企业应当采用备抵法核算坏账损失。

【思考题】

1. 说明库存现金溢缺的会计处理方法。
2. 银行结算有哪些方式？分别说明这些结算方式的特点和适用性。
3. 说明银行存款余额调节表的编制方法。
4. 简述其他货币资金的核算范围。
5. 应收款项减值损失的核算方法有哪些？现行准则中所采用的是什么方法？该方法核算的主要特点是什么？

【练习题】

1. 某公司 2010 年 6 月发生如下经济业务：
（1）6 月 2 日向南京某银行汇款 400 000 元，开立采购专户，委托银行汇出该款项。

（2）6月8日采购员王某到上海采购，采用银行汇票结算，将银行存款 15 000 元转为银行汇票存款。

（3）6月19日采购员李某在南京以外埠存款购买材料，材料价款 300 000 元，增值税额 51 000 元，材料已入库。

（4）6月20日，收到采购员王某转来进货发票等单据，采购原材料一批，进价 10 000 元，增值税额 1 700 元，材料已入库。

（5）6月21日，外埠存款清户，收到银行转来收账通知，余款收妥入账。

（6）6月22日，收到银行汇票存款余额退回通知，已收妥入账。

【要求】 根据以上经济业务编制该公司的有关会计分录。

2. 企业首次计提坏账准备年度的应收账款年末余额为 200 万元，提取坏账准备的比例为 4‰。第二年发生坏账损失 10 000 元，年末应收账款余额为 280 万元。第三年发生坏账损失 8 000 元，上年已转销的应收账款中有 5 000 元本年度又收回，该年度末应收账款余额为 150 万元。

【要求】 做出各年相应的账务处理。

第三章 存 货

学习目标

▶ 掌握

存货确认及初始计量要求;原材料按实际成本核算与按计划成本核算的具体方法;存货清查结果的账务处理及存货可变现净值的确定方法及存货跌价准备的账务处理。

▶ 理解

存货分类及按实际成本核算时发出存货的成本计价方法;熟悉其他存货如周转材料等核算的一般方法以及存货跌价准备的方法。

▶ 了解

存货减值迹象的判断。

第一节 存货概述

一、存货的概念与分类

(一) 存货的概念

存货是指企业在日常活动中持有以备出售的产成品或商品、处于生产过程中的在产品、在生产过程或提供劳务过程中耗用的材料和物料等。存货是一种有形资产,其物质实体在企业日常生产经营活动中不断被销售或耗用,并不断被重置,因而存货属于一项流动资产。

存货区别于固定资产等非流动资产的最基本的特征是,企业持有存货的最终目的是为了出售,不论是可供直接出售,如企业的产成品、商品等;还是需经过进一步加工后才能出售,如原材料等。

(二) 存货的分类

存货种类繁多,不同行业,其存货内容也不一样,会计处理亦简繁不一。其中,制造企业的存货内容最复杂。由于存货作用各不相同,根据不同的标准,可以有不同的分类。存货的具体分类情况如表 3-1 所示。

表 3-1　根据不同标准对存货的分类

按经济用途分类	按取得来源分类	按存放地点分类
原材料 在产品 半成品 产成品 商品 周转材料	外购的存货 自制与委托加工的存货 接受投资的存货 非货币性资产交换、债务重组取得的存货 盘盈的存货	库存存货 在途存货 委托加工存货

存货按经济用途分类是对存货进行科学管理的必要前提。具体如下：

1. 原材料

原材料，是指企业在生产过程中经加工改变其形态或性质并构成产品主要实体的各种原料及主要材料、辅助材料、外购半成品（外购件）、修理用备件（备品备件）、包装材料、燃料等。为建造固定资产等各项工程而储备的各种材料，虽然同属于材料，但是，由于用于建造固定资产等各项工程不符合存货的定义，因此不能作为企业的存货进行核算。

2. 在产品

在产品，是指企业正在制造尚未完工的产品，包括正在各个生产工序加工的产品和已加工完毕但尚未检验或已检验但尚未办理入库手续的产品。

3. 半成品

半成品，是指经过一定生产过程并已检验合格交付半成品仓库保管，但尚未制造完工成为产成品，仍需进一步加工的中间产品。

4. 产成品

产成品，是指制造业企业已经完成全部生产过程并验收入库，可以按照合同规定的条件送交订货单位或者可以作为商品对外销售的产品。企业接受外来原材料加工制造的代制品和为外单位加工修理的代修品，制造和修理完成验收入库后，应视同企业的产成品。

5. 商品

商品，是指商品流通企业外购或委托加工完成验收入库用于销售的各种商品。

6. 周转材料

周转材料，是指企业能够多次使用、逐渐转移其价值但仍保持原有形态不确认为固定资产的材料，如包装物和低值易耗品。其中，包装物是指为了包装本企业商品而储备的各种包装容器，如桶、箱、瓶、坛、袋等。其主要作用是盛装、装潢产品或商品。低值易耗品是指不符合固定资产确认条件的各种用具物品，如工具、管理用具、玻璃器皿、劳动保护用品以及在经营过程中周转使用的容器等。但是周转材料符合固定资产定义的，应当作为固定资产处理。

二、存货的确认条件

存货必须在符合定义的前提下，同时满足下列两个条件，才能予以确认。

（一）与该存货有关经济利益很可能流入企业

资产最重要的特征是预期会给企业带来经济利益。如果某一项目预期不能给企业带来经济利益，就不能确认为企业的资产。因此，企业在确认存货时，需要判断与该项存货相关的经济利益是否很可能流入企业。在实务中，主要通过判断与该项存货所有权相关的风险和报酬是否转移到了企业来确定。其中，与存货所有权相关的风险，是指由于经营情况发生变化造成的相关收益的变动，以及由于存货滞销、毁损等原因造成的损失；与存货所有权相关的报酬，是指在出售该项存货或其经过进一步加工取得的其他存货时获得的收入，以及处置该项存货实现的利得等。

在通常情况下，取得存货的所有权是与该存货相关的经济利益很可能流入本企业的一个重要标志。例如，根据销售合同已经售出（取得现金或收取现金的权利）的存货，其所有权已经转移，与其相关的经济利益已不再流入本企业，此时，即使该项存货尚未运离本企业，也不能再确认为企业的存货。又如，委托代销商品，由于其所有权并未转移至受托方，因而委托代销的商品仍应当确认为委托企业存货的一部分。总之，企业在判断与该存货相关的经济利益能否流入企业时，主要结合该项存货所有权的归属情况进行分析确定。

（二）该存货的成本能够可靠地计量

成本或者价值能够可靠地计量是资产确认的一项基本条件。存货作为企业资产的组成部分，要予以确认也必须能够对其成本进行可靠的计量。存货的成本能够可靠地计量必须以取得的确凿证据为依据，并且具有可验证性。如果存货成本不能可靠地计量，则不能确认为一项存货。如企业承诺的订货合同，由于并未实际发生，不能可靠确定其成本，因此就不能确认为企业的存货。

三、存货的初始计量

企业取得存货应当按照成本进行初始计量。存货成本由采购成本、加工成本和其他成本三个部分组成。具体而言，因存货取得方式不同，其成本构成亦不同。

（一）外购的存货

原材料、商品、周转材料等通过购买而取得的存货的初始成本由采购成本构成。存货的采购成本，指企业物资从采购到入库前所发生的全部支出，包括购买价款、相关税费、运输费、装卸费、保险费以及其他可归属于存货采购成本的费用。

1. 购买价款

购买价款是指企业购入材料或商品的发票账单上列明的价款,但不包括按规定可以抵扣的增值税进项税额。

2. 相关税费

相关税费是指企业购买、自制或委托加工存货所发生的消费税、资源税和不能从增值税销项税额中抵扣的进项税额等。

3. 其他可归属于存货采购成本的费用

其他可归属于存货采购成本的费用即采购成本中除上述各项以外的可归属于存货采购成本的费用,如在存货采购过程中发生的仓储费、包装费、运输途中的合理损耗①、入库前的挑选整理费用等。这些费用能分清负担对象的,应直接计入存货的采购成本;不能分清负担对象的,应选择合理的分配方法,分配计入有关存货的采购成本。分配方法通常包括按所购存货的重量或采购价格的比例进行分配。

但是,对于采购过程中发生的物资毁损、短缺等,除合理的损耗应作为存货的"其他可归属于存货采购成本的费用"计入采购成本外,应区别不同情况进行会计处理:其一,应从供货单位、外部运输机构等收回的物资短缺或其他赔款,冲减物资的采购成本;其二,因遭受意外灾害发生的损失和尚待查明原因的途中损耗,不得增加物资的采购成本,应暂作为待处理财产损溢进行核算,在查明原因后再作处理。

【例3-1】 20×5年8月10日,甲食品加工企业从外地购进一批水果,发货数量为1 020公斤,每公斤买价(不含增值税)8元,不含增值税的运杂费为510元,运输途中发生合理损耗20公斤,验收入库过程中发生挑选整理费用200元。则该批水果入库的实际单位成本为每公斤8.87元。

【分析】 该批水果采购过程中发生的运输途中合理损耗20公斤,买价和运杂费中均含有合理损耗的因素,其中买价中的160元、运杂费中的10元为合理损耗,这部分合理损耗应由入库商品1 000公斤负担,相当于每公斤的合理损耗为0.17元,应计入入库商品成本。因此,从单位成本来看,每公斤水果买价为8元,运杂费为0.5元,运输途中合理损耗为0.17元,挑选整理费用为0.2元,单位成本合计为8.87元。

(二)通过进一步加工而取得的存货

1. 自制存货

通过自制取得的存货,其成本主要由采购成本、加工成本构成。自制存货的成本中采购成本是由所使用或消耗的原材料采购成本转移而来的,存货的加工成本由直接人工和按照一定方法分配的制造费用构成,其实质是企业在进一步加工存货的过程中追加发生的生产成本。其中制造费用是指企业为生产产品和提供劳务而发生的各项间

---

① 运输途中的合理损耗,是指商品在运输过程中,因商品性质、自然条件及技术设备等因素,所发生的自然的或不可避免的损耗。例如,汽车在运输煤炭、化肥等的过程中自然散落以及易挥发产品在运输过程中的自然挥发。

接费用，包括企业生产部门（如生产车间）管理人员的薪酬、折旧费、办公费、水电费、机物料消耗、劳动保护费、季节性和日常修理期间的停工损失等。在生产车间只生产一种产品的情况下，企业归集的制造费用可直接计入该产品成本；在生产多种产品的情况下，企业应采用与该制造费用相关性较强的方法对其进行合理分配。通常采用的方法有：生产工人工时比例法、生产工人工资比例法、机器工时比例法和按年度计划分配法等，还可以按照耗用原材料的数量或成本、直接成本及产品产量分配制造费用。

2. 委托外单位加工的存货

委托外单位加工的存货，其成本包括实际耗用的原材料或者半成品、加工费、装卸费、保险费、委托加工的往返运输费等费用以及按规定应计入成本的税费。

（三）其他方式取得的存货

企业取得存货的其他方式主要包括接受投资者投资、非货币性资产交换、债务重组、企业合并等。

1. 投资者投入的存货

投资者投入存货的成本，应当按照投资合同或协议约定的价值确定，但合同或协议约定价值不公允的除外。在投资合同或协议约定价值不公允的情况下，按照该项存货的公允价值作为其入账价值。通常为借记"原材料"等，借记"应交税费——应交增值税（进项税额）"，贷记"实收资本"等。

2. 通过非货币性资产交换、债务重组、企业合并等方式取得的存货

企业通过非货币性资产交换、债务重组、企业合并等方式取得的存货，其成本视不同情况可选择其公允价值或账面价值作为取得存货的入账价值。

3. 盘盈的存货

盘盈的存货，应按其重置成本作为入账价值。

在确定存货成本的过程中，应当注意，下列费用不应计入存货成本，而应在其发生时计入当期损益：①非正常消耗的直接材料、直接人工及制造费用，应计入当期损益，不得计入存货成本。例如，企业超定额的废品损失以及由自然灾害而发生的直接材料、直接人工及制造费用，由于这些费用的发生无助于使该存货达到目前场所和状态，不应计入存货成本，而应计入当期损益。②仓储费用，指企业在采购入库后发生的储存费用，应计入当期损益。但是，在生产过程中为达到下一个生产阶段所必需的仓储费用则应计入存货成本。例如，某种酒类产品生产企业为使生产的酒达到规定的产品质量标准，而必须发生的仓储费用，就应计入酒的成本，而不是计入当期损益。③不能归属于使存货达到目前场所和状态的其他支出，不符合存货的定义和确认条件，应在发生时计入当期损益，不得计入存货成本。

第二节　存货的取得与发出

存货业务的核算一般有两种方法：一是按实际成本核算；二是按计划成本核算。企业可以根据自身的生产经营特点和管理的要求，选择其中的一种方法进行核算。该节以原材料为例讲述存货在实际成本与计划成本核算下取得与发出的业务核算；其他存货业务（如周转材料、委托加工物资、库存商品）等主要阐述实际成本核算，其计划成本核算与原材料核算原理相同，不再赘述。

一、原材料的核算

（一）原材料按实际成本核算

材料按实际成本计价核算时，材料的收发及结存，无论总分类核算还是明细分类核算，均按照实际成本计价。其主要应通过"原材料""在途物资""应付账款""预付账款"等科目进行核算。

"原材料"科目是用来核算库存各种材料的收发与结存情况的资产类科目。借方登记入库材料的实际成本；贷方登记发出材料的实际成本，期末余额在借方，反映企业库存材料的实际成本。该科目应按材料的保管地点（仓库），按材料的类别、品种和规格等进行明细核算。

"在途物资"科目是用来核算企业采用实际成本（或进价）进行材料、商品等物资的日常核算、货款已付尚未验收入库的在途物资的采购成本，属于资产类科目。借方登记企业购入的在途物资的实际成本，贷方登记验收入库的在途物资的实际成本，期末余额在借方，反映企业在途物资的实际采购成本。该科目应按供应单位和物资品种进行明细核算。

"应付账款"科目是用来核算企业因购买材料、商品和接受劳务等经营活动应支付的款项，属于负债类科目。贷方登记企业因购入材料、商品和接受劳务等尚未支付的款项，借方登记偿还的应付账款，期末余额一般在贷方，反映企业尚未支付的应付账款。该科目可按债权人进行明细核算。

"预付账款"科目是用来核算企业按照合同规定预付的款项，属于资产类科目。借方登记预付的款项及补付的款项，贷方登记收到所购物资时根据有关发票账单记入"原材料"等科目的金额及收回多付款项的金额，期末余额在借方，反映企业实际预付的款项；期末余额在贷方，则反映企业尚未补付的款项。预付款项情况不多的企业，可以不设置"预付账款"科目，而将此业务在"应付账款"科目中核算。该科目可按供货单位进行明细核算。

1. 购入材料

由于支付方式不同,原材料入库的时间与付款的时间既可能一致,也可能不一致,在会计处理上也有所不同。

(1) 发票账单已到,材料已验收入库。

【例 3-2】 蒙利公司购入 C 材料一批,增值税专用发票上记载的货款为 500 000 元,增值税额 85 000 元,另支付运输费 2 220 元,取得货物运输业增值税专用发票(其中运费 2 000 元,增值税 220 元),全部款项已用转账支票付讫,材料已验收入库。

借:原材料——C 材料　　　　　　　　　　　　　　　　　　　502 000
　　应交税费——应交增值税(进项税额)　　　　　　　　　　　 85 220
　　贷:银行存款　　　　　　　　　　　　　　　　　　　　　　587 220

注意:蒙利公司若开出、承兑商业汇票或者因资金紧张暂时尚未支付款项,则应贷记"应付票据"或"应付账款"。

(2) 发票账单已到,但材料尚未到达或尚未验收入库。

【例 3-3】 蒙利公司采用汇兑结算方式购入 F 材料一批,发票及账单已收到,增值税专用发票上记载的货款为 20 000 元,增值税税额为 3 400 元。支付保险费 1 000 元,材料尚未到达。

借:在途物资　　　　　　　　　　　　　　　　　　　　　　　 21 000
　　应交税费——应交增值税(进项税额)　　　　　　　　　　　 3 400
　　贷:银行存款　　　　　　　　　　　　　　　　　　　　　　 24 400

同上,蒙利公司若开出、承兑商业汇票或者因资金紧张暂时尚未支付款项,则应贷记"应付票据"或"应付账款"。

【例 3-4】 承【例 3-3】,上述购入的 F 材料已收到,并验收入库。

借:原材料　　　　　　　　　　　　　　　　　　　　　　　　 21 000
　　贷:在途物资　　　　　　　　　　　　　　　　　　　　　　 21 000

(3) 材料已到达并验收入库,但发票账单等结算凭证未到。

【例 3-5】 蒙利公司采用委托收款结算方式购入 H 材料一批,材料已验收入库,月末发票账单尚未收到,也无法确定其实际成本,暂估价值为 30 000 元。

借:原材料　　　　　　　　　　　　　　　　　　　　　　　　 30 000
　　贷:应付账款——暂估应付账款　　　　　　　　　　　　　　 30 000

下月初用红字予以冲回:

借:原材料　　　　　　　　　　　　　　　　　　　　　　　　 30 000
　　贷:应付账款——暂估应付账款　　　　　　　　　　　　　　 30 000

(4) 货款已预付,材料尚未验收入库。

【例 3-6】 根据与某钢厂的购销合同规定,蒙利公司为购买 J 材料向该钢厂预付 100 000 元货款的 80%,计 80 000 元,已通过汇兑方式汇出。

借:预付账款　　　　　　　　　　　　　　　　　　　　　　　 80 000

贷：银行存款　　　　　　　　　　　　　　　　　　　　　　　　　　80 000

【例3-7】　承【例3-6】蒙利公司收到该钢厂发运来的J材料，已验收入库。有关发票账单记载，该批货物的货款100 000元，增值税额17 000元，支付运输费3 330元，取得货物运输业增值税专用发票（其中运费3 000元，增值税330元），所欠款项以银行存款付讫。

（1）材料入库时。

　　借：原材料——J材料　　　　　　　　　　　　　　　　　　　　103 000
　　　　应交税费——应交增值税（进项税额）　　　　　　　　　　　 17 330
　　　　贷：预付账款　　　　　　　　　　　　　　　　　　　　　　120 330

（2）补付货款时。

　　借：预付账款　　　　　　　　　　　　　　　　　　　　　　　　 40 330
　　　　贷：银行存款　　　　　　　　　　　　　　　　　　　　　　 40 330

2. 发出材料

企业应当根据各类存货的实物流转方式、企业管理的要求、存货的性质等实际情况，合理地选择发出存货成本的计算方法，以合理确定当期发出存货的实际成本。在实际成本核算方式下，企业可以采用的发出存货成本的计价方法包括个别计价法、先进先出法、月末一次加权平均法和移动加权平均法等。

（1）个别计价法。个别计价法，亦称个别认定法、具体辨认法、分批实际法，采用这一方法是假设存货具体项目的实物流转与成本流转相一致，按照各种存货逐一辨认各批发出存货和期末存货所属的购进批别，分别按其购入或生产时所确定的单位成本计算各批发出存货和期末存货的方法。

个别计价法的成本计算准确，符合实际情况，但在存货收发频繁情况下，其发出成本分辨的工作量较大。因此，这种方法适用于一般不能替代使用的存货、为特定项目专门购入或制造的存货以及提供的劳务，如珠宝、名画等贵重物品。

【例3-8】　蒙利公司20×5年5月甲材料收发结存资料如表3-2所示，采用个别计价法计算甲材料的发出金额及结存金额。

表3-2　甲材料购销明细账（个别计价法）

单位：元

20×5年		摘要	收入			发出			结存		
月	日		数量	单价	金额	数量	单价	金额	数量	单价	金额
5	1	期初余额							150	10	1 500
	5	购入	100	12	1 200				150	10	1 500
									100	12	1 200

续表

20×5年		摘要	收入			发出			结存		
月	日		数量	单价	金额	数量	单价	金额	数量	单价	金额
	11	销售				100①	10	1 000			
						100	12	1 200	50	10	500
	16	购入	200	14	2 800				50	10	500
									200	14	2 800
	20	销售				100②	14	1 400	50	10	500
									100	14	1 400
	23	购入	100	15	1 500				50	10	500
									100	14	1400
									100	15	1 500
	27	销售				50③	10	500	100	14	1 400
						50	15	750	50	15	750
	31	本期合计	400	—	5 500	400	—	4 850	100	14	1 400
									50	15	750

注：经具体辨认，①5月11日发出的200件存货中，100件系期初结存存货，另外100件为5月5日购入存货。

②5月20日发出的100件存货于5月16日购入。

③5月27日发出的100件存货中，50件为期初结存，50件为5月23日购入。

(2) 先进先出法。先进先出法，是指以先购入的存货应先发出（销售或耗用）这样一种存货实物流动假设为前提，对发出存货进行计价的一种方法。采用这种方法，先购入的存货成本在后购入存货成本之前转出，据此确定发出存货和期末存货的成本。具体方法是：收入存货时，逐笔登记收入存货的数量、单价和金额；发出存货时，按照先进先出的原则逐笔登记存货的发出成本和结存金额。

采用先进先出法可以随时结转存货发出成本，但较频繁；如果存货收发业务较多且存货单价不稳定时，其工作量较大。在物价持续上升时，期末存货成本接近于市价，而发出成本偏低，会高估企业当期利润和期末库存存货价值；反之，会低估企业当期利润和期末库存存货价值。

【例3-9】 仍以【例3-8】资料为例，若采用先进先出法计算5月甲材料发出成本和期末结存成本，其计算过程和结果如表3-3所示。

表3-3 甲材料购销明细账（先进先出法）

单位：元

20×5年		摘要	收入			发出			结存		
月	日		数量	单价	金额	数量	单价	金额	数量	单价	金额
5	1	期初余额							150	10	1 500
	5	购入	100	12	1 200				150 100	10 12	1 500 1 200
	11	销售				150 50	10 12	1 500 600	50	12	600
	16	购入	200	14	2 800				50 200	12 14	600 2 800
	20	销售				50 50	12 14	600 700	150	14	2 100
	23	购入	100	15	1 500				150 100	14 15	2 100 1 500
	27	销售				100	14	1 400	50 100	14 15	700 1 500
	31	本期合计	400	—	5 500	400	—	4 800	50 100	14 15	700 1 500

（3）月末一次加权平均法。月末一次加权平均法，是指以本月全部进货数量加上月初存货数量作为权数，去除本月全部进货成本加上月初存货成本，计算出存货的加权平均单位成本，以此为基础计算本月发出存货的成本和期末存货的成本的一种方法。计算公式如下：

$$存货单位成本 = \frac{月末库存存货的实际成本 + \sum(本月各批次进货的实际单位成本 \times 本月各批进货的数量)}{月初库存存货数量 + 各月各批进货数量之和}$$

本月发出存货的成本＝本月发出存货的数量×存货单位成本

本月月末库存存货成本＝月末库存存货的数量×存货单位成本

或

本月月末库存存货成本 ＝ 月初库存存货的实际成本 ＋ 本月收入存货的实际成本 － 本月发出存货的实际成本

采用月末一次加权平均法计算比较简单，有利于简化成本计算工作。但由于平时无法从账上提供发出及结存存货的单价和数量，不利于存货成本的日常管理，企业管理者也不能及时了解存货的结存情况。

【例 3-10】 仍以【例 3-8】资料为例，若采用月末一次加权平均法计算 5 月甲材料发出成本和期末结存成本，其计算过程和结果如表 3-4 所示。

表 3-4 甲材料购销明细账（一次加权平均法）

单位：元

20×5 年		摘要	收入			发出			结存		
月	日		数量	单价	金额	数量	单价	金额	数量	单价	金额
5	1	期初余额							150	10	1 500
	5	购入	100	12	1 200				250		
	11	销售				200			50		
	16	购入	200	14	2 800				250		
	20	销售				100			150		
	23	购入	100	15	1 500				250		
	27	销售				100			150		
	31	本期合计	400	—	5 500	400	12.727	5 090.8	150	12.727	1 909.2

注：加权平均单位成本＝(150×10+100×12+200×14+100×15)÷(150+100+200+100)≈12.727（元）

期末结存成本＝[150×10+(100×12+200×14+100×15)]－5 090.8＝1 909.2（元）

（4）移动加权平均法。移动加权平均法，是指以每次进货的成本加上原有库存存货的成本，除以每次进货数量加上原有库存存货的数量，据以计算加权平均单位成本，作为在下次进货前计算各次发出存货成本依据的一种方法。计算公式如下：

$$存货单位成本 = \frac{原有库存存货的实际成本 + 本次进货的实际成本}{原有库存存货数量 + 本次进货数量}$$

本次发出存货的成本＝本次发出存货的数量×本次发货前存货的单位成本

本月月末库存存货成本＝月末库存存货的数量×本月月末存货单位成本

采用移动加权平均法能够使企业管理者及时了解存货的结存情况，计算的平均单位成本以及发出和结存的存货成本比较客观。但由于每次收货都要计算一次平均单价，计算工作量较大，对收发货较频繁的企业不适用。

【例 3-11】 仍以【例 3-8】资料为例，若采用移动加权平均法计算 5 月甲材料发出成本和期末结存成本，其计算过程和结果如表 3-5 所示。

表 3-5　甲材料购销明细账（移动加权平均法）

单位：元

20×5 年		摘要	收入			发出			结存		
月	日		数量	单价	金额	数量	单价	金额	数量	单价	金额
5	1	期初余额							150	10	1 500
	5	购入	100	12	1 200				250	10.8①	2 700
	11	销售				200	10.8	2 160	50	10.8	540
	16	购入	200	14	2 800				250	13.36②	3 340
	20	销售				100	13.36	1 336	150	13.36	2 004
	23	购入	100	15	1 500				250	14.016③	3 504
	27	销售				100	14.016	1 401.6	150	14.016	2 102.4
	31	本期合计	400	-	5 500	400	-	4 897.6	150	14.016	2 102.4

注：①5月5日购入存货后的平均单位成本=（150×10+100×12）÷（150+100）=10.8（元）
②5月16日购入存货后的平均单位成本=（50×10.8+200×14）÷（50+200）=13.36（元）
③5月23日购入存货后的平均单位成本=（150×13.36+100×15）÷（150+100）=14.016（元）

下面举例说明发出存货的会计处理。

【例3-12】 蒙利公司根据20×6年3月"发料凭证汇总表"的记录，3月基本生产车间领用B材料103 000元，辅助生产车间领用B材料70 000元，车间管理部门领用B材料6 000元，企业行政管理部门领用B材料4 000元，计183 000元。

借：生产成本——基本生产成本　　　　　　　　　　　103 000
　　　　　　——辅助生产成本　　　　　　　　　　　 70 000
　　制造费用　　　　　　　　　　　　　　　　　　　 6 000
　　管理费用　　　　　　　　　　　　　　　　　　　 4 000
　　贷：原材料——B材料　　　　　　　　　　　　　　　　　　183 000

需要注意的是，企业各生产单位及有关部门领用的材料具有种类多、业务频繁等特点。为了简化核算，可以在月末根据"领料单"或"限额领料单"中有关领料的单位、部门等加以归类，编制"发料凭证汇总表"，据以编制记账凭证、登记入账。发出材料实际成本的确定，可以由企业从上述个别计价法、先进先出法、月末一次加权平均法、移动加权平均法等方法中选择。计价方法一经确定，不得随意变更。如需变更，应在附注中予以说明。

（二）原材料按计划成本核算

原材料采用计划成本核算时，材料的收发及结存，无论总分类核算还是明细分类核算，均按照计划成本计价。其主要应通过"原材料""材料采购""材料成本差异"等科目进行核算。材料实际成本与计划成本的差异，通过"材料成本差异"科目核算。月末，计算本月发出材料应负担的成本差异并进行分摊，根据领用材料的用途计入相关资产的成本或者当期损益,从而将发出材料的计划成本调整为实际成本。

"原材料"科目是用来核算库存各种材料的收发与结存情况的资产类科目。在材料采用计划成本核算时,借方登记入库材料的计划成本;贷方登记发出材料的计划成本,期末余额在借方,反映企业库存材料的计划成本。该科目应按材料的保管地点(仓库),按材料的类别、品种和规格等进行明细核算。

"材料采购"科目核算企业采用计划成本进行材料日常核算而购入材料的采购成本,属于资产类科目。借方登记采购材料的实际成本,贷方登记入库材料的计划成本。借方大于贷方表示超支,从本科目贷方转入"材料成本差异"科目的借方;贷方大于借方表示节约,从本科目借方转入"材料成本差异"科目的贷方。期末为借方余额,反映企业在途材料的采购成本。该科目可按供应单位和材料品种进行明细核算。

"材料成本差异"科目核算企业已入库各种材料的实际成本与计划成本的差异,属于资产类科目。借方登记超支差异及发出材料应负担的节约差异,贷方登记节约差异及发出材料应负担的超支差异。期末如为借方余额,反映企业库存材料的实际成本大于计划成本的差异(即超支差异);如为贷方余额,反映企业库存材料实际成本小于计划成本的差异(即节约差异)。该科目可按照类别或品种进行明细核算。

1. 购入材料

(1) 发票账单已到,材料已验收入库。

【例3-13】 蒙利公司购入L1材料一批,增值税专用发票上记载的货款为3 000 000元,增值税税额为510 000元,发票账单已收到,计划成本为3 200 000元,全部款项已用转账支票付讫,材料已验收入库。

借:材料采购——L1材料　　　　　　　　　　　　　　3 000 000
　　应交税费——应交增值税(进项税额)　　　　　　　510 000
　　贷:银行存款　　　　　　　　　　　　　　　　　　　　　3 510 000

【例3-14】 蒙利公司购入L2材料一批,专用发票上记载的货款为500 000元,增值税税额为85 000元,发票账单已收到,计划成本为520 000元,款项尚未支付,材料已验收入库。

借:材料采购——L2材料　　　　　　　　　　　　　　500 000
　　应交税费——应交增值税(进项税额)　　　　　　　85 000
　　贷:应付账款　　　　　　　　　　　　　　　　　　　　　585 000

(2) 发票账单已到,但材料尚未到达或尚未验收入库。

【例3-15】 蒙利公司采用汇兑结算方式购入M材料一批,发票及账单已收到,增值税专用发票上记载的货款为200 000元,增值税税额为34 000元,支付运费为1 110元(其中价款1 000元,可抵扣的增值税110元),计划成本为180 000元,材料尚未到达。

借：材料采购　　　　　　　　　　　　　　　　　　　　　　　　　201 000
　　应交税费——应交增值税（进项税额）　　　　　　　　　　　　34 110
　　贷：银行存款　　　　　　　　　　　　　　　　　　　　　　　　235 110

（3）材料已到达并验收入库，但发票账单等结算凭证未到。

【例3-16】蒙利公司购入N材料一批，材料已验收入库，发票账单未到，月末按照计划成本600 000元估价入账。

借：原材料　　　　　　　　　　　　　　　　　　　　　　　　　　600 000
　　贷：应付账款——暂估应付账款　　　　　　　　　　　　　　　　600 000

下月初用红字予以冲回：

借：原材料　　　　　　　　　　　　　　　　　　　　　　　　　　60 000
　　贷：应付账款——暂估应付账款　　　　　　　　　　　　　　　　60 000

【例3-17】承【例3-13】和【例3-14】，月末，蒙利公司汇总本月发票账单已到并验收入库的材料的计划成本3 720 000元（即3 200 000+520 000）。

借：原材料——L1材料　　　　　　　　　　　　　　　　　　　　3 200 000
　　　　　　——L2材料　　　　　　　　　　　　　　　　　　　　520 000
　　贷：材料采购　　　　　　　　　　　　　　　　　　　　　　　3 720 000

月末结转本月入库材料的成本差异，入库材料的实际成本为3 500 000元，入库材料的成本差异为节约220 000（即-220 000）。

借：材料采购　　　　　　　　　　　　　　　　　　　　　　　　　220 000
　　贷：材料成本差异——L1材料　　　　　　　　　　　　　　　　　200 000
　　　　　　　　　　——L2材料　　　　　　　　　　　　　　　　　20 000

2. 发出材料

月末，企业根据领料单等编制"发料凭证汇总表"结转发出材料的计划成本，应当根据所发出材料的用途，按计划成本分别记入"生产成本""制造费用""管理费用"等科目。

【例3-18】蒙利公司根据"发料凭证汇总表"的记录，某月L1材料的消耗（计划成本）为：基本生产车间领用2 000 000元，辅助生产车间领用600 000元，车间管理部门领用250 000元，企业行政管理部门领用50 000元。

借：生产成本——基本生产成本　　　　　　　　　　　　　　　　　2 000 000
　　　　　　——辅助生产成本　　　　　　　　　　　　　　　　　　600 000
　　制造费用　　　　　　　　　　　　　　　　　　　　　　　　　　250 000
　　管理费用　　　　　　　　　　　　　　　　　　　　　　　　　　50 000
　　贷：原材料——L1材料　　　　　　　　　　　　　　　　　　　　2 900 000

根据《企业会计准则第1号——存货》的规定，企业日常采用计划成本核算的，发出的材料成本应由计划成本调整为实际成本。发出材料应负担的成本差异应当按期（月）分摊，不得在季末或年末一次计算。

$$\text{本期材料成本差异率} = \frac{\text{期初结存材料的成本差异} + \text{本期验收入库材料的成本差异}}{\text{期初结存材料的计划成本} + \text{本期验收入库材料的计划成本}} \times 100\%$$

发出材料应负担的成本差异＝发出材料的计划成本×材料成本差异率

期末库存材料应负担的成本差异＝期末库存材料的计划成本×材料成本差异率

【例3-19】 承【例3-13】和【例3-18】蒙利公司本月月初结存L1材料的计划成本为1 000 000元，成本差异为超支30 740元；当月入库L1材料的计划成本3 200 000元，成本差异为节约200 000元。

材料成本差异率＝(30 740-200 000)÷(1 000 000+ 3 200 000)×100%＝-4.03%

结转发出材料的成本差异的分录：

借：材料成本差异——L1材料　　　　　　　　　　　　　116 870
　　贷：生产成本——基本生产成本　　　　　　　　　　　　80 600
　　　　　　　　——辅助生产成本　　　　　　　　　　　　24 180
　　　　制造费用　　　　　　　　　　　　　　　　　　　　10 075
　　　　管理费用　　　　　　　　　　　　　　　　　　　　 2 015

二、周转材料的核算

（一）包装物

包装物是指为了包装本企业商品而储备的各种包装容器，如桶、箱、瓶、坛、袋等。包装物的核算包括取得包装物和发出包装物。取得包装物核算原理与原材料相同，在这里不再赘言。企业发出包装物的核算，应按发出包装物的不同用途分别进行处理。

1. 生产领用包装物

企业生产部门领用的用于包装产品的包装物，构成产品的组成部分，因此应将包装物的成本计入产品成本。生产领用包装物时，借记"生产成本"等科目，贷记"周转材料——包装物"科目。

2. 随同商品出售不单独计价的包装物

随同商品出售但不单独计价的包装物，应于包装物发出时，按其实际成本计入销售费用中，借记"销售费用"科目，贷记"周转材料——包装物"科目。

3. 随同商品出售单独计价的包装物

随同商品出售单独计价的包装物，应于商品出售时，将单独计价的包装物视同材料销售处理，即在随同商品出售时一方面要单独反映其销售收入，计入其他业务收入；另一方面应反映其实际销售成本，计入其他业务成本。

4. 出租或出借给购买单位使用的包装物

企业多余或闲置未用的包装物可以出租、出借给外单位使用。出租、出借包装物，在第一次领用新包装物时，按出租包装物的实际成本，借记"其他业务成本"（出租包装物）科目，贷记"周转材料——包装物"科目。

收到出租包装物的租金，借记"库存现金""银行存款"等科目，贷记"其他业务收入"等科目。

收到出租、出借包装物的押金，借记"库存现金""银行存款"等科目，贷记"其他应付款"科目，退回押金作相反分录。

【例3-20】 蒙利公司对包装物采用实际成本核算，某月生产产品领用包装物的实际成本为100 000元。

借：生产成本　　　　　　　　　　　　　　　　　　　100 000
　　贷：周转材料——包装物　　　　　　　　　　　　　　100 000

【例3-21】 蒙利公司某月销售商品领用不单独计价包装物的实际成本为50 000元。

借：销售费用　　　　　　　　　　　　　　　　　　　　50 000
　　贷：周转材料——包装物　　　　　　　　　　　　　　 50 000

【例3-22】 蒙利公司某月销售商品领用单独计价包装物的实际成本为80 000元，销售收入为100 000元，增值税税额为17 000元，款项已存入银行。

（1）出售单独计价包装物。

借：银行存款　　　　　　　　　　　　　　　　　　　117 000
　　贷：其他业务收入　　　　　　　　　　　　　　　　100 000
　　　　应交税费——应交增值税（销项税额）　　　　　　17 000

（2）结转所售单独计价包装物的成本。

借：其他业务成本　　　　　　　　　　　　　　　　　 80 000
　　贷：周转材料——包装物　　　　　　　　　　　　　　 80 000

（二）低值易耗品

低值易耗品通常被视同存货，作为流动资产进行核算和管理，一般划分为一般工具、专用工具、替换设备、管理用具、劳动保护用品、其他用具等。低值易耗品的核算包括取得低值易耗品和发出低值易耗品。取得低值易耗品核算原理与原材料相同，而企业发出低值易耗品的核算，主要涉及低值易耗品的摊销方法。低值易耗品的摊销方法有一次转销法和分次摊销法。

1. 一次转销法

采用一次转销法摊销低值易耗品，在领用低值易耗品时，将其价值一次、全部计入有关资产成本或者当期损益，主要适用于价值较低或极易损坏的低值易耗品的摊销。

【例3-23】 蒙利公司基本生产车间领用专用工具一批，实际成本为3 000元；管理部门领用一批管理用具，实际成本为2 000元。应作如下会计处理：

借：制造费用　　　　　　　　　　　　　　　　　　　　 3 000
　　管理费用　　　　　　　　　　　　　　　　　　　　 2 000
　　贷：周转材料——低值易耗品　　　　　　　　　　　　 5 000

2. 分次摊销法

采用分次摊销法摊销低值易耗品，低值易耗品在使用期间根据实际状况分次摊销。在采用分次摊销法的情况下，需要单独设置"周转材料——低值易耗品——在用""周转材料——低值易耗品——在库"和"周转材料——低值易耗品——摊销"明细科目。

【例3-24】 蒙利公司的基本生产车间领用一般工具一批，实际成本为100 000元，采用分次摊销法进行摊销，假设分两次平均摊销。应作如下会计处理：

(1) 领用专用工具。

借：周转材料——低值易耗品——在用　　　　　　　　　　　　　　100 000
　　贷：周转材料——低值易耗品——在库　　　　　　　　　　　　　　100 000

(2) 第一次摊销时。

借：制造费用　　　　　　　　　　　　　　　　　　　　　　　　　　50 000
　　贷：周转材料——低值易耗品——摊销　　　　　　　　　　　　　　50 000

(3) 第二次摊销时。

借：制造费用　　　　　　　　　　　　　　　　　　　　　　　　　　50 000
　　贷：周转材料——低值易耗品——摊销　　　　　　　　　　　　　　50 000

同时，

借：周转材料——低值易耗品——摊销　　　　　　　　　　　　　　　100 000
　　贷：周转材料——低值易耗品——在用　　　　　　　　　　　　　　100 000

三、委托加工物资的核算

委托加工物资是指企业委托外单位加工的各种材料、商品等物资。

企业委托外单位加工物资的成本包括加工中实际耗用的原材料或者半成品的成本、加工费、运输费、装卸费等费用以及按规定应计入成本的税金。

为了反映和监督委托加工物资的增减变动及其结存情况，应设置"委托加工物资"科目，借方登记委托加工物资的实际成本；贷方登记加工完毕入库物资的实际成本和退回物资的实际成本；余额在借方，表示尚未完工的委托加工物资的实际成本。

(一) 发出物资

【例3-25】 蒙利公司委托某量具厂加工一批量具，发出材料一批，实际成本72 800元，以银行存款支付运杂费2 442元（其中，价款2 200元，准予抵扣的增值税242元）。

(1) 发出材料时。

借：委托加工物资　　　　　　　　　　　　　　　　　　　　　　　　72 800
　　贷：原材料　　　　　　　　　　　　　　　　　　　　　　　　　　72 800

(2) 支付运杂费时。

借：委托加工物资　　　　　　　　　　　　　　　　　　　　　　　　2 200
　　应交税费——应交增值税（进项税额）　　　　　　　　　　　　　　242

贷：银行存款 2 442

(二) 支付加工费

【例 3-26】 承【例 3-25】蒙利公司以银行存款支付上述量具的加工费用 23 400 元（其中，价款 20 000 元，准予抵扣的增值税 3 400 元）。

借：委托加工物资 20 000
　　应交税费——应交增值税（进项税额） 3 400
　　贷：银行存款 23 400

(三) 加工完成验收入库

【例 3-27】 承【例 3-25】和【例 3-26】蒙利公司收回由某量具厂代加工的量具，以银行存款支付运杂费 2 775 元（其中，价款 2 500 元，准予抵扣的增值税 275 元）。该量具已验收入库。

(1) 支付运杂费时。

借：委托加工物资 2 500
　　应交税费——应交增值税（进项税额） 275
　　贷：银行存款 2 775

(2) 量具入库时。

借：周转材料——低值易耗品 97 500
　　贷：委托加工物资 97 500

【例 3-28】 蒙利公司委托丁公司加工材料一批（属于应税消费品），原材料成本 20 000 元，支付的加工费为 8 190 元（其中，价款 7 000 元，准予抵扣的增值税 1 190 元），消费税为 3 000 元。材料加工完成并验收入库，加工费用等均已通过银行存款支付，双方适用的增值税税率为 17%，甲公司按实际成本核算原材料。

(1) 发出委托加工材料。

借：委托加工物资 20 000
　　贷：原材料 20 000

(2) 支付加工费用和税金。

1) 甲公司收回加工后的材料用于连续生产应税消费品时：

借：委托加工物资 7 000
　　应交税费——应交消费税 3 000
　　　　　　——应交增值税（进项税额） 1 190
　　贷：银行存款 11 190

2) 甲公司收回加工后的材料直接用于销售时：

借：委托加工物资 10 000
　　应交税费——应交增值税（进项税额） 1 190
　　贷：银行存款 11 190

(3) 加工完成，收回委托加工材料。
1) 甲公司收回加工后的材料用于连续生产应税消费品时：
借：原材料   27 000
    贷：委托加工物资   27 000
2) 甲公司收回加工后的材料直接用于销售时：
借：原材料（或库存商品）   30 000
    贷：委托加工物资   30 000

四、库存商品的核算

库存商品是指企业已完成全部生产过程并已验收入库、合乎标准规格和技术条件，可以按照合同规定的条件送交订货单位或可以作为商品对外销售的产品以及外购或委托加工完成验收入库用于销售的各种商品、发出展览的商品、寄存在外的商品、接受来料加工制造的代制品和为外单位加工修理的代修品等。已完成销售手续但购买方在月末未提取的产品，不应作为企业的库存商品，而应作为代管商品处理，单独设置代管商品备查簿进行登记。库存商品既可以采用实际成本核算，也可以采用计划成本核算，其方法与原材料相似，采用计划成本核算时，库存商品实际成本与计划成本的差异，可单独设置"产品成本差异"科目核算。

为了核算和监督库存商品的增减变化及其结存情况，企业应当设置"库存商品"科目，借方登记验收入库的库存商品成本；贷方登记发出的库存商品成本。期末余额在借方，反映各种库存商品的成本。

（一）验收入库商品

对于库存商品采用实际成本核算的企业，当库存商品生产完成并验收入库时，应按实际成本，借记"库存商品"科目，贷记"生产成本——基本生产成本"科目。

【例3-29】蒙利公司"商品入库汇总表"记载，某月已验收入库A产品1 000台，实际单位成本500元，计500 000元；B产品2 000台，实际单位成本800元，计1 600 000元。

甲公司应作如下会计处理：
借：库存商品——A产品   500 000
          ——B产品   1 600 000
    贷：生产成本——基本生产成本（A产品）   500 000
              ——基本生产成本（B产品）   1 600 000

（二）销售商品

企业销售商品、确认收入时，应结转其销售成本，借记"主营业务成本"等科目，贷记"库存商品"科目。

【例3-30】蒙利公司月末汇总的发出商品中，当月已实现销售的A产品有500

台，B 产品有 600 台。该月 A 产品实际单位成本 500 元，B 产品实际单位成本 800 元。在结转其销售成本时，应作如下会计处理：

借：主营业务成本　　　　　　　　　　　　　　　　　　730 000
　　贷：库存商品——A 产品　　　　　　　　　　　　　　250 000
　　　　　　　　——B 产品　　　　　　　　　　　　　　480 000

第三节　存货的清查

一、存货清查概述

存货清查是指期末通过对存货的实地盘点，确定存货的实有数量，并与账面结存数核对，从而确定期末存货实存数与账面结存数是否相符的一种专门方法。

企业存货的种类、品种、规格、数量繁多，收发频繁，由于存货日常收发、计量和计算上的误差，管理不善造成丢失、贪污、被盗等原因，往往会造成存货盘盈、盘亏和毁损，形成存货账实不符的现象。为了如实反映企业存货的实有数额，维护企业资产的安全和完整，做到账实相符，企业必须对存货进行定期或不定期的清查。

企业存货盘盈、盘亏和毁损的原因较多，通常有以下几种：

其一，计量问题。有些存货按照重量计量，如煤炭、铜锭等原材料，入库时按照地秤等大称计量，发出时按照小称计量，大称和小称的计量会产生误差，可能导致存货盘盈或盘亏。

其二，记账问题。会计在记账时，难免发生差错，如发出 L1 材料，记账时误记为发出 L2 材料，则导致 L1 材料盘亏，而 L2 材料盘盈。

其三，工作失误问题。仓库管理人员在发货时，可能出现差错，如应发 A 材料 100 件，实际发出 A 材料 90 件或 110 件，导致 A 材料发生盘盈或盘亏。

其四，管理问题。企业因仓库管理不善，可能导致存货被盗、产生存货盘亏；也可能因仓库管理人员未妥善保管存货，导致存货霉烂变质，产生存货毁损。

其五，自然灾害问题。由于水灾、火灾、台风、地震等自然灾害，可能导致企业存货发生盘亏或毁损。

企业根据存货的盘盈、盘亏情况，应填写存货盘点报告（如实存账存对比表），及时查明原因，按照规定程序报批处理。

为了反映企业在财产清查中查明的各种存货的盘盈、盘亏和毁损情况，企业应当设置"待处理财产损溢"科目，该科目借方登记存货的盘亏、毁损金额及盘盈的转销金额，贷方登记存货的盘盈金额及盘亏的转销金额。企业清查的各种存货损溢，应在期末结账前处理完毕,期末处理后,该科目应无余额。"待处理财产损溢"科目应根据"待处理流动资产损溢"和"待处理固定资产损溢"设置二级科目,并根据盘盈、盘亏、毁损存货的品种设置明细科目。

二、存货盘盈

企业盘盈的存货,在有关部门批准处理之前,应先调整存货的账面价值,采用重置成本计量,借记"原材料""库存商品"等科目,贷记"待处理财产损溢——待处理流动资产损溢"科目,以保证账实相符。

企业发现存货盘盈,应及时分析原因,根据不同原因,按管理权限报经批准后,分别进行处理。

1. 由于计量问题产生的存货盘盈

计量问题导致的存货盘盈,属于企业存货管理中不可避免的问题,应将盘盈存货的价值冲减管理费用,借记"待处理财产损溢——待处理流动资产损溢"科目,贷记"管理费用"科目。

2. 由于记账问题产生的存货盘盈

由于账簿登记错误产生存货盘盈,应调整账簿记录,将待处理盘盈和盘亏存货价值予以抵销,借记"待处理财产损溢——待处理流动资产损溢(盘盈存货)"科目,贷记"待处理财产损溢——待处理流动资产损溢(盘亏存货)"科目。

3. 由于工作失误产生的存货盘盈

由于仓库管理人员少发存货导致存货盘盈,应将少发的存货补发给领用部门或购货单位,不视为盘盈,借记"待处理财产损溢——待处理流动资产损溢"科目,贷记"原材料"等科目。

4. 无法查明原因的存货盘盈

对于无法查明的存货盘盈,应冲减管理费用,借记"待处理财产损溢——待处理流动资产损溢"科目,贷记"管理费用"科目。

【例3-31】 蒙利公司在财产清查中盘盈L材料1 000公斤,实际单位成本60元,经查属于材料收发计量方面的错误。应作如下会计处理:

(1) 批准处理前。

借:原材料　　　　　　　　　　　　　　　　　　　　　　　　60 000
　　贷:待处理财产损溢——待处理流动资产损溢　　　　　　　　　60 000

(2) 批准处理后。

借:待处理财产损溢——待处理流动资产损溢　　　　　　　　　60 000
　　贷:管理费用　　　　　　　　　　　　　　　　　　　　　　60 000

三、存货盘亏和毁损

企业盘亏、毁损的存货,在有关部门批准处理之前,也应先调整存货的账面价值,按照规定的发出存货计价方法进行计量,借记"待处理财产损溢——待处理流动资产损溢"科目,贷记"原材料""库存商品"等科目,以保证账实相符。

企业发现存货盘亏和毁损,应及时分析原因,根据不同原因,按管理权限报经批准后,分别进行处理。

1. 由于计量问题产生的存货盘亏

计量问题导致的存货盘亏,属于企业存货管理中不可避免的问题,应将盘亏存货的价值计入管理费用,借记"管理费用"科目,贷记"待处理财产损溢——待处理流动资产损溢"科目。

2. 由于记账问题产生的存货盘亏

由于账簿登记错误产生存货盘亏,应调整账簿记录,将待处理盘盈和盘亏存货价值予以抵销,借记"待处理财产损溢——待处理流动资产损溢(盘盈存货)"科目,贷记"待处理财产损溢——待处理流动资产损溢(盘亏存货)"科目。

3. 由于工作失误产生的存货盘亏

由于仓库管理人员多发存货导致存货盘亏,应将多发的存货收回,或由领用部门补开领料单,或向购货单位补收货款,不视为盘亏。企业应根据收回的存货价值,借记"原材料"等科目,贷记"待处理财产损溢——待处理流动资产损溢"科目;根据领用部门补领的存货价值,借记"生产成本""制造费用""管理费用"等科目,贷记"待处理财产损溢——待处理流动资产损溢"科目;根据向购货单位补收货款的存货价值,借记"主营业务成本"科目,贷记"待处理财产损溢——待处理流动资产损溢"科目。

4. 由于管理不善产生的存货盘亏或毁损

管理不善产生的存货盘亏或毁损,属于非正常损失,应计入营业外支出。按照增值税暂行条例的规定,管理不善产生的存货盘亏或毁损,其增值税进项税额不得抵扣,应予以转出,一并计入营业外支出。若盘亏或毁损的存货能够取得保险公司或有关责任者的赔款,以及毁损的存货存在残料,则需扣除可以收回的保险赔款及残料价值后的净损失,作为企业的营业外支出处理。企业应根据毁损存货的残料价值,借记"原材料"科目;根据应收的赔偿款,借记"其他应收款"科目;根据盘亏或毁损存货的价值与转出的增值税进项税额之和,扣除残料价值和应收赔偿款,借记"营业外支出"科目;根据盘亏或毁损存货的价值,贷记"待处理财产损溢——待处理流动资产损溢"科目;根据转出的增值税进项税额,贷记"应交税费——应交增值税(进项税额转出)"科目。

5. 由于自然灾害产生的存货盘亏或毁损

自然灾害产生的存货盘亏或毁损,也属于存货的非正常损失,会计处理与管理不善产生的存货盘亏或毁损基本相同,但是按照增值税暂行条例规定,其增值税进项税额不需要转出。

6. 无法查明原因的存货盘亏

无法查明原因的存货盘亏,应计入管理费用,借记"管理费用",贷记"待处理财产损溢——待处理流动资产损溢"科目。

【例3-32】 蒙利公司发生的有关存货盘亏和毁损的经济业务如下：

(1) 盘亏甲材料，实际成本为500元，原因待查。

借：待处理财产损溢——待处理流动资产损溢　　　　　500
　　贷：原材料　　　　　　　　　　　　　　　　　　　　　500

(2) 查明原因，盘亏甲材料系计量不准所致，批准作为管理费用列支。

借：管理费用　　　　　　　　　　　　　　　　　　　　500
　　贷：待处理财产损溢——待处理流动资产损溢　　　　　　500

(3) 因管理不善产品被盗，对财产进行清查盘点，其中，被盗产品的实际成本为10 000元，为生产该产品耗用的原材料及应税劳务的进项税额为900元，企业已通知保险公司并按保险条款相关内容开始申请理赔。

借：待处理财产损溢——待处理流动资产损溢　　　　 10 900
　　贷：原材料　　　　　　　　　　　　　　　　　　　　 10 000
　　　　应交税费——应交增值税（进行税额转出）　　　　　900

(4) 公司被盗产品损失处理结果如下：保险公司已确认应赔偿的损失为4 000元，款项尚未收到；相关责任人赔款1 000元，现金已收讫；残料估值1 200元。

借：其他应收款　　　　　　　　　　　　　　　　　　4 000
　　库存现金　　　　　　　　　　　　　　　　　　　　1 000
　　原材料　　　　　　　　　　　　　　　　　　　　　1 200
　　营业外支出　　　　　　　　　　　　　　　　　　　4 700
　　贷：待处理财产损溢——待处理流动资产损溢　　　　 10 900

第四节　存货的期末计价

存货期末计价是指会计期末对存货价值的重新计量。根据我国企业会计准则的有关规定，资产负债表日，存货应当按照成本与可变现净值孰低计量。当存货成本低于可变现净值时，存货按成本计量；当存货成本高于可变现净值时，存货按可变现净值计量，同时按照成本高于可变现净值的差额计提存货跌价准备，计入当期损益。

一、可变现净值的确定

(一) 存货的可变现净值

可变现净值，是指在日常活动中，存货的估计售价减去至完工时估计将要发生的成本、估计的销售费用以及相关税费后的金额。可见，可变现净值实质上是指存货在正常生产经营环境下可获得的未来净现金流入，而不是存货的售价（市价或合同价）。

也就是说,以存货预计取得的收入为基础,在扣除销售存货过程中可能发生的相关税费和销售费用,以及为达到预定可销售状态还可能发生的进一步加工成本等支出后的余额才是存货的可变现净值。

(二) 确定存货可变现净值需要考虑的因素

企业确定存货的可变现净值,应当以取得的确凿证据为基础,并且考虑持有存货的目的、资产负债表日后事项的影响等因素。

1. 以取得确凿证据为基础

确定存货可变现净值的目的是确定存货是否应计提减值。因此,这里的"确凿证据"也就是对确定存货成本和可变现净值有直接影响的客观证据。其中,存货成本,应当以取得外来原始凭证、生产成本资料、生产成本账簿记录等,作为存货采购成本、加工成本和其他成本及以其他方式取得的存货成本的确凿证据;可变现净值应当以产成品或商品的市场销售价格、与产成品或商品相同或类似商品的市场销售价格、销售方提供的有关税费(销售费用、税金等)相关的资料以及商品的生产成本等,作为对确定存货可变现净值有直接影响的确凿证明。

2. 考虑存货的持有目的

企业持有存货的目的不同,确定存货可变现净的计算方法也不同。如用于出售的存货和用于继续加工的存货,其可变现净值的计算就不相同。因此,企业在确定存货的可变现净值时,应考虑持有存货的目的。一般地,企业持有存货的目的可分为两类:一类是持有以备出售,如商品、产成品,其中又分为有合同约定的存货和没有合同约定的存货;另一类是将在生产过程或提供劳务过程中耗用,如材料等。

3. 考虑资产负表日后事项对存货可变现净值的影响

在确定资产负债表日存货的可变现净值时,不仅要考虑资产负债表日与该存货相关的价格与成本波动,而且还应考虑未来的相关事项。也就是说,不仅限于财务报告批准报出日之前发生的相关价格与成本波动,还应考虑以后期间发生的相关事项。

(三) 不同情况下存货可变现净值的确定

1. 用于出售的存货可变现净值

产成品、商品和用于出售的材料等直接用于出售的存货,在正常生产经营过程中,应当以该存货的估计售价减去估计的销售费用以及相关税费后的金额确定其可变现净值。

2. 需要经过加工的存货可变现净值

原材料、在产品、委托加工材料等需要经过加工的存货,在正常生产经营过程中,应当以所生产的产成品的估计售价减去至完工时估计将要发生的成本、估计的销售费用以及相关税费后的金额确定其可变现净值。下面以材料为例,具体计算步骤如下:

第一步,计算用该材料所生产的产成品的可变现净值。

该产成品的可变现净值=该产成品估计售价−估计销售费用及税金

第二步，比较用该材料所生产的产成品的可变现净值与其成本（这里的成本指产成品的生产成本）。

当该产成品可变现净值小于其成本，则该材料应当按可变现净值计量；当该产成品可变现净值大于其成本，则该材料应当按其账面成本计量。

第三步，计算该材料的可变现净值，并确定其期末价值。

该材料的可变现净值=该材料加工成产成品的估计售价-将该材料加工成产成品尚需投入的成本-估计销售费用及税金

需要注意的是，若为执行销售合同或者劳务合同而持有的存货，则其可变现净值计算中估计售价应当以合同价格为准（如果企业持有的同一项存货数量多于销售合同或劳务合同订购的数量，应分别确定其可变现净值，并与其相对应的成本进行比较，分别确定存货跌价准备的计提或转回金额。超出合同部分存货的可变现净值，应当以一般销售价格为基础计算）；无合同而持有的存货，其可变现净值计算中估计售价应当以一般销售价格（即市场销售价格）为准。

【例3-33】 20×7年12月31日，蒙利公司生产的A型机器的账面价值（成本）为216万元，数量为12台，单位成本为18万元/台。20×7年12月31日，A型机器的市场销售价格（不含增值税）为20万元/台。公司没有签订有关A型机器的销售合同。

【分析】 本例中，由于公司没有就A型机器签订销售合同，因此，在这种情况下，计算确定A型机器的可变现净值应以其一般销售价格总额240万元（20万元×12）作为计量基础。

【例3-34】 20×7年，由于产品更新换代，蒙利公司决定停止生产B型机器。为减少不必要的损失，公司决定将原材料中专门用于生产B型机器的外购原材料——钢材全部出售，20×7年12月31日其账面价值（成本）为90万元，数量为10吨。根据市场调查，此种钢材的市场销售价格（不含增值税）为6万元/吨，同时销售这10吨钢材可能发生销售费用及税金5万元。

【分析】 本例中，由于企业已决定不再生产B型机器，因此，该批钢材的可变现净值不能再以B型机器的销售价格作为其计量基础，而应按钢材本身的市场销售价格作为计量基础。因此，该批钢材的可变现净值应为55万元（6万元×10万-5万元）。

【例3-35】 20×6年12月31日，蒙利公司库存原材料——A材料的账面价值（成本）为150万元，市场销售价格总额（不含增值税）为140万元，假设不发生其他购买费用；用A材料生产的产成品——B型机器的可变现净值高于成本。

【分析】 本例中，由于用A材料生产的产成品——B型机器的可变现净值高于其成本，即用该原材料生产的最终产品此时并没有发生价值减损。因而，在这种情况下，A材料即使其账面价值（成本）已高于市场价格，也不应计提存货跌价准备，仍应按其原账面价值（成本）150万元列示在公司20×6年12月31日资产负债表的存货项目之中。

二、成本与可变现净值的比较方法

存货按成本与可变现净值孰低法计价时,可以采用不同的方法对成本与可变现净值进行比较。比较的方法主要有按存货项目比较、按存货类别比较和按全部存货比较三种。

(一) 按存货项目比较

按存货项目比较时,只要某存货项目的可变现净值低于成本,就将该存货项目按可变现净值计价,不考虑其他存货的可变现净值是否低于成本,不受其他存货可变现净值大小的影响。当某存货项目的成本高于该项目的可变现净值时,就应按其差额对存货项目计提存货跌价准备。

(二) 按存货类别比较

按存货类别比较时,只要某类存货的可变现净值低于成本,就将该类存货按可变现净值计价,不考虑其他类存货的可变现净值是否低于成本,不受其他类别存货市价的影响。但采用这种方法时,有些存货的可变现净值高于其成本,有些存货的可变现净值低于其成本,有些存货的可变现净值等于其成本,按该类存货可变现净值总额计价就会将不同存货项目可变现净值同成本的差异相互抵销,使不同存货项目的可变现净值与成本的关系不能清晰地反映。

(三) 按全部存货比较

按全部存货比较时,只有全部存货的可变现净值低于全部存货的成本时,才按可变现净值计价。这种情况下,不仅会将不同存货项目之间可变现净值与成本的差异相互抵销,而且还会将不同存货类别之间可变现净值与成本之间的差异相互抵销,使不同存货项目的可变现净值与成本的关系以及不同类别存货可变现净值与成本的关系无法清晰地反映。

【例 3-36】 蒙利公司的有关资料及存货期末计量见表 3-6,假设公司在此之前没有对存货计提跌价准备。假定不考虑相关税费和销售费用。

表 3-6 按存货类别计提存货跌价准备

20×7 年 12 月 31 日　　　　　　　　　　单位:元

商品	数量(台)	成本 单价	成本 总额	可变现净值 单价	可变现净值 总额	成本与可变现净值孰低的选择金额 按存货项目	成本与可变现净值孰低的选择金额 按存货类别	成本与可变现净值孰低的选择金额 按全部存货
第一组								
A	500	10	5 000	9	4 500	4 500		
B	600	7	4 200	8	4 800	4 200		
小计			9 200		9 300		9 200	

续表

商品	数量（台）	成本		可变现净值		成本与可变现净值孰低的选择金额		
		单价	总额	单价	总额	按存货项目	按存货类别	按全部存货
第二组								
C	300	50	15 000	48	14 400	14 400		
D	200	45	9 000	44	8 800	8 800		
小计			24 000		23 200		23 200	
全部存货合计			33 200		32 500	31 900	32 400	32 500

在表 3-6 中，按存货单个项目计提的存货跌价准备为 1 300 元；按存货类别计提的跌价准备为 800 元；按全部存货计提的跌价准备为 700 元。

在会计实务中，为了反映存货成本与可变现净值比较的详细情况，企业在计提存货跌价准备时通常应当以单个存货项目为基础。在企业采用计算机信息系统进行会计处理的情况下，完全有可能做到按单个存货项目计提存货跌价准备。这就要求企业应当根据管理要求和存货的特点，明确规定存货项目的确定标准。比如，将某一型号和规格的材料作为一个存货项目、将某一品牌和规格的商品作为一个存货项目，等等。

如果某一类存货的数量繁多并且单价较低，企业可以按存货类别计量成本与可变现净值，即按存货类别成本的总额与可变现净值的总额进行比较，每个存货类别均取较低者确定存货期末价值。

与在同一地区生产和销售的产品系列相关、具有相同或类似最终用途或目的，且难以与其他项目分开计量的存货，也可以合并计提存货跌价准备。存货具有相同或类似最终用途或目的，并在同一地区生产和销售，意味着存货所处的经济环境、法律环境、市场环境等相同，具有相同的风险和报酬。因此，在这种情况下，可以对该存货进行合并计提存货跌价准备。

三、存货发生减值的迹象与减值核算

（一）判断存货发生减值的主要迹象

1. 存货减值判断

在会计实务中，一般可根据下列迹象判断存货发生了减值，并计提存货跌价准备，确认存货减值损失：

（1）该存货的市场价格持续下跌，并且在可预见的未来无回升的希望。

（2）企业使用该项原材料生产的产品成本大于产品销售价格。

（3）企业因产品更新换代，原有库存原材料已不适应新产品的需要，而该原材料的市场价格又低于其账面成本。

(4) 因企业所提供的商品或劳务过时或消费者偏好改变而使市场的需求发生变化，导致市场价格逐渐下跌。

(5) 其他足以证明该项存货实质上已经发生减值的情形。

2. 存货可变现净值为零的判断

若存货存在下列情形之一的，则通常表明存货的可变现净值为零。

(1) 已霉烂变质的存货。

(2) 已过期且无转让价值的存货。

(3) 生产中已不再需要，并且已无使用价值和转让价值的存货。

(4) 其他足以证明已无使用价值和转让价值的存货。

（二）存货跌价准备的核算

资产负债表日，存货的成本高于其可变现净值的，企业应当计提存货跌价准备。为此，企业应设置"存货跌价准备"科目。该科目贷方登记计提的存货跌价准备金额；借方登记恢复或转出的存货跌价准备金额；期末贷方余额反映企业已计提但尚未转销的存货跌价准备金额。存货跌价准备计提及转回的处理时，应注意以下三点：

其一，资产负债表日，企业应当确定存货的可变现净值。企业确定存货的可变现净值应当以资产负债表日的状况为基础确定，既不能提前确定存货的可变现净值，也不能延后确定存货的可变现净值，并且在每一个资产负债表日都应当重新确定存货的可变现净值。

其二，企业的存货在符合条件的情况下，可以转回计提的存货跌价准备。存货跌价准备转回的条件是以前减记存货价值的影响因素已经消失，而不是在当期造成存货可变现净值高于成本的其他影响因素。如果本期导致存货可变现净值高于其成本的影响因素不是以前减记该存货价值的影响因素，则不允许将该存货跌价准备转回。

其三，当符合存货跌价准备转回的条件时，应在原已计提的存货跌价准备的金额内转回。即在对该项存货、该类存货或该合并存货已计提的存货跌价准备的金额内转回。转回的存货跌价准备与计提该准备的存货项目或类别应当存在直接对应关系，但转回的金额以将存货跌价准备余额冲减至零为限。

【例3-37】 蒙利公司采用成本与可变现净值孰低法对A存货进行期末计价。20×5年末，A存货的账面成本为100 000元，由于本年以来A存货的市场价格持续下跌，并在可预见的将来无回升的希望。根据资产负债表日状况确定的A存货可变现净值为95 000元。

  借：资产减值损失   5 000
    贷：存货跌价准备   5 000

【例3-38】 承【例3-37】假设20×6年末，A存货的种类和数量、账面成本和已计提的存货跌价准备均未发生变化，20×6年末，A存货的可变现净值为97 000元。

  借：存货跌价准备   2 000
    贷：资产减值损失   2 000

【例3-39】 承【例3-37】和【例3-38】假设20×7年末，A存货的种类和数量、账面成本和已计提的存货跌价准备均未发生变化，但是，20×7年以来A存货市场价格持续上升，市场前景明显好转，至20×7年末根据当时状态确定的A存货的可变现净值为110 000元。

借：存货跌价准备　　　　　　　　　　　　　　　　　　　　　3 000
　　贷：资产减值损失　　　　　　　　　　　　　　　　　　　　3 000

企业计提了存货跌价准备，如果其中有部分存货已经销售，则企业在结转销售成本时，应同时结转对其已计提的存货跌价准备，应借记"主营业务成本""存货跌价准备"，贷记"库存商品"。

【本章小结】

存货是指企业在日常活动中持有以备出售的产成品或商品、处在生产过程中的在产品、在生产过程或提供劳务过程中耗用的材料和物料等。通常包括原材料、在产品、产成品、委托加工物资和周转材料等。

原材料的日常核算，既可以采用实际成本法，也可以采用计划成本法。实际成本法下发出材料的计价方法包括个别计价法、先进先出法、月末一次加权平均法和移动加权平均法等。在计划成本法下，期末需计算本月可供耗用材料的成本差异率。

周转材料是指企业周转使用的包装物、低值易耗品以及企业（建造承包商）的钢模板、木模板、脚手架等。其中包装物是指为了包装本企业商品、产品而储备的各种包装容器，如桶、箱、瓶、坛、袋等；低值易耗品是指企业在经营过程中所必需的单项价值比较低或使用年限比较短，不能作为固定资产核算的物资设备和劳动资料等。发出周转材料的摊销方法有一次摊销法和分次摊销法。委托加工物资是指企业委托外单位加工的各种材料、商品等物资。

存货的期末清查是指期末通过对存货的实地盘点，确定存货的实有数量，并与账面结存数核对，从而确定期末存货实存数与账面结存数是否相符的一种专门方法。对于清查中发生的存货盘盈、盘亏需查明原因进行相应的会计处理。期末存货应当按照成本与可变现净值孰低计量，这里的成本是指期末存货的实际成本；可变现净值，是指在日常活动中，存货的估计售价减去至完工时估计将要发生的成本、估计的销售费用以及相关税费后的金额。企业持有存货的目的不同，存货的可变现净值计算不同。资产负债表日，当存货的成本高于其可变现净值的，企业应当计提存货跌价准备。

【思考题】

1. 什么是存货？存货包括哪些主要内容？
2. 取得存货时应如何确定其入账价值？

3. 存货采用实际成本法核算时，可以采用哪些方法来确定发出存货的成本？
4. 存货采用实际成本法核算时，应按什么程序进行会计处理？
5. 存货期末采用什么方法进行财产清查？发生盘盈盘亏时应如何进行会计处理？
6. 存货采用何种方法进行期末计量？具体如何进行会计处理？

【练习题】

1. 甲公司为增值税一般纳税人，原材料采用实际成本核算，2017 年 3 月发生下列经济业务：

（1）从本地购入 A 材料一批，增值税专用发票注明的材料价款为 30 000 元，增值税额 5 100 元，材料已验收入库，发票账单等结算凭证已收到，货款已通过银行支付。

（2）从外地采购 B 材料一批，发票账单等结算凭证已收到，增值税专用发票注明的材料价款为 10 000 元，增值税额为 1 700 元，货款已支付，但材料尚未到达。

（3）上述在途 B 材料已经运达并验收入库。

（4）从外地采购 C 材料一批，材料已验收入库，但结算凭证未到，货款尚未支付，暂估价 30 000 元。

（5）收到上述 C 材料结算凭证并支付货款 33 000 元及增值税 5 610 元。

（6）从外地购进 B 材料一批，价款 35 000 元，增值税税额 5 950 元，供应单位代垫运杂费 1 000 元，签发一张 1 个月后到期的商业承兑汇票 41 950 元，结算原材料价款和运杂费，材料尚未验收入库。

（7）根据合同规定，预付 D 材料款 40 000 元。

（8）上述 D 材料已运到并验收入库，收到发票账单等结算凭证，材料价款为 70 000 元，增值税税额为 11 900 元，余款为 41 900 元已通过银行支付。

（9）自制材料完工验收入库，实际成本 42 000 元。

【要求】 根据上述材料收入业务，逐项编制会计分录。

2. 甲公司为增值税一般纳税人，2017 年 12 月在存货清查中发生下列经济业务：

（1）15 日，A 种原材料盘盈 250 公斤，每公斤成本为 16 元，盘盈原因待查。

（2）15 日，B 种原材料盘亏 550 公斤，每公斤成本为 10 元；C 种原材料盘亏 700 公斤，每公斤成本为 5 元。

（3）上述 A 材料盘盈系发料差错所致，31 日报批准后冲减当期管理费用。

（4）上述 B 材料盘亏经查是自然灾害所致，可收回残料价值 500 元；C 材料盘亏经查是经营管理不善造成，追究责任，由过失人负担 30%，其余部分作为一般经营损失处理，31 日报经批准后，同意按上述原因进行账务处理。

【要求】 根据以上经济业务编制相关会计分录。

3. 某股份有限公司对存货的期末计价采用成本与可变现净值孰低法。该公司存货各年有关资料如下：

(1) 2011 年末首次计提存货跌价准备，库存商品的账面成本为 50 000 元，可变现净值为 45 000 元。

(2) 2012 年末，库存商品的账面成本为 75 000 元，可变现净值为 67 000 元。

(3) 2013 年末，库存商品的账面成本为 100 000 元，可变现净值为 97 000 元。

(4) 2014 年末，库存商品的账面成本为 120 000 元，可变现净值为 122 000 元。

【要求】 根据上述资料编制存货期末计提跌价准备业务的会计分录。

第四章 金融资产

学习目标

▶ 掌握
交易性金融资产、持有至到期投资、可供出售金融资产的核算。
▶ 理解
金融资产划分依据。
▶ 了解
确定金融资产公允价值时的基本要求。

第一节 金融资产概述

一、金融资产的内容

金融资产属于企业资产的重要组成部分,主要包括库存现金、银行存款、应收账款、应收票据、其他应收款项、股权投资、债权投资和衍生金融工具形成的资产等。

二、金融资产的分类

企业应当结合自身业务特点、投资策略和风险管理要求,将取得的金融资产在初始确认时分为以下几类:以公允价值计量且其变动计入当期损益的金融资产;持有至到期投资;贷款和应收款项;可供出售金融资产。金融资产分类与金融资产计量密切相关。不同类别的金融资产,其初始计量和后续计量采用的基础也不完全相同。因此,金融资产的分类一经确定,不应随意变更。

(一) 以公允价值计量且其变动计入当期损益的金融资产

以公允价值计量且公允价值变动计入当期损益的金融资产包括交易性金融资产和指定为以公允价值计量且公允价值变动计入当期损益的金融资产。

1. 交易性金融资产

交易性金融资产是指企业为了在近期内出售而持有的以公允价值计量且公允价值变动计入当期损益的股票、债券、基金等。一般来说，企业购入的股票、债权、基金等在活跃的市场中有报价，且能够随时出售，才能够确认为交易性金融资产。例如，企业为了资产增值，在二级市场上购入了股票，预计其价格近期将会上涨，准备在股票价格上涨后随时出售，则可以将购入的股票确认为交易性金融资产。

2. 指定为以公允价值计量且公允价值变动计入当期损益的金融资产

指定为以公允价值计量且公允价值变动计入当期损益的金融资产是指不满足交易性金融资产的确认条件，但在符合特定条件的情况下直接指定为以公允价值计量且公允价值变动计入当期损益的金融资产。

需要说明的是，直接指定为以公允价值计量且公允价值变动计入当期损益的金融资产在会计实务中较少见，因此，本书不再讲述。为了简化项目名称，本章及后续资产负债表中，以公允价值计量且公允价值变动计入当期损益的金融资产均简化表述为交易性金融资产。

（二）持有至到期投资

持有至到期投资是指企业购入的到期日固定、回收金额固定或可确定，且企业有明确意图和能力持有至到期的各种债券，如国债和企业债券等。例如，企业购入3年期的企业债券，该债券有固定的到期日，到期可收回的金额能够确定，如果企业有较多的闲置货币资金，且计划在3年后使用这笔货币资金，在债券到期之前不会产生资金短缺，则可以将购入的企业债券确认为持有至到期投资。反之，企业如果在3年内需要货币资金，不准备持有至到期，则应将购入的债券确认为交易性金融资产。

（三）贷款和应收款项

贷款和应收款项，是指在活跃市场中没有报价、回收金额固定或可确定的非衍生金融资产。贷款主要是指金融企业发放的贷款；应收款项是指企业在日常经营活动中形成的回收期不超过一年的债权，包括应收票据、应收账款、应收股利、应收利息、其他应收款以及预付账款等。

（四）可供出售金融资产

可供出售金融资产是指除贷款和应收款项、交易性金融资产、持有至到期投资以外的金融资产，主要包括以下内容：①购入的在活跃市场上有报价的股票、债券、基金；②基于风险管理的需要且有意图作为可供出售的金融资产持有的股票、债券、基金；③基于特定的风险管理或资本管理的需要，直接指定为可供出售金融资产的股票、债券、基金；④取得的不具有控制、共同控制和重大影响的股权投资。例如，企业购入上市公司定向发行的股票，对被投资企业不具有控制、共同控制和重大影响，但规定在12个月之内不得出售,该股权尽管在活跃市场是有报价的,但不能够随时出售,则不能确认为交易性金融资产,而应将其确认为可供出售金融资产;又如,企业根据需要向某非上市公司投资,取得该公司2%的股权,但对该公司不存在控制、共同控制和重大影响,由于该股权在活跃市场上没有报价,不能够随时出售,也不能确认为交易性金融资产,因此应将其确认为可供出售金融资产。

按照我国企业会计准则的规定,当企业的经营环境或管理意图等发生变化时,可以将金融资产进行重分类。但是,为了避免企业任意调节利润,企业会计准则同时规定,初始确认为交易性金融资产的,持有期间不得重分类为其他金融资产;初始确认为其他金融资产的,持有期间也不得重分类为交易性金融资产。

第二节　交易性金融资产

一、交易性金融资产概述

（一）交易性金融资产的含义

交易性金融资产,主要是指企业为了近期内出售而持有的金融资产。例如,企业以赚取差价为目的从二级市场购入的股票、债券、基金等,就属于交易性金融资产。衍生工具不作为有效套期工具的,也应当划分为交易性金融资产。

作为交易性金融资产投资,应当满足下列条件之一:

其一,取得该金融资产的目的主要是为了近期内出售。例如,企业以赚取差价为目的从二级市场购入的股票、债券和基金等。

其二,属于进行集中管理的可辨认金融工具组合的一部分,且有客观证据表明企业近期采用短期获利方式对该组合进行管理。在这种情况下,即使组合中有某个组成项目持有的期限稍长也不受影响。

其三,属于衍生金融工具。比如,国债期货、远期合同、股指期货等,其公允价值变动大于零时,应将其相关变动金额确认为交易性金融资产,同时计入当期损益。但是,如果衍生工具被企业指定为有效套期关系中的套期工具,那么该衍生金融工具初始确认后的公允价值变动应根据其对应的套期关系不同,采用相应的方法进行处理。

（二）交易性金融资产的特点

交易性金融资产一般具有以下特点:

1. 投资的变现能力强

交易性金融资产在活跃的市场中有报价,具有很强的变现能力,其流动性仅次于货币资金,当企业急需资金时可以立即兑现。

活跃市场是指同时具有下列特征的市场:①市场内交易的对象具有同质性;②可随时找到自愿交易的买方和卖方;③市场价格信息是公开的。

2. 投资目的是为了利用生产经营过程中的暂时闲置资金获得一定的收益

在企业正常的生产经营过程中,有时会形成一笔暂时的资金,这在季节性生产企业中尤为明显。企业可以在充分考虑风险的情况下,用这笔资金购买随时可以变现的投资,以期获得高于银行存款利息的投资收益。

3. 近期内出售,回收金额不固定或不可确定

企业用于交易性金融资产的投资一般是闲置的,一旦企业生产经营需要资金或出现较好的获利机会,企业可随时将交易性金融资产转为货币资金,但是由于投资具有一定的风险性,交易性金融资产的回收金额不固定或不可确定,可能盈利也可能发生亏损。

正因为交易性金融资产具有以上特征,所以《企业会计准则第 22 号——金融工具确认和计量》将交易性金融资产划分为以公允价值计量且其变动计入当期损益的金融资产。

(三) 科目设置

为了反映交易性金融资产的取得、处置、公允价值变动等情况,企业应设置"交易性金融资产"科目,核算以交易为目的而持有的债券投资、股票投资、基金投资等交易性金融资产的公允价值,并按其类别和品种分别"成本""公允价值变动"进行明细分类核算。其中,"成本"明细科目反映交易性金融资产的初始确认金额;"公允价值变动"明细科目反映交易性金融资产在持有期间的公允价值变动金额。需要注意的是,企业持有的直接指定为以公允价值计量且其变动计入当期损益的金融资产,也通过"交易性金融资产"科目进行核算,不单独设置会计科目核算。

为了核算和监督交易性金融资产公允价值的变动情况,企业应设置"公允价值变动损益"科目。它属于损益类科目,用来核算企业持有的交易性金融资产公允价值变动形成的应计入当期损益的利得或损失。贷方登记期末企业持有的交易性金融资产公允价值高于账面价值的差额、处置交易性金融资产时结转的从购入起至出售止的累计发生的公允价值变动损失;借方登记期末企业持有的交易性金融资产公允价值低于账面价值的差额、处置交易性金融资产时结转的从购入起至出售止的累计发生的公允价值变动收益;期末该账户的余额转入"本年利润"账户后,本账户无余额。

二、交易性金融资产的计量

(一) 初始计量

企业取得交易性金融资产时,应当按照取得时的公允价值进行初始计量,相关的

交易费用在发生时计入当期损益。所支付的价款中包含已宣告但尚未发放的现金股利或已到付息期但尚未领取的债券利息，应当单独确认为应收项目（应收股利或应收利息）。

1. 公允价值

公允价值是指市场参与者在计量日发生的有序交易中，出售一项资产所能收到或者转移一项负债所需支付的价格。在确定金融资产的公允价值时、应考虑以下基本要求：

（1）金融资产的特征和计量单元。企业以公允价值计量金融资产，应当考虑该金融资产的特征，包括金融资产状况、对金融资产出售或者使用的限制等。

以公允价值计量的金融资产既可以是单项资产，也可以是资产组合或者资产和负债的组合。企业是以单项还是以组合的方式对金融资产进行公允价值计量，取决于该金融资产的计量单元。计量单元，是指相关资产或负债以单独或者组合方式进行计量的最小单位。

（2）有序交易和市场。企业以公允价值计量金融资产，应当假定市场参与者在计量日出售金融资产的交易，是在当前市场条件下的有序交易。有序交易，是指在计量日前一段时期内相关资产或负债具有惯常市场活动的交易，清算等被迫交易不属于有序交易。

企业以公允价计量金融资产，应当假定出售金融资产的有序交易在金融资产的主要市场进行。不存在主要市场的，企业应当假定该交易在金融资产的最有利市场进行。主要市场，是指相关资产或负债交易量最大和交易活跃程度最高的市场。最有利市场，是指在考虑交易费用和运输费用后能够以最高金额出售相关资产或者以最低金额转移相关负债的市场。

（3）市场参与者。企业以公允价值计量金融资产，应当采用市场参与者在对该金融资产定价时为实现其经济利益最大化所使用的假设。市场参与者，是指在相关资产或负债的主要市场（或最有利市场）中，同时具备下列特征的买方和卖方：①市场参与者应当相互独立，不存在《企业会计准则第36号——关联方披露》所述的关联方关系。②市场参与者应当熟悉情况，能够根据可取得的信息对相关资产或负债以及交易具备合理认知。③市场参与者应当有能力并自愿进行相关资产或负债的交易。

（4）公允价值与交易价格。企业应当根据交易性质和金融资产的特征等，判断初始确认时的金融资产公允价值是否与其交易价格相等。在企业取得金融资产的交易中，交易价格是取得该项金融资产所支付的价格（即进入价格）。公允价值是出售该项金融资产所能收到的价格（即脱手价格）。通常情况下金融资产在初始确认时的公允价值通常与其交易价格相等。

（5）估值技术和输入值。

1）估值技术。企业以公允价值计量金融资产，应当采用在当前情况下适用并且有足够可利用数据和其他信息支持的估值技术。估值技术主要包括：市场法、收益法、成本法。企业应当使用与其中一种或多种估值技术相一致的方法计量公允价值。企业使用多种估值技术计量公允价值的，应当考虑各估值结果的合理性，选取在当前情况下最能代表公允价值的金额作为公允价值。

2）输入值。输入值，是指市场参与者在给相关资产或负债定价时所使用的假设，包括可观察输入值和不可观察输入值。可观察输入值，是指能够从市场数据中取得的输入值；不可观察输入值，是指不能从市场数据中取得的输入值。企业在估值技术的应用中，应当优先使用相关可观察输入值，只有在相关可观察输入值无法取得或取得不切实可行的情况下，才可以使用不可观察输入值。

(6) 公允价值层次。企业应当将公允价值计量所使用的输入值划分为三个层次，并首先使用第一层次输入值，其次使用第二层次输入值，最后使用第三层次输入值。公允价值计量结果所属的层次，由对公允价值计量整体而言具有重要意义的输入值所属的最低层次决定。企业应当在考虑金融资产特征的基础上判断所使用的输入值是否重要。公允价值计量结果所属的层次，取决于估值技术的输入值，而不是估值技术本身。

2. 交易费用

交易费用是指可直接归属于购买、发行或处置金融工具新增的外部费用。新增的外部费用，是指企业不购买、发行或处置金融工具就不会发生的费用。

交易费用包括支付给代理机构、咨询公司、券商等的手续费和佣金及其他必要支出，不包括债券溢价、折价、融资费用、内部管理成本及其他与交易不直接相关的费用。企业为发行金融工具所发生的差旅费等，不属于此处所讲的交易费用。

3. 所支付的价款中包含已宣告但尚未发放的现金股利或已到付息期但尚未领取的债券利息

如果投资者是在现金股利的宣告日和登记日之间购买股票，那么实际支付的价款中就会包含已宣告但尚未发放的现金股利；同样，如果投资者是在付息期和发放日之间购买的债券，那么实际支付的价款中就会包含已到付息期但尚未领取的债券利息。它们属于在购买日暂时垫付的资金，是在投资时所取得的一项债权，因此不应计入交易性金融资产的初始投资成本，而应单独确认为应收项目。

(二) 后续计量

资产负债表日，交易性金融资产按公允价值进行后续计量，公允价值变动计入当期损益。交易性金融资产期末按公允价值计价，能够公允地反映企业财务状况和经营成果，满足财务报表使用者对会计信息的需求。

三、交易性金融资产的会计处理

(一) 交易性金融资产的取得

企业取得交易性金融资产时，应当按照该金融资产的购买价格作为其初始成本，借记"交易性金融资产——成本"科目;按照所支付价款中包含的已宣告但尚未发放的现金股利或已到付息期但尚未领取的债券利息,借记"应收股利"或"应收利息"科目;按照取得交易性金融资产所发生的相关交易费用,借记"投资收益"科目;按照所支付的全部款项,贷记"银行存款"等科目。

一般认为,投资收益项目反映企业已经实现的损益,而公允价值变动损益则反映企业尚未实现的损益。企业取得的交易性金融资产按照公允价值计量,公允价值变动损益属于尚未实现的损益,但是交易费用则属于实际发生的费用,如果将实际支付的交易费用计入投资成本,将影响公允价值变动损益的计量,无法合理区分未实现的损益和已实现的损益,为此,企业会计准则规定将实际支付的交易费用作为投资费用处理。例如,企业购入股票的价格为 100 000 元,实际支付的交易费用为 600 元,期末该股票的公允价值为 110 000 元。按照企业会计准则的规定,当期的公允价值变动收益为 10 000 元,投资收益为-600 元,损益合计为 9 400 元;如果将交易费用计入投资成本,则当期公允价值变动收益为 9 400 元,投资收益为 0,损益合计仍为 9 400 元。尽管两种处理方法的损益合计相同,但反映的已实现损益和未实现损益的构成不同。

【例 4-1】 蒙利公司 20×7 年 3 月 10 日从股票市场购入 A 公司股票 3 000 股,每股购买价格 10 元,另支付交易手续费及印花税等计 230 元,款项已通过银行存款支付。蒙利公司打算短期持有该公司股票,将其划分为交易性金融资产。蒙利公司购买股票的账务处理如下:

初始投资成本 = 3 000×10 = 30 000(元)

借:交易性金融资产——成本　　　　　　　　　　　　　　　30 000
　　投资收益　　　　　　　　　　　　　　　　　　　　　　　　230
　　贷:银行存款　　　　　　　　　　　　　　　　　　　　　　30 230

【例 4-2】 20×7 年 3 月 25 日,蒙利公司按每股 8.6 元的价格购入 B 公司每股面值 1 元的股票 30 000 股,并支付手续费及印花税等交易费用 1 000 元。购买价格中包含每股 0.2 元已宣告但尚未发放的现金股利,该现金股利于 20×7 年 4 月 20 日发放。蒙利公司打算短期持有该公司股票,将其划分为交易性金融资产。蒙利公司进行如下账务处理。

(1) 20×7 年 3 月 25 日,购入 B 公司股票。

初始投资成本 = 30 000×(8.6-0.2) = 252 000(元)

应收现金股利 = 30 000×0.2 = 6 000(元)

借:交易性金融资产——成本　　　　　　　　　　　　　　　252 000
　　应收股利　　　　　　　　　　　　　　　　　　　　　　　6 000
　　投资收益　　　　　　　　　　　　　　　　　　　　　　　1 000
　　贷:银行存款　　　　　　　　　　　　　　　　　　　　　259 000

(2) 20×7 年 4 月 20 日,收到发放的现金股利。

借：银行存款 6 000
　　贷：应收股利 6 000

【例4-3】 20×7年1月1日，蒙利公司按86 800元的价格购入甲公司于20×6年1月1日发行的面值80 000元、期限5年、票面利率为6%、每年12月31日付息、到期还本的债券作为交易性金融资产，并支付手续费及印花税等交易费用300元。债券购买价格中包含已到付息期但尚未支付的债券利息4 800元。蒙利公司于20×7年1月20日收到甲公司发放的利息并存入银行。蒙利公司账务处理如下：

(1) 20×7年1月1日，购入甲公司债券。

初始投资成本 = 86 800 - 4 800 = 82 000（元）

借：交易性金融资产——成本 82 000
　　应收利息 4 800
　　投资收益 300
　　贷：银行存款 87 100

(2) 20×7年1月20日收到甲公司发放的利息时。

借：银行存款 4 800
　　贷：应收利息 4 800

（二）交易性金融资产持有收益的确认

企业在持有交易性金融资产期间所获得的现金股利或债券利息，应当确认为投资收益。借记"应收股利"或"应收利息"科目，贷记"投资收益"科目；实际收到现金股利或债券利息时，借记"银行存款"等科目，贷记"应收股利"或"应收利息"科目。

【例4-4】 接【例4-2】资料，20×7年8月25日，B公司宣告20×1年上半年度的利润分配方案，每股分派现金股利0.5元，并于20×7年9月20日发放。蒙利公司持有B公司股票30 000股。蒙利公司账务处理如下：

(1) 20×7年8月25日，B公司宣告分派现金股利。

应收现金股利 = 30 000 × 0.5 = 15 000（元）

借：应收股利 15 000
　　贷：投资收益 15 000

(2) 20×7年9月20日，收到发放的现金股利。

借：银行存款 15 000
　　贷：应收股利 15 000

（三）交易性金融资产的期末计量

根据企业会计准则的规定，交易性金融资产的价值应以资产负债表日的公允价值反映，公允价值的变动计入当期损益。

资产负债表日，交易性金融资产的公允价值高于其账面价值时，应按二者的差额，调增交易性金融资产的账面价值，同时确认公允价值上升的收益，借记"交易性金融资产——公允价值变动"科目，贷记"公允价值变动损益"科目；交易性金融资产的公允价值低于其账面价值时，应按二者的差额，调减交易性金融资产的账面价值，同时确认公允价值下跌的损失，借记"公允价值变动损益"科目，贷记"交易性金融资产——公允价值变动"科目。

【例 4-5】 蒙利公司于 20×7 年 3 月 10 日以每股 15 元的价格（其中包括已宣告但尚未发放的现金股利 0.4 元）购进 W 公司股票 20 万股。购买该股票支付手续费等 20 000 元。蒙利公司打算短期持有该公司股票，将其划分为交易性金融资产。20×7 年 6 月 30 日，W 公司股票的市价为每股 15 元；20×7 年 12 月 31 日，W 公司股票的市价为每股 16 元。蒙利公司会计处理如下：

（1）20×7 年 3 月 10 日购买股票时。

借：交易性金融资产——成本　　　　　　　　　　　　　　2 920 000
　　应收股利　　　　　　　　　　　　　　　　　　　　　　80 000
　　投资收益　　　　　　　　　　　　　　　　　　　　　　20 000
　　贷：银行存款　　　　　　　　　　　　　　　　　　　　　　3 020 000

（2）20×7 年 6 月 30 日，确认股票价格变动。

借：交易性金融资产——公允价值变动　　　　　　　　　　80 000
　　贷：公允价值变动损益　　　　　　　　　　　　　　　　　　80 000

（3）20×7 年 12 月 31 日，确认股票价格变动。

借：交易性金融资产——公允价值变动　　　　　　　　　　200 000
　　贷：公允价值变动损益　　　　　　　　　　　　　　　　　　200 000

（四）交易性金融资产的处置

交易性金融资产处置时，与交易性金融资产所有权相关的风险报酬已经转移，应当终止确认交易性金融资产，将处置交易性金融资产收取的全部价款与其账面价值的差额确认为投资收益，同时将公允价值变动损益转入投资收益。

处置交易性金融资产时，应按实际收到的处置价款，借记"银行存款"科目，按该交易性金融资产的初始成本，贷记"交易性金融资产——成本"科目，按该项交易性金融资产的公允价值变动余额，贷记或借记"交易性金融资产——公允价值变动"科目，按其差额，贷记或借记"投资收益"科目。同时，将该交易性金融资产持有期间已确认的公允价值变动净损益，转入"投资收益"科目。

【例 4-6】 20×7 年 10 月 13 日，蒙利公司支付价款 1 000 000 元从二级市场购入 T 公司发行的股票 100 000 股，每股价格 10.60 元（含已宣告但尚未发放的现金股利 0.60 元），另支付印花税等交易费用 1 000 元。蒙利公司将持有的 T 公司股权划分为交易性金融资产，且持有 T 公司股权后对其无重大影响。10 月 23 日，蒙利公司收到 T 公司发放的现金股利；12 月 31 日，T 公司股票价格涨到每股 13 元；20×8 年 2 月 15 日，将持有的 T 公司股票全部售出，每股售价 15 元。假定不考虑其他因素。根据上述资料，蒙利公司编制如下会计分录：

(1) 20×7年10月13日，购入T公司股票。

初始投资成本=100 000×(10.6-0.6)=1 000 000（元）

应收股利=100 000×0.6=60 000（元）

借：交易性金融资产——成本	1 000 000
应收股利	60 000
投资收益	1 000
贷：银行存款	1 061 000

(2) 20×7年10月23日，收到T公司发放的现金股利。

借：银行存款	60 000
贷：应收股利	60 000

(3) 20×7年12月31日，确认股票价格变动。

借：交易性金融资产——公允价值变动	300 000
贷：公允价值变动损益	300 000

(4) 20×8年2月15日，将T公司股票全部售出。

借：银行存款	1 500 000
贷：交易性金融资产——成本	1 000 000
——公允价值变动	300 000
投资收益	200 000
借：公允价值变动损益	300 000
贷：投资收益	300 000

第三节　持有至到期投资

一、持有至到期投资概述

（一）持有至到期投资的含义

持有至到期投资，是指到期日固定、回收金额固定或可确定，且企业有明确意图和能力持有至到期的非衍生金融资产。

通常情况下，能够划分为持有至到期投资的金融资产，主要是债权性投资，比如企业从二级市场上购入的固定利率国债、浮动利率金融债券等。股权投资因其没有固定的到期日，因而不能划分为持有至到期投资。持有至到期投资通常具有长期性质，但期限较短（1年以内）的债券投资，符合持有至到期投资条件的，也可将其划分为持有至到期投资。

(二) 持有至到期投资的特征

企业在将金融资产划分为持有至到期投资时,应当注意把握其特征:

1. 该金融资产到期日固定、回收金额固定或可确定

"到期日固定、回收金额固定或可确定"是指相关合同明确了投资者在确定的期间内获得或应收取现金流量（如投资利息和本金等）的金额和时间。首先,从投资者角度看,如果不考虑其他条件,在将某项投资划分为持有至到期投资时可以不考虑可能存在的发行方重大支付风险。其次,由于要求到期日固定,从而权益工具投资不能划分为持有至到期投资。最后,如果符合其他条件,不能由于某债务工具投资是浮动利率投资而不将其划分为持有至到期投资。

2. 企业有明确意图将该金融资产持有至到期

"有明确意图持有至到期"是指投资者在取得投资时意图就是明确的,除非遇到一些企业所不能控制、预期不会重复发生且难以合理预计的独立事项,否则将持有至到期。

存在下列情况之一的,表明企业没有明确意图将金融资产投资持有至到期:

（1）持有该金融资产的期限不确定。

（2）发生市场利率变化、流动性需要变化、替代投资机会及其投资收益率变化、融资来源和条件变化、外汇风险变化等情况时,将出售该金融资产。但是,无法控制、预期不会重复发生且难以合理预计的独立事项引起的金融资产出售除外。

（3）该金融资产的发行方可以按照明显低于其摊余成本的金额清偿。

（4）其他表明企业没有明确意图将该金融资产持有至到期的情况。

据此,对于发行方可以赎回的债务工具,如发行方行使赎回权,投资者仍可收回其几乎所有初始净投资（含支付的溢价和交易费用）,那么投资者可以将此类投资划分为持有至到期投资。但是,对于投资者有权要求发行方赎回的债务工具投资,投资者不能将其划分为持有至到期投资。

3. 企业有能力将该金融资产持有至到期

"有能力持有至到期"是指企业有足够的财务来源,并不受外部因素影响将投资持有至到期。

存在下列情况之一的,表明企业没有能力将具有固定期限的金融资产投资持有至到期:

（1）没有可利用的财务资源持续地为该金融资产投资提供资金支持,以使该金融资产投资持有至到期。

（2）受法律、行政法规的限制,使企业难以将该金融资产投资持有至到期。

（3）其他表明企业没有能力将具有固定期限的金融资产投资持有至到期的情况。

企业应当于每个资产负债表日对持有至到期投资的意图和能力进行评价。发生变化的,在持有至到期投资到期前,既可以重分类为可供出售金融资产进行处理,也可以将其出售。

企业将某金融资产划分为持有至到期投资后,可能会发生到期前将该金融资产予以处置或重分类的情况。这种情况的发生,通常表明企业违背了将投资持有至到期的最初意图。

企业将尚未到期的某项持有至到期投资在本会计年度内出售或重分类为可供出售金融资产的金额,相对于该类投资(即企业全部持有至到期投资)在出售或重分类前的总额较大时,则企业在处置或重分类后应立即将其剩余的持有至到期投资(即全部持有至到期投资扣除已处置或重分类的部分)重分类为可供出售金融资产,且在本会计年度及以后两个完整的会计年度内不得再将该金融资产划分为持有至到期投资。但是,下列情况除外:

(1) 出售日或重分类日距离该项投资到期日或赎回日较近(如到期前三个月内),且市场利率变化对该项投资的公允价值没有显著影响。

(2) 根据合同约定的定期偿付或提前还款方式收回该投资几乎所有初始本金后,将剩余部分予以出售或重分类。

(3) 出售或重分类是由于企业无法控制、预期不会重复发生且难以合理预计的独立事项所引起的。

例如,20×8年11月,蒙利公司采用控股合并方式合并了乙公司,蒙利公司的管理层为此也作了调整。蒙利公司的新管理层认为,乙公司的某些持有至到期债券期限过长,合并完成后再将其划分为持有至到期投资不合理。为此,在购买日编制的合并资产负债表内,蒙利公司决定将这部分持有至到期债券重分类为可供出售金融资产。在这种情况下,蒙利公司在合并日资产负债表内进行这种重分类没有违背划分为持有至到期投资所要求的"有明确意图和能力"。

本例中,蒙利公司如果因为要合并乙公司而将其自身的持有至到期投资的较大部分予以出售,则违背了划分为持有至到期投资的所要求的"有明确意图和能力"。

值得说明的是,如出售或重分类金融资产的金额较大而受到的"两个完整会计年度"内不能将金融资产划分为持有至到期的限制已解除(已过了两个完整的会计年度),企业可以再将符合规定条件的金融资产划分为持有至到期投资。

例如,蒙利公司于20×6年1月购入M公司新发行的6年期、年利率为2.3%的公司债券9 000万元,划分为持有至到期投资。当年12月,因资金周转困难,蒙利公司卖出上述债券5 000万元。在这种情况下,如不考虑其他因素,蒙利公司应将剩余的4 000万元债券重分类为可供出售金融资产;并且在20×7年和20×8年不得把任何取得的金融资产划分为持有至到期投资。假定20×7年至20×8年蒙利公司资金和财务状况明显改善,故一直持有剩余的公司债券,并决定持有这些债券到期。在这种情况下,蒙利公司可以自20×9年起将剩余债券由"可供出售金融资产"类划分为"持有至到期投资"。

(三) 科目设置

为了反映持有至到期投资的取得、投资收益、处置等情况,企业应当设置"持有至到期投资"科目。该科目下应设置"成本""利息调整"和"应计利息"明细科目。"成本"明细科目的借方登记取得持有至到期投资的面值，贷方登记处置持有至到期投资的面值，期末借方余额表示尚未到期的持有至到期投资面值；"利息调整"反映对未来票面利息收入的调整，其明细科目借方登记取得持有至到期投资的溢价差额、支付的直接交易费用以及利息调整贷差的摊销额，贷方登记取得持有至到期投资的折价差额以及利息、调整借差的摊销额，期末借方余额表示尚未摊销的利息调整借差，期末贷方余额表示尚未摊销的利息调整贷差；"应计利息"明细科目借方登记应收的一次付息持有至到期投资的票面利息，贷方登记收回的一次付息持有至到期投资的票面利息，期末借方余额表示尚未收回的一次付息持有至到期投资票面利息。

需要注意的是，企业购入债券时，有些是按债券面值的价格购入的；有些是按高于债券面值的价格购入的，即溢价购入；有些是按低于债券面值的价格购入的，即折价购入。债券的溢价、折价主要是由于金融市场利率与债券票面利率不一致造成的。当债券票面利率高于金融市场利率时，债券发行者按债券票面利率会多付利息，由此会导致债券溢价。这部分溢价差额，属于债券购买者由于日后多获利息而给予债券发行者的利息返还。反之，当债券票面利率低于金融市场利率时，债券发行者按债券票面利率会少付利息，由此会导致债券折价。这部分折价差额，属于债券发行者由于日后少付利息而给予债券购买者的利息补偿。

二、持有至到期投资的计量

（一）持有至到期投资的初始计量

持有至到期投资初始确认时，应当按照公允价值和相关交易费用之和作为初始入账金额。实际支付的价款中包括的已到付息期但尚未领取的债券利息，应单独确认为应收项目，不构成持有至到期投资的初始确认金额。

持有至到期投资初始确认时，应当计算确定其实际利率，并在该持有至到期投资预期存续期间或适用的更短期间内保持不变。

实际利率，是指将金融资产或金融负债在预期存续期间或适用的更短期间内的未来现金流量，折现为该金融资产或金融负债当前账面价值所使用的利率。企业在确定实际利率时，应当在考虑金融资产或金融负债所有合同条款（包括提前还款权、看涨期权等）的基础上预计未来现金流量，但不应考虑未来信用损失。

（二）持有至到期投资有后续计量

企业应当采用实际利率法，按摊余成本对持有至到期投资进行后续计量。其中，实际利率法是指按照金融资产或金融负债（含一组金融资产或金融负债）的实际利率计算其摊余成本及各期利息收入或利息费用的方法。摊余成本是指该金融资产的初始确认金额经下列调整后的结果：①扣除已偿还的本金；②加上或减去采用实际利率法将该初始确认金额与到期日金额之间的差额进行摊销形成的累计摊销额；③扣除已发生的减值损失。

企业应在持有至到期投资持有期间，采用实际利率法，按照摊余成本和实际利率计算确认利息收入，计入投资收益。实际利率应当在取得持有至到期投资时确定，实际利率与票面利率差别较小的，也可按票面利率计算利息收入，计入投资收益。

处置持有至到期投资时，应将所取得价款与持有至到期投资账面价值之间的差额，计入当期损益。

三、持有至到期投资的会计处理

（一）持有至到期投资的取得

企业取得的持有至到期投资，应按该投资的面值，借记"持有至到期投资——成本"科目，按支付的价款中包括的已到付息期但尚未领取的债券利息，借记"应收利息"科目，按实际支付的金额，贷记"银行存款"科目，按其差额，借记或贷记"持有至到期投资——利息调整"科目。收到支付的价款中包含的已到付息期但尚未领取的债券利息，借记"银行存款"科目，贷记"应收利息"科目。

债券按照付息情况可以分为分期付息债券与到期一次付息债券。付息期限不同的债券，作为持有至到期投资核算时，其入账价值、投资收益、摊余成本的计量及会计处理方法也有所不同。

在持有至到期投资的取得环节上，若实际支付的价款中包括的发行日或付息日至购买日之间的利息，应分别不同情况进行处理。其中，分期付息债券的利息一般在一年以内能够收回，从性质上看属于企业获得的一项短期债权，不计入债券的初始入账价值；到期一次付息债券的利息由于不能在一年以内收回，应计入债券的成本。

【例4-7】 20×1年1月1日，蒙利公司以754 302元的价格购入甲公司当日发行的总面值为800 000元、期限5年、票面利率5%的债券，作为持有至到期投资。该债券利息于每年的年末支付，到期一次还本。蒙利公司还以银行存款支付了购买该债券发生的交易费用12 000元。蒙利公司购入该债券时的账务处理如下：

持有至到期投资的初始入账价值=754 302+12 000=766 302（元）

利息调整=800 000-766 302=33 698（元）

借：持有至到期投资——债券面值　　　　　　　　　　　　800 000
　　贷：持有至到期投资——利息调整　　　　　　　　　　　33 698
　　　　银行存款　　　　　　　　　　　　　　　　　　　766 302

【例4-8】 20×1年1月1日，蒙利公司以825 617元的价格购入乙公司当日发行的总面值为800 000元、期限5年、票面利率5%的债券，作为持有至到期投资。该债券利息于每年的年末支付，到期一次还本。蒙利公司还以银行存款支付了购买该债券发生的交易费用10 000元。蒙利公司购入该债券时的账务处理如下：

持有至到期投资的初始入账价值＝825 617+10 000＝835 617（元）

利息调整＝835 617-800 000＝35 617（元）

借：持有至到期投资——债券面值　　　　　　　　　　　800 000
　　　　　　　　　——利息调整　　　　　　　　　　　　35 617
　　贷：银行存款　　　　　　　　　　　　　　　　　　　　　　835 617

【例4-9】 蒙利公司于20×2年1月1日以银行存款841 804.08元购买了S公司于20×1年1月1日发行的总面值为800 000元、票面利率为5%、5年期的、分次付息债券，付息日为每年的12月31日，确认为持有至到期投资。蒙利公司另以银行存款支付了购买该债券发生的交易费用13 000元。

支付的价款中包含的已到付息期尚未领取的利息＝800 000×5%＝40 000（元）

持有至到期投资的入账价值＝841 804.08-40 000+13 000＝814 804.08（元）

应确认的利息调整借差＝854 804.08-800 000-40 000＝14 804.08（元）

借：持有至到期投资——成本　　　　　　　　　　　　　800 000
　　　　　　　　　——利息调整　　　　　　　　　　　14 804.08
　　　　　　　　　——应收利息　　　　　　　　　　　40 000
　　贷：银行存款　　　　　　　　　　　　　　　　　　　　　　854 804.08

若假定该债券为到期一次付息债券，其他条件不变，则：

支付价款中包含的发行日至购买日的一年利息＝800 000×5%＝40 000（元）

持有至到期投资的入账价值＝841 804.08+13 000＝854 804.08（元）

应确认的利息调整借差＝854 804.08-800 000-40 000＝14 804.08（元）

借：持有至到期投资——成本　　　　　　　　　　　　　800 000
　　　　　　　　　——利息调整　　　　　　　　　　　14 804.08
　　　　　　　　　——应计利息　　　　　　　　　　　40 000
　　贷：银行存款　　　　　　　　　　　　　　　　　　　　　　854 804.08

（二）持有至到期投资利息收入的确定

企业应在持有至到期投资持有期间，采用实际利率法，按照摊余成本和实际利率计算确认利息收入，计入投资收益，即以持有至到期投资期初账面摊余成本乘以实际利率作为当期利息收入，计入"投资收益"科目。

在实际利率法下，投资收益、应收利息、利息调整摊销额、摊余成本之间的关系，可用公式表示如下：

投资收益＝持有至到期投资摊余成本×实际利率

应收利息＝面值×票面利率（名义利率）

利息调整摊销额＝投资收益-应收利息

摊余成本＝初始确认金额±利息调整累计摊销额
　　　　＝面值±利息调整摊余金额

1. 分期付息债券利息收入的确认

持有至到期投资如为分期付息、一次还本债券投资,应于资产负债表日按票面利率计算确定的应收未收利息,借记"应收利息"科目,按持有至到期投资摊余成本和实际利率计算确定的利息收入,贷记"投资收益"科目,按其差额,借记或贷记"持有至到期投资——利息调整"科目。收到分期付息、一次还本债券投资持有期间支付的利息,借记"银行存款"科目,贷记"应收利息"科目。

【例4-10】 20×4年初,蒙利公司购买了一项债券,剩余年限5年,划分为持有至到期投资,买价101万元,另付交易费用1万元,该债券面值为100万元,票面利率为4%,每年末付息,到期还本。

(1) 首先计算实际利率

设内含利率为r,该利率应满足如下条件:

$4\times(1+r)^{-1}+4\times(1+r)^{-2}+4\times(1+r)^{-3}+4\times(1+r)^{-4}+104\times(1+r)^{-5}=102$

采用插值法,计算得出r≈3.56%。

(2) 20×4年初购入该债券时

借:持有至到期投资——成本　　　　　　　　　　　　　　　　　100
　　　　　　　　　　——利息调整　　　　　　　　　　　　　　　2
　贷:银行存款　　　　　　　　　　　　　　　　　　　　　　　102

(3) 每年利息收益计算过程如表4-1所示。

表4-1　每年利息收益计算过程

单位:万元

年份	①年初摊余成本	②利息收益=①×r	③现金流入	④年末摊余成本=①+②-③
20×4	102	3.63	4	101.63
20×5	101.63	3.62	4	101.25
20×6	101.25	3.6	4	100.85
20×7	100.85	3.59	4	100.44
20×8	100.44	3.56	104	0

(4) 20×4年末利息计提的分录如下:

借:应收利息　　　　　　　　　　　　　　　　　　　　　　　　4
　贷:投资收益　　　　　　　　　　　　　　　　　　　　　　　3.63
　　　持有至到期投资——利息调整　　　　　　　　　　　　　　0.37

收到利息时:

借:银行存款　　　　　　　　　　　　　　　　　　　　　　　　0.37

贷：应收利息　　　　　　　　　　　　　　　　　　　　　　　　0.37
(5) 20×5~20×8年末利息计提分录同上
(6) 到期时。
借：银行存款　　　　　　　　　　　　　　　　　　　　　　　　100
　　贷：持有至到期投资——成本　　　　　　　　　　　　　　　　100

2. 到期一次还本付息债券利息收入的确认

持有至到期投资如为到期一次还本付息债券投资，应将于资产负债表日按票面利率计算确定的应收未收利息，借记"持有至到期投资——应计利息"科目，按持有至到期投资摊余成本和实际利率计算确定的利息收入，贷记"投资收益"科目，按其差额，借记或贷记"持有至到期投资——利息调整"科目。

【例4-11】20×4年1月2日蒙利公司购买了乙公司于20×4年初发行的公司债券，期限为5年，划分为持有至到期投资，买价为90万元，交易费用为5万元，该债券面值为100万元，票面利率为4%，到期一次还本付息。

(1) 首先计算实际利率 r

$$120/(1+r)^5 = 95$$

经测算，计算结果：r≈4.78%

(2) 20×4年初购入该债券时
借：持有至到期投资——成本　　　　　　　　　　　　　　　　100
　　贷：银行存款　　　　　　　　　　　　　　　　　　　　　　95
　　　　持有至到期投资——利息调整　　　　　　　　　　　　　5

(3) 每年利息收益计算过程如表4-2所示。

表4-2　每年利息收益计算过程

单位：万元

年份	①年初摊余成本	②利息收益=①×r	③现金流入	④年末摊余成本=①+②-③
20×4	95.00	4.54	0.00	99.54
20×5	99.54	4.76	0.00	104.31
20×6	104.31	4.99	0.00	109.29
20×7	109.29	5.23	0.00	114.52
20×8	114.52	5.48（120-114.52）	120.00	0.00

(4) 20×4年末利息计提的分录如下：
借：持有至到期投资——应计利息　　　　　　　　　　　　　　4
　　持有至到期投资——利息调整　　　　　　　　　　　　　　0.54
　　贷：投资收益　　　　　　　　　　　　　　　　　　　　　4.54

(5) 20×5~20×8 年末利息计提分录同上,不予赘述。

(6) 到期时。

借:银行存款 120
　　贷:持有至到期投资——成本 100
　　　　　　　　　　——应计利息 20

(三) 持有至到期投资的减值

企业应当在资产负债表日对持有至到期投资的账面价值进行检查,有客观证据表明该资产已发生减值的,应当计提减值准备。

由于持有至到期投资是以摊余成本后续计量的,其发生减值时,应当在将该金融资产的账面价值与预计未来现金流量现值之间差额,确认为减值损失,计入当期损益。

为了反映持有至到期投资减值准备的提取和核销情况,应设置"持有至到期投资减值准备"科目。该科目的贷方登记提取的持有至到期投资减值准备,借方登记核销的持有至到期投资减值准备,期末贷方余额表示已经提取但尚未核销的持有至到期投资减值准备。"持有至到期投资减值准备"科目属于持有至到期投资的抵减科目,资产负债表日,"持有至到期投资"科目借方余额扣除"持有至到期投资减值准备"科目贷方余额后的差额,反映持有至到期投资的账面价值。

持有至到期投资确认减值损失后,如有客观证据表明该资产的价值得以恢复,且客观上与确认该损失后发生的事项有关,原确认的减值损失应当予以转回,计入当期损益,借记"持有至到期投资减值准备"科目,贷记"资产减值损失"科目。但是,该转回后的账面价值不应超过假定不计提减值准备情况下该持有至到期投资在转回日的摊余成本。

【例 4-12】 蒙利公司 20×2 年 12 月 31 日发现,有客观证据表明乙公司(债券发行公司)发生了严重的财务困难,蒙利公司预计未来不能如数收到该债券投资的全部利息和本金,蒙利公司由此认定对乙公司的这项持有至到期投资发生了减值。截至 20×2 年 12 月 31 日,该持有至到期投资的账面价值为 450 000 元,在以前年度,蒙利公司曾对该债券计提了减值准备 10 000 元,经测算,预计未来现金流量现值为 400 000 元。根据以上资料该公司账务处理如下:

本期应计提减值损失=450 000-400 000-10 000=40 000(元)

借:资产减值损失 40 000
　　贷:持有至到期投资减值准备 40 000

(四) 持有至到期投资的到期兑现

持有至到期投资的到期兑现,是指持有至到期投资的期限届满时按面值收回投资及应收未收的利息。如果是到期一次还本付息的债券,到期时企业可以收回债券面值和全部利息;如果是分期付息、到期还本的债券,到期时企业可以收回债券面值和最后一期的利息。一般来说，在债券投资到期时，溢价、折价金额已经摊销完毕，不论是按面值购入，还是溢价或折价购入，"持有至到期投资"科目的余额均为债券面值和利息。因此，收回债券面值和利息时，应按实际收到的金额，借记"银行存款"科目，按持有至到期投资的账面余额，贷记"持有至到期投资——成本""持有至到期投资——应计利息"科目（到期一次还本付息的债券）或"应收利息"科目（分期付息、到期还本的债券）。

第四节　可供出售金融资产

一、可供出售金融资产概述

（一）可供出售金融资产的含义

我国企业会计准则规定可供出售金融资产包括初始确认时即被指定为可供出售的非衍生金融资产，以及除下列各类资产以外的金融资产：贷款和应收款项；持有至到期投资；以公允价值计量且其变动计入当期损益的金融资产。因此，可供出售金融资产可以分为两类：一类是企业直接指定的可供出售金融资产，它是指企业获得的在活跃市场上有公开报价的股票投资、债券投资，因获取投资的意图不十分明确，而被指定为可供出售金融资产；另一类可供出售金融资产是企业全部金融资产中未划分为其他三类金融资产的部分，则应将其作为可供出售金融资产处理。相对于交易性金融资产而言，可供出售金融资产的持有意图不明确。

对于在活跃市场上有报价的金融资产，既可能划分为以公允价值计量且其变动计入当期损益的金融资产，也可能划分为可供出售金融资产；如果该金融资产属于有固定到期日、回收金额固定或可确定的金融资产，则该金融资产还可能划分为持有至到期投资。某项金融资产具体应分为哪一类，主要取决于企业管理层的风险管理、投资决策等因素。金融资产的分类应是管理层意图的如实表达。

（二）可供出售金融资产的形成方式

可供出售金融资产主要有两种形成方式：一种是企业购入时即指定为可供出售金融资产；另一种是由持有至到期投资转入。

1. 购入时即指定的可供出售金融资产

主要指企业购入的在活跃市场上有报价的、其公允价值能够持续可靠计量，但持有目的并不十分明确、未被归类为交易性金融资产、持有至到期投资、贷款和应收款项的金融资产。

2. 由持有至到期投资转换的可供出售金融资产

主要是指企业因改变了将持有至到期投资持有至到期的最初意图，而由金额较大且距到期日时间较长的尚未处置的原持有至到期投资转化成的可供出售金融资产。当处置持有至到期投资的金额相对于处置前企业持有的该项持有至到期投资的总额比较重大时，一般认为尚未处置的持有至到期投资不能再认定为能够持有至到期日，因此需要将其转为可供出售金融资产。将持有至到期投资转化为可供出售金融资产，实际上是对持有至到期投资进行的重分类。

(三) 科目设置

为了反映可供出售金融资产的取得、处置、公允价值变动等情况，企业应当在"可供出售金融资产"科目下设置"成本""利息调整""应计利息""公允价值变动"等明细科目进行明细核算。其中，"成本"明细科目反映可供出售权益工具投资的初始确认金额或可供出售债务工具投资的面值；"利息调整"明细科目反映可供出售债务工具投资的初始确认金额与其面值的差额，以及按照实际利率法分期摊销后该差额的摊余金额；"应计利息"明细科目反映企业计提的到期一次还本付息的可供出售债务工具投资应计未付的利息；"公允价值变动"明细科目反映可供出售金融资产公允价值变动金额。

二、可供出售金融资产的初始计量

由于可供出售金融资产有两种不同的形成方式，所以确定其初始入账价值的方法也不同。

(一) 购入的可供出售金融资产

购入的可供出售金融资产，应当按其公允价值与交易费用之和，作为初始确认金额。如果支付的价款中包含的已宣告但尚未发放的现金股利或已到付息期但尚未领取的债券利息，应单独确认为应收项目。

可供出售金融资产的会计处理，与交易性金融资产的会计处理有类似之处，但也有不同。具体而言：①初始确认时，都应按公允价值计量，但对于可供出售金融资产，相关交易费用应计入初始入账金额，而交易性金融资产则将相关交易费用计入当期损益；②资产负债表日，都应按公允价值计量，但对于可供出售金融资产，公允价值变动通常应计入所有者权益（即其他综合收益）科目，而交易性金融资产则将公允价值变动通常计入"公允价值变动损益"科目。

企业取得可供出售金融资产为股票投资的，应按公允价值与交易费用之和，借记"可供出售金融资产——成本"科目，按支付的价款中包含的已宣告但尚未发放的现金股利，借记"应收股利"科目，按实际支付的金额，贷记"银行存款"科目。

企业取得可供出售金融资产为债券投资的，应按债券的面值，借记"可供出售金融资产——成本"科目，按支付的价款中包含的已到付息期但尚未领取的债券利息，借记"应收利息"科目,按实际支付的金额,贷记"银行存款"科目,按其差额,借记或贷记"可供出售金融资产——利息调整"科目。

收到支付的价款中已宣告但尚未发放的现金股利或已到付息期但尚未领取的债券利息,借记"银行存款"科目,贷记"应收股利"或"应收利息"科目。

【例4-13】 20×2年4月20日,蒙利公司按每股7.60元的价格购入A公司每股面值1元的股票80 000股作为可供出售金融资产,并支付交易费用2 500元,股票购买价格中包含每股0.20元已宣告但尚未领取的现金股利,该现金股利于20×2年5月10日发放。蒙利公司账务处理如下:

(1) 20×2年4月20日购入时。

初始投资成本=80 000×(7.6-0.2)+2 500=594 500(元)

应收现金股利=80 000×0.2=16 000(元)

借:可供出售金融资产——成本　　　　　　　　　　　594 500
　　应收股利　　　　　　　　　　　　　　　　　　　 16 000
　　贷:银行存款　　　　　　　　　　　　　　　　　　　　　　610 500

(2) 20×2年5月10日收到现金股利时。

借:银行存款　　　　　　　　　　　　　　　　　　　 16 000
　　贷:应收股利　　　　　　　　　　　　　　　　　　　　　　 16 000

【例4-14】 20×3年1月1日,蒙利公司购入B公司当日发行的面值600 000元、期限3年的票面利率8%、每年12月31日付息、到期还本的债券作为可供出售金融资产,实际支付的购买价款为620 000元。

蒙利公司账务处理如下:

借:可供出售金融资产——成本　　　　　　　　　　　600 000
　　　　　　　　　　——利息调整　　　　　　　　　 20 000
　　贷:银行存款　　　　　　　　　　　　　　　　　　　　　　620 000

(二) 由持有至到期投资重分类形成的可供出售金融资产

企业因持有意图或能力发生改变,使某项投资不再适合划分为持有至到期投资的,应当将其重分类为可供出售金融资产,并以公允价值进行后续计量。重分类日,该投资的账面价值与其公允价值之间的差额计入所有者权益,在该可供出售金融资产发生减值或终止确认时转出,计入当期损益。

持有至到期投资部分出售或重分类的金额较大,且不属于例外情况,使该投资的剩余部分不再适合划分为持有至到期投资的,企业应当将该投资的剩余部分重分类为可供出售金融资产,并以公允价值进行后续计量。重分类日,该投资剩余部分的账面价值与其公允价值之间的差额计入所有者权益,在该可供出售金融资产发生减值或终止确认时转出,计入当期损益。

其账务处理:应在重分类日,按持有至到期投资的公允价值,借记"可供出售金融资产——成本"科目,按其账面余额,贷记"持有至到期投资——成本、利息调整、应计利息"科目,按其差额,贷记或借记"其他综合收益"科目。已计提减值准备的,还应同时结转减值准备,借记"资产减值准备——持有至到期投资"科目,贷记"其他综合收益"科目。

【例4-15】 20×2年3月5日,蒙利公司为解决资金紧张问题,经过董事会研究做出如下决定:将本公司持有的原划分为持有至到期投资的B公司债券的10%,通过证券交易所出售。公司于4月1日将持有至到期债券投资10%实际售出,收取价款1 200 000元(即所出售债券的公允价值)。8月23日,蒙利公司将剩余90%债券全部出售,收取价款11 800 000元。假定4月1日该债券出售前的账面余额(成本)为10 000 000元,不考虑债券出售等其他相关因素的影响。则蒙利公司相关的账务处理如下:

(1) 20×2年4月1日,出售B公司债券的10%时。

借:银行存款　　　　　　　　　　　　　　　　　1 200 000
　　贷:持有至到期投资——成本　　　　　　　　　　　1 000 000
　　　　投资收益　　　　　　　　　　　　　　　　　　 200 000

(2) 20×2年4月1日,将剩余的90%债券重分类为可供出售金融资产。

借:可供出售金融资产　　　　　　　　　　　　　10 800 000
　　贷:持有至到期投资——成本　　　　　　　　　　　9 000 000
　　　　其他综合收益　　　　　　　　　　　　　　　1 800 000

(3) 20×2年8月23日将该债券全部出售。

借:银行存款　　　　　　　　　　　　　　　　　11 800 000
　　贷:可供出售金融资产　　　　　　　　　　　　　10 800 000
　　　　投资收益　　　　　　　　　　　　　　　　　1 000 000
借:其他综合收益　　　　　　　　　　　　　　　 1 800 000
　　贷:投资收益　　　　　　　　　　　　　　　　　 1 800 000

三、可供出售金融资产持有收益的确认

可供出售金融资产在持有期间取得的现金股利或债券利息,应当计入投资收益。

可供出售权益工具投资持有期间被投资单位宣告发放现金股利,按应享有的份额,借记"应收股利"科目,贷记"投资收益"科目;收到可供出售权益工具投资发放的现金股利,借记"银行存款"科目,贷记"应收股利"科目。

可供出售金融资产为债券投资的,资产负债表日结计利息的核算,与持有至到期投资的核算类似,此处不再赘述。

【例4-16】 蒙利公司持有A公司股票80 000股并划分为可供出售金融资产核算,A公司于20×3年4月15日宣告每股分派现金股利0.25元,该现金股利于20×3年5月15日发放。蒙利公司账务处理如下:

(1) 20×3年4月15日,A公司宣告分派现金股利时。

应收现金股利=80 000×0.25=20 000(元)

借：应收股利 20 000
　　贷：投资收益 20 000

（2）20×3 年 5 月 15 日收到 A 公司发放的现金股利。
借：银行存款 20 000
　　贷：应收股利 20 000

四、可供出售金融资产的期末计量

资产负债表日，可供出售金融资产应当按公允价值计量，且公允价值变动计入所有者权益（即"其他综合收益"科目）。

资产负债表日，可供出售金融资产的公允价值高于其账面余额（如可供出售金融资产为债券，即为其摊余成本）的金额，借记"可供出售金融资产——公允价值变动"科目，贷记"其他综合收益"科目；可供出售金融资产的公允价值低于其账面余额的金额，借记"其他综合收益"科目，贷记"可供出售金融资产——公允价值变动"科目。

【例 4-17】 20×1 年 12 月 31 日，蒙利公司持有的 N 股票的账面价值为 201 000 元，公允价值为 190 000 元，公允价值下跌 11 000 元。编制会计分录如下：
借：其他综合收益 11 000
　　贷：可供出售金融资产——公允价值变动 11 000

五、可供出售金融资产减值

分析判断可供出售金融资产是否发生减值，应当注重该可供出售金融资产公允价值是否持续下降。通常情况下，如果可供出售金融资产的公允价值发生较大幅度的下降，或在综合考虑各种相关因素后，预期这种下降趋势属于非暂时性的，可以认定该可供出售金融资产已发生减值，应当确认减值损失。

确定可供出售金融资产发生减值的，按应减记的金额，借记"资产减值损失"科目，按应从所有者权益中转出原计入其他综合收益的累计损失金额，贷记"其他综合收益"科目，按其差额，贷记"可供出售金融资产——减值准备"科目。

对于已确认减值损失的可供出售金融资产，在随后会计期间内公允价值已上升且客观上与确认原减值损失后事项有关的，应在原确认的减值损失范围内按已恢复的金额，借记"可供出售金融资产——减值准备"等科目，贷记"资产减值损失"科目；但可供出售金融资产为股票等权益工具投资（不含在活跃市场中没有报价且其公允价值不能可靠计量的权益工具投资）的，借记"可供出售金融资产——减值准备"等科目，贷记"其他综合收益"科目。

【例 4-18】 蒙利公司发生的有关可供出售金融资产业务如下：
（1）20×1 年 7 月 1 日，购入限售期为三年的 B 公司股票 50 000 股，实际支付价款 500 000 元，另支付交易费用 3 000 元，确认为可供出售金融资产。

借：可供出售金融资产——成本　　　　　　　　　　　　　　　　　503 000
　　贷：银行存款　　　　　　　　　　　　　　　　　　　　　　　　503 000

（2）20×1年12月31日，该股票的公允价值为480 000元，确认为公允价值变动下降23 000元。

借：其他综合收益　　　　　　　　　　　　　　　　　　　　　　　23 000
　　贷：可供出售金融资产——公允价值变动　　　　　　　　　　　　23 000

（3）20×2年，该股票价值持续下跌，至20×2年12月31日，该股票的公允价值为300 000元，蒙利公司确认资产减值损失。

资产减值损失＝503 000－300 000＝203 000（元）

借：资产减值损失　　　　　　　　　　　　　　　　　　　　　　　203 000
　　贷：其他综合收益　　　　　　　　　　　　　　　　　　　　　　23 000
　　　　可供出售金融资产——减值准备　　　　　　　　　　　　　　180 000
借：可供出售金融资产——公允价值变动　　　　　　　　　　　　　　23 000
　　贷：可供出售金融资产——减值准备　　　　　　　　　　　　　　23 000

六、可供出售金融资产的处置

处置可供出售金融资产时，应将取得的价款与该金融资产账面价值之间的差额，计入投资损益；同时，将原直接计入所有者权益的公允价值变动累计额对应处置部分的金额转出，计入投资损益。

会计处理如下：出售可供出售金融资产，应按实际收到的金额，借记"银行存款"等科目，按其账面余额，贷记"可供出售金融资产——成本、公允价值变动、利息调整、应计利息"科目，按应从所有者权益中转出的公允价值累计变动额，借记或贷记"其他综合收益"科目，按其差额，贷记或借记"投资收益"科目。

【例4-19】蒙利公司于20×5年7月13日从二级市场购入股票1 000 000股，每股市价15元，手续费30 000元；初始确认时，该股票划分为可供出售金融资产。蒙利公司至20×5年12月31日仍持有该股票，该股票当时的市价为16元。20×6年2月1日，蒙利公司将该股票售出，售价为每股13元，另支付交易费用30 000元。

假定不考虑其他因素，蒙利公司的账务处理如下：

（1）20×5年7月13日，购入股票。

借：可供出售金融资产——成本　　　　　　　　　　　　　　　　15 030 000
　　贷：银行存款　　　　　　　　　　　　　　　　　　　　　　　15 030 000

（2）20×5年12月31日，确认股票价格变动。

借：可供出售金融资产——公允价值变动　　　　　　　　　　　　　970 000
　　贷：其他综合收益　　　　　　　　　　　　　　　　　　　　　　970 000

（3）20×6年2月1日，出售股票。

借：银行存款　　　　　　　　　　　　　　　　　　　　　　　　12 970 000

其他综合收益		970 000
投资收益		2 060 000
贷：可供出售金融资产——成本		15 030 000
——公允价值变动		970 000

【例4-20】 蒙利公司20×4年3月10日购买大华公司发行的股票300万股，成交价为14.7元，另付交易费用90万元，占大华公司表决权5%，作为可供出售金融资产；20×4年4月20日大华公司宣告分配现金股利1 200万元；5月20日收到现金股利；20×4年12月31日，该股票每股市价为13元，A公司预计股票价格下跌是暂时的；20×5年12月31日，大华公司因违反相关证券法规，受到证券监管部门查处，受此影响，大华公司股票的价格发生严重下跌。

20×5年12月31日收盘价格为每股市价6元；20×6年12月31日大华公司整改完成，加之市场宏观面好转，20×6年12月31日收盘价格为每股市价10元。20×7年1月5日A公司将此金融资产出售，售价为4 050万元，假定无相关税费。

(1) 20×4年3月10日购买大华公司发行的股票。

 借：可供出售金融资产——成本   4 500（300×14.7+90）
  贷：银行存款   4 500

(2) 20×4年4月20日大华公司宣告现金股利，由于A公司所占股份很低，应适用成本法的分红原理，即投资当年的分红应确认投资收益。

 借：应收股利   60（1 200×5%）
  贷：投资收益   60

(3) 20×4年5月20日收到现金股利。

 借：银行存款   60
  贷：应收股利   60

(4) 20×4年12月31日，该股票每股市价为13元。

 借：其他综合收益   600（4 500-300×13）
  贷：可供出售金融资产——公允价值变动   600

(5) 20×5年12月31日，确认可供出售金融资产减值。
确认可供出售金融资产减值损失=4 500-300×6=2 700（万元）

 借：资产减值损失   2 700
  贷：其他综合收益   600
   可供出售金融资产——减值准备   2 100
 借：可供出售金融资产——公允价值变动   600
  贷：可供出售金融资产——减值准备   600

(6) 20×6年12月31日，收盘价格为每股市价为10元。
确认转回可供出售金融资产减值损失=300×（10-6）=1 200（万元）

 借：可供出售金融资产——减值准备   1 200

          贷：其他综合收益   1 200
(7) 20×7 年 1 月 5 日出售此金融资产时。
借：银行存款   4 050
    可供出售金融资产——减值准备   1 500
    贷：可供出售金融资产——成本   4 500
        投资收益   1 050
借：其他综合收益   1 200
    贷：投资收益   1 200

【本章小结】

  企业应当根据其管理金融资产的业务模式和金融资产的合同现金流量特征，将金融资产划分为以下三类：其一，以摊余成本计量的金融资产。其二，以公允价值计量且其变动计入其他综合收益的金融资产。其三，以公允价值计量且其变动计入当期损益的金融资产。

  企业取得交易性金融资产时，应当按照取得时的公允价值进行初始计量，相关的交易费用在发生时计入当期损益。资产负债表日，交易性金融资产按公允价值进行后续计量，公允价值变动计入当期损益。

  持有至到期投资初始确认时，应当按照公允价值和相关交易费用之和作为初始入账金额。实际支付的价款中包括的已到付息期但尚未领取的债券利息，应单独确认为应收项目，不构成持有至到期投资的初始确认金额。企业应在持有至到期投资持有期间，采用实际利率法，按照摊余成本和实际利率计算确认利息收入，计入投资收益。

  可供出售金融资产应当按其公允价值与交易费用之和，作为初始确认金额。可供出售金融资产在持有期间取得的现金股利或债券利息，应当计入投资收益。资产负债表日，可供出售金融资产应当按公允价值计量，且公允价值变动计入所有者权益。

【思考题】

1. 金融资产主要分为哪几类？
2. 什么是交易性金融资产？其初始入账金额如何确定？在资产负债表中，交易性金融资产的价值如何反映？
3. 什么是持有至到期投资？其初始入账金额如何确定？如何确认持有至到期投资的利息收益？
4. 什么是可供出售金融资产？其初始入账金额如何确定？

第四章 金融资产

【练习题】

1. 甲公司系上市公司,所得税税率为25%,按季对外提供财务报表。

(1) 甲公司2013年4月6日购买B公司发行的股票500万股,成交价为5.40元,包含已宣告但尚未发放的股利,其中每股派0.3元现金股利,每10股派2股股票股利;另付交易费用2万元,甲公司拟准备近期出售。

(2) 2013年4月15日收到发放的股利,每股派0.3元现金股利和每10股派2股股票股利。

(3) 2013年6月10日甲公司出售股票300万股,每股成交价为5.80元,另付税费1.20万元。

(4) 2013年6月30日该股票每股市价为5元。

(5) 2013年7月26日出售股票200万股,成交价为4.80元,另付税费1.80万元。

(6) 2013年12月31日该股票每股市价为4.2元。

【要求】 按上述资料编制相关会计分录。

2. 2015年5月2日,甲公司以银行存款1 700万元自二级市场购入乙公司股票100万股,另支付相关交易费用15万元。甲公司将其购入的乙公司股票分类为可供出售金融资产。2015年6月15日收到乙公司本年5月20日宣告发放的现金股利60万元。2015年12月31日,乙公司股票的市场价格为每股14元,甲公司预计该下跌是暂时性的。2016年12月31日,乙公司股票的市场价格为每股9元,甲公司预计由于受国际金融危机的影响乙公司股票的市场价格将持续下跌。2017年12月31日,股票市场有所好转,乙公司股票的市场价格为每股11元。2018年3月20日,甲公司以每股12.5元的价格将其全部对外出售,出售时发生相关税费5万元,扣除相关税费后取得的净价款为1 245万元。假定不考虑其他因素的影响。

【要求】

(1) 编制上述相关经济业务的会计分录。

(2) 计算甲公司因该项可供出售金融资产累计影响损益的金额(答案中的金额单位用万元表示)。

第五章 长期股权投资

学习目标

▶ 掌握

掌握长期股权投资初始投资成本的确定；掌握成本法、权益法两种后续核算方法的运用。

▶ 理解

成本法、权益法两种后续核算方法的运用。

▶ 了解

长期股权投资减值及处置的会计处理。

第一节 长期股权投资概述

一、长期股权投资的概念

长期股权投资是指投资方对被投资单位实施控制、有重大影响的权益性投资，以及对其合营企业的权益性投资。一般来讲，企业进行长期股权投资的目的并非单纯为了攫取短期利益，而往往是为了长远利益而影响、控制被投资企业；企业进行长期股权投资后，成为被投资企业的股东，有参与或者决定被投资企业经营决策的权利。长期股权投资的最终目标是获得较大的经济利益，这种经济利益可以通过分得股利、利润或者其他方式予以实现。长期股权投资期限一般较长，不准备随时出售。长期股权投资可以通过在证券市场上以货币资金购买其他企业的股票方式获得，也可以直接以资产（包括货币资金、无形资产和其他实物资产）投资于其他企业获得。

企业持有的在活跃市场没有报价且对被投资单位不存在控制、共同控制和重大影响的股权，不符合长期股权投资的确认条件，应该按照《企业会计准则第 22 号——金融工具的确认和计量》确认为可供出售金融资产。因为，企业持有的对被投资单位不具有控制、共同控制和重大影响的权益性投资，投资方承担的是投资资产的价格变动风险和被投资方的信用风险。而企业持有的对被投资单位具有控制、共同控制和重大影响的权益性投资，投资方承担的是被投资方的经营风险。

二、长期股权投资的范围

按照投资企业对被投资企业的影响程度，长期股权投资主要包括能够实施控制的股权投资、能够实施共同控制的股权投资和能够施加重大影响的股权投资。

（一）能够实施控制的股权投资

能够实施控制的股权投资，是指企业持有的能够对被投资单位实施控制的权益性投资，即对子公司的投资。控制是指投资方拥有对被投资方的权力，通过参与被投资方的相关活动而享有可变回报，并且有能力运用对被投资方的权力影响其回报金额。

这里所说的"相关活动"是指对被投资方的回报产生重大影响的活动。对许多企业而言，经营和财务活动通常对其回报产生重大影响。但是，不同企业的相关活动可能是不同的，应当根据企业的行业特征、业务特点、发展阶段、市场环境等具体情况来进行判断。通常包括商品或劳务的销售或购买、资产的购置和处置、研究及融资活动等。

在判断投资方是否能够控制被投资方时，如果投资方具备以下三个要素，则投资方能够控制被投资方：其一，拥有对被投资企业的权力；其二，通过参与被投资企业的相关活动而享有可变回报；其三，有能力运用对被投资企业的权力影响其回报金额。具体来说，投资方在判断其是否控制被投资方时，应考虑所有的事实和情况，当投资方同时具备上述三个要素时，投资方才控制被投资方。如果事实和情况表明上述控制三要素中的一个或多个发生变化，则投资方要重新判断其是否控制被投资方。

一般来说，企业拥有下列实质性权力，可以视为能够对被投资企业实施控制：①如果投资企业直接持有被投资企业50%以上的表决权资本；②虽然持有50%或以下的表决权资本，但通过与其他表决权持有人之间的协议能够控制半数以上表决权；③虽然不具备上述两种情况，但是经过综合考虑，如果认为企业持有的表决权足以使其目前有能力主导被投资企业相关活动的，也视为对被投资企业拥有控制的权力。

在确定是否能够控制被投资单位时，还应当考虑企业和其他企业持有的被投资单位当期可转换公司债券、当期可执行的认股权证等潜在的表决权因素。

当投资方因参与被投资方的相关活动而享有可变回报，且有能力运用对被投资方的权力来影响上述回报时，投资方即控制被投资方。拥有控制权的投资企业，一般称为母公司；被母公司控制的企业，一般称为子公司。

（二）能够实施共同控制的股权投资

能够实施共同控制的股权投资，是指投资企业持有的能够与其他合营方一同对被投资单位实施共同控制，且对被投资单位净资产享有权利的权益性投资，即对合营企业的投资。

共同控制是指按照相关约定对某项安排所共有的控制，并且该安排的相关活动必须经过分享控制权的参与方一致同意后才能决策。共同控制不同于控制，共同控制是由两个或两个以上的参与方实施，而控制是由单一参与方实施。共同控制也不同于重大影响，享有重大影响的参与方只拥有参与安排的财务和经营政策的决策权力，但并不能够控制或者与其他方一起共同控制这些政策的制定。

在判断是否存在共同控制时，首先应当判断所有参与方或参与方组合是否集体控制该安排；其次再判断该安排相关活动的决策是否必须经过这些集体控制该安排的参与方一致同意。共同控制的实质是通过合同约定建立起来的、合营各方对合营企业的共同控制。也就是说，合营企业重要的财务或生产经营政策必须由投资各方共同同意才能通过，这也意味着任何一方都无法单独对被投资企业的财务或经营政策拥有决定权。如果存在两个或两个以上的参与方组合能够集体控制某项安排的，不构成共同控制。仅享有保护性权利的参与方不享有共同控制。

在实务中，在确定是否构成共同控制时，一般可以考虑以下情况作为确定基础：其一，任何一个合营方均不能单独控制合营企业的生产经营活动。其二，涉及合营企业基本经营活动的决策需要各合营方一致同意。其三，各合营方可能通过合同或协议的形式任命其中的一个合营方对合营企业的日常活动进行管理，但其必须在各合营方已经一致同意的财务和经营政策范围内行使管理权。当被投资单位处于法定重组或破产中，或者在向投资方转移资金的能力受到严格的长期限制情况下经营时，通常投资方对被投资单位可能无法实施共同控制。但如果能够证明存在共同控制，合营各方仍应当按照长期股权投资准则的规定采用权益法核算。

企业与其他合营方对被投资单位实施共同控制的，被投资企业为本企业的合营企业。

（三）能够施加重大影响的股权投资

能够施加重大影响的股权投资，是指投资企业持有的能够对被投资单位具有重大影响的权益性投资，即对联营企业的投资。

重大影响，是指投资企业对被投资单位的财务和经营政策有参与决策的权力，但并不能够控制或者与其他方一起共同控制这些政策的制定。

如果投资企业直接或通过子公司间接拥有被投资单位20%以上但低于50%的表决权股份时，一般认为对被投资单位具有重大影响，除非有明确的证据表明该种情况下不能参与被投资单位的生产经营决策，不形成重大影响。

如果投资企业拥有被投资单位有表决权股份的比例低于20%时，一般认为对被投资单位没有重大影响，但符合下列情况之一时，应认为对被投资单位具有重大影响：①在被投资单位的董事会或类似权力机构中派有代表。在这种情况下，由于在被投资单位的董事会或类似权力机构中派有代表，并享有相应的实质性的参与决策权，投资企业可以通过该代表参与被投资单位经营政策的制定，达到对被投资单位施加重大影响的目的。②参与被投资单位的政策制定过程，包括股利分配政策等的制定。在这种情况下，因可以参与被投资单位的政策制定过程，在制定政策过程中可以为其自身利益提出建议和意见，从而可以对被投资单位施加重大影响。③与被投资单位之间发生重要交易。有关的交易因对被投资单位的日常经营具有重要性，进而一定程度上可以影响到被投资单位的生产经营决策。④向被投资单位派出管理人员。在这种情况下，通过投资企业对被投资单位派出管理人员，管理人员有权力负责被投资单位的财务和经营活动，从而能够对被投资单位施加重大影响。⑤向被投资单位提供关键技术资料。因被投资单位的生产经营需要依赖投资企业的技术或技术资料，表明投资企业对被投资单位具有重大影响。

在确定能否对被投资企业施加重大影响时，一方面应考虑投资企业直接或间接持有被投资企业的表决权股份；另一方面还要考虑企业及其他投资方持有的被投资企业当期可转换公司债券、当期可执行认股权证等潜在表决权因素的影响。

投资企业能够对被投资企业施加重大影响，则被投资企业为投资企业的联营企业。

三、长期股权投资的计量原则

其一，长期股权投资在取得时，应按初始投资成本入账。企业的长期股权投资可以分为两大类：一类是形成控股合并的长期股权投资；另一类是未形成控股合并的长期股权投资。

控股合并是指一家公司通过股权投资取得对另一家公司控制权的行为。形成控股合并的长期股权投资，又分为同一控制下控股合并与非同一控制下控股合并的长期股权投资。未形成控股合并的长期股权投资，包括对合营企业和联营企业的长期股权投资。不同方式取得的长期股权投资，其初始投资成本的确定方法有所不同。长期股权投资初始投资成本的确定原则如表5-1所示。

表5-1 长期股权投资初始投资成本的确定原则

取得方式		初始计量
形成控股合并的长期股权投资（即对子公司的投资）	同一控制下控股合并取得的长期股权投资	应以取得被投资方所有者权益账面价值的份额作为长期股权投资的初始投资成本。长期股权投资初始投资成本与支付对价的账面价值之间的差额，应当计入资本公积；资本公积不足冲减的，调整留存收益
	非同一控制下控股合并取得的长期股权投资	应以投资方在购买日为取得被购买方的控制权而付出的资产、发生或承担的负债、发行的权益性证券的公允价值之和作为长期股权投资的初始投资成本。支付的对价为非现金资产的，其公允价值与账面价值的差额计入当期损益
未形成控股合并的长期股权投资（包括对合营企业和联营企业的长期股权投资）		应以投资方在购买日为取得投资而支付的现金（包括手续费、税金等）、付出的非现金资产、发生或承担的负债、发行的权益性证券的公允价值作为长期股权投资的初始投资成本。支付的对价为非现金资产的，其公允价值与账面价值的差额计入当期损益

其二，企业在取得长期股权投资时，如果实际支付的价款中包含已宣告但尚未发放的现金股利或利润，则该现金股利或利润在性质上属于暂付应收款项，应当单独确认为应收项目（"应收股利"科目），不作为长期股权投资的初始投资成本。

第二节 长期股权投资的取得

长期股权投资初始投资成本的确定与其取得方式有关，企业取得长期股权投资的方式不同，其初始投资成本的确定也存在着差异，其会计处理方法有所不同。下面将分别说明控股合并和未形成控股合并的长期股权投资两种情况。

一、控股合并形成的长期股权投资

能够对被投资单位实施控制的长期股权投资，即控股合并形成的长期股权投资，应当区分同一控制下的控股合并和非同一控制下的控股合并两种情况，分别确定初始投资成本。不同合并方式取得的长期股权投资，会计处理方法有所不同。

（一）同一控制下的控股合并形成的长期股权投资

同一控制下的控股合并，是指参与合并的企业在合并前后均受同一方或相同的多方最终控制且该控制并非暂时性的。同一控制下的控股合并，在合并日取得对其他参与合并企业控制权的一方为合并方，参与合并的其他企业为被合并方。合并日，是指合并方实际取得对被合并方控制权的日期。

对于同一控制下的控股合并，从而能够对参与合并各方在合并前及合并后均实施最终控制的一方来看，最终控制方在合并前及合并后能够控制的资产并没有发生变化，合并双方的合并行为不完全是自愿进行和完成的，这种控股合并不属于交易行为，而是参与合并各方资产和负债的重新组合。因此，同一控制下的控股合并，合并方在合并日应以被合并方所有者权益的账面价值为基础，对长期股权投资进行初始计量。

1. 合并方以支付现金、转让非现金资产或承担债务方式作为合并对价

合并方以支付现金、转让非现金资产或承担债务方式作为合并对价的，应当在合并日按照取得被合并方所有者权益账面价值的份额作为长期股权投资的初始投资成本。长期股权投资的初始投资成本与支付的现金、转让的非现金资产及所承担债务账面价值之间的差额，应当调整资本公积（资本溢价或股本溢价）；资本公积（资本溢价或股本溢价）的余额不足冲减的，调整留存收益。

合并方发生的审计、法律服务、评估咨询等中介费用以及其他相关费用，应于发生时计入当期损益（"管理费用"科目）。

上述在按照合并日应享有被合并方账面所有者权益的份额确定长期股权投资的初

始投资成本时，前提是合并前合并方与被合并方采用的会计政策应当一致。如合并前合并方与被合并方采用的会计政策不同的，应基于重要性原则，统一合并方与被合并方的会计政策。在按照合并方的会计政策对被合并方资产、负债的账面价值进行调整的基础上，计算确定形成长期股权投资的初始投资成本。

具体进行会计处理时，合并方在合并日按取得被合并方所有者权益账面价值的份额，借记"长期股权投资"科目，按应享有被投资单位已宣告但尚未发放的现金股利或利润，借记"应收股利"科目，按支付的合并对价的账面价值，贷记有关资产或有关负债科目，按其差额，贷记"资本公积——资本溢价或股本溢价"科目；如为借方差额，应借记"资本公积——资本溢价或股本溢价"科目，资本公积（资本溢价或股本溢价）不足冲减的，借记"盈余公积""利润分配——未分配利润"科目。

【例5-1】蒙利公司和甲公司同为A公司的子公司，20×1年1月1日，A公司将其持有甲公司80%的股权转让给蒙利公司，双方协商确定的价格为720万元，以货币资金支付；合并日，甲公司所有者权益的账面价值为1 000万元。另外，蒙利公司还以银行存款支付审计、评估费1万元。假定蒙利公司"资本公积——资本溢价"科目贷方余额150万元。

【分析】蒙利公司和甲公司同为同一个集团内的两个子公司，因此，该合并属于同一控制下的控股合并，蒙利公司为合并方，甲公司为被合并方。合并日为20×1年1月1日。蒙利公司取得长期股权投资的账务处理如下：

长期股权投资的初始投资成本=1 000×80%=800（万元）

借：长期股权投资——投资成本	8 000 000
贷：银行存款	7 200 000
资本公积——资本溢价	800 000
借：管理费用	10 000
贷：银行存款	10 000

在本例中，如果双方协商确定的价格为900万元，蒙利公司以银行存款支付，其他条件不变，则蒙利公司取得长期股权投资的账务处理如下：

借：长期股权投资——投资成本	8 000 000
资本公积——资本溢价	1 000 000
贷：银行存款	9 000 000
借：管理费用	10 000
贷：银行存款	10 000

【例5-2】蒙利公司和B公司同为A公司的子公司，20×1年1月1日，A公司将其持有B公司60%的股权转让给蒙利公司，双方协商确定的价格为700万元，以货币资金支付；合并日，B公司所有者权益的账面价值为1 000万元。假定蒙利公司"资本公积——资本溢价"科目贷方余额50万元、"盈余公积"科目贷方余额20万元，"利

润分配——未分配利润"科目贷方余额60万元。

【分析】 蒙利公司和B公司同为同一个集团内的两个子公司,因此,该合并属于同一控制下的控股合并,蒙利公司为合并方,B公司为被合并方。合并日为20×1年1月1日。蒙利公司取得长期股权投资的账务处理如下:

长期股权投资的初始投资成本＝1 000×60%＝600（万元）

借：长期股权投资——投资成本	6 000 000
资本公积——资本溢价	500 000
盈余公积	200 000
利润分配——未分配利润	300 000
贷：银行存款	7 000 000

2. 合并方以发行权益性证券作为合并对价

合并方以发行权益性证券作为合并对价的,应当在合并日按照取得被合并方所有者权益账面价值的份额作为长期股权投资的初始投资成本,按照发行股份的面值总额作为股本,长期股权投资初始投资成本与所发行股份面值总额之间的差额,应当调整资本公积（资本溢价或股本溢价）;资本公积（资本溢价或股本溢价）不足冲减的,调整留存收益。

合并方为进行合并而发行权益性证券时,对于发行权益性证券发生的手续费、佣金等费用,应当抵减权益性证券溢价收入,溢价收入不足冲减的,冲减留存收益。

具体进行会计处理时,在合并日应按取得被合并方所有者权益账面价值的份额,借记"长期股权投资"科目,按应享有被投资单位已宣告但尚未发放的现金股利或利润,借记"应收股利"科目,按发行权益性证券的面值贷记"股本"科目,按其差额,贷记"资本公积——资本溢价或股本溢价"科目;如为借方差额,应借记"资本公积——资本溢价或股本溢价"科目,资本公积（资本溢价或股本溢价）不足冲减的,应借记"盈余公积""利润分配——未分配利润"科目。

【例5-3】 20×1年6月30日,蒙利公司向同一集团内S公司的原股东定向增发1 000万股普通股（每股面值为1元,市价为8.68元）,取得S公司100%的股权,并于当日起能够对S公司实施控制,合并后S公司仍维持其独立法人资格继续经营。两公司在合并前所采用的会计政策相同。合并日,S公司所有者权益的总额为4 404万元。

【分析】 蒙利公司和S公司是同一集团内的两个子公司,因此,该合并属于同一控制下的控股合并,蒙利公司为合并方,S公司为被合并方。合并日为20×1年6月30日。S公司在合并后维持其法人资格继续经营,合并日蒙利公司应确认对S公司的长期股权投资,其成本为合并日享有S公司账面所有者权益的份额,蒙利公司取得长期股权投资的账务处理如下:

长期股权投资的初始投资成本＝4 404×100%＝4 404（万元）

借：长期股权投资——投资成本	44 040 000

贷：股本	10 000 000
资本公积——股本溢价	34 040 000

【例 5-4】 蒙利公司和通达公司同为 Z 公司所控制的两个子公司。根据蒙利公司和通达公司达成的合并协议，20×1 年 6 月 30 日，蒙利公司以增发的权益性证券作为合并对价，取得通达公司 90%的股权。蒙利公司增发的权益性证券为每股面值 1 元的普通股股票，共增发 2 500 万股，为发行权益性证券发生的手续费、佣金等费用共计 80 万元，已用银行存款支付；又以银行存款支付审计费用、评估费用、法律服务费用等共计 21 万元，20×1 年 6 月 30 日，蒙利公司实际上取得了对通达公司的控制权，当日通达公司所有者权益总额为 5 000 万元。

【分析】 蒙利公司和通达公司在合并前后均受 Z 公司控制，蒙利公司通过合并取得了对通达公司的控制权。因此，该合并属于同一控制下的控股合并，蒙利公司为合并方，通达公司为被合并方。合并日为 20×1 年 6 月 30 日。蒙利公司应作如下账务处理：

长期股权投资的初始投资成本＝5 000×90%＝4 500（万元）

借：长期股权投资——投资成本	45 000 000
贷：股本	25 000 000
资本公积——股本溢价	20 000 000
借：资本公积——股本溢价	800 000
贷：银行存款	800 000

支付审计费用、评估费用、法律服务费用：

借：管理费用	210 000
贷：银行存款	210 000

（二）非同一控制下控股合并初始投资成本的确定

所谓非同一控制下的控股合并，是指参与合并的各方在合并前后不受同一方或相同的多方最终控制。相对于同一控制下的控股合并而言，非同一控制下的控股合并是合并各方自愿进行的交易行为，作为一种公平交易，应当以公允价值为基础进行计量。

非同一控制下的控股合并，在购买日取得对其他参与合并企业控制权的一方为购买方，参与合并的其他企业为被购买方。购买日，是指购买方实际取得对被购买方控制权的日期。

非同一控制下的控股合并中，购买方应当按照确定的合并成本作为长期股权投资的初始投资成本。合并成本包括购买方付出的资产、发生或承担的负债、发行的权益性证券的公允价值之和。购买方为该合并所发生的审计、法律服务、评估咨询等中介费用以及其他直接相关费用，应于发生时计入当期损益（"管理费用"科目）。

1. 以支付货币资金的方式取得被购买方的股权

在具体进行会计处理时，购买方在购买日以支付货币资金的方式取得被购买方的股权，应以支付的货币资金作为初始投资成本，借记"长期股权投资——投资成本"科目，贷记"银行存款"科目。

【例 5-5】 20×1 年 5 月 1 日，蒙利公司在公开市场上买入 M1 公司 60% 的股份，实际支付价款 1 600 万元，取得该股权后能够控制 M1 公司的生产经营决策。另外，为核实 M1 公司的资产价值，又聘请专业评估机构对 M1 公司的资产进行评估，以银行存款支付专业评估机构的评估费用 100 万元。假设蒙利公司和 M1 公司在合并前不存在关联关系，此合并为非同一控制下的控股合并。蒙利公司的会计处理如下：

长期股权投资的初始投资成本 = 1 600（万元）

借：长期股权投资——投资成本　　　　　　　　　　　　　16 000 000
　　管理费用　　　　　　　　　　　　　　　　　　　　　　 1 000 000
　　贷：银行存款　　　　　　　　　　　　　　　　　　　　17 000 000

2. 以支付非现金资产的方式取得被购买方的股权

购买方在购买日以非现金资产的方式取得被购买方的股权，应当按照付出资产的公允价值作为长期股权投资的初始投资成本。付出的资产应按资产处理方式进行处理，即付出资产的公允价值与其账面价值的差额，计入当期损益。其中，付出资产为固定资产、无形资产的，付出资产的公允价值与其账面价值的差额，计入营业外收入或营业外支出；付出资产为存货的，应作销售处理，应按库存商品等存货的公允价值，贷记"主营业务收入"科目，并同时按照其账面价值结转相关的成本，涉及增值税的，还应进行相应处理。

【例 5-6】 20×1 年 5 月 1 日，蒙利公司以一批库存商品购入 M2 公司 53% 的股份，取得该股权后能够控制 M2 公司的生产经营决策。该库存商品的账面价值为 900 万元，未计提存货跌价准备，不含增值税的公允价值为 1 000 万元，增值税销项税额为 170 万元。另外，为核实 M2 公司的资产价值，又聘请专业评估机构对 M2 公司的资产进行评估，以银行存款支付评估费用 100 万元。假设蒙利公司和 M2 公司在合并前不存在关联关系，此合并为非同一控制下的控股合并。蒙利公司取得长期股权投资时的会计处理如下：

长期股权投资的初始投资成本 = 1 000+1 000×17% = 1 170（万元）

借：长期股权投资——投资成本　　　　　　　　　　　　　11 700 000
　　贷：主营业务收入　　　　　　　　　　　　　　　　　 10 000 000
　　　　应交税费——应交增值税（销项税额）　　　　　　　1 700 000
借：主营业务成本　　　　　　　　　　　　　　　　　　　　9 000 000
　　贷：库存商品　　　　　　　　　　　　　　　　　　　　 9 000 000
借：管理费用　　　　　　　　　　　　　　　　　　　　　　1 000 000
　　贷：银行存款　　　　　　　　　　　　　　　　　　　　1 000 000

【例 5-7】 20×1 年 5 月 1 日，蒙利公司以一项机器设备购入 M3 公司 70% 的股份，取得该股权后能够控制 M3 公司的生产经营决策。该机器设备的原始价值为 800 万元，累计折旧为 300 万元，不含增值税的公允价值为 600 万元，增值税销项税额为 102 万元。另外，为核实 M3 公司的资产价值，又聘请专业评估机构对 M3 公司的资产进行评估，以银行存款支付评估费用 100 万元。假设蒙利公司和 E 公司在合并前不存在关联关系，此合并为非同一控制下的控股合并。蒙利公司取得长期股权投资时的会计处理如下：

长期股权投资的初始投资成本 = 600+600×17% = 702（万元）

借：固定资产清理	5 000 000
累计折旧	3 000 000
贷：固定资产	8 000 000
借：长期股权投资——投资成本	7 020 000
贷：固定资产清理	5 000 000
营业外收入——处置非流动资产净收益	1 000 000
应交税费——应交增值税（销项税额）	1 020 000
借：管理费用	1 000 000
贷：银行存款	1 000 000

【例5-8】蒙利公司于 20×1 年 3 月 31 日取得 M4 公司 70% 的股权，取得该股权后能够控制 M4 公司的生产经营决策。为核实 M4 公司的资产价值，蒙利公司聘请资产评估机构对 M4 公司的资产进行评估，支付评估费用 200 万元。合并中，蒙利公司支付的有关资产在购买日的账面价值与公允价值如表 5-2 所示。本例中，假定合并前蒙利公司与 M4 公司不存在任何关联方关系，不考虑相关增值税的影响。

表 5-2 蒙利公司支付的有关资产购买日的账面价值与公司价值

20×1 年 3 月 31 日   单位：元

项　目	账面价值	公允价值
无形资产	56 000 000①	84 000 000
银行存款	16 000 000	16 000 000
合　计	72 000 000	100 000 000

注：蒙利公司用作合并对价的无形资产，原价为 6 400 万元，至合并发生时已累计摊销 800 万元，账面价值为 5 600 万元。

【分析】因蒙利公司与 M4 公司在合并前不存在任何关联方关系，应作为非同一控制下的控股合并处理。蒙利公司为购买方，M4 公司为被购买方，购买日为 20×1 年 3 月 31 日。蒙利公司对于合并形成的对 M4 公司的长期股权投资，应进行的账务处理：

长期股权投资的初始投资成本 = 8 400+1 600 = 10 000（万元）

| 借：长期股权投资——投资成本 | 100 000 000 |
| 管理费用 | 2 000 000 |

累计摊销	8 000 000
贷：无形资产	64 000 000
银行存款	18 000 000
营业外收入——处置非流动资产净收益	28 000 000

3. 以发行权益性证券的方式取得的长期股权投资

企业发行权益性证券取得长期股权投资时，按照发行权益性证券的公允价值，借记"长期股权投资"科目，按照权益性证券的面值，贷记"股本"科目，按照权益性证券的公允价值与面值之间的差额，贷记"资本公积——股本溢价"科目。发行权益性证券所支付的手续费、佣金等费用，借记"资本公积——股本溢价"科目，贷记"银行存款"等科目。

【例5-9】蒙利公司和M5公司为两个独立的法人，合并之前不存在任何关联方关系。20×1年4月1日蒙利公司和M5公司达成了合并协议，约定蒙利公司以增发的权益性证券作为合并对价，取得M5公司80%的股权。20×1年7月1日，蒙利公司完成了权益性证券的增发。蒙利公司增发的权益性证券为每股面值1元的普通股股票，共增发1 600万股，每股公允价值3.5元；假定不考虑发行费用等。

【分析】蒙利公司和M5公司为两个独立的法人，合并之前不存在任何关联方关系。通过合并蒙利公司取得了对M5公司的控制权。因此，该合并属于非同一控制下的控股合并，蒙利公司为购买方，M5公司为被购买方。合并日为20×1年7月1日。

长期股权投资的初始投资成本=1 600×3.5=5 600（万元）

借：长期股权投资——投资成本	56 000 000
贷：股本	16 000 000
资本公积——股本溢价	40 000 000

二、未形成控股合并的长期股权投资

未形成控股合并的长期股权投资，包括对合营企业和联营企业的长期股权投资。未形成控股合并的长期股权投资，其初始投资成本的确定与形成非同一控制下控股合并的长期股权投资成本的确定方法基本相同。所不同的是，其发生的审计、法律服务、评估咨询等中介费用，以及其他直接相关费用等，应计入长期股权投资的初始成本。

1. 以支付现金取得的长期股权投资

以支付现金取得的长期股权投资，应当按照实际支付的购买价款作为初始投资成本，包括购买过程中支付的手续费等必要支出，但所支付价款中包含的被投资单位已宣告但尚未发放的现金股利或利润应作为应收项目核算，不构成取得长期股权投资的成本。

企业支付现金取得长期股权投资时，按照确定的初始投资成本，借记"长期股权投资"科目，按享有被投资单位已宣告但尚未发放的现金股利或利润，借记"应收股利"科目，按照实际支付的买价及手续费等，贷记"银行存款"等科目。

【例5-10】 蒙利公司于20×1年2月10日，自公开市场中买入M6公司30%的股份，实际支付价款8 000万元。另外，在购买过程中支付手续费、佣金等相关费用200万元。蒙利公司取得该部分股权后，能够对M6公司的生产经营决策施加重大影响。

蒙利公司应当按照实际支付的购买价款作为取得长期股权投资的成本，其账务处理：

借：长期股权投资——投资成本　　　　　　　　　　　　82 000 000
　　贷：银行存款　　　　　　　　　　　　　　　　　　82 000 000

【例5-11】 假定【例5-10】蒙利公司取得该项投资时，其支付的8 000万元买价中包括M6公司已经宣告但尚未发放现金股利50万元，则蒙利公司在确认该长期股权投资时，应将包含的现金股利部分单独核算。

蒙利公司应作如下账务处理：

借：长期股权投资——投资成本　　　　　　　　　　　　81 500 000
　　应收股利　　　　　　　　　　　　　　　　　　　　　　500 000
　　贷：银行存款　　　　　　　　　　　　　　　　　　82 000 000

2. 以发行权益性证券取得的长期股权投资

以发行权益性证券方式取得的长期股权投资，其投资成本为所发行权益性证券的公允价值，但不包括应自被投资单位收取的已宣告但尚未发放的现金股利或利润。

为发行权益性证券支付给有关证券承销机构等的手续费、佣金等与权益性证券发行直接相关的费用，不构成取得长期股权投资的成本。该部分费用应自权益性证券的溢价发行收入中扣除，权益性证券的溢价收入不足冲减的，应冲减盈余公积和未分配利润。

企业发行权益性证券取得长期股权投资时，按照确定的初始投资成本，借记"长期股权投资"科目，按照权益性证券的面值，贷记"股本"科目，按照权益性证券的公允价值与面值之间的差额，贷记"资本公积——股本溢价"科目。发行权益性证券所支付的税费及其他直接相关支出，借记"资本公积——股本溢价"科目，贷记"银行存款"等科目。

【例5-12】 20×1年3月，蒙利公司通过增发6 000万股本公司普通股（每股面值1元），取得M7公司30%的股权，按照增发前后的平均股价计算，该6 000万股股份的公允价值为10 400万元。为增发该部分股份，蒙利公司向证券承销机构等支付了400万元的佣金和手续费。假定蒙利公司取得该部分股权后能够对M7公司的生产经营决策施加重大影响。

【分析】 蒙利公司应当以所发行股份的公允价值作为取得长期股权投资的成本。蒙利公司账务处理如下：

借：长期股权投资——投资成本　　　　　　　　　　　　104 000 000
　　贷：股本　　　　　　　　　　　　　　　　　　　　60 000 000
　　　　资本公积——股本溢价　　　　　　　　　　　　44 000 000

发行权益性证券过程中支付的佣金和手续费，应冲减权益性证券的溢价发行收入：

借：资本公积——股本溢价　　　　　　　　　　4 000 000
　　贷：银行存款　　　　　　　　　　　　　　　　　4 000 000

3. 投资者投入的长期股权投资

投资者投入的长期股权投资，应当按照投资合同或协议约定的价值作为初始投资成本，但合同或协议约定价值不公允的除外。

投资者投入的长期股权投资，是指投资者以其持有的对第三方的投资作为出资投入企业，接受投资的企业原则上应当按照投资各方在投资合同或协议中约定的价值作为取得投资的初始投资成本，但有明确证据表明合同或协议中约定的价值不公允的除外。

收到投资者投入的长期股权投资时，按照确定的初始投资成本，借记"长期股权投资"科目，按享有被投资单位已宣告但尚未发放的现金股利或利润，借记"应收股利"科目，按照投资者出资占实收资本（或股本）的份额，贷记"实收资本"或"股本"科目，按其差额，贷记"资本公积"科目。

【例5-13】 20×1年8月1日，蒙利公司接受L公司投资，L公司将其持有的对K公司的长期股权投资投入蒙利公司。L公司持有的对K公司的长期股权投资的账面余额为800万元，未计提减值准备。蒙利公司和L公司投资合同约定的价值为1 000万元，蒙利公司的注册资本为5 000万元，L公司投资持股比例为15%。

蒙利公司应当投资各方在投资合同或协议中约定的价值作为取得投资的初始投资成本，蒙利公司账务处理如下：

借：长期股权投资——投资成本　　　　　　　　10 000 000
　　贷：实收资本　　　　　　　　　　　　　　　　　7 500 000
　　　　资本公积——资本溢价　　　　　　　　　　　2 500 000

4. 以其他方式取得的长期股权投资

以其他方式取得的长期股权投资，如以非货币性资产交换、通过债务重组等方式取得的长期股权投资，其初始投资成本的确定和会计处理分别按照《企业会计准则——非货币性资产交换》和《企业会计准则——债务重组》的规定进行处理，具体内容在此省略。

第三节　长期股权投资的后续核算方法

长期股权投资在持有期间，应根据投资企业对被投资单位的影响程度及是否存在活跃市场、公允价值能否可靠取得等情况，分别采用成本法和权益法进行核算。

一、长期股权投资核算的成本法

(一) 成本法的概念及其适用范围

成本法,是指长期股权投资的账面价值通常按初始投资成本计量后,除追加或收回投资外,一般不对长期股权投资的账面价值进行调整的一种会计处理方法。

长期股权投资的成本法适用于投资企业能够对被投资单位实施控制的长期股权投资(即对子公司的长期股权投资)。在这种情况下,尽管投资企业的日常核算采用成本法,但在编制合并财务报表时,应该按照权益法进行调整。

(二) 成本法的基本核算程序

投资时,按初始投资成本作为长期股权投资的入账价值。投资入账后,除追加或收回投资应调整长期股权投资的账面价值外,长期股权投资的账面价值一般保持不变。

股权持有期间,被投资单位宣告分派现金股利或利润时,除取得投资时实际支付的价款或对价中包含的已宣告但尚未发放的现金股利或利润外,投资企业按应享有的部分确认为当期投资收益,借记"应收股利"科目,贷记"投资收益"科目。

被投资单位宣告分派股票股利时,投资企业只做备查登记,调整持股数量,不做账务处理。

被投资单位实现利润或发生亏损时,投资企业不需要做任何会计处理。

企业按照上述规定确认自被投资单位应分得的现金股利或利润后,应当考虑长期股权投资可能发生的减值。如果长期股权投资可收回金额低于长期股权投资账面价值的,应当计提减值准备。

(三) 成本法下的会计账户设置

为了总括地核算和监督长期股权投资的增减变动和结存情况,企业应设置"长期股权投资"账户。该账户属于资产类账户,其借方登记长期股权投资的增加额,贷方登记长期股权投资的减少额,期末余额在借方,表示企业期末长期股权投资的持有额。长期股权投资采用成本法核算的,应设置"投资成本"明细账户进行明细核算。

(四) 成本法的具体会计处理

【**例5-14**】 蒙利公司于20×1年1月20日购入C公司股票1 000 000股,每股成交价15.20元,另外发生相关佣金、手续费等交易税费114 000元,发生法律服务、咨询等直接相关费用10 000元,以上款项均以银行存款支付。蒙利公司购入C公司股份后,占C公司有表决权资本的54%,并准备长期持有,对C公司的财务和经营政策实施控制。C公司于20×2年2月5日宣告分派20×1年度的现金股利,每10股2元。蒙利公司于20×2年2月26日收到该现金股利。假设蒙利公司和C公司不存在关联关系。则蒙利公司会计处理如下:

(1) 于 20×1 年 1 月 20 日购入 C 公司股票时。

长期股权投资的初始投资成本 = 1 000 000×15.20+114 000 = 15 314 000（元）

借：长期股权投资——投资成本　　　　　　　　　　15 314 000
　　　贷：银行存款　　　　　　　　　　　　　　　　　　　15 314 000
借：管理费用　　　　　　　　　　　　　　　　　　　　10 000
　　　贷：银行存款　　　　　　　　　　　　　　　　　　　　　10 000

(2) 于 20×2 年 2 月 5 日 C 公司宣告分派股利时。

应收现金股利 = 1 000 000÷10×2 = 200 000（元）

借：应收股利　　　　　　　　　　　　　　　　　　　　200 000
　　　贷：投资收益　　　　　　　　　　　　　　　　　　　　　200 000

(3) 于 20×2 年 2 月 26 日实际收到现金股利时。

借：银行存款　　　　　　　　　　　　　　　　　　　　200 000
　　　贷：应收股利　　　　　　　　　　　　　　　　　　　　　200 000

【例 5-15】 蒙利公司有关投资资料如下：

(1) 20×1 年 1 月 1 日，蒙利公司以银行存款 1 010 万元购入 A 公司 60% 的股权，并取得对 A 公司的控制权。蒙利公司和 A 公司不存在关联关系。

(2) 20×1 年 3 月 20 日，A 公司宣告分派现金股利 100 万元。

(3) 20×1 年 4 月 20 日，蒙利公司收到现金股利 60 万元。

(4) 20×1 年，A 公司实现净利润 500 万元。

(5) 20×2 年 3 月 18 日，A 公司宣告分配现金股利 200 万元，股票股利 200 万元。

(6) 20×2 年 4 月 18 日，蒙利公司收到现金股利 120 万元。

(7) 20×2 年，A 公司发生巨额亏损。20×2 年末蒙利公司预计对 A 公司投资按当时市场收益率确定的未来现金流量现值为 930 万元。

(8) 20×3 年 3 月 10 日，蒙利公司将持有的 A 公司 60% 的股权全部转让给丙公司，收到股权转让款 950 万元。

【分析】 因蒙利公司持有 A 公司 60% 的股权比例，能够对 A 公司实施控制，并且蒙利公司和 A 公司没有关联关系，属于非同一控制下的控股合并。因此，蒙利公司对该股权投资应通过长期股权投资核算，并且后续计量应采用成本法核算。蒙利公司会计处理如下：

(1) 20×1 年 1 月 1 日，蒙利公司取得投资时。

借：长期股权投资——投资成本　　　　　　　　　　10 100 000
　　　贷：银行存款　　　　　　　　　　　　　　　　　　　10 100 000

(2) 20×1 年 3 月 20 日，A 公司宣告分派现金股利时。

借：应收股利　　　　　　　　　　　　　600 000（1 000 000×60%）
　　　贷：投资收益　　　　　　　　　　　　　　　　　　　　　600 000

(3) 20×1 年 4 月 20 日，蒙利公司收到现金股利时。

借：银行存款	600 000	
贷：应收股利		600 000

（4）20×1年，A公司实现净利润500万元，蒙利公司采用成本法核算，所以不作账务处理。

（5）20×2年3月18日，A公司宣告分配现金股利时。

借：应收股利	1 200 000 (2 000 000×60%)	
贷：投资收益		1 200 000

对取得的股票股利不需要进行账务处理，只需要在备查簿中登记股票数量的变化。

（6）20×2年4月18日，蒙利公司收到现金股利时。

借：银行存款	1 200 000	
贷：应收股利		1 200 000

（7）20×2年，A公司发生巨额亏损。20×2年末，蒙利公司预计对A公司投资按当时市场收益率确定的未来现金流量现值为930万元，而此时长期股权投资的账面价值为1 010万元，应计提80万元的减值准备。

借：资产减值损失	800 000	
贷：长期股权投资减值准备		800 000

（8）20×3年3月10日，蒙利公司转让A公司的股权。

借：银行存款	9 500 000	
长期股权投资减值准备	800 000	
贷：长期股权投资——投资成本		10 100 000
投资收益		200 000

（五）成本法的优缺点

长期股权投资，特别是母公司对子公司的长期股权投资，采用成本法核算，一般性的解释是，对于单独报表来说，重点应集中在投资资产的业绩反映上，采用成本法对编制独立的财务报表具有相关性。按成本法核算长期股权投资，还具有如下几方面的优点：①投资账户能够反映投资的成本；②核算简便；③能反映企业实际获得的利润或现金股利的情况，而且获得的利润或现金股利与其流入的现金在时间上基本吻合；④与法律上企业法人的概念相符，即投资企业与被投资单位是两个独立的法人实体，被投资单位实现的净利润或发生的净亏损，不会自动成为投资企业的利润或亏损；⑤成本法所确认的投资收益，与我国税法上确认应纳税所得额时对投资收益的确认时间是一致的，不易引起会计核算时间与税法不一致的问题；⑥成本法比较稳健，即投资账户只反映投资成本，投资收益只反映实际获得的利润或现金股利。

然而，成本法也有其局限性，主要表现如下：第一，在成本法下，"长期股权投资"账户停留在初始或追加投资时的投资成本上，不能反映投资企业在被投资单位中的权益；第二，在投资企业能够控制被投资单位的情况下，投资企业能够支配被投资单位的利润分配政策，投资企业可以凭借其控制力，操纵被投资单位的利润或股利的分配，其投资收益未必能真正反映实际的经济利益。

二、长期股权投资核算的权益法

（一）权益法的概念及其适用范围

权益法，是指长期股权投资以初始投资成本计量后，在投资持有期间根据投资企业享有被投资单位所有者权益的份额的变动对长期股权投资的账面价值进行调整的方法。

长期股权投资的权益法，适用于以下两种情况：一是投资企业对被投资单位具有共同控制的长期股权投资，即对合营企业的投资；二是投资企业对被投资单位具有重大影响的长期股权投资，即对联营企业的投资。

（二）权益法下会计账户的设置

采用权益法核算长期股权投资时，应设置"长期股权投资"账户，并下设"投资成本""损益调整""其他综合收益""其他权益变动"等明细账户，其中，"投资成本"明细账户用来核算长期股权投资的投资成本增减变动；"损益调整"明细账户用来核算因被投资单位实现净损益或分派现金股利而调整长期股权投资账面价值的金额；"其他综合收益"明细分类账户用来核算因被投资单位其他综合收益变动而调整的长期股权投资账面价值的金额；"其他权益变动"明细账户用来核算因被投资单位除净损益、利润分配和其他综合收益变动以外的所有者权益变动而调整的长期股权投资账面价值的金额。

（三）权益法核算的一般程序

第一，初始投资或追加投资时，按照初始投资成本或追加投资的投资成本，增加长期股权投资的账面价值。

第二，调整初始投资成本。比较初始投资成本与投资时应享有被投资单位可辨认净资产公允价值的份额，对于二者之间的差额，应区分情况分别处理：①如果初始投资成本大于投资时应享有被投资单位可辨认净资产公允价值份额的，该部分差额在本质上体现的是投资企业对被投资企业未入账的商誉和其他不符合确认条件的资产价值的补偿，所以，应保留在股权投资成本中，不需要按其差额调整已确认的初始投资成本；②如果初始投资成本小于应享有被投资单位可辨认净资产公允价值份额的，两者之间的差额体现的是双方在投资作价过程中转让方的让步，该差额导致的经济利益流入应作为一项收益，计入取得投资当期的营业外收入，同时调整长期股权投资的账面价值。

第三，持有投资期间，随着被投资单位所有者权益的变动，相应调整增加或减少长期股权投资的账面价值，并区分情况分别处理：①对于被投资单位实现净损益和其他综合收益而产生的所有者权益的变动，投资企业按照持股比例计算应享有的份额，增加或减少长期股权投资的账面价值，同时确认为当期投资损益和其他综合收益；②对于被投资单位除净损益、其他综合收益以及利润分配以外其他因素导致的所有者权益变动,应按照持股比例计算应享有的份额,增加或减少长期股权投资的账面价值,同时确认为资本公积(其他资本公积)。

第四,被投资单位宣告分派利润或现金股利时,投资企业按持股比例计算应分得的份额,一般应冲减长期股权投资的账面价值。

(四)取得长期股权投资时,调整初始投资成本

投资企业取得对联营企业或合营企业的投资以后,对于取得投资时投资成本与应享有被投资单位可辨认净资产公允价值份额之间的差额,应区分情况分别处理。

初始投资成本大于取得投资时应享有被投资单位可辨认净资产公允价值份额的,不要求对长期股权投资的成本进行调整。

应享有被投资单位可辨认净资产公允价值份额 = 投资时被投资单位可辨认净资产公允价值总额 × 投资企业持股比例

【例5-16】 20×1年1月1日蒙利公司支付现金800万元取得A公司30%的股权,取得投资时A公司的可辨认净资产账面价值为2 300万元,取得投资时A公司的可辨认净资产公允价值为2 500万元。在A公司的生产经营决策过程中,所有股东均按持股比例行使表决权。蒙利公司在取得A公司的股权后,派人参与了A公司的生产经营决策。因为能够对A公司施加重大影响,蒙利公司对该投资应当采用权益法核算。蒙利公司的会计处理如下:

(1)首先确定初始投资成本为800万元。

借:长期股权投资——投资成本　　　　　　　　　　8 000 000
　　贷:银行存款　　　　　　　　　　　　　　　　　　8 000 000

(2)然后计算应享有被投资单位可辨认净资产公允价值份额 = 2 500×30% = 750(万元)。

因初始投资成本800万元大于应享有被投资单位可辨认净资产公允价值份额750万元,根据规定,两者之间的差额50万元不调整长期股权投资的初始投资成本。

初始投资成本小于取得投资时应享有被投资单位可辨认净资产公允价值份额的,该部分经济利益流入应作为收益处理,计入取得投资当期的营业外收入,同时调整增加长期股权投资的账面价值。因为,两者之间的差额体现为双方在交易作价过程中转让方的让步。

【例5-17】 仍按【例5-16】资料,假如该例中,取得投资时A公司的可辨认净资产账面价值为2 300万元,取得投资时A公司的可辨认净资产的公允价值为3 000万元,其他条件不变。则蒙利公司会计处理如下:

(1)首先确定初始投资成本为800万元。

借:长期股权投资——投资成本　　　　　　　　　　8 000 000
　　贷:银行存款　　　　　　　　　　　　　　　　　　8 000 000

(2)然后计算应享有被投资单位可辨认净资产公允价值份额 = 3 000×30% = 900

(万元)。

因初始投资成本 800 万元小于应享有被投资单位可辨认净资产公允价值份额 900 万元，根据规定，其差额 100 万元应当计入当期损益，同时调整长期股权投资的成本。

借：长期股权投资——投资成本　　　　　　　　　　　　1 000 000
　　贷：营业外收入　　　　　　　　　　　　　　　　　　　　1 000 000

可将以上两个简单会计分录合并为一个复合会计分录：

借：长期股权投资——投资成本　　　　　　　　　　　　9 000 000
　　贷：银行存款　　　　　　　　　　　　　　　　　　　　　8 000 000
　　　　营业外收入　　　　　　　　　　　　　　　　　　　　1 000 000

【例 5-18】 蒙利公司于 20×1 年 1 月 1 日取得 B 公司 30% 的股权，实际支付价款 30 000 000 元。取得投资时被投资单位 B 账面所有者权益的构成如下（假定该时点被投资单位各项可辨认资产、负债的公允价值与其账面价值相同，单位为元）：

实收资本	30 000 000
资本公积	24 000 000
盈余公积	6 000 000
未分配利润	15 000 000
所有者权益总额	75 000 000

假定在 B 公司的董事会中，所有股东均以其持股比例行使表决权。蒙利公司在取得对 B 公司的股权后，派人参与了 B 公司的财务和生产经营决策。因能够对 B 公司的生产经营决策施加重大影响，蒙利公司对该项投资采用权益法核算。

取得投资时，蒙利公司应进行的账务处理：

借：长期股权投资——投资成本　　　　　　　　　　　　30 000 000
　　贷：银行存款　　　　　　　　　　　　　　　　　　　　　30 000 000

长期股权投资的成本 30 000 000 元大于取得投资时应享有 B 公司可辨认净资产公允价值的份额 22 500 000 元（75 000 000×30%），不对其初始投资成本进行调整。

假定上例中，取得投资时 B 公司可辨认净资产公允价值为 120 000 000 元，蒙利公司按持股比例 30% 计算确定应享有 36 000 000 元，则初始投资成本与应享有 B 公司可辨认净资产公允价值份额之间的差额 6 000 000 元应计入取得投资当期的损益。

取得投资时，蒙利公司应进行的账务处理：

借：长期股权投资——投资成本　　　　　　　　　　　　36 000 000
　　贷：银行存款　　　　　　　　　　　　　　　　　　　　　30 000 000
　　　　营业外收入　　　　　　　　　　　　　　　　　　　　6 000 000

（五）投资收益的确认

采用权益法核算长期股权投资，投资企业取得长期股权投资后，应当按照应享有或应分担的被投资单位实现的净损益的份额（法规或章程规定不属于投资企业的净损益除外），确认为投资收益并调整长期股权投资的账面价值。如果被投资单位实现净利润，投资企业按持股比例相应调整增加长期股权投资的账面价值，借记"长期股权投资"科目，贷记"投资收益"科目。

【例 5-19】 蒙利公司在 20×1 年 1 月 1 日以 2 400 万元的取得成本购进 B 公司全部普通股股票的 40%。B 公司 20×1 年度实现净利润 500 万元。假设蒙利公司取得该项投资时，B 公司各项可辨认资产、负债的公允价值与其账面价值相同；两个公司的会计期间及采用的会计政策也相同。蒙利公司在 20×1 年末应按持股比例确认投资收益 500×40%=200（万元）。蒙利公司应做会计分录如下：

借：长期股权投资——损益调整　　　　　　　　　　　2 000 000
　　贷：投资收益　　　　　　　　　　　　　　　　　　　　2 000 000

如果被投资单位发生亏损时，则做相反的会计分录。

值得注意的是，投资企业在确认应享有被投资单位净利润或应分担的净亏损时，应考虑以下三个因素的影响并进行适当调整：

1. 被投资单位采用的会计政策及会计期间

权益法下，是将投资企业与被投资单位作为一个整体对待，作为一个整体，其所产生的损益，应当在一致的会计政策基础上确定。因此，被投资单位采用的会计政策及会计期间与投资企业不一致的，应按投资企业的会计政策及会计期间对被投资单位的财务报表进行调整，在此基础上确定被投资单位的损益。

2. 被投资企业各项可辨认资产或负债的账面价值与公允价值存在的差异

投资企业在取得投资时，是以被投资单位有关资产、负债的公允价值为基础确定投资成本的，因此，被投资单位的净利润或净亏损应以其购买日各项可辨认资产和负债的公允价值为基础进行调整。也就是说，投资企业在确认应享有或应分担的被投资单位净利润或净亏损的份额时，应当以取得被投资单位各项可辨认资产、负债的公允价值为基础，对被投资单位的净利润或净亏损进行调整后加以确定，而不应仅按照被投资企业的账面净利润与持股比例计算的结果简单确定。

基于重要性要求，一般应考虑的调整因素：以取得投资时被投资单位固定资产、无形资产的公允价值为基础计提的折旧额或摊销额，以及有关资产减值准备的金额等对被投资单位净利润的影响。

3. 投资企业与其联营企业及合营企业之间发生的未实现内部交易损益

权益法下，如果投资企业与合营企业或联营企业之间发生内部交易，不论是投资企业向合营企业或联营企业销货（即顺流交易），还是联营企业或合营企业向投资企业销货（即逆流交易），其未实现的内部损益中属于投资企业享有的份额，投资企业在确认投资收益时均应予以扣除。这是因为，在顺流交易中，投资企业向其联营企业或合营企业出售资产，如果联营企业或合营企业在会计年度内尚未将相应的资产对外部独立第三方出售，投资企业的账上就会存在未实现的内部交易损益。在逆流交易中，联营企业或合营企业向其投资企业出售资产，如果投资企业在会计年度内尚未将相应的资产向外部独立第三方出售，联营企业或合营企业的账上就会存在未实现内部交易损益。未实现内部交易损益体现在投资企业或其联营企业、合营企业持有的资产账面价值中的,在计算确认投资损益时应予以抵销。

投资企业在对被投资单位的净利润进行调整时,应考虑重要性原则,不具有重要性的项目可不予调整。符合下列条件之一的,投资企业可以以被投资单位的账面净利润为基础,经调整未实现内部交易损益后,计算确认投资损益,同时应在附注中说明因下列情况不能调整的事实及其原因:①投资企业无法合理确定取得投资时被投资单位各项可辨认资产等的公允价值;②投资时被投资单位可辨认资产的公允价值与其账面价值相比,两者之间的差额不具有重要性的;③其他原因导致无法取得被投资单位的有关资料,不能按照准则中规定的原则对被投资单位的净损益进行调整的。

【例 5-20】 蒙利公司于 20×1 年 1 月 1 日取得某联营企业 F 公司 30% 的股权,取得投资时 F 公司固定资产的公允价值为 1 400 万元,账面价值为 600 万元,固定资产的预计使用年限为 10 年,净残值为零,按照直线法计提折旧。假定不考虑所得税影响。被投资单位 F 公司 20×1 年度利润表中净利润为 500 万元。

【分析】 由于被投资单位 F 公司 20×1 年度利润表中已按固定资产的账面价值计算了折旧费用为 60 万元,而按取得投资时固定资产的公允价值计算确定的折旧费用应为 140 万元,二者相差 80 万元。因此,应当对被投资单位 F 公司利润表中的净利润 500 万元进行调整,调整后的净利润为 420 万元(500-80),蒙利公司按照持股比例计算确认的当期投资收益应为 126 万元(420×30%)。

借:长期股权投资——损益调整　　　　　　　　　　　　1 260 000
　　贷:投资收益　　　　　　　　　　　　　　　　　　　　1 260 000

【例 5-21】 蒙利公司于 20×1 年 1 月 10 日购入 M 公司 30% 的股份,购买价款为 3 300 万元,并自取得投资之日起派人参与 M 公司的财务和生产经营决策。取得投资当日,M 公司可辨认净资产公允价值为 9 000 万元,除表 5-3 所列项目外,M 公司其他资产、负债的公允价值与账面价值相同。

表 5-3　蒙利公司支付的有关资产购买日的账面价值与公司价值

单位:万元

项目	账面原价	已提折旧或摊销	公允价值	M 公司预计使用年限	蒙利公司取得投资后剩余使用年限
存货	750		1 050		
固定资产	1 800	360	2 400	20	16
无形资产	1 050	210	1 200	10	8
合计	3 600	570	4 650		

假定 M 公司于 20×1 年度实现净利润 900 万元,其中,在蒙利公司取得投资时的账面存货有 80% 对外出售。蒙利公司与 M 公司的会计年度及采用的会计政策相同。固定

资产、无形资产均按直线法提取折旧或摊销，预计净残值均为0。假定蒙利公司与M公司间未发生任何内部交易。

蒙利公司在确定其应享有的投资收益时，应在M公司实现净利润的基础上，根据取得投资时M公司有关资产的账面价值与其公允价值差额的影响进行调整（假定不考虑所得税影响）：

存货账面价值与公允价值的差额应调减的利润 = (1 050−750) ×80% = 240（万元）

固定资产公允价值与账面价值的差额应调整增加的折旧额 = 2 400÷16−1 800÷20 = 60（万元）

无形资产公允价值与账面价值的差额应调整增加的折旧额 = 1 200÷8−1 050÷10 = 45（万元）

调整后的净利润 = 900−240−60−45 = 555（万元）

蒙利公司应享有份额 = 555×30% = 166.50（万元）

蒙利公司确认投资收益的账务处理如下：

借：长期股权投资——损益调整　　　　　　　　　　　　　1 665 000
　　贷：投资收益　　　　　　　　　　　　　　　　　　　　1 665 000

（六）投资损失的确认

被投资单位实现亏损时，投资企业按持股比例确认应分担的亏损份额，相应调整减少长期股权投资的账面价值。借记"投资收益"科目，贷记"长期股权投资"科目。

【例5-22】 承【例5-19】资料，B公司20×2年度发生净亏损600万元。则蒙利公司在20×2年末确认应分担的亏损份额600×40%=240（万元）。蒙利公司应做会计分录如下：

借：投资收益　　　　　　　　　　　　　　　　　　　　　2 400 000
　　贷：长期股权投资——损益调整　　　　　　　　　　　　2 400 000

在确认投资企业应分担的亏损时，被投资企业的净亏损也应按照其购买日各项可辨认资产和负债的公允价值以及与投资企业交易的未实现交易损益为基础进行调整。

由于投资企业只承担有限责任，因此，按照权益法核算的长期股权投资，在被投资企业发生超额亏损时，投资企业确认的投资损失，原则上应以长期股权投资的账面价值及其他实质上构成对被投资单位净投资的长期权益减记至零为限，投资企业负有承担额外损失义务的除外。

其中，"长期股权投资的账面价值"等于长期股权投资账户账面余额减去长期股权投资减值准备账户账面余额的差额；这里所讲的"其他实质上构成对被投资单位净投资的长期权益"，通常是指长期应收项目，比如，企业对被投资单位的长期债权，该债权没有明确的清收计划，且在可预见的未来期间不准备收回的，实质上构成对被投资单位的净投资，但不包括投资企业与被投资单位之间因销售商品、提供劳务等日常活动所产生的长期债权。

投资企业在确认应分担被投资单位发生的亏损时，具体应按照以下顺序处理：

首先，减记长期股权投资的账面价值。

其次，在长期股权投资的账面价值减记至零的情况下，对于未确认的投资损失，考虑除长期股权投资以外，账面上是否有其他实质上构成对被投资单位净投资的长期权益项目，如果有，则应以其他长期权益的账面价值为限，继续确认投资损失，冲减长期应收项目等的账面价值。

再次，经过上述处理，按照投资合同或协议约定，投资企业仍需要承担额外损失弥补等义务的，应按预计将承担的义务金额确认预计负债，计入当期投资损失。

最后，经上述处理后，还有未确认的应分担被投资企业亏损的金额，应在备查簿中登记。

在进行具体会计处理时，对于发生的投资损失，应借记"投资收益"科目，贷记"长期股权投资——损益调整"科目。在长期股权投资的账面价值减记至零以后，考虑其他实质上构成对被投资单位净投资的长期权益，继续确认的投资损失，应借记"投资收益"科目，贷记"长期应收款"等科目；因投资合同或协议约定导致投资企业需要承担额外义务的，按照或有事项准则的规定，对于符合确认条件的义务，应确认为当期损失，同时确认预计负债，借记"投资收益"科目，贷记"预计负债"科目。除上述情况仍未确认的应分担被投资单位的损失，应在账外备查登记。

在确认了有关的投资损失以后，被投资单位于以后期间实现盈利的，扣除未确认的亏损分担额后，应按与上述顺序相反的顺序处理，即先减记账外备查登记的金额；再减记已确认的预计负债的账面余额；再恢复其他长期权益的账面价值；最后再恢复长期股权投资的账面价值，同时确认投资收益。应当按顺序分别借记"预计负债""长期应收款""长期股权投资"等科目，贷记"投资收益"科目。

【例5-23】蒙利公司持有C公司40%的股权，20×1年1月1日，长期股权投资的账面价值为2 000万元。C公司20×1年度亏损6 000万元，20×2年度C公司实现净利润3 000万元。假定取得投资时点被投资单位C公司各项资产的公允价值等于账面价值，双方采用的会计政策、会计期间均相同。因为蒙利公司拥有C公司30%的股份，对C公司能够施加重大影响，因此蒙利公司对该长期股权投资采用权益法进行核算。

蒙利公司20×1年应分担的亏损份额=6 000×40%=2400（万元），但由于长期股权投资的账面价值为2 000万元，则应当以长期股权投资的账面价值减记至零为限，即以2 000万元为限确认当年的投资损失，其余400万元未确认的亏损分担额应在备查簿中做备忘登记。该部分未确认的亏损分担额，由20×2年度取得的净利润抵销。蒙利公司作如下会计处理：

（1）蒙利公司按 2 000 万元确认 20×1 年度的投资损失。

借：投资收益   20 000 000
　　贷：长期股权投资——损益调整   20 000 000

（2）20×2 年度，蒙利公司按持股比例确认投资收益 3 000×40%＝1 200（万元），但由于上年度有未确认的亏损分担额 400 万元，所以 20×2 年应恢复长期股权投资的账面价值 1 200－400＝800（万元）。

借：长期股权投资——损益调整   8 000 000
　　贷：投资收益   8 000 000

【例 5-24】 蒙利公司持有乙企业 40% 的股权，能够对乙企业施加重大影响。20×1 年 12 月 31 日该项长期股权投资的账面价值为 4 000 万元。假定蒙利公司在取得该投资时，乙企业各项可辨认资产、负债的公允价值与其账面价值相等，双方所采用的会计政策及会计期间也相同。因为蒙利公司拥有乙公司 40% 的股份，对乙公司能够施加重大影响，因此蒙利公司对该长期股权投资采用权益法进行核算。

（1）假定乙企业 20×2 年由于一项主要经营业务市场条件发生变化，当年度亏损 6 000 万元。则蒙利公司当年度应确认的投资损失为 2 400（6 000×40%）万元。则蒙利公司应进行的账务处理：

借：投资收益   24 000 000
　　贷：长期股权投资——损益调整   24 000 000

确认上述投资损失后，长期股权投资的账面价值变为 1 600 万元。

（2）如果乙企业 20×2 年的亏损额为 12 000 万元，蒙利公司按其持股比例确认应分担的损失为 4 800（12 000×40%）万元，但 20×1 年 12 月 31 日长期股权投资的账面价值仅为 4 000 万元，在这种情况下：

其一，如果没有其他实质上构成对被投资单位净投资的长期权益项目，则蒙利公司应确认的投资损失仅为 4 000 万元，超额损失 800 万元在账外进行备查登记。则蒙利公司应进行的账务处理：

借：投资收益   40 000 000
　　贷：长期股权投资——损益调整   40 000 000

在确认了 4000 万元的投资损失后，长期股权投资的账面价值减记至零。

其二，如果蒙利公司账上有应收乙企业的长期应收款 1 600 万元，该款项从目前情况来看，没有明确的清偿计划（并非产生于商品购销等日常活动），则蒙利公司应进行的账务处理：

借：投资收益   40 000 000
　　贷：长期股权投资——损益调整   40 000 000
借：投资收益   8 000 000
　　贷：长期应收款——乙企业   8 000 000

（七）取得现金股利或利润的处理

按照权益法核算的长期股权投资，投资企业自被投资单位取得的现金股利或利润，应抵减长期股权投资的账面价值。在被投资单位宣告分派现金股利或利润时，借记"应收股利"科目，贷记"长期股权投资——损益调整"科目。投资企业在实际收到现金股利或利润时，借"银行存款"科目，贷记"应收股利"科目。

【例 5-25】 接【例 5-19】资料，蒙利公司取得 B 公司全部普通股股票的 40%，假如 B 公司 20×2 年 4 月宣告分派 20×1 年度实现的净利润，共发放现金股利 300 万元。则蒙利公司按持股比例计算应收到的现金股利为 120 万元（300×40%）。蒙利公司应做会计分录如下：

借：应收股利　　　　　　　　　　　　　　　　　　1 200 000
　　贷：长期股权投资——损益调整　　　　　　　　　　　　1 200 000

待实际收到现金股利时：

借：银行存款　　　　　　　　　　　　　　　　　　1 200 000
　　贷：应收股利　　　　　　　　　　　　　　　　　　　　1 200 000

需要注意的是，上述会计处理仅限于被投资企业宣告分派的利润或现金股利，对于被投资单位分派的股票股利，投资企业不作账务处理，但应于除权日注明所增加的股数，以反映股份的变化情况。

（八）被投资单位其他综合收益变动的会计处理

被投资单位其他综合收益发生变动的，投资企业应当按照归属于本企业的部分，相应调整长期股权投资的账面价值，同时增加或减少其他综合收益。即按持股比例计算应享有的份额，借记或贷记"长期股权投资——其他综合收益"科目，贷记或借记"其他综合收益"科目。

【例 5-26】 蒙利公司持有 B 企业 30% 的股份，当期 B 企业因持有的可供出售金融资产公允价值的变化导致其他综合收益的金额增加 600 万元，假定蒙利公司与 B 企业适用的会计政策、会计期间相同，投资时有关资产的公允价值与其账面价值亦相同。不考虑相关的所得税影响。则蒙利公司有关会计处理如下：

由于被投资企业 B 公司当期"其他综合收益"增加 600 万元，所以蒙利公司应当按照归属于本企业的部分，相应调整增加长期股权投资的账面价值，同时减少其他综合收益 600×30%=180（万元）。

借：长期股权投资——其他综合收益　　　　　　　　1 800 000
　　贷：其他综合收益　　　　　　　　　　　　　　　　　　1 800 000

（九）被投资单位所有者权益其他变动的处理

当被投资单位除净损益、其他综合收益以及利润分配以外的其他所有者权益变动时，被投资企业应当按照持股比例与被投资单位所有者权益的其他变动，计算归属于本企业的份额，调整长期股权投资的账面价值，同时计入"资本公积——其他资本公积"科目。即借记或贷记"长期股权投资——其他权益变动"科目,贷记或借记"资本公积——其他资本公积"科目。

【例5-27】 蒙利公司有关长期股权投资的资料如下:

(1) 蒙利公司20×1年1月3日购买D公司(新成立的股份有限公司)发行的股票180 000股。从而拥有该公司30%的股份,该股票面值1元,发行价格2元,另支付手续费和税金12 000元。假设蒙利公司取得该项投资时,B公司各项可辨认资产、负债的公允价值与其账面价值相同;两个公司的会计期间及采用的会计政策也相同。

(2) D公司20×1年实现净利润70 000元。

(3) 20×2年3月,D公司宣告发放现金股利40 000元。

(4) 20×2年D公司由于经营管理不善等诸多因素,发生严重亏损,亏损额达1 300 000元。

(5) 20×3年D公司采取得力措施,扭亏为盈,实现净利润800 000元。

蒙利公司应作如下会计处理:

因为蒙利公司拥有D公司30%的股份,对D公司能够施加重大影响,因此蒙利公司对该长期股权投资采用权益法进行核算。

(1) 20×1年1月3日,蒙利公司购买股票时计算投资成本 = 180 000×2+12 000 = 372 000元。

借:长期股权投资——投资成本　　　　　　　　　　　　　　372 000
　　贷:银行存款　　　　　　　　　　　　　　　　　　　　　　　372 000

(2) 20×1年12月31日,蒙利公司按持股比例确认投资收益70 000×30% = 21 000元。

借:长期股权投资——损益调整　　　　　　　　　　　　　　21 000
　　贷:投资收益　　　　　　　　　　　　　　　　　　　　　　　21 000

20×1年末,蒙利公司"长期股权投资"账面借方余额为393 000元。

(3) 20×2年3月,D公司宣告发放现金股利时,蒙利公司计算应分得现金股利的部分为40 000×30% = 12 000元,相应减少长期股权投资的账面价值。

借:应收股利　　　　　　　　　　　　　　　　　　　　　　　12 000
　　贷:长期股权投资——损益调整　　　　　　　　　　　　　　　12 000

(4) 收到股利时。

借:银行存款　　　　　　　　　　　　　　　　　　　　　　　12 000
　　贷:应收股利　　　　　　　　　　　　　　　　　　　　　　　12 000

(5) 20×2年12月31日,蒙利公司按持股比例计算的投资损失为1 300 000×30% = 390 000元,但根据"投资企业确认被投资单位发生的净亏损,应当以长期股权投资的账面价值减记至零为限"的要求,当年应计算确认的投资损失为381 000元(该金额为截至20×2年12月31日"长期股权投资"科目的账面价值)。

借：投资收益　　　　　　　　　　　　　　　　　　　　　　　381 000
　　贷：长期股权投资——损益调整　　　　　　　　　　　　　　　　381 000

20×2 年末，"长期股权投资"账面借方余额为零，尚未抵冲的余额为 9 000 元 (390 000-381 000)，应在备查登记簿中记录，并留待以后被投资企业 D 公司盈利时抵冲。

（6）20×3 年 12 月 31 日，蒙利公司按持股比例确认投资收益 240 000 元（800 000×30%），但由于上年度有未确认的亏损分担额 9 000 元，所以 20×3 年应恢复长期股权投资的账面价值 231 000（240 000-9 000）元。

借：长期股权投资——损益调整　　　　　　　　　　　　　　　231 000
　　贷：投资收益　　　　　　　　　　　　　　　　　　　　　　　231 000

20×3 年末，"长期股权投资"账面借方余额为 231 000 元。

（十）权益法的优缺点

1. 权益法的优点

（1）投资账户能够反映投资企业在被投资单位的权益，反映了投资企业拥有被投资单位所有者权益份额的经济现实。

（2）投资收益反映了投资企业经济意义上的投资收益，无论被投资单位分配多少利润或现金股利，或在什么时间分配，投资企业享有被投资单位净利润的份额或应承担亏损的份额，才是真正实现的投资收益，而不受利润分配政策的影响，体现了实质重于形式的原则。

2. 权益法的缺点

权益法也有其局限性，主要表现如下：

（1）权益法的处理与法律相悖。投资企业与被投资单位虽然从经济意义上被视为同一个经济实体，但从法律意义来看，投资企业与被投资单位仍然是两个不同的法律主体，被投资单位实现的利润不可能成为投资企业的利润，被投资单位发生的亏损也不可能形成投资企业的亏损，投资企业在被投资单位宣告分派利润或现金股利前，是不可能分回利润或现金股利的。

（2）在权益法下，投资收益的实现与现金流入的时间不相吻合，投资收益确认在先而获得利润或现金股利在后。

（3）会计核算比较复杂。

第四节　长期股权投资的减值

根据我国《企业会计准则第 8 号——资产减值》的规定，对子公司、联营企业及合营企业的长期股权投资，企业应当在资产负债表日对长期股权投资的账面价值进行检查，判断长期股权投资是否存在减值迹象。当发现长期股权投资存在减值迹象时，企业应当进行减值测试，估计其可收回金额。长期股权投资的可收回金额应当根据长期股权投资的公允价值减去处置费用后的净额与长期股权投资预计未来现金流量的现值两者之间较高者确定。如果长期股权投资可收回金额的计量结果表明其可收回金额低于其账面价值，企业应当计提长期股权投资减值准备，确认长期股权投资减值损失。为避免确认资产重估增值和操纵利润，同时也出于会计信息稳健原则的考虑，长期股权投资的减值损失一经确认，在以后会计期间不得转回。企业需要等到以后会计期间发生报废、出售、对外投资等资产处置业务时，相应的资产减值准备才可以予以转销。

为核算长期股权投资的减值损失和计提的资产减值准备，企业应当设置"长期股权投资减值准备"科目。企业在资产负债表日确认长期股权投资减值损失时，借记"资产减值损失"科目，贷记"长期股权投资减值准备"科目。由于长期股权投资的减值损失一经确认，在以后会计期间不得转回，所以，企业在处置长期股权投资时，才能结转已计提的长期股权投资准备。

【例5-28】 蒙利公司持有P公司30%的股权，能够对P公司实施重大影响。截至20×2年12月31日，蒙利公司对P公司长期股权投资的账面价值为4 000万元。经测算，20×2年12月31日蒙利公司持有P公司股权的可收回金额为3 100万元。蒙利公司以前没有对该长期股权投资计提过减值准备。蒙利公司20×2年12月31日计提减值的账务处理：

借：资产减值损失　　　　　　　　　　　　　　　9 000 000
　　贷：长期股权投资减值准备　　　　　　　　　　　　9 000 000

【分析】 蒙利公司经过对长期股权投资计提减值准备，长期股权投资的账面价值变为3 100（4 000-900）万元。如果该长期股权投资以后发生进一步减值的，应当继续计提减值准备。如果该长期股权投资以后发生减值恢复的，计提的减值准备和资产减值损失不能转回。

第五节　长期股权投资的处置

企业在持有长期股权投资的过程中，由于各方面的考虑，决定将所持有的对被投资单位的股权全部或部分对外出售时，应相应结转与所售股权相对应的长期股权投资的账面价值，出售所得价款与处置长期股权投资账面价值之间的差额，应确认为处置损益。

企业在处置长期股权投资时，按照处置所得价款，借记"银行存款"科目，原已计提减值准备的，借记"长期股权投资减值准备"科目，按照应结转与处置股权相对应的长期股权投资的账面余额，贷记"长期股权投资"科目，按其差额，贷记或借记"投资收益"科目。

采用权益法核算的长期股权投资，原计入其他综合收益中的金额，在处置时亦应进行结转，将与所出售股权相对应的部分在处置时自其他综合收益结转入当期损益。借记或贷记"其他综合收益"科目，贷记或借记"投资收益"科目。

【例5-29】 蒙利公司原持有T企业40%的股权，采用权益法核算长期股权投资。20×1年12月20日，蒙利公司决定将其全部出售，出售时蒙利公司账面上对T企业长期股权投资的构成：投资成本（借方）1 800万元，损益调整（借方）480万元，其他综合收益（借方）300万元，出售取得价款3 280万元。蒙利公司的会计处理如下：

(1) 处置长期股权投资时。

借：银行存款	32 800 000
贷：长期股权投资——投资成本	18 000 000
——损益调整	4 800 000
——其他综合收益	3 000 000
投资收益	7 000 000

(2) 将原计入其他综合收益的部分转入当期损益。

借：其他综合收益	3 000 000
贷：投资收益	3 000 000

第六节　长期股权投资核算方法的转换

一、金融资产与长期股权投资之间的转换

（一）金融资产转为长期股权投资

投资方持有的对被投资单位的股权投资，如果不具有控制、共同控制或重大影响的，应当将其确认为金融资产，比如确认为可供出售金融资产等，并按照《企业会计准则第22号——金融工具确认与计量》进行核算。

如果企业在金融资产持有期间发生追加投资，导致持股比例上升，能够对被投资单位实施重大影响或者共同控制的，则原按公允价值计量的金融资产应当转按长期股权投资的权益法进行核算。原持有的金融资产的公允价值加上新增投资成本之和，作为改按权益法核算的初始投资成本。原持有的金融资产分类为可供出售金融资产的，其公允价值与账面价值之间的差额以及原计入其他综合收益的累计公允价值变动应当转入改按权益法核算的当期损益。

如果企业在金融资产持有期间发生追加投资，导致持股比例上升，能够对被投资

单位实施控制的,则原按公允价值计量的金融资产应当转换为按长期股权投资的成本法进行核算。属于由控股合并形成的长期股权投资的核算内容,还需要区分同一控制和非同一控制两种情况做出不同的会计处理。

(二) 长期股权投资转为金融资产

投资方持有的对被投资单位具有控制、共同控制或重大影响的长期股权投资,因处置部分股权等原因导致持股比例下降,从而丧失了对被投资单位的控制、共同控制以及重大影响的,应当改按《企业会计准则第22号——金融工具确认与计量》进行核算,即改按可供出售金融资产等金融资产对剩余股权进行会计处理。剩余股权投资在丧失控制、共同控制或重大影响之日的公允价值与账面价值之间的差额计入当期损益。原长期股权投资因采用权益法核算而确认的其他综合收益,应当在终止采用权益法核算时,采用与被投资单位直接处置相关资产或负债相同的基础进行会计处理。因被投资单位除净损益、其他综合收益和利润分配以外的其他所有者权益变动而确认的所有者权益,应当在终止采用权益法核算时全部转入当期损益。

二、长期股权投资核算方法的转换

(一) 成本法转换为权益法

因处置投资等原因导致对被投资单位的影响能力由控制转为具有重大影响或者与其他投资方一起实施共同控制的,长期股权投资的核算应当由原来的成本法转换为权益法核算。成本法转换为权益法时,其具体会计处理如下:

首先,应按处置或收回投资的比例结转应终止确认的长期股权投资成本。

其次,比较剩余的长期股权投资成本与按照剩余持股比例计算原投资时应享有被投资单位可辨认净资产公允价值的份额。如果前者大于后者,属于投资作价中体现的商誉部分,不调整长期股权投资的账面价值。如果前者小于后者,在调整长期股权投资的同时,调整留存收益。

最后,对于原取得投资后至转变为权益法核算之间被投资单位实现净损益中按照持股比例计算应享有的份额,一方面应调整长期股权投资的账面价值,另一方面对于原取得投资时至处置投资当期期初被投资单位实现的净损益中应享有的份额,调整留存收益,对于处置投资当期期初至处置之日被投资单位实现的净损益中享有的份额,调整当期损益(投资收益);在被投资单位其他综合收益变动中应享有的份额,在调整长期股权投资账面价值的同时,应当计入其他综合收益;除净损益、其他综合收益和利润分配以外的其他原因导致被投资单位其他所有者权益变动中应享有的份额,在调整长期股权投资账面价值的同时,应当计入资本公积中的其他资本公积。

长期股权投资自成本法改按权益法核算后,未来期间应当按照权益法核算的要求进行会计处理。

(二) 权益法转换为成本法

原持有的对联营企业或合营企业的长期股权投资,因追加投资原因导致能够对被投资企业实施控制的（对子公司投资），长期股权投资的核算应当由原来的权益法改为成本法。权益法转换为成本法时，其会计处理要注意如下两点：

第一，企业在追加投资日，原采用权益法下核算的长期股权投资账面价值不需要调整，追加投资日新增投资成本按照支付对价的公允价值确认，即以购买日之前所持被购买方股权投资的账面价值与购买日新增投资成本之和，作为该项投资的初始投资成本。

第二，如果购买日之前持有的被购买方的股权涉及其他综合收益或其他权益变动的，应当在处置该项投资时将与其相关的其他综合收益以及其他权益变动转入当期投资收益。

【本章小结】

长期股权投资是指投资方对被投资单位实施控制、有重大影响的权益性投资，以及对其合营企业的权益性投资。长期股权投资在取得时，应按初始投资成本入账。企业取得长期股权投资的方式不同，其初始投资成本的确定也存在着差异。在同一控制下的控股合并中，合并方以支付现金、转让非现金资产或承担债务方式作为合并对价的，应当在合并日按照取得被合并方所有者权益账面价值的份额作为长期股权投资的初始投资成本。在非同一控制下的控股合并中，购买方应当按照确定的合并成本作为长期股权投资的初始投资成本。合并成本包括购买方付出的资产、发生或承担的负债、发行的权益性证券的公允价值之和。

长期股权投资在持有期间，应根据投资企业对被投资单位的影响程度及是否存在活跃市场、公允价值能否可靠取得等情况，分别采用成本法和权益法进行核算。成本法，是指长期股权投资的账面价值通常按初始投资成本计量后，除追加或收回投资外，一般不对长期股权投资的账面价值进行调整的一种会计处理方法。权益法，是指长期股权投资以初始投资成本计量后，在投资持有期间根据投资企业享有被投资单位所有者权益份额的变动对长期股权投资账面价值进行调整的方法。长期股权投资在持有期间，因各方面情况的变化，可能导致其核算需要由一种方法转换为另一种方法。

企业应当在资产负债表日对长期股权投资的账面价值进行检查，判断长期股权投资是否存在减值迹象。当发现长期股权投资存在减值迹象时，企业应当进行减值测试，估计其可收回金额。如果长期股权投资可收回金额的计量结果表明其可收回金额低于其账面价值，企业应当计提长期股权投资减值准备，确认长期股权投资减值损失。

企业在持有长期股权投资的过程中，由于各方面的考虑，决定将所持有的对被投资单位的股权全部或部分对外出售时，应相应结转与所售股权相对应的长期股权投资的账面价值，出售所得价款与处置长期股权投资账面价值之间的差额，应确认为处置损益。

第五章　长期股权投资

【思考题】

1. 什么是长期股权投资？如何理解控制、共同控制和重大影响？
2. 对于同一控制下的控股合并和非同一控制下的控股合并，长期股权投资的初始投资成本如何确定的？
3. 什么是成本法？其适用范围与核算要点有哪些？
4. 什么是权益法？其适用范围与核算要点有哪些？

【练习题】

1. 甲公司和乙公司同为 M 公司控制的两个子公司。20×1 年 1 月 10 日，甲公司与 M 公司达成协议，甲公司以固定资产和银行存款作为合并对价，从 M 公司换取乙公司 60% 的股权。甲公司投资固定资产的账面原价为 450 000 元，累计折旧为 50 000 元，账面净值 400 000 元（450 000-50 000）；支付的银行存款为 200 000 元。甲公司实际取得乙公司的控制权，完成对乙公司的合并。合并当日，乙公司财务报表中净资产或所有者权益的账面价值为 780 000 元；甲公司所有者权益中资本公积的数额为 150 000 元。不考虑相关税费等其他因素的影响。

【要求】

（1）编制甲公司通过控投合并取得的长期股权投资的相关会计分录。

（2）假设甲公司与乙公司在合并前不存在任何关联方关系，甲公司通过市场取得乙公司 60% 的股权，投出固定资产的公允价值为 380 000 元，其他资料不变，编制甲公司通过控投合并取得的长期股权投资的相关会计分录。

2. 光达公司发生的有关业务资料如下：

（1）光达公司 20×1 年 1 月 1 日以 950 万元（含支付的相关费用 10 万元）购入 B 公司股票 400 万股，每股面值 1 元，占 B 公司发行在外股份的 20%，光达公司采用权益法核算该项投资。20×1 年 1 月 1 日 B 公司股东权益的公允价值总额为 4 000 万元。

（2）20×1 年度 B 公司实现净利润 600 万元，提取盈余公积 120 万元。

（3）20×2 年度 B 公司实现净利润 800 万元，提取盈余公积 160 万元，宣告发放现金股利 100 万元，光达公司已经收到。20×2 年 B 公司由于可供出售金融资产公允价值变动增加资本公积 200 万元（假定不考虑所得税）。

（4）20×2 年末该项股权投资的可收回金额为 1 200 万元。

（5）20×3 年 3 月 5 日光达公司转让对 B 公司的全部投资，实得价款 1 300 万元。

【要求】 根据上述资料，为光达公司编制上述有关投资业务的会计分录（金额单位以万元表示）。

第六章　固定资产

📖 **学习目标**

▶ 掌握

固定资产购置、自行建造的核算；固定资产折旧的各种计提方法以及固定资产减值准备与处置的会计处理。

▶ 理解

固定资产的租入、盘盈等的核算；固定资产使用过程中后续支出的核算。

▶ 了解

固定资产的特征及分类；取得附有弃置义务固定资产的核算、固定资产终止确认条件及固定资产减值迹象的判断。

第一节　固定资产概述

一、固定资产的含义及特征

固定资产是企业赖以生存的物质基础，是企业产生效益的源泉，关系到企业的运营与发展。企业科学管理和正确核算固定资产，有利于促进企业正确评估固定资产的整体情况，提高资产使用效率，降低生产成本，保护固定资产的安全完整，实现资产的保值增值，增强企业的综合竞争实力。《企业会计准则第4号——固定资产》规定，固定资产是指同时具有下列特征的有形资产：其一，为生产商品、提供劳务、出租或经营管理而持有的；其二，使用寿命超过一个会计年度。

固定资产的特征一般表现为以下三个方面：

第一，固定资产是为生产商品、提供劳务、出租或经营管理而持有。企业持有固定资产的目的是生产商品、提供劳务、出租或经营管理，这意味着，企业持有的固定资产是企业的劳动工具或手段，而不是直接用于出售的产品。其中"出租"的固定资产，是指用以出租的机器设备类固定资产，不包括以经营租赁方式出租的建筑物，后者属于企业的投资性房地产，不属于固定资产。

第二，固定资产使用寿命超过一个会计年度。固定资产的使用寿命，是指企业使用固定资产的预计期间，或者该固定资产所能生产产品或提供劳务的数量。通常情况下固定资产的使用寿命是指使用固定资产的预计期间，如自用房屋建筑物的使用寿命或使用年限。某些机器设备或运输设备等固定资产，其使用寿命往往以该固定资产所能生产产品或提供劳务的数量来表示，例如，发电设备按其预计发电量估计使用寿命，汽车或飞机等按其预计行驶里程估计使用寿命。固定资产使用寿命超过一个会计年度，意味着固定资产属于长期资产，随着使用和磨损，通过计提折旧方式逐渐减少账面价值。

第三，固定资产为有形资产。固定资产具有实物特征，这一特征将固定资产与无形资产区别开来。有些无形资产可能同时符合固定资产的其他特征，如无形资产为生产商品、提供劳务而持有，使用寿命超过一个会计年度，但是，由于其没有实物形态，所以不属于固定资产。在我国，土地属于国家所有，任何单位或个人不得拥有土地的所有权，土地不能列入企业的固定资产。企业拥有的土地使用权，只能作为无形资产处理。

二、固定资产的分类

在企业中，由于固定资产的数量很多，为了便于固定资产的实物管理和价值的核算，需要对固定资产进行科学、合理的分类。固定资产的分类标准主要有以下几种：

（一）按经济用途分类

按照经济用途可以将固定资产划分为经营用固定资产和非经营用固定资产两大类。

1. 经营用固定资产

经营用固定资产是指直接参加或直接服务于生产经营过程的固定资产，如用于企业生产经营的房屋、建筑物、机器设备、运输设备、工具器具等。

2. 非经营用固定资产

非经营用固定资产是指不直接服务于生产经营过程的各种固定资产，如用于职工住宅、公共福利设施、文化娱乐、卫生保健等方面的房屋、建筑物、设施和器具等。

（二）按使用情况分类

按照使用情况可以将固定资产划分为使用中固定资产、未使用固定资产和不需用固定资产三大类。

1. 使用中固定资产

使用中固定资产是指企业正在使用的经营用固定资产和非经营用固定资产。企业的房屋及建筑物无论是否在实际使用，都应视为使用中固定资产。由于季节性生产经营或进行大修理等原因而暂时停止使用的固定资产，存放在生产车间或经营场所备用、轮换使用的固定资产，以及企业以经营性租赁方式出租给其他单位使用的固定资产也属于使用中固定资产。

2. 未使用固定资产

未使用固定资产是指已构建完工但尚未交付使用的新增固定资产以及进行改建、扩建等暂时脱离生产经营过程的固定资产。如企业构建的尚待安装的固定资产、经营任务变更停止使用的固定资产以及主要的备用设备等。

3. 不需用固定资产

不需用固定资产是指本企业多余或不适用、待处置的固定资产。

(三) 按所有权分类

按固定资产的所有权分类，可将固定资产分为自有固定资产和租入固定资产。

1. 自有固定资产

自有固定资产是指企业拥有的、可供企业自由支配使用的固定资产。

2. 租入固定资产

租入固定资产是指企业采用融资租赁方式从其他单位租入的固定资产。尽管承租人不拥有该项固定资产的所有权，但由于融资租入固定资产的主要风险和报酬已经从出租人转移给了承租人，根据实质重于形式原则，应将其作为租入企业的固定资产核算。

第二节 固定资产的确认与初始计量

一、固定资产的确认

一项资产如要作为固定资产加以确认，首先需要符合固定资产的定义，其次还要符合固定资产的确认条件，即与该固定资产有关的经济利益很可能流入企业，同时，该固定资产的成本能够可靠地计量。

(一) 与该固定资产有关的经济利益很可能流入企业

企业在确认固定资产时，需要判断与该项固定资产有关的经济利益是否很可能流入企业。实务中，主要是通过判断与该固定资产所有权相关的风险和报酬是否转移到了企业来确定。

通常情况下，取得固定资产所有权是判断与固定资产所有权有关的风险和报酬是否转移到企业的一个重要标志。凡是所有权已属于企业，无论企业是否收到或拥有该固定资产，均可作为企业的固定资产；反之，如果没有取得所有权，即使存放在企业，也不能作为企业的固定资产。但是，所有权是否转移不是判断的唯一标准。在有些情况下，某项固定资产的所有权虽然不属于企业，但是，企业能够控制与该项固定资产有关的经济利益流入企业，在这种情况下，企业应将该固定资产予以确认。例如，融资租赁方式下租入的固定资产，企业（承租人）虽然不拥有该项固定资产的所有权，但企业能够控制与该固定资产有关的经济利益流入企业，与该固定资产所有权相关的风险和报酬实质上已转移到了企业，因此，符合固定资产确认的第一个条件。

在固定资产的确认过程中，企业的环保设备和安全设备等资产，虽然不能直接为企业带来经济利益，但有助于企业从其他相关资产的使用中获得未来经济利益或者将减少企业未来经济利益的流出，因此应将这些设备确认为固定资产。

固定资产的各组成部分，如果各自具有不同的使用寿命或者以不同的方式为企业提供经济利益，由此适用于不同折旧率或折旧方法的，表明这些组成部分实际上是以独立的方式为企业提供经济利益，因此，企业应将其各组成部分单独确认为固定资产。例如，飞机的引擎，如果与飞机机身具有不同的使用寿命，适用不同的折旧率或折旧方法，则企业应当将其单独确认为一项固定资产。

（二）该固定资产的成本能够可靠地计量

成本能够可靠地计量是资产确认的一项基本条件。要确认固定资产，企业取得该固定资产所发生的支出必须能够可靠地计量。企业在确定固定资产成本时，有时需要根据所获得的最新资料，对固定资产的成本进行合理的估计。如果企业能够合理地估计出固定资产的成本，则视同固定资产的成本能够可靠地计量。例如，企业对于已达到预定可使用状态的固定资产，在尚未办理竣工决算前，需要根据工程预算、工程造价或者工程实际发生的成本等资料，按暂估价值确定固定资产的入账价值，待办理了竣工决算手续后再作调整。

二、固定资产的初始计量

（一）固定资产的计价标准

固定资产的计价是指以货币为计量单位计算固定资产的价值额。一般而言，固定资产存在三种计价标准，即原始价值、重置完全价值和净值。

1. 原始价值

固定资产的计价一般以原始价值为标准。原始价值也称原始成本、历史成本等，是指固定资产达到预定可使用状态以前发生的一切合理的、必要的支出，一般包括买价、进口关税、运输费、场地整理费、装卸费、安装费、专业人员服务费和其他税费等。

由于原始价值具有客观性和可验证性的特点，因而它是固定资产的基本计价标准，但是，采用原始价值计价也有明显的局限性。当社会经济环境和物价水平发生变化时，原始价值就不能反映固定资产的现时价值，也就不能真实地揭示企业当前的生产经营规模和盈利水平，因此以此为依据编制的会计报表的真实性和相关性必然会受到影响。

2. 重置完全价值

重置完全价值是指在现时的生产技术和市场条件下，重新购置同样的固定资产所需支付的全部代价。重置完全价值所反映的是固定资产的现时价值，从理论上讲，比采用原始价值计价更为合理。但由于重置完全价值本身是经常变化的，如果将其作为基本计价标准,势必会引起一系列复杂的会计问题,在会计实务中不具有可操作性,因此,重置完全价值只能作为固定资产的一个辅助计价标准来使用。通常用于对会计报表进行必要的补充、附注说明,以弥补原始价值计价的不足。此外,在取得无法确定原始价值的固定资产时,如盘盈固定资产、接受捐赠固定资产等,应以重置完全价值为计价标准,对固定资产进行计价。

3. 净值

固定资产净值是指固定资产原始价值减去折旧后的余额,也称折余价值。固定资产净值反映了企业实际占用的固定资产上的资金数额,体现了固定资产的新旧程度。它也是计算固定资产盘盈、盘亏、出售、报废、毁损等溢余或损失的依据。

(二) 账户设置

为了反映固定资产的增减变动,应设置"固定资产""累计折旧""工程物资"和"在建工程"等账户。

"固定资产"账户总括反映固定资产原值的增减变动和结存情况。该账户借方登记增加固定资产的原值,贷方登记减少固定资产的原值,期末余额在借方,表示实有固定资产的原值。

"累计折旧"账户属于"固定资产"账户的备抵账户。该账户贷方登记计提的固定资产折旧,借方登记减少的固定资产已提折旧,贷方余额表示全部固定资产已提折旧的累计数。

"工程物资"账户反映各项工程物资实际成本的增减变动和结存情况,借方登记验收入库的工程物资的实际成本,贷方登记出库的工程物资的实际成本,借方余额表示库存的工程物资的实际成本。

"在建工程"账户反映各项在建工程的实际成本,借方登记各项工程发生的实际成本,贷方登记结转完工工程的成本。该账户的期末借方余额,反映企业尚未完工的在建工程发生的各项实际支出。

(三) 固定资产的初始计量

固定资产的初始计量是指确定固定资产的取得成本。固定资产应当按其成本入账。固定资产的成本构成在不同的取得方式下所包含的经济内容也不同,下面分别按不同的取得方式来说明固定资产的初始计量。

1. 外购的固定资产

外购方式是企业取得固定资产的主要方式。企业外购的固定资产,其成本包括实际支付的买价、进口关税和其他税费以及使固定资产达到预定可使用状态前所发生的可直接归属于该项资产的其他支出,如场地整理费、运输费、装卸费、安装费和专业人员服务费等。

外购固定资产是否达到预定可使用状态,需要根据具体情况进行分析判断。如果购入不需安装的固定资产,购入后即可发挥作用,则购入后即可达到预定可使用状态。

如果购入需安装的固定资产，只有在安装调试后达到设计要求或合同规定的标准，才达到预定可使用状态。

企业外购的设备、机械、运输工具以及其他与生产经营有关的设备、工具、器具等固定资产，增值税专用发票所列应交增值税税额不计入固定资产价值，而是作为进项税额单独核算；外购的固定资产如果是自用的应征消费税的摩托车、汽车、游艇，则其进项税额不能从销项税额中扣除，而应计入所购固定资产成本中。

企业外购的固定资产，在投入使用前，有的需要安装，有的则不需要安装。如果企业购入的固定资产不需要安装即可投入使用，原始价值应根据实际支付的买价和包装运杂费计算，借记"固定资产"科目，可以抵扣的增值税进项税额，借记"应交税费——应交增值税（进项税额）"科目，贷记"银行存款""应付账款"等科目。

【例6-1】 20×2年1月1日，蒙利公司购入一台不需要安装的生产用设备，取得的增值税专用发票上注明的设备价款为100万元，增值税进项税额为17万元，发生运输费5 550元，其中价款为5 000元，增值税为550元。款项全部付清。假定不考虑其他相关税费。

蒙利公司的账务处理如下：

借：固定资产——××设备　　　　　　　　　　　　　　　1 005 000
　　应交税费——应交增值税（进项税额）　　　　　　　　170 550
　　贷：银行存款　　　　　　　　　　　　　　　　　　　　　　1 175 550

在实际工作中，企业可能以一笔款项购入多项没有单独标价的固定资产。此时，应当按照各项固定资产的公允价值比例对总成本进行分配，分别确定各项固定资产的成本。如果以一笔款项购入的多项资产中除固定资产之外还包括其他资产，也应按类似的方法予以处理。

【例6-2】 20×2年4月21日，蒙利公司向长江公司一次购入3套不同型号且具有不同生产能力的设备A、B和C。蒙利公司为该批设备共支付价款5 000 000元，增值税进项税额为850 000元，保险费为17 000元，装卸费为3 000元，全部以银行转账支付；假定A、B和C设备分别满足固定资产确认条件，公允价值分别为1 560 000元、2 340 000元和1 300 000元。假定不考虑其他相关税费，蒙利公司的账务处理如下：

(1) 确定应计入固定资产成本的金额。包括购买价款、保险费、装卸费等。
5 000 000+17 000+3 000=5 020 000（元）
(2) 确定A、B和C的价值分配比例。
A设备应分配的固定资产价值比例：
1 560 000÷(1 560 000+2 340 000+1 300 000)×100%＝30%
B设备应分配的固定资产价值比例：
2 340 000÷(1 560 000+2 340 000+1 300 000)×100%＝45%
C设备应分配的固定资产价值比例：
1 300 000÷(1 560 000+2 340 000+1 300 000)×100%＝25%

(3) 确定 A、B 和 C 设备各自的成本。

A 设备的成本 = 5 020 000×30% = 1 506 000（元）

B 设备的成本 = 5 020 000×45% = 2 259 000（元）

C 设备的成本 = 5 020 000×25% = 1 255 000（元）

(4) 会计分录。

借：固定资产——A	1 506 000
——B	2 259 000
——C	1 255 000
应交税费——应交增值税（进项税额）	850 000
贷：银行存款	5 870 000

企业购入需要安装的固定资产，在安装过程中发生的实际安装费，应计入固定资产的原值。安装工程既可以采用自营安装的方式，也可以采用出包安装方式，无论采用何种方式，固定资产的全部安装工程成本（包括固定资产买价以及包装运杂费和安置费）均应通过"在建工程"账户进行核算。待固定资产安装完毕并达到预定可使用状态后，再将"在建工程"账户归集的固定资产成本一次转入"固定资产"账户。

【例6-3】 蒙利公司购入一台需要安装的专用设备，发票上注明设备价款 50 000 元，应交增值税 8 500 元，支付运输费、装卸费等合计 2 100 元，支付安装成本 800 元。以上款项均通过银行存款支付。假定不考虑其他相关税费，蒙利公司的账务处理如下：

(1) 购入固定资产。

借：在建工程	52 100
应交税费——应交增值税（进项税额）	8 500
贷：银行存款	60 600

(2) 支付安置费。

借：在建工程	800
贷：银行存款	800

(3) 工程完工，达到预定可使用状态。

借：固定资产	52 900
贷：在建工程	52 900

企业购买固定资产通常在正常信用条件期限内付款，但也会发生超过正常信用条件购买固定资产的经济业务事项，如采用分期付款方式购买资产，且在合同中规定的付款期限比较长，超过了正常信用条件。在这种情况下，该类购货合同实质上具有融资租赁性质，购入资产的成本不能以各期付款额之和确定，而应以各期付款额的现值之和确定。购入固定资产时，按购买价款的现值，借记"固定资产"或"在建工程"科目；按应支付的金额，贷记"长期应付款"科目；按其差额，借记"未确认融资费用"科目。固定资产购买价款的现值，应当按照各期支付的购买价款选择恰当的折现率进行折现后的金额加以确定。折现率是反映当前市场货币时间价值和延期付款债务特定风险的利率。该

折现率实质上是供货企业的必要报酬率。各期实际支付的价款与购买价款的现值之间的差额，符合《企业会计准则第17号——借款费用》中规定的资本化条件的，应当计入固定资产成本，其余部分应当在信用期间内确认为财务费用，计入当期损益。

【例6-4】 20×1年1月1日，蒙利公司与长江公司签订一项购货合同，蒙利公司从长江公司购入一台需要安装的特大型设备。合同约定，蒙利公司采用分期付款方式支付价款。该设备价款共计900万元（不考虑增值税），在20×1年至20×5年的5年内每半年支付90万元，每年的付款日期分别为当年6月30日和12月31日。

20×1年1月1日，设备如期运抵蒙利公司并开始安装。20×1年12月31日，设备达到预定可使用状态，发生安装费398 530.60元，已用银行存款支付。

假定蒙利公司适用的6个月折现率为10%。

(1) 购买价款的现值。

900 000×(P/A,10%,10)= 900 000×6.1446＝5 530 140（元）

20×1年1月1日蒙利公司的账务处理如下：

借：在建工程——××设备　　　　　　　　　　　5 530 140
　　未确认融资费用　　　　　　　　　　　　　　3 469 860
　　贷：长期应付款——长江公司　　　　　　　　　　　9 000 000

(2) 确定信用期间未确认融资费用的分摊额，如表6-1所示。

表6-1　未确认融资费用分摊额

20×1年1月1日　　　　　　　　　　　　　　　　　　　单位：元

日期 ①	分期付款额 ②	确认的融资费用 ③＝期初⑤×10%	应付本金减少额 ④＝②－③	应付本金余额 期末⑤＝期初⑤－④
20×1.1.1				5 530 140
20×1.6.30	900 000	553 014	346 986	5 183 154
20×1.12.31	900 000	518 315.40	381 684.60	4 801 469.40
20×2.6.30	900 000	480 146.94	419 853.06	4 381 616.34
20×2.12.31	900 000	438 161.63	461 838.37	3 919 777.97
20×3.6.30	900 000	391 977.80	508 022.20	3 411 755.77
20×3.12.31	900 000	341 175.58	558 824.42	2 852 931.35
20×4.6.30	900 000	285 293.14	614 706.86	2 238 224.47
20×4.12.31	900 000	223 822.45	676 177.55	1 562 046.92
20×5.6.30	900 000	156 204.69	743 795.31	818 251.61
20×5.12.31	900 000	81 748.39*	818 251.61	0
合计	9 000 000	3 469 860	5 530 140	0

注：*尾数调整：81 748.39＝900 000－818 251.61，818 251.61为最后一期应付本金余额。

(3) 20×1年1月1日至20×1年12月31日为设备的安装期间，未确认融资费用的分摊额符合资本化条件，计入固定资产成本。

20×1年6月30日蒙利公司的账务处理如下：

借：在建工程——××设备　　　　　　　　　　　　　　553 014
　　贷：未确认融资费用　　　　　　　　　　　　　　　　553 014
借：长期应付款——长江公司　　　　　　　　　　　　900 000
　　贷：银行存款　　　　　　　　　　　　　　　　　　900 000

20×1年12月31日蒙利公司的账务处理如下：

借：在建工程——××设备　　　　　　　　　　　　　518 315.40
　　贷：未确认融资费用　　　　　　　　　　　　　　518 315.40
借：长期应付款——长江公司　　　　　　　　　　　　900 000
　　贷：银行存款　　　　　　　　　　　　　　　　　　900 000
借：在建工程——××设备　　　　　　　　　　　　　398 530.60
　　贷：银行存款等　　　　　　　　　　　　　　　　398 530.60
借：固定资产——××设备　　　　　　　　　　　　　7 000 000
　　贷：在建工程——××设备　　　　　　　　　　　　7 000 000

固定资产的成本 = 5 530 140 + 553 014 + 518 315.40 + 398 530.60
　　　　　　　 = 7 000 000（元）

(4) 20×2年1月1日至20×5年12月31日，该设备已经达到预定可使用状态，未确认融资费用的分摊额不再符合资本化条件，应计入当期损益。

20×2年6月30日甲公司的账务处理如下：

借：财务费用　　　　　　　　　　　　　　　　　　480 146.94
　　贷：未确认融资费用　　　　　　　　　　　　　　480 146.94
借：长期应付款——长江公司　　　　　　　　　　　　900 000
　　贷：银行存款　　　　　　　　　　　　　　　　　　900 000

以后期间的账务处理与20×2年6月30日相同，此处略。

2. 自行建造的固定资产

自行建造的固定资产是指企业自行建造房屋、建筑物、各种设施以及进行大型机器设备的安装工程等，也称在建工程。在建工程按其实施的方式不同，分为自营工程和出包工程两种。无论采用何种方式建造，都按照建造该项固定资产达到预定可使用状态前所发生的全部支出作为入账价值。

(1) 自营工程。自营工程是指企业自行组织工程物资的采购、自行组织施工人员从事工程施工完成固定资产的建造，其成本应当按照实际发生的材料、人工、机械施工费等计量。

企业以自营方式建造固定资产，意味着企业自行组织工程物资采购、自行组织施工人员从事工程施工。实务中，企业较少采用自营方式建造固定资产，多数情况下采用出包方式。企业如有以自营方式建造固定资产，其成本应当按照直接材料、直接人工、直接机械施工费等计量。

在确定自营工程成本时需要注意以下几个问题：

第一，为自制设备而购入工程物资所支付的增值税额，不应计入工程成本，应作为进项税额单独列示，从销项税额中抵扣。

第二，工程领用外购存货，应按成本转出，计入工程成本。

第三，工程领用自制半成品和产成品，应将自制半成品和产成品的生产成本计入工程成本。

第四，在建工程进行负荷联合试车发生的费用，计入工程成本（待摊支出）；试车期间形成的产品或副产品对外销售或转为库存商品时，应借记"银行存款""库存商品"等科目，贷记"在建工程"科目（待摊支出）。

第五，建设期间发生的工程物资盘亏、报废及毁损净损失，计入工程成本，借记"在建工程"科目，贷记"工程物资"科目；盘盈的工程物资或处置净收益作相反的会计处理。

第六，工程完工后发生的工程物资盘盈、盘亏、报废、毁损，计入当期营业外收支。

第七，在建工程完工，对于已领出的剩余物资应办理退库手续，借记"工程物资"科目，贷记"在建工程"科目。

第八，在建工程达到预定可使用状态时，对发生的待摊支出应分配计算，计入各工程成本中。

另外，高危行业企业按照国家规定提取的安全生产费，应当计入相关产品的成本或当期损益，同时计入"专项储备"账户。企业使用提取的安全生产费形成固定资产的，应当通过"在建工程"账户归集所发生的支出，待安全项目完工达到预定可使用状态时确认为固定资产；同时，按照形成固定资产的成本冲减专项储备，并确认相同金额的累计折旧。该固定资产在以后期间不再计提折旧。

企业自营工程主要通过"工程物资"和"在建工程"账户进行核算。"工程物资"账户，用于核算为在建工程准备的各种物资的实际成本。"在建工程"账户核算企业为工程所发生的实际支出，以及改扩建工程等转入的固定资产净值。工程完工达到预定可使用状态时，转入"固定资产"账户。

【例6-5】 20×4年1月1日，蒙利公司准备自行建造一座仓库。假定不考虑增值税，有关资料如下：

(1) 1月8日购入工程物资一批，价款为351 100元，款项以银行存款支付。

(2) 2月3日领用生产用原材料一批，价值为37 440元。

(3) 1月8日至6月30日，工程先后领用工程物资272 500元。

(4) 6月30日对工程物资进行清查，发现工程物资减少48 000元，经调查属保管员过失造成，根据企业管理规定，保管员应赔偿30 000元。剩余工程物资转入企业原材料。

(5) 工程建设期间辅助生产车间为工程提供有关的劳务支出为 35 000 元。

(6) 工程建设期间发生工程人员职工薪酬 65 800 元。

(7) 6 月 30 日，完工并交付使用。

蒙利公司的账务处理如下：

(1) 购入工程物资。

借：工程物资　　　　　　　　　　　　　　　　　351 000
　　贷：银行存款　　　　　　　　　　　　　　　　　351 000

(2) 领用原材料。

借：在建工程——仓库　　　　　　　　　　　　　　37 440
　　贷：原材料　　　　　　　　　　　　　　　　　　37 440

(3) 工程领用物资。

借：在建工程——仓库　　　　　　　　　　　　　　272 500
　　贷：工程物资　　　　　　　　　　　　　　　　　272 500

(4) 建设期间发生的工程物资盘亏、报废及毁损净损失。

借：在建工程——仓库　　　　　　　　　　　　　　18 000
　　其他应收款　　　　　　　　　　　　　　　　　　30 000
　　贷：工程物资　　　　　　　　　　　　　　　　　48 000

剩余工程物资的实际成本=351 000-272 500-48 000=30 500（元）

借：原材料　　　　　　　　　　　　　　　　　　　30 500
　　贷：工程物资　　　　　　　　　　　　　　　　　30 500

(5) 辅助生产车间为工程提供劳务支出。

借：在建工程——仓库　　　　　　　　　　　　　　35 000
　　贷：生产成本——辅助生产成本　　　　　　　　　35 000

(6) 计提工程人员职工薪酬。

借：在建工程——仓库　　　　　　　　　　　　　　65 800
　　贷：应付职工薪酬　　　　　　　　　　　　　　　65 800

(7) 工程完工交付，固定资产的入账价值=37 440+272 500+18 000+35 000+65 800=428 740（元）。

借：固定资产——仓库　　　　　　　　　　　　　　428 740
　　贷：在建工程——仓库　　　　　　　　　　　　　428 740

(2) 出包工程。出包工程是指企业以出包方式进行的固定资产建造工程，工程的具体支出由承包单位核算。采用这种方式建造固定资产，企业将与承包单位结算的工程价款作为工程成本，通过"在建工程"科目核算，科目下设置"预付工程款""工程成本"明细科目。"预付工程款"反映已经支付但尚未进行结算的工程款；"工程成本"反映已经结算的工程成本。

企业采用出包方式建造固定资产，预付工程价款时，应借记"在建工程——预付工程款"科目，贷记"银行存款"等科目。

结算工程进度款时，根据结算的价款，借记"在建工程——工程成本"科目；根据应交增值税，借记"应交税费——应交增值税（进项税额）"科目；根据结算价款中的预付工程款，贷记"在建工程——预付工程款"科目；根据补付的工程进度款，贷记"银行存款"等科目。

工程完工补付工程价款时，应借记"在建工程——工程成本""应交税费——应交增值税（进项税额）"科目，贷记"银行存款"等科目。

出包工程在竣工结算之前应负担的长期负债利息等，也应计入工程成本，借记"在建工程——工程成本"科目，贷记"长期借款——应计利息""应付利息"等科目。

出包工程完工后，应根据工程实际成本，借记"固定资产"科目，贷记"在建工程——工程成本"科目。

【例6-6】 蒙利公司根据出包方式建造房屋发生的经济业务，其账务处理如下：

（1）用银行存款预付工程款 166 500 元。

  借：在建工程——预付工程款　　　　　　　　　　　　166 500
    贷：银行存款　　　　　　　　　　　　　　　　　　166 500

（2）工程完工，结算预付款，并用银行存款补付工程款 333 000 元（价款 300 000 元，增值税 33 000 元）。

  借：在建工程——工程成本　　　　　　　　　　　　　150 000
    应交税费——应交增值税（进项税额）　　　　　　 16 500
    贷：在建工程——预付工程款　　　　　　　　　　　166 500
  借：在建工程——工程成本　　　　　　　　　　　　　300 000
    应交税费——应交增值税（进项税额）　　　　　　 33 000
    贷：银行存款　　　　　　　　　　　　　　　　　　333 000

（3）出包工程应负担长期借款利息 20 000 元。

  借：在建工程——工程成本　　　　　　　　　　　　　 20 000
    贷：长期借款——应计利息　　　　　　　　　　　　 20 000

（4）固定资产交付使用，结转固定资产原值 470 000 元。

  借：固定资产　　　　　　　　　　　　　　　　　　　470 000
    贷：在建工程——工程成本　　　　　　　　　　　　470 000

3. 投资者投入的固定资产

企业对接受投资者投资转入的固定资产，一方面反映本企业固定资产的增加，另一方面反映投资者投资额的增加。该类固定资产应按投资各方签订的合同或协议约定的价值和相关税费，作为固定资产的入账价值，合同或协议约定的价值不公允的除外。转入固定资产时，借记"固定资产"科目，贷记"实收资本"或"股本"科目。

【例6-7】 A公司以一台设备向蒙利公司投资,该设备在投资方的账面原值为300 000元,已提折旧50 000元,经评估确认价值为240 000元。根据投资双方达成的协议,可折换成面值为1元、数量为200 000股股票的股权。蒙利公司的账务处理如下:

借:固定资产　　　　　　　　　　　　　　　　　　　　　240 000
　　贷:股本——A股东　　　　　　　　　　　　　　　　　　200 000
　　　　资本公积　　　　　　　　　　　　　　　　　　　　　40 000

4. 租入的固定资产

企业在生产经营过程中,由于临时性或季节性需要,或出于融资等方面的考虑,对于所需要的固定资产可以采取租赁的方式取得。租赁按其性质和形式的不同可分为经营租赁和融资租赁两种。

(1) 经营租入固定资产。经营租赁主要是为了解决生产经营的季节性或临时性的需要,并不是想长期拥有该项资产,租赁期限也相对较短。在经营租赁过程中,租赁资产的所有权仍归属于出租方,承租人仅仅是在租赁期内拥有资产的使用权。租赁期满时,承租人要将租赁资产退还给出租方。也就是说,在经营租赁方式下,与租赁资产相关的风险和报酬仍然归属于出租方。作为承租人的企业,会计处理较为简单,企业不需将租赁资产资本化,只需将支付或应付的租金按一定方法计入相关资产成本或当期损益。通常情况下,企业应当将经营租赁的租金在租赁期内各个期间,按照直线法计入相关资产成本或者当期损益。

【例6-8】 20×1年1月1日,蒙利公司从长江租赁公司采用经营租赁方式租入一台办公设备。租赁合同规定:租赁期开始日为20×1年1月1日,租赁期为3年,租金总额为270 000元,租赁开始日,蒙利公司先预付租金190 000元,第3年末再支付租金80 000元;租赁期满,长江租赁公司收回办公设备。假定蒙利公司在每年年末确认租金费用,不考虑其他相关税费。

蒙利公司的账务处理如下:

(1) 20×1年1月1日,预付租金。

借:预付账款——长江租赁公司　　　　　　　　　　　　　190 000
　　贷:银行存款　　　　　　　　　　　　　　　　　　　　190 000

(2) 20×1年12月31日,确认本年租金费用。

借:管理费用　　　　　　　　　　　　　　　　　　　　　 90 000
　　贷:预付账款——长江租赁公司　　　　　　　　　　　　 90 000

确认租金费用时,不能依据各期实际支付租金的金额来确定,而应采用直线法分摊确认,此项租赁租金总额为270 000元,按直线法计算,每年应分摊的租金费用为90 000元。

(3) 20×2年12月31日,确认本年租金费用。

借:管理费用　　　　　　　　　　　　　　　　　　　　　 90 000

　　　　贷：预付账款——长江租赁公司　　　　　　　　　　　　　　　　　90 000
　（4）20×3年12月31日，支付第3期租金并确认本年租金费用。
　　借：管理费用　　　　　　　　　　　　　　　　　　　　　　　　　90 000
　　　　贷：银行存款　　　　　　　　　　　　　　　　　　　　　　　　80 000
　　　　　　预付账款——长江租赁公司　　　　　　　　　　　　　　　　10 000

　　（2）融资租入固定资产。融资租赁是指出租人根据承租人对租赁物件的特定需求和对供货人的选择，出资向供货人购买租赁物件并租给承租人使用，承租人分期向出租人支付租金，在租赁期内租赁物件的所有权属于出租人所有，承租人拥有租赁物件的使用权。租赁期满，租金支付完毕并且承租人根据融资租赁合同的规定履行完全部义务（支付象征性买价）后，租赁物件所有权即转归承租人所有。

　　1）融资租赁的确定。具体地说，满足下列标准之一的，应认定为融资租赁：

　　第一，在租赁期届满时，租赁资产的所有权转移给承租人。即如果在租赁协议中已经约定，或者根据其他条件在租赁开始日就可以合理地判断，租赁期届满时出租人会将资产的所有权转移给承租人，那么该项租赁应当认定为融资租赁。

　　第二，承租人有购买租赁资产的选择权，所订立的购买价款预计将远低于行使选择权时租赁资产的公允价值，因而在租赁开始日就可合理地确定承租人将会行使这种选择权。

　　例如，出租人和承租人签订了一项租赁协议，租赁期限为3年，租赁期届满时承租人有权以10 000元的价格购买租赁资产，在签订租赁协议时估计该租赁资产租赁期届满时的公允价值为40 000元，由于购买价格仅为公允价值的25%（远低于公允价值40 000元），如果没有特别的情况，承租人在租赁期届满时将会购买该项资产。在这种情况下，在租赁开始日即可判断该项租赁应当认定为融资租赁。

　　第三，即使资产的所有权不转移，但租赁期占租赁资产使用寿命的大部分。这里的"大部分"掌握在租赁期占租赁开始日租赁资产使用寿命的75%以上（含75%，下同）。需要说明的是，这里的量化标准只是指导性标准，企业在具体运用时，必须以准则规定的相关条件进行判断。这条标准强调的是租赁期占租赁资产使用寿命的比例，而非租赁期占该项资产全部可使用年限的比例。如果租赁资产是旧资产，在租赁前已使用年限超过资产自全新时起算可使用年限的75%以上时，则这条判断标准不适用，不能使用这条标准确定租赁的分类。

　　例如，某项租赁设备全新时可使用年限为10年，已经使用了3年，从第4年开始租出，租赁期为6年，由于租赁开始时该设备使用寿命为7年，租赁期占使用寿命85.7%（6年/7年），符合第3条标准，因此，该项租赁应当归类为融资租赁；如果从第4年开始，租赁期为3年，租赁期占使用寿命的42.9%，就不符合第3条标准，因此该项租赁不应认定为融资租赁（假定也不符合其他判断标准）。假如该项设备已经使用了8年，从第9年开始租赁，租赁期为2年，此时，该设备使用寿命为2年，虽然租赁期为使用寿命的100%（2年/2年），但由于在租赁前该设备的已使用年限超过了可使用年限（10年）的75%（8年/10年＝80%>75%），因此，也不能采用这条标准来判断租赁的分类。

第四，承租人租赁开始日的最低租赁付款额的现值，几乎相当于租赁开始日租赁资产公允价值；出租人在租赁开始日最低租赁收款额的现值，几乎相当于租赁开始日租赁资产公允价值。这里的"几乎相当于"，通常掌握在90%以上。需要说明的是，这里的量化标准只是指导性标准，企业在具体运用时，必须以准则规定的相关条件进行判断。

第五，租赁资产性质特殊，如果不作较大改造，只有承租人才能使用。这条标准是指租赁资产是由出租人根据承租人对资产型号、规格等方面的特殊要求专门购买或建造的，具有专购、专用性质。这些租赁资产如果不作较大的重新改制，其他企业通常难以使用。这种情况下，该项租赁也应当认定为融资租赁。

对于同时涉及土地和建筑物的租赁，企业通常应当将土地和建筑物分开考虑。将最低租赁付款额根据土地部分的租赁权益和建筑物的租赁权益的相对公允价值比例进行分配。在我国，由于土地所有权归国家所有，土地租赁不能归类为融资租赁。对于建筑物的租赁按租赁准则的规定标准进行相应分类。如果土地和建筑物无法分离和不能可靠计量的，应归类为一项融资租赁，除非两部分都明显是经营租赁，在后一种情况下，整个租赁应归类为经营租赁。

2）企业（承租人）对融资租赁的账务处理。

第一，租赁期开始日的账务处理。租赁期开始日是指承租人有权行使其使用租赁资产权利的日期，表明租赁行为的开始。在租赁期开始日，承租人应当对租入资产、最低租赁付款额和未确认融资费用进行初始确认。

企业采用融资租赁方式租入的固定资产，应在租赁期开始日，将租赁开始日租赁资产公允价值与最低租赁付款额现值两者中较低者，加上初始直接费用，作为租入资产的入账价值，借记"固定资产"等科目，按最低租赁付款额，贷记"长期应付款"科目，按发生的初始直接费用，贷记"银行存款"等科目，按其差额，借记"未确认融资费用"科目。

初始直接费用是指在租赁谈判和签订租赁协议的过程中发生的可直接归属于租赁项目的费用。承租人发生的初始直接费用，通常有印花税、佣金、律师费、差旅费、谈判费等。承租人发生的初始直接费用，应当计入租入资产价值。

企业在计算最低租赁付款额的现值时，能够取得出租人租赁内含利率的，应当采用租赁内含利率作为折现率；否则，应当采用租赁合同规定的利率作为折现率。企业无法取得出租人的租赁内含利率且租赁合同没有规定利率的，应当采用同期银行贷款利率作为折现率。其中，租赁内含利率是指在租赁开始日，使最低租赁收款额的现值与未担保余值的现值之和等于租赁资产公允价值与出租人的初始直接费用之和的折现率。

未担保余值指租赁资产余值中扣除就出租人而言的担保余值以后的资产余值。

第二，未确认融资费用的分摊。在融资租赁下，承租人向出租人支付的租金中，包含了本金和利息两部分，承租人支付租金时，一方面应减少长期应付款，另一方面应同时将未确认的融资费用按一定的方法确认为当期融资费用。

在分摊未确认的融资费用时，根据《企业会计准则第21号——租赁》的规定，承租人应当采用实际利率法。根据租赁开始日租赁资产和负债的入账价值基础不同，融资费用分摊率的选择也不同。未确认融资费用分摊率的确定具体分为下列几种情况：

其一，以出租人的租赁内含利率为折现率将最低租赁付款额折现，且以该现值作为租赁资产入账价值的，应当将租赁内含利率作为未确认融资费用的分摊率。

其二，以合同规定利率为折现率将最低租赁付款额折现，且以该现值作为租赁资产入账价值的，应当将合同规定利率作为未确认融资费用的分摊率。

其三，以银行同期贷款利率为折现率将最低租赁付款额折现，且以该现值作为租赁资产入账价值的，应当将银行同期贷款利率作为未确认融资费用的分摊率。

其四，以租赁资产公允价值为入账价值的，应当重新计算分摊率。该分摊率是使最低租赁付款额的现值等于租赁资产公允价值的折现率。

存在优惠购买选择权的，在租赁期届满时，未确认融资费用应全部摊销完毕，租赁负债应当减少至优惠购买金额。在承租人或与其有关的第三方对租赁资产提供了担保的情况下，在租赁期届满时，未确认融资费用应当全部摊销完毕，租赁负债还应减少至担保余值。

担保余值，就承租人而言，是指由承租人或与其有关的第三方担保的资产余值。其中，资产余值是指在租赁开始日估计的租赁期届满时租赁资产的公允价值。为了促使承租人谨慎地使用租赁资产，尽量减少出租人自身的风险和损失，租赁协议有时要求承租人或与其有关的第三方对租赁资产的余值进行担保，此时的担保余值是针对承租人而言的。除此以外，担保人还可能是与承租人和出租人均无关，但在财务上有能力担保的第三方，如担保公司，此时的担保余值是针对出租人而言的。

第三，履约成本的账务处理。履约成本是指租赁期内为租赁资产支付的各种使用费用，如技术咨询和服务费、人员培训费、维修费、保险费等。承租人发生的履约成本通常应计入当期损益。

第四，或有租金的账务处理。或有租金是指金额不固定、以时间长短以外的其他因素（如销售量、使用量、物价指数等）为依据计算的租金。

由于或有租金的金额不固定，无法采用系统合理的方法对其进行分摊，因此或有租金在实际发生时，计入当期损益。

第五，租赁期届满时的账务处理。租赁期届满时，承租人通常对租赁资产的处理有三种情况，即返还、优惠续租和留购。

租赁期届满，承租人向出租人返还租赁资产的，通常借记"长期应付款——应付融资租赁款""累计折旧"科目，贷记"固定资产——融资租入固定资产"科目。

如果承租人行使优惠续租选择权，则应视同该项租赁一直存在而做出相应的账务处理。如果承租人在租赁期届满时没有续租，根据租赁协议规定向出租人支付违约金时，应当借记"营业外支出"科目，贷记"银行存款"等科目。

在承租人享有优惠购买选择权的情况下，支付购买价款时，借记"长期应付款——应付融资租赁款"科目，贷记"银行存款"等科目；同时，将固定资产从"融资租赁固定资产"明细科目转入有关明细科目。

【例6-9】 20×1年12月28日，蒙利公司与长江公司签订了一份租赁合同。合同主要条款如下：

(1) 租赁标的物：数控机床。

(2) 租赁期开始日：租赁物运抵蒙利公司生产车间之日（即20×2年1月1日）。

(3) 租赁期：从租赁期开始日算起36个月（即20×2年1月1日至20×4年12月31日）。

(4) 租金支付方式：自租赁期开始日起每年年末支付租金900 000元。

(5) 该机床在20×2年1月1日的公允价值为2 500 000元。

(6) 租赁合同规定的利率为8%（年利率）。

(7) 该机床为全新设备，估计使用寿命为5年，不需安装调试，采用年限平均法计提折旧。

(8) 20×3年和20×4年，蒙利公司每年按该机床所生产产品的年销售收入的1%向长江公司支付经营分享收入。

蒙利公司在租赁谈判和签订租赁合同过程中发生可归属于租赁项目的手续费、差旅费9 800元。20×3年和20×4年，蒙利公司使用该数控机床生产产品的销售收入分别为8 000 000元和10 000 000元。20×3年12月31日，蒙利公司以银行存款支付该机床的维护费2 800元。20×4年12月31日，蒙利公司将该机床退还长江公司。

蒙利公司（承租人）的账务处理如下：

(1) 租赁开始日的账务处理。

第一步，判断租赁类型。本例中，租赁期（3年）占租赁资产尚可使用年限（5年）的60%（小于75%），没有满足融资租赁的第3条判断标准；最低租赁付款额的现值为2 319 390元（计算过程见下文），大于租赁资产公允价值的90%，即2 250 000元（2 500 000×90%），满足融资租赁的第4条判断标准，因此，蒙利公司应当将该项租赁认定为融资租赁。

第二步，计算租赁开始日最低租赁付款额的现值，确定租赁资产的入账价值。本例中蒙利公司不知道出租人的租赁内含利率，因此应选择租赁合同规定的利率8%作为最低租赁付款额的折现率。

最低租赁付款额=各期租金之和+承租人担保的资产余值=900 000×3+0=2 700 000（元）

最低租赁付款额的现值=900 000×(P/A, 8%, 3) = 900 000×2.577 1 = 2 319 390（元）（租赁资产公允价值2 500 000元）

根据《企业会计准则第 21 号——租赁》规定的孰低原则,租赁资产的入账价值应为其折现值 2 319 390 元加上初始直接费用 9 800 元,即 2 329 190 元。

第三步,计算未确认融资费用。

未确认融资费用 = 最低租赁付款额 - 最低租赁付款额现值 = 2 700 000 - 2 319 390 = 380 610(元)

第四步,进行具体账务处理。

借:固定资产——融资租入固定资产——数控机床　　　　2 329 190
　　未确认融资费用　　　　　　　　　　　　　　　　　　380 610
　　贷:长期应付款——应付融资租赁款　　　　　　　　　2 700 000
　　　　银行存款　　　　　　　　　　　　　　　　　　　　9 800

(2)分摊未确认融资费用的账务处理。

第一步,确定融资费用分摊率。由于租赁资产的入账价值为其最低租赁付款额的折现值,因此该折现率就是其融资费用分摊率,即 8%。

第二步,在租赁期内采用实际利率法分摊未确认融资费用(见表 6-2)。

表 6-2　未确认融资费用分摊

单位:元

日　　期	租金①	确认的融资费用 ②=期初④×8%	应付本金减少额 ③=①-②	应付本金余额 ④=期初④-③
20×2.1.1				2 319 390
20×2.12.31	900 000	185 551.2	714 448.8	1 604 941.2
20×3.12.31	900 000	128 395.3	771 604.7	833 366.5
20×4.12.31	900 000	66 663.5*	833 336.5	0
合　　计	2 700 000	380 610	2 319 390	——

注:* 尾数调整:900 000 - 833 336.5 = 66 663.5(元)。

第三步,进行具体账务处理。20×2 年 12 月 31 日,支付第 1 期租金:

借:长期应付款——应付融资租赁款　　　　　　　　　　900 000
　　贷:银行存款　　　　　　　　　　　　　　　　　　　900 000

20×2 年 1 月至 12 月,每月分摊未确认融资费用:

每月财务费用 = 185 551.2÷12 = 15 462.6(元)

借:财务费用　　　　　　　　　　　　　　　　　　　　15 462.6
　　贷:未确认融资费用　　　　　　　　　　　　　　　　15 462.6

20×2 年 2 月至 12 月,每月计提折旧:

每月折旧费用 = 2 329 190 ÷ (3×12-1) = 66 548.29（元）

借：制造费用　　　　　　　　　　　　　　　　　　　66 548.29
　　贷：累计折旧　　　　　　　　　　　　　　　　　　　　66 548.29

20×3 年 12 月 31 日，支付第 2 期租金：

借：长期应付款——应付融资租赁款　　　　　　　　　900 000
　　贷：银行存款　　　　　　　　　　　　　　　　　　　　900 000

20×3 年 1 月至 12 月，每月分摊未确认融资费用：

每月财务费用 = 128 395.3 ÷ 12 = 10 699.61（元）

借：财务费用　　　　　　　　　　　　　　　　　　　10 699.61
　　贷：未确认融资费用　　　　　　　　　　　　　　　　　10 699.61

20×4 年 12 月 31 日，支付第 3 期租金：

借：长期应付款——应付融资租赁款　　　　　　　　　900 000
　　贷：银行存款　　　　　　　　　　　　　　　　　　　　900 000

20×4 年 1 月至 12 月，每月分摊未确认融资费用：

每月财务费用 = 66 663.5 ÷ 12 = 5 555.29（元）

借：财务费用　　　　　　　　　　　　　　　　　　　5 555.29
　　贷：未确认融资费用　　　　　　　　　　　　　　　　　5 555.29

(3) 履约成本的账务处理。

20×3 年 12 月 31 日，蒙利公司发生该机床的维护费 2 800 元：

借：管理费用　　　　　　　　　　　　　　　　　　　2 800
　　贷：银行存款　　　　　　　　　　　　　　　　　　　　2 800

(4) 或有租金的账务处理。

20×3 年 12 月 31 日，根据合同规定，蒙利公司应向长江公司支付经营分享收入 80 000 元：

借：销售费用　　　　　　　　　　　　　　　　　　　80 000
　　贷：其他应付款——长江公司　　　　　　　　　　　　　80 000

20×4 年 12 月 31 日，根据合同规定，蒙利公司应向长江公司支付经营分享收入 100 000 元：

借：销售费用　　　　　　　　　　　　　　　　　　　100 000
　　贷：其他应付款——长江公司　　　　　　　　　　　　　100 000

(5) 租赁期届满时的会计处理。

20×4 年 12 月 31 日，蒙利公司将该机床退还长江公司：

借：累计折旧　　　　　　　　　　　　　　　　　　　2 329 190
　　贷：固定资产——融资租入固定资产——数控机床　　　　2 329 190

5. 接受捐赠的固定资产

企业接受捐赠的固定资产，如果捐赠方提供了有关凭据的，按凭据上标明的金额加上应支付的相关税费，作为入账价值。如果捐赠方没有提供有关凭据的，按如下顺序确定其入账价值：

同类或类似固定资产存在活跃市场的，按同类或类似固定资产的市场价格估计的金额，加上应支付的相关税费，作为入账价值。

同类或类似固定资产不存在活跃市场的，按该接受捐赠的固定资产预计未来现金流量的现值，作为入账价值。

企业接受捐赠的固定资产在按照上述会计规定确定入账价值以后，按接受捐赠金额，计入营业外收入。

【例6-10】 蒙利公司接受一台全新专用设备的捐赠，捐赠者提供的有关价值凭证上标明的价格为100 000元，应交增值税17 000元，公司在接受捐赠过程中支付相关费用2 000元。蒙利公司的账务处理如下：

借：固定资产　　　　　　　　　　　　　　　　　　　　　102 000
　　应交税费——应交增值税（进项税额）　　　　　　　　　17 000
　　贷：营业外收入——捐赠利得　　　　　　　　　　　　　　117 000
　　　　银行存款　　　　　　　　　　　　　　　　　　　　　2 000

6. 盘盈的固定资产

盘盈的固定资产，作为前期差错，计入"以前年度损益调整"账户，并按以下方式确定其入账价值：

（1）同类或类似固定资产存在活跃市场的，按同类或类似固定资产的市场价格，减去按该项固定资产的新旧程度估计的价值损耗后的余额，作为入账价值。

（2）同类或类似固定资产不存在活跃市场的，按该固定资产的预计未来现金流量现值，作为入账价值。

【例6-11】 蒙利公司在固定资产清查中，发现一台未入账的机器设备。该设备当前市场价格80 000元，根据其新旧程度估计价值损耗20 000元。蒙利公司的账务处理如下：

借：固定资产　　　　　　　　　　　　　　　　　　　　　60 000
　　贷：以前年度损益调整　　　　　　　　　　　　　　　　60 000

7. 存在弃置义务的固定资产

特殊行业的特定固定资产，对其进行初始计量时，还应考虑弃置费用。弃置费用是指根据国家法律和行政法规、国际公约等规定，企业承担的环境保护和生态恢复等义务所确定的支出，如油气资产、核电站核设施等的弃置和恢复环境义务。弃置费用的金额与其现值比较，通常相差较大，需要考虑货币的时间价值，对于这些特殊行业的特定固定资产，企业应当将弃置费用的现值计入相关固定资产的成本，同时确认相应的预计负债。在固定资产的使用寿命内，按照预计负债的摊余成本和实际利率计算确定的利息费用，计入财务费用。一般工商企业的固定资产发生的报废清理费用不属于弃置费用，应当在发生时作为固定资产处置费用处理。

【例 6-12】 某公司经国家批准于 20×2 年 1 月 1 日建造完成核电站核反应堆并交付使用,建造成本为 2 500 000 万元,预计使用寿命 40 年。该核反应堆将会对当地的生态环境产生一定的影响,根据法律规定,企业应在该项设施使用期满后将其拆除,并对造成的污染进行整治,预计发生弃置费用 250 000 万元(假定适用的折现率为 10%)。

核反应堆属于特殊行业的特定固定资产,确定其成本时应考虑弃置费用。蒙利公司的账务处理如下:

(1) 20×2 年 1 月 1 日,弃置费用的现值 = 250 000×(P/F, 10%, 40) = 250 000×0.022 1 = 5 525(万元)。

固定资产的成本 = 2 500 000+5 525 = 2 505 525(万元)

借:固定资产——××核反应堆	25 055 250 000
贷:在建工程——××核反应堆	25 000 000 000
预计负债——××核反应堆——弃置费用	55 250 000

(2) 计算第 1 年应负担的利息费用 = 55 250 000×10% = 5 525 000(元)。

借:财务费用	5 525 000
贷:预计负债——××核反应堆——弃置费用	5 525 000

以后年度,企业应当按照实际利率法计算确定每年财务费用,财务处理略。

第三节 固定资产的后续计量

固定资产后续计量主要包括固定资产折旧的计提、减值损失的确定以及后续支出的计量。

一、固定资产折旧

(一)固定资产折旧的性质

固定资产折旧是指在固定资产使用寿命内,按照确定的方法对应计折旧额进行系统分摊。其中,应计折旧额是指应当计提折旧的固定资产的原价扣除其预计净残值后的金额。企业如果已经对固定资产计提了减值准备,还应当扣除已计提的固定资产减值准备累计金额。预计净残值是指假定固定资产预计使用年限已满,并处于使用寿命终了时的预期状态,企业从该项资产处置中所获得的扣除预计处置费用后的金额。

固定资产是一种长期资产,其在使用过程中物质形态不会发生变化,只是表现为有形和无形的损耗,因此固定资产的成本是在对其不断使用过程中逐渐消耗或转移的。为了保持收入与费用的配比,把固定资产的投入成本在其使用期间内进行分摊。

固定资产的价值转移方式与存货的价值转移方式不同。固定资产在使用过程中,保持其原有的实物形态，其价值通过折旧的方式逐渐转移到企业相关资产的成本中，或形成当前的费用。

(二) 影响固定资产折旧的因素及折旧范围

1. 影响固定资产折旧的因素

影响固定资产折旧计算的因素主要有原始价值、预计净残值和预计使用寿命三个。

(1) 原始价值。原始价值是指固定资产的初始入账价值，是计提折旧的基础。以原始价值作为计算折旧的基础，可以使折旧的计算建立在客观的基础上，不容易受会计人员主观因素的影响。在固定资产使用寿命一定的情况下，固定资产的原始价值越高，则单位时间内或单位工作量的折旧额就越多；固定资产的原始价值越低，则单位时间内或单位工作量的折旧额就越少。因此，从投入产出的角度来讲，在保证生产效率和产品质量的前提下，企业应减少固定资产原始价值的支出，以提高企业的效益。

(2) 预计净残值。预计净残值是指假定固定资产预计使用年限已满并处于使用寿命终了时的预期状态，企业目前从该项资产处置中获得的扣除预计处置费用后的金额。固定资产净残值是一个在一开始计算固定资产折旧时就要考虑的因素，而它的实际金额是在实际发生时才能确定的，因此需要事前估计。

企业应当根据固定资产的性质和使用情况，合理确定固定资产的预计净残值，固定资产的预计净残值一经确定，不得变更。固定资产原始价值减去预计净残值后的数额为固定资产应计提折旧总额。

(3) 预计使用寿命。预计使用寿命是指固定资产预计经济使用的期限。有些固定资产的使用寿命也可以用该资产所能生产的产品或提供服务的数量来表示。除了土地之外，固定资产一般都存在一定的使用寿命。企业在确定固定资产的使用寿命时，应当考虑下列因素：

第一，该资产的预计生产能力或实物产量。

第二，该资产的有形损耗，如设备使用中发生磨损、房屋建筑物受到自然侵蚀等。

第三，该资产的无形损耗，如因新技术的出现而使现有的资产技术水平相对陈旧、市场需求变化使产品过时等。

第四，有关资产使用的法律或者类似的限制。

2. 固定资产折旧范围

除以下情况外，企业应对所有固定资产计提折旧：已提足折旧仍继续使用的固定资产；按规定单独估价作为固定资产入账的土地。

已达到预定可使用状态的固定资产，如果尚未办理竣工决算的，应当先按估计价值确定其成本，并计提固定资产折旧；待办理了竣工决算手续后，再按照实际成本调整原来的暂估价值，但不需要调整原已计提的固定资产折旧额。

固定资产应当按月计提折旧，并根据用途分别计入相关资产的成本或当期费用。企业在实际计提固定资产折旧时，当月增加的固定资产，当月不提折旧，从下月起计提折旧；当月减少的固定资产，当月仍提折旧，从下月起停止计提折旧。固定资产提足折旧后，不论能否继续使用，均不再提取折旧；提前报废的固定资产，也不再补提折旧。

处于更新改造过程中而停止使用的固定资产，因已转入在建工程，不计提折旧，待更新改造项目达到预定可使用状态转为固定资产后，再按重新确定的折旧方法和尚可使用的年限计提折旧。

融资租入固定资产，应当采用与自有应计提折旧资产相一致的折旧政策。确定租赁资产的折旧期间应依租赁合同而定。能够合理确定租赁期届满时将会取得租赁资产所有权的，应以租赁期开始日租赁资产的使用寿命作为折旧期间；无法合理确定租赁期届满后承租人是否能够取得租赁资产所有权的，应当以租赁期与租赁资产使用寿命两者中较短者作为折旧期间。

（三）固定资产折旧方法

固定资产折旧方法是将应提折旧总额在固定资产各使用期间进行分配时所采用的具体计算方法，包括年限平均法、工作量法、加速折旧法等。企业选用不同的固定资产折旧方法，将直接影响固定资产使用寿命期间内不同时期的折旧费用，从而影响各年的净收益和所得税。固定资产折旧方法一经确定，不得随意变更，如需变更，应在会计报表附注中予以说明。

1. 年限平均法

年限平均法也称直线法，它是以固定资产预计使用寿命为分摊标准，将固定资产的应提折旧总额平均分摊到使用各年的一种折旧方法。采用这种折旧方法，各年折旧额相等，不受固定资产使用频率或生产量多少的影响。

使用年限平均法计算折旧的公式如下：

年折旧额 = （原始价值 - 预计净残值）÷ 预计使用寿命（年）

年折旧率 = 年折旧额 ÷ 原始价值 × 100%

 = （1 - 预计净残值率）÷ 预计使用寿命（年）× 100%

预计净残值率 = 预计净残值 ÷ 原始价值 × 100%

月折旧率 = 年折旧率 ÷ 12

月折旧额 = 固定资产原值 × 月折旧率

【例 6-13】 蒙利公司一台机器设备原始价值为 100 000 元，预计净残值率为 4%，预计使用 5 年，采用年限平均法计提折旧。

年折旧率 = （1 - 4%）÷ 5 × 100% = 19.2%

月折旧率 = 19.2% ÷ 12 = 1.6%

年折旧额 = 100 000 × 19.2% = 19 200（元）

月折旧额 = 19 200 ÷ 12 = 1 600（元）（100 000 × 1.6%）

从上面的计算过程可以看出，采用年限平均法计算固定资产折旧比较简洁，但它存在一些明显的局限性。首先，固定资产在不同使用年限提供的经济效益是不同的。一般来讲，固定资产在其使用前期工作效率相对较高，所带来的经济利益也就多；而在其使用后期，工作效率一般呈下降趋势，因而，所带来的经济利益也就逐渐减少。年限平均法不予考虑，明显是不合理的。其次，固定资产在不同的使用年限发生的维修费用也不一样。固定资产的维修费用将随着其使用时间的延长而不断增加，而年限平均法也没有考虑这一因素。

当固定资产各期负荷程度相同时，各期应分摊相同的折旧费，这时采用年限平均法计算折旧是合理的。但是，如果固定资产各期负荷程度不同，采用年限平均法计算折旧时，则不能反映固定资产的实际使用情况，计提的折旧额与固定资产的损耗程度也不相符。

2. 工作量法

工作量法是以固定资产预计可完成的工作总量为分摊标准，根据各年实际完成的工作量计算折旧的一种方法。采用这种方法，各年折旧额与该期固定资产实际完成的工作量成正比。计算公式如下：

单位工作量折旧额＝原始价值×(1－预计净残值率)÷预计总工作量

某项固定资产月折旧额＝该项固定资产当月工作量×单位工作量折旧额

上述"工作量"，可以是小时数、产量数、行驶里程数、工作台数等。

【例6-14】 蒙利公司的一台施工机械，原始价值为150 000元，预计净残值率为3%，预计可工作20 000个台班时数，该设备本月完成工作台班时数600小时。则：

单位台班小时折旧额＝150 000×(1－3%)÷20 000＝7.275（元）

本月折旧额＝600×7.275＝4 365（元）

工作量法比较适用于使用情况很不均衡的大型机器设备、施工机械以及运输工具等固定资产的折旧。工作量法具有简单、实用的优点，同时又可以使固定资产各期的使用强度与该期应分摊的折旧额相匹配，但这种方法忽视了固定资产无形损耗对折旧计算的要求。

3. 加速折旧法

加速折旧法最初是在美国产生的。第二次世界大战以后，美国政府为了促进军火工业的发展，鼓励人们向军火工业进行投资，规定处于垄断地位的军火企业的厂房与设备可以缩短折旧年限计提折旧。美国当时的所得税法也承认了用加速折旧法计提折旧而计算的应税所得额。这种做法，就企业而言，实际上是延期向国家缴纳所得税，而就政府来说，实际上是给了企业若干年的免息贷款。所以，当时这种折旧政策是促进了处于物资供应短缺状况的美国经济发展。这种加速折旧方法虽然与当今的加速折旧法（不通过缩短折旧年限而加速计提固定资产成本）不完全一致，但就其目的而言则是相同的。

加速折旧法是指固定资产折旧费用在使用早期提得较多，在使用后期提得较少，以使固定资产的大部分成本在使用早期尽快得到补偿，从而相对加快折旧速度的一种计算折旧的方法。和直线法相比，加速折旧法更具有合理性。但加速折旧法的主要缺点是方法比较复杂，在企业固定资产种类较多的情况下，可操作性存在一定问题。加速折旧法有如下特点：

第一，可以使固定资产的使用成本各年保持大致相同。固定资产的使用成本主要包括折旧费用和修理维护费用两项内容。一般来说，修理维护成本会随着资产的老化而逐年增加，为了使固定资产的使用成本在使用年限中大致保持均衡，计提的折旧费用就应逐年递减。

第二，可以使收入和费用合理配比。固定资产的服务能力在服务早期总是比较高的，因而能为企业提供较多的利益，而在使用后期，随着资产的老化、修理次数增多，产品质量下降，将大大影响企业利益的获得。为了使固定资产的成本与其所提供的收益相配比就应在早期多提折旧，而在使用后期少提折旧。

第三，能使固定资产账面净值比较接近于市价。资产一经投入使用，其可变现价值会随之降低，因而在最初投入使用时多提一些折旧，可使资产账面净值更接近于资产的现时市价。

第四，可降低无形损耗的风险。无形损耗是由于企业外部因素引起的价值损耗，企业很难对其做出合理估计，出于谨慎性考虑，将固定资产的大部分成本在使用早期收回，可使无形损耗的影响降至最低。

我国会计准则规定企业可以采用的加速折旧方法是双倍余额递减法和年数总和法两种。

（1）双倍余额递减法。双倍余额递减法是以双倍的直线折旧率作为加速折旧率，乘以各年年初固定资产账面净值计算各年折旧额的一种方法。其计算公式如下：

年折旧率＝2÷预计使用寿命（年）×100%

年折旧额＝年初固定资产账面净值×年折旧率

月折旧额＝年折旧额÷12

由于折旧额中不考虑预计净残值，因此，采用这种方法时，必须注意不能使固定资产的账面折余价值低于预计净残值，即预计使用寿命的最后几年每年要进行这样的测算与处理：如果用双倍余额递减法计算的年折旧额小于本年用固定资产账面净值与预计净残值之差在剩余年限内按直线法计算的折旧额时，从这一年起，改按直线法计提折旧。在我国，为了简化核算手续，通常在固定资产预计使用寿命的最后两年，将固定资产账面净值与预计净残值之差采用直线法在剩余两年内分摊。

【例 6-15】 蒙利公司一台设备采用双倍余额递减法计算各年折旧。该设备原始价值为 100 000 元，预计使用 5 年，预计净残值 3 100 元。

年折旧率＝2÷5×100%＝40%

设备采用双倍余额递减法计算的各年折旧额见表 6-3。

表 6-3　双倍余额递减法各年折旧额计算

单位：元

使用年次	折旧率（%）	年折旧额	累计折旧额	年末账面净值
购置时				100 000
1	40	40 000	40 000	60 000
2	40	24 000	64 000	36 000
3	40	14 400	78 400	21 600
4	—	9 250	87 650	12 350
5		9 250	96 900	3 100
合计	—	96 900	—	—

（2）年数总和法。年数总和法也叫合计年限法，是指将固定资产的原值减去预计净残值后的余额，乘以一个以固定资产尚可使用年数为分子、以固定资产使用年数的逐年数字总和为分母计算每年的折旧额。实际上，分母就是一个以"1"为首项、以"1"为公差、以预计使用年数为末项的等差数列的和。计算公式如下：

$$年折旧率 = \frac{尚可使用年数}{预计使用寿命的年数总和} \times 100\%$$

$$= \frac{预计使用寿命(年) - 已使用年限}{预计使用寿命(年) \times \frac{预计使用寿命(年)+1}{2}} \times 100\%$$

年折旧额 =（固定资产原值 - 预计净残值）× 年折旧率

月折旧额 = 年折旧额 ÷ 12

【例 6-16】 沿用【例 6-15】的资料，采用年数总和法计算各年折旧额。各年折旧率如表 6-4 所示。

表 6-4　年数总和法下各年折旧率

使用时间	尚可使用年限	折旧率
第 1 年	5	5/15
第 2 年	4	4/15
第 3 年	3	3/15
第 4 年	2	2/15
第 5 年	1	1/15

采用年数总和法计算的各年折旧额见表 6-5。

表 6-5 年数总和法各年折旧额计算

单位：元

使用年次	年折旧额	累计折旧额	年末账面净值
购置时			100 000
1	32 300	32 300	67 700
2	25 840	58 140	41 860
3	19 380	77 520	22 480
4	12 920	90 440	9 560
5	6 460	96 900	3 100
合计	96 900	—	

（四）固定资产折旧的核算

企业固定资产的折旧费用，应根据固定资产的用途计入有关资产的成本或者当期损益。例如，企业管理部门使用的固定资产，计提的折旧应计入管理费用；生产部门使用的固定资产，计提的折旧应计入制造费用；专设销售机构使用的固定资产，计提的折旧应计入销售费用；经营性出租的固定资产，计提的折旧应计入其他业务成本；自行建造固定资产过程中使用的固定资产，计提的折旧应计入在建工程成本；未使用的固定资产，计提的折旧应计入管理费用等。企业计提固定资产折旧时，借记"管理费用""制造费用""销售费用"等科目，贷记"累计折旧"科目。

【例 6-17】 20×1 年 8 月 31 日，蒙利公司编制的固定资产折旧计算见表 6-6。

表 6-6 固定资产折旧计算

20×1 年 8 月 31 日

单位：元

使用部门	固定资产项目	本月折旧额	费用分配
一车间	厂房	60 000	
	机械设备	182 600	
	其他设备	20 000	
	小计	262 600	制造费用
二车间	厂房	47 600	
	机械设备	68 200	
	小计	115 800	
厂部	办公楼	30 000	
	办公设备	20 600	
	运输工具	8 000	管理费用
	小计	58 600	

续表

使用部门	固定资产项目	本月折旧额	费用分配
其他	经营出租	3 000	其他业务成本
合计		440 000	

根据上述固定资产折旧计算表，折旧费用分配的会计分录：
借：制造费用——一车间　　　　　　　　　　　　　262 600
　　　　　　——二车间　　　　　　　　　　　　　115 800
　　管理费用　　　　　　　　　　　　　　　　　　 58 600
　　其他业务成本　　　　　　　　　　　　　　　　　3 000
　　贷：累计折旧　　　　　　　　　　　　　　　　440 000

（五）固定资产使用寿命、预计净残值和折旧方法的复核

由于固定资产的使用寿命长于一年，属于企业的非流动资产，企业至少应当于每年年度终了，对固定资产的使用寿命、预计净残值和折旧方法进行复核。

在固定资产使用过程中，其所处的经济环境、技术环境以及其他环境有可能对固定资产使用寿命和预计净残值产生较大影响。例如，固定资产使用强度比正常情况大大加强，致使固定资产实际使用寿命大大缩短；替代该项固定资产的新产品出现致使其实际使用寿命缩短，预计净残值减少等。为真实反映固定资产为企业提供经济利益期间及每期实际的资产消耗，企业至少应当于每年年度终了，对固定资产使用寿命和预计净残值进行复核。如有确凿证据表明，固定资产使用寿命预计数与原先估计数有差异，应当调整固定资产使用寿命；如果固定资产预计净残值预计数与原先估计数有差异，应当调整预计净残值。

固定资产使用过程中所处经济环境、技术环境以及其他环境的变化也可能致使与固定资产有关的经济利益预期实现方式发生重大改变。如果固定资产给企业带来经济利益的方式发生重大变化，企业也应相应改变固定资产折旧方法。例如，某企业以前年度采用年限平均法计提固定资产折旧，此次年度复核中发现，与该固定资产相关的技术发生很大变化，年限平均法已很难反映该项固定资产给企业带来经济利益的方式，因此，决定变年限平均法为加速折旧法。

企业应当根据固定资产准则的规定，结合企业的实际情况，制定固定资产目录、分类方法、每类或每项固定资产的使用寿命、预计净残值、折旧方法等，并编制成册，根据企业的管理权限，经股东大会或董事会，经理（厂长）会议或类似机构批准，按照法律、行政法规等的规定报送有关各方备案，同时备置于企业所在地，以供投资者等有关各方查阅。企业已经确定并对外报送或备置于企业所在地的有关固定资产目录、分类方法、使用寿命、预计净残值、折旧方法等，一经确定不得随意变更，如需变更，仍然应按照上述程序，经批准后报送有关各方备案。

固定资产使用寿命、预计净残值和折旧方法的改变应作为会计估计变更，按照《企业会计准则第 28 号——会计政策、会计估计变更和差错更正》处理。

二、固定资产后续支出

企业的固定资产投入使用后，为了适应新技术发展的需要，或者为了维护和提高固定资产的使用效能，需要对现有固定资产进行日常维修、大修理、更新改造及装修等，企业在这些方面发生的支出称为固定资产的后续支出。

固定资产发生的更新改造支出、房屋装修费用等，符合固定资产确认条件的，应当计入固定资产的成本，同时将被替换部分的账面价值扣除；不符合固定资产确认条件的，应当在发生时计入管理费用。固定资产的大修理和日常修理费用，通常不符合固定资产的确认条件，应当在发生时计入当期管理费用。即固定资产后续支出的会计处理方法有两种：一是资本化的后续支出；二是费用化的后续支出。

（一）资本化的后续支出

固定资产发生可资本化的后续支出时，企业一般应将该固定资产的原价、已计提的累计折旧和减值准备转销，将固定资产的账面价值转入在建工程，并停止计提折旧。发生的后续支出，通过"在建工程"账户核算。在固定资产发生的后续支出完工并达到预定可使用状态时，再从"在建工程"账户转入"固定资产"账户，并按重新确定的使用寿命、预计净残值和折旧方法计提折旧。

【例 6-18】 蒙利公司有关资料如下：

（1）20×1 年 12 月，该公司自行建成了一条生产线，建造成本为 568 000 元；采用年限平均法计提折旧；预计净残值率为固定资产原价的 3%，预计使用寿命为 6 年。

（2）20×4 年 1 月 1 日，由于生产的产品适销对路，现有生产线的生产能力已难以满足公司生产发展的需要，但若新建生产线成本过高，周期过长，于是公司决定对现有生产线进行改扩建，以提高其生产能力。假定该生产线未发生减值。

（3）20×4 年 1 月 1 日至 3 月 31 日，经过三个月的改扩建，完成了对这条生产线的改扩建工程，共发生支出 268 900 元，全部以银行存款支付。

（4）该生产线改扩建工程达到预定可使用状态后，大大提高了生产能力，预计将其使用年限延长了 4 年，即预计使用寿命为 10 年。假定改扩建后的生产线的预计净残值率为改扩建后固定资产账面价值的 3%；折旧方法仍为年限平均法。

（5）为简化计算过程，整个过程不考虑其他相关税费；公司按年度计提固定资产折旧。

本例中，生产线改扩建后生产能力将大大提高，能够为企业带来更多的经济利益，改扩建的支出金额也能可靠计量，因此该后续支出符合固定资产的确认条件，应计入固定资产的成本。蒙利公司的财务处理如下：

（1）20×2 年 1 月 1 日至 20×3 年 12 月 31 日两年间，即固定资产后续支出发生前，该条生产线的应计折旧额 = 568 000 × (1-3%) = 550 960（元）

年折旧额＝550 960÷6＝91 826.67（元）

各年计提固定资产折旧的账务处理为：

借：制造费用　　　　　　　　　　　　　　　　　　　　91 826.67
　　贷：累计折旧　　　　　　　　　　　　　　　　　　　91 826.67

（2）20×4年1月1日，固定资产的账面价值＝568 000－（91 826.67×2）＝384 346.66（元）

固定资产转入改扩建：

借：在建工程　　　　　　　　　　　　　　　　　　　　384 346.66
　　累计折旧　　　　　　　　　　　　　　　　　　　　183 653.34
　　贷：固定资产　　　　　　　　　　　　　　　　　　　568 000

（3）20×4年1月1日至3月31日，发生改扩建工程支出：

借：在建工程　　　　　　　　　　　　　　　　　　　　268 900
　　贷：银行存款　　　　　　　　　　　　　　　　　　　268 900

（4）20×4年3月31日，生产线改扩建工程达到预定可使用状态，固定资产的入账价值＝384 346.66＋268 900＝653 246.66（元）

借：固定资产　　　　　　　　　　　　　　　　　　　　653 246.66
　　贷：在建工程　　　　　　　　　　　　　　　　　　　653 246.66

（5）20×4年3月31日，转为固定资产后，按重新确定的使用寿命、预计净残值和折旧方法计提折旧。应计折旧额＝653 246.66×（1－3%）＝633 649.26（元）

月折旧额＝633 649.26÷（7×12＋9）＝6 813.43（元）

年折旧额＝6 813.43×12＝81 761.16（元）

20×4年应计提的折旧额＝6 813.43×9＝61 320.87（元）账务处理：

借：制造费用　　　　　　　　　　　　　　　　　　　　61 320.87
　　贷：累计折旧　　　　　　　　　　　　　　　　　　　61 320.87

企业发生的一些固定资产后续支出可能涉及到替换原固定资产的某组成部分，当发生的后续支出符合固定资产确认条件时，应将其计入固定资产成本，同时将被替换部分的账面价值扣除。这样可以避免将替换部分的成本和被替换部分的成本同时计入固定资产成本，导致固定资产成本重复计算。企业对固定资产进行定期检查发生的大修理费用，有确凿证据表明符合固定资产确认条件的部分，可以计入固定资产成本，不符合固定资产确认条件的应当费用化，计入当期损益。固定资产在定期大修理间隔期间，照提折旧。

【例6-19】某公司20×0年12月购入一架飞机，总计花费8 000万元（含发动机），发动机当时的购价为500万元。公司未将发动机作为一项单独的固定资产进行核算。20×9年初，公司开辟新航线，航程增加。为延长飞机的空中飞行时间，公司决定更换一部性能更先进的发动机。新发动机购价为700万元，另需支付安装费用为51 000元。假定飞机的年折旧率为3%，不考虑相关税费的影响，某公司的账务处理如下：

(1) 20×9年初飞机的累计折旧金额：80 000 000×3%×8 = 19 200 000（元），固定资产转入在建工程。

借：在建工程——××飞机　　　　　　　　　　　　　60 800 000
　　累计折旧　　　　　　　　　　　　　　　　　　19 200 000
　　贷：固定资产——××飞机　　　　　　　　　　　　　　80 000 000

(2) 安装新发动机。

借：在建工程——××飞机　　　　　　　　　　　　　 7 051 000
　　贷：工程物资——××发动机　　　　　　　　　　　　　 7 000 000
　　　　银行存款　　　　　　　　　　　　　　　　　　　　51 000

(3) 20×9年初老发动机的账面价值：5 000 000 - 5 000 000×3%×8 = 3 800 000（元），终止确认老发动机的账面价值。假定报废处理，无残值。

借：营业外支出　　　　　　　　　　　　　　　　　　3 800 000
　　贷：在建工程——××飞机　　　　　　　　　　　　　　 3 800 000

(4) 发动机安装完毕，投入使用。固定资产的入账价值：60 800 000 + 7 051 000 - 3 800 000 = 64 051 000（元）

借：固定资产——××飞机　　　　　　　　　　　　　64 051 000
　　贷：在建工程——××飞机　　　　　　　　　　　　　　64 051 000

(二) 费用化的后续支出

一般情况下，固定资产投入使用之后，由于固定资产磨损、各组成部分耐用程度不同，可能导致固定资产的局部损坏，为了维护固定资产的正常运转和使用，充分发挥其使用效能，企业会对固定资产进行必要的维护。

固定资产的日常维护支出通常不满足固定资产的确认条件，应在发生时直接计入当期损益。企业生产车间（部门）和行政管理部门等发生的固定资产修理费用等后续支出计入管理费用；企业专设销售机构的，其发生的与专设销售机构相关的固定资产修理费用等后续支出，计入销售费用。对于处于修理、更新改造过程而停止使用的固定资产，不满足固定资产确认条件的，在发生时直接计入当期损益。

【例6-20】蒙利公司对现有的一台管理用设备进行修理，修理过程中发生应支付维修人员的工资为10 000元，修理过程中发生的材料费为100 000元。蒙利公司的账务处理如下：

借：管理费用　　　　　　　　　　　　　　　　　　　110 000
　　贷：原材料　　　　　　　　　　　　　　　　　　　　　100 000
　　　　应付职工薪酬　　　　　　　　　　　　　　　　　　10 000

第四节　固定资产的处置

一、固定资产终止确认的条件

固定资产满足下列条件之一的,应当予以终止确认:

其一,该固定资产处于处置状态。固定资产处置包括固定资产的出售、转让、报废或毁损、对外投资、非货币性资产交换、债务重组等。处于处置状态的固定资产不再用于生产商品、提供劳务、出租或经营管理,因此不再符合固定资产的定义,应予以终止确认。

其二,该固定资产预期通过使用或处置不能产生经济利益。固定资产的确认条件之一是"与该固定资产有关的经济利益很可能流入企业",如果一项固定资产预期通过使用或处置不能产生经济利益,就不再符合固定资产的定义和确认条件,应终止确认。

二、固定资产处置的账务处理

企业出售、转让、报废固定资产或发生固定资产损毁,应当将处置收入扣除账面价值和相关税费后的金额计入当期损益。固定资产处置一般通过"固定资产清理"账户进行核算。其账务处理一般经过以下五个步骤:

第一,固定资产转入清理。固定资产转入清理时,按其账面价值,借记"固定资产清理"科目,按已计提的累计折旧,借记"累计折旧"科目,按已计提的减值准备,借记"固定资产减值准备"科目,按固定资产原值,贷记"固定资产"科目。

第二,发生的清理费用。固定资产清理过程中发生的有关费用以及应支付的相关税费,借记"固定资产清理""应交税费"科目,贷记"银行存款"等科目。

第三,出售收入和残料等的处理。企业收回出售固定资产的价款、残料价值和变价收入等,应冲减清理支出。按实际收到的出售价款以及残料变价收入等,借记"银行存款""原材料"等科目,贷记"固定资产清理""应交税费"等科目。

第四,保险赔偿的处理。企业计算或收到的应由保险公司或过失人赔偿的损失,应冲减清理支出,借记"其他应收款""银行存款"等科目,贷记"固定资产清理"科目。

第五,清理净损益的处理。固定资产清理完成后的净损失,属于生产经营期间正常的处理损失,借记"营业外支出——处置非流动资产损失"科目,贷记"固定资产清理"科目;属于生产经营期间由于自然灾害等非正常原因造成的,借记"营业外支出——非常损失"科目,贷记"固定资产清理"科目。固定资产清理完成后的净收益,借记"固定资产清理"科目,贷记"营业外收入"科目。

【例6-21】 蒙利公司出售一台设备,设备原值为120 000元,累计折旧80 000元,未计提固定资产减值准备;清理过程中支付清理费用400元,未取得增值税专用发票;取得设备出售价款50 000元,增值税8 500元。蒙利公司的账务处理如下:

(1) 注销该项固定资产。

借:固定资产清理　　　　　　　　　　　　　　　　　　　40 000
　　累计折旧　　　　　　　　　　　　　　　　　　　　　　80 000
　　　贷:固定资产　　　　　　　　　　　　　　　　　　　　　120 000

(2) 支付清理费用。

借:固定资产清理　　　　　　　　　　　　　　　　　　　　　400
　　　贷:银行存款　　　　　　　　　　　　　　　　　　　　　　400

(3) 取得出售收入。

借:银行存款　　　　　　　　　　　　　　　　　　　　　58 500
　　　贷:固定资产清理　　　　　　　　　　　　　　　　　　　50 000
　　　　　应交税费——应交增值税(销项税额)　　　　　　　　8 500

(4) 结转固定资产清理净损益。

清理净损益=50 000-40 000-400=9 600(元)

借:固定资产清理　　　　　　　　　　　　　　　　　　　9 600
　　　贷:营业外收入　　　　　　　　　　　　　　　　　　　　9 600

【例6-22】 蒙利公司一座仓库因火灾烧毁。仓库原值为400 000元,累计折旧220 000元。用银行存款支付清理费用20 000元,收到保险公司赔款100 000元,残料出售价款11 000元,增值税1 870元。蒙利公司的账务处理如下:

(1) 注销该项固定资产时。

借:固定资产清理　　　　　　　　　　　　　　　　　　180 000
　　累计折旧　　　　　　　　　　　　　　　　　　　　220 000
　　　贷:固定资产　　　　　　　　　　　　　　　　　　　400 000

(2) 支付现场清理费用时。

借:固定资产清理　　　　　　　　　　　　　　　　　　20 000
　　　贷:银行存款　　　　　　　　　　　　　　　　　　　　20 000

(3) 收到残料变价收入时。

借:银行存款　　　　　　　　　　　　　　　　　　　　12 870
　　　贷:固定资产清理　　　　　　　　　　　　　　　　　　11 000
　　　　　应交税费——应交增值税(销项税额)　　　　　　　1 870

(4) 收到保险公司赔款时。

借:银行存款　　　　　　　　　　　　　　　　　　　100 000
　　　贷:固定资产清理　　　　　　　　　　　　　　　　　100 000

(5) 计算并结转毁损净损失。

毁损净损失=180 000 +20 000 -11 000 -100 000= 89 000（元）

借：营业外支出——非常损失　　　　　　　　　　　　　　　89 000
　　贷：固定资产清理　　　　　　　　　　　　　　　　　　　　　　　89 000

三、固定资产盘亏

盘亏的固定资产，首先应按照固定资产净额，借记"待处理财产损溢——待处理固定资产损溢"科目，按已计提的累计折旧，借记"累计折旧"科目，按已计提的减值准备，借记"固定资产减值准备"科目，按固定资产原值，贷记"固定资产"科目。待相关部门批准后转入营业外支出，借记"营业外支出——盘亏损失"科目，贷记"待处理财产损溢——待处理固定资产损溢"科目。

【例 6-23】 蒙利公司在固定资产的清查中，盘亏设备一台。该设备账面原值20 000 元，已提折旧16 000 元。蒙利公司的账务处理如下：

(1) 盘亏固定资产。

借：待处理财产损溢——待处理固定资产损溢　　　　　　　　 4 000
　　累计折旧　　　　　　　　　　　　　　　　　　　　　　　16 000
　　贷：固定资产　　　　　　　　　　　　　　　　　　　　　　　20 000

(2) 报经批准转销盘亏损失。

借：营业外支出——盘亏损失　　　　　　　　　　　　　　　　 4 000
　　贷：待处理财产损溢——待处理固定资产损溢　　　　　　　　　 4 000

四、固定资产的期末计价

（一）固定资产减值的含义

固定资产减值是指固定资产由于市价持续下跌或技术陈旧、损坏、长期闲置等原因，导致其账面净值超过其可收回金额。可收回金额是指固定资产的公允价值减去处置费用后的净额与固定资产预计未来现金流量的现值两者之中的较高者。其中，固定资产的公允价值是指在公平交易中，熟悉情况的交易双方自愿进行资产交换的金额；处置费用是指可以直接归属于资产处置的增量成本，包括与资产处置有关的法律费用、相关税费、搬运费以及使资产达到可销售状态所发生的直接费用等，但财务费用和所得税费用等不包括在内。

（二）固定资产减值迹象的判断

我国相关会计准则规定，企业应当在期末或者至少在每年的年度终了，对资产逐项进行检查，如发现存在下列迹象之一，则表明资产可能发生了减值：

第一，固定资产的市价大幅度下跌，其跌幅明显高于因时间推移或者正常使用而预计的下跌。

第二，企业所处经营环境，如技术、市场、经济或法律环境，或者产品营销市场在当期发生或在近期发生重大变化,并对企业产生不利影响。

第三,市场利率或者其他市场投资报酬率在当期已经提高,从而影响企业计算资产预计未来现金流量现值的折现率,导致资产可收回金额大幅度降低。

第四,有证据表明资产已经陈旧过时或者其实体已经损坏。

第五,资产已经或者将被闲置、终止使用或者计划提前处置。

第六,企业内部报告的证据表明资产的经济绩效已经低于或者将低于预期,如资产所创造的净现值流量或者实现的营业利润(或者亏损)远远低于(或者高于)预计金额等。

第七,其他表明资产已经发生减值的迹象。

(三) 固定资产减值损失的账务处理

如果固定资产可收回金额低于其账面价值的,应当将固定资产的账面价值减记至可收回金额,即借记"资产减值损失"科目,贷记"固定资产减值准备"科目。

"固定资产减值准备"是"固定资产"的备抵账户,在计提减值准备后,固定资产的账面净值应为固定资产原值减去累计折旧和固定资产减值准备,这时,减值固定资产的折旧费用应当在未来期间作相应调整,以使该固定资产在剩余使用年限内,系统地分摊调整后的固定资产账面价值。固定资产减值损失一经确认,在以后会计期间不得转回。

【例 6-24】 蒙利公司 20×2 年 1 月 31 日购入机器设备一台,原值为 200 000 元,预计净残值为 8 000 元,预计使用年限为 5 年,采用平均年限法计提折旧。20×3 年 12 月 31 日,该机器设备发生减值,公允价值减去处置费用后的金额为 100 000 元,未来现金流量的现值为 110 000 元。计提减值准备后,该机器设备的剩余使用年限预计为 2 年,预计净残值为 2 000 元。

(1) 计算该机器设备 20×2 年 1 月至 20×3 年 12 月的累计折旧额。

$$累计折旧 = \frac{200\ 000 - 8\ 000}{12 \times 5} \times (11 + 12) = 73\ 600\ (元)$$

(2) 该机器设备 20×3 年 12 月 31 日的净值。

净值 = 200 000 - 73 600 = 126 400 (元)

由于可收回金额为公允价值减去处置费用后的金额(100 000 元)与未来现金流量的现值(110 000 元)两者中较高者,所以该机器设备的可收回金额为 110 000 元。

应计提的减值准备 = 126 400 - 110 000 = 16 400 (元)

借:资产减值损失　　　　　　　　　　　　　　　　　　　　16 400
　　贷:固定资产减值准备　　　　　　　　　　　　　　　　　　　16 400

(3) 20×4 年 1 月起应计提的月折旧额:

$$\frac{110\ 000 - 2\ 000}{12 \times 2} = 4\ 500\ (元)$$

【本章小结】

固定资产是指为生产商品、提供劳务、出租或经营管理而持有的,使用寿命超过一个会计年度的有形资产。在企业中,由于固定资产的数量很多,为了便于固定资产的实物管理和价值的核算,需要对固定资产进行科学、合理的分类。

固定资产确认是一个判断过程。首先,要符合固定资产的定义;其次,还要符合固定资产的确认条件,即与该固定资产有关的经济利益很可能流入企业;该固定资产的成本能够可靠地计量。固定资产只有同时满足这两个条件才能予以确认。

固定资产的初始计量是指确定固定资产的取得成本,固定资产的成本构成在不同的取得方式下所包含的经济内容也不同。固定资产后续计量主要包括固定资产折旧的计提、减值损失的确定以及后续支出的计量。

固定资产折旧是指在固定资产使用寿命内,按照确定的方法对应计折旧额进行系统分摊。其中,应计折旧额是指应当计提折旧的固定资产的原价扣除其预计净残值后的金额。企业如果已经对固定资产计提了减值准备,应扣除已计提的固定资产减值准备累计金额。

固定资产折旧方法是将应提折旧总额在固定资产各使用期间进行分配时所采用的具体计算方法,包括年限平均法、工作量法、加速折旧法等。固定资产折旧方法一经确定不得随意变更,如需变更,应在会计报表附注中予以说明。固定资产后续支出的会计处理方法有两种:一是资本化的后续支出;二是费用化的后续支出。

固定资产如果处于处置状态或预期通过使用、处置不能产生经济利益的,应当予以终止确认。固定资产由于市价持续下跌,或技术陈旧、损坏、长期闲置等原因,导致其账面净值超过其可收回金额,这时应对固定资产计提减值准备。

【思考题】

1. 什么是固定资产的确认条件?
2. 采用自营方式取得固定资产,其入账价值如何确定?
3. 固定资产为什么要计提折旧?
4. 企业选择折旧方法时需要考虑的因素有哪些?
5. 固定资产后续支出应如何处理?并说明其原因。
6. 固定资产处置时应如何进行会计核算?

【练习题】

甲公司系增值税一般纳税人,20×2 年至 20×5 年与固定资产业务相关的资料如下:

资料 1:20×2 年 12 月 5 日,甲公司以银行存款购入一套不需安装的大型生产设备,取得的增值税专用发票上注明的价款为 5 000 万元,增值税税额为 850 万元。

资料 2:20×2 年 12 月 31 日,该设备投入使用,预计使用年限为 5 年,净残值为 50 万元,采用年数总和法按年计提折旧。

资料 3:20×4 年 12 月 31 日,该设备出现减值迹象,预计未来现金流量的现值为 1 500 万元,公允价值减去处置费用后的净额为 1 800 万元,甲公司对该设备计提减值准备后,根据新获得的信息预计剩余使用年限仍为 3 年、净残值为 30 万元,仍采用年数总和法按年计提折旧。

资料 4:20×5 年 12 月 31 日,甲公司售出该设备,开具的增值税专用发票上注明的价款为 900 万元,增值税税额为 153 万元,款项已收存银行,另以银行存款支付清理费用 2 万元。假定不考虑其他因素。

【要求】

(1) 编制甲公司 20×2 年 12 月 5 日购入该设备的会计分录。

(2) 分别计算甲公司 20×3 年度和 20×4 年度对该设备应计提的折旧金额。

(3) 计算甲公司 20×4 年 12 月 31 日对该设备应计提减值准备的金额,并编制相关会计分录。

(4) 计算甲公司 20×5 年度对该设备应计提的折旧金额,并编制相关会计分录。

(5) 编制甲公司 20×5 年 12 月 31 日处置该设备的会计分录。

(答案以万元为单位)

第七章　无形资产

学习目标

▶ 掌握
无形资产在初始计量、后续计量和处置时的会计核算。
▶ 理解
无形资产的内容与期末计价。
▶ 了解
无形资产的含义、特征及分类。

第一节　无形资产概述

一、无形资产的含义及特征

无形资产是指企业拥有或控制的没有实物形态的可辨认非货币性资产。相对于其他资产，无形资产具有以下特征：

（一）无形资产不具有实物形态

无形资产通常表现为某种权利、某项技术或是某种获取超额利润的综合能力，它们不具有实物形态，例如土地使用权、非专利技术等。企业的有形资产如固定资产虽然也能为企业带来经济利益，但其为企业带来经济利益的方式与无形资产不同，固定资产是通过实物价值的磨损和转移来为企业带来未来经济利益，而无形资产在很大程度上是通过自身所具有的技术等优势为企业带来未来经济利益。

某些无形资产的存在有赖于实物载体。例如，计算机软件需要存储在磁盘中。但这并不改变无形资产本身不具实物形态的特性。在确定一项包含无形和有形要素的资产是属于固定资产还是属于无形资产时，需要通过判断来加以确定，通常以哪个要素更重要作为判断的依据。例如，计算机控制的机械工具没有特定计算机软件就不能运行时，说明该软件是构成相关硬件不可缺少的组成部分，该软件应作为固定资产处理；如果计算机软件不是相关硬件不可缺少的组成部分，则该软件应作为无形资产核算。

(二) 无形资产具有可辨认性

符合以下条件之一的，则认为其具有可辨认性：

其一，能够从企业中分离或者划分出来，并能单独用于出售或转让等，而不需要同时处置在同一获利活动中的其他资产，表明无形资产可以辨认。在某些情况下，无形资产可能需要与有关的合同一起用于出售转让等，这种情况下也视为可辨认无形资产。

其二，产生于合同性权利或其他法定权利，无论这些权利是否可以从企业或其他权利和义务中转移或者分离。如一方通过与另一方签订特许权合同而获得的特许使用权或通过法律程序申请获得的商标权、专利权等。

如果企业有权获得一项无形资产产生的未来经济利益，并能约束其他方获取这些利益，则表明企业控制了该项无形资产。例如，对于会产生经济利益的技术知识，若其受到版权、贸易协议约束（如果允许）等法定权利或雇员保密法定职责的保护，那么说明该企业控制了相关利益。

客户关系、人力资源等，由于企业无法控制其带来的未来经济利益，不符合无形资产的定义，不应将其确认为无形资产。

内部产生的品牌、报刊名、刊头、客户名单和实质上类似的项目支出，由于不能与整个业务开发成本区分开来。因此，这类项目不应确认为无形资产。

(三) 无形资产属于非货币性资产

非货币性资产是指企业持有的非货币资金和将以固定或可确定的金额收取的资产以外的其他资产。无形资产由于没有发达的交易市场，一般不容易转化成现金，在持有过程中为企业带来未来经济利益的情况不确定，不属于以固定或可确定的金额收取的资产，属于非货币性资产。货币性资产主要有现金、银行存款、应收账款、应收票据和短期有价证券等，它们的共同特点是直接表现为固定的货币数额，或在将来收到一定货币数额的权利。应收款项等资产也没有实物形态，其与无形资产的区别在于无形资产属于非货币性资产，而应收款项等资产则不属于非货币性资产。另外，虽然固定资产也属于非货币性资产，但其为企业带来经济利益的方式与无形资产不同，固定资产是通过实物价值的磨损和转移来为企业带来未来经济利益，而无形资产很大程度上是通过某些权利、技术等优势为企业带来未来经济利益。

二、无形资产的内容

企业无形资产包括专利权、非专利技术、商标权、著作权、特许权、土地使用权等。

(一) 专利权

专利权是指国家专利主管机关依法授予发明创造专利申请人，对其发明创造在法定期限内所享有的专有权利，包括发明专利权、实用新型专利权和外观设计专利权。

发明是指对产品、方法或者其改进所提出的新的技术方案。实用新型是指对产品的形状、构造或者其结合所提出的适于实用的新的技术方案。外观设计是指对产品的形状、图案或者其结合以及色彩与形状、色彩与图案的结合所做出的富有美感并适用于工业应用的新设计。发明专利权的期限为20年，实用新型专利权和外观设计专利权的期限为10年，均自申请日起计算。

（二）非专利技术

非专利技术，也称专有技术。它是指不为外界所知、在生产经营活动中已采用了的、不享有法律保护的、可以带来经济效益的各种技术和诀窍。非专利技术一般包括工业专有技术、商业贸易专有技术、管理专有技术等。工业专有技术指在生产上已经采用，仅限于少数人知道，不享有专利权或发明权的生产、装配、修理、工艺或加工方法的技术知识，可以用蓝图、配方、技术记录、操作方法的说明等具体资料表现出来，也可以通过卖方派出技术人员进行指导，或接受买方人员进行技术实习等手段实现；商业贸易专有技术指具有保密性质的市场情报、原材料价格情报以及用户、竞争对象情况的有关知识；管理专有技术指生产组织的经营方式、管理方法、培训职工方法等保密知识。非专利技术并不是专利法的保护对象，非专利技术用自我保密的方式来维持其独占性，具有经济性、机密性和动态性等特点。

（三）商标权

商标是用来辨认特定的商品或劳务的标记。商标权指专门在某类指定的商品或产品上使用特定的名称或图案的权利。经商标局核准注册的商标为注册商标，包括商品商标、服务商标和集体商标、证明商标；商标注册人享有商标专用权，受法律保护。集体商标是指以团体、协会或者其他组织名义注册，供该组织成员在商事活动中使用，以表明使用者在该组织中的成员资格的标志。证明商标是指由对某种商品或者服务具有监督能力的组织所控制，而由该组织以外的单位或者个人用于其商品或者服务，用以证明该商品或者服务的原产地、原料、制造方法、质量或者其他特定品质的标志。注册商标的有效期为10年，自核准注册之日起计算。注册商标有效期满，需要继续使用的，应当在期满前6个月内申请续展注册；在此期间未能提出申请的，可以给予6个月的宽展期。宽展期满仍未提出申请的，注销其注册商标。每次续展注册的有效期为10年。

（四）著作权

著作权又称版权，指作者对其创作的文学、科学和艺术作品依法享有的某些特殊权利。著作权包括作品署名权、发表权、修改权和保护作品完整权，还包括复制权、发行权、出租权、展览权、表演权、放映权、广播权、信息网络传播权、摄制权、改编权、翻译权、汇编权以及应当由著作权人享有的其他权利。著作权人包括作者和其他依法享有著作权的公民、法人或者其他组织。著作权属于作者，创作作品的公民是作者。由法人或者其他组织主持，代表法人或者其他组织意志创作，并由法人或者其他组织承担责任的作品,法人或者其他组织视为作者。作者的署名权、修改权、保护作品完整权的保护期不受限制。公民的作品,其发表权、复制权、发行权、出租权、展览权、表演权、放映权、广播权、信息网络传播权、摄制权、改编权、翻译权、汇编权以及应当由著作权人享有的其他权利的保护期,为作者终生及其死亡后50年,截止于作者死亡后第50年的12月31日;如果是合作作品,截止于最后死亡的作者死亡后第50年的12月31日。

(五) 特许权

特许权,又称经营特许权、专营权,指企业在某一地区经营或销售某种特定商品的权利或是一家企业接受另一家企业使用其商标、商号、技术秘密等的权利。特许权通常有两种形式:一种是由政府机构授权,准许企业使用或在一定地区享有经营某种业务的特权,如水、电、邮电通信等专营权、烟草专卖权等;另一种指企业间依照签订的合同,有限期或无限期使用另一家企业的某些权利,如连锁店分店使用总店的名称等。特许权业务涉及特许权受让人和让与人两个方面。通常在特许权转让合同中规定了特许权转让的期限、转让人和受让人的权利和义务。转让人一般要向受让人提供商标、商号等使用权,传授专有技术,并负责培训营业人员,提供经营所必需的设备和特殊原料。受让人则需要向转让人支付取得特许权的费用,开业后则按营业收入的一定比例或其他计算方法支付享用特许权费用。此外,还要为转让人保守商业秘密。

(六) 土地使用权

土地使用权指国家准许某企业在一定期间内对国有土地享有开发、利用、经营的权利。根据《中华人民共和国土地管理法》的规定,我国土地实行公有制,任何单位和个人不得侵占、买卖或者以其他形式非法转让。企业取得土地使用权的方式大致有以下几种:行政划拨取得、外购取得及投资者投资取得。

三、无形资产的分类

无形资产按照不同的标准,可以分为不同的类别:

其一,无形资产按其反映的经济内容,可以分为专利权、商标权、著作权、土地使用权和特许权等。

其二,无形资产按其来源途径,可以分为外来无形资产和自创无形资产。外来无形资产是指企业通过从国内外科研单位及其他企业购进、接受投资等方式从企业外部取得的无形资产;自创无形资产是指企业自行开发、研制的无形资产。

其三,无形资产按是否具备确定的经济寿命期限,可以分为期限确定的无形资产和期限不确定的无形资产。

期限确定的无形资产是指在有关法律中规定有最长有限期限的无形资产,如专利权、商标权、著作权、土地使用权和特许权等。这些无形资产在法律规定的有效期限内受法律保护；有效期满时，如果企业未继续办理有关手续，将不再受法律保护。

期限不确定的无形资产是指没有相应法律规定其有效期限，其经济寿命难以预先准确估计的无形资产，如非专利技术。这些无形资产的经济寿命取决于技术进步的快慢以及技术保密工作的好坏等因素。当新的可替代技术成果出现时，旧的非专利技术自然贬值；当技术不再是秘密时，也就无价值可言。

四、无形资产的确认

无形资产应当在符合定义的前提下，同时满足以下两个确认条件时，才能予以确认：

（一）与该无形资产有关的经济利益很可能流入企业

作为无形资产确认的项目，必须具备其所产生的经济利益很可能流入企业这一条件。通常情况下，无形资产产生的未来经济利益可能包括在销售商品、提供劳务的收入当中，或者企业使用该项无形资产而减少或节约了成本，或者体现在获得的其他利益当中。例如，生产加工企业在生产工序中使用了某种知识产权，使其降低了未来生产成本。

在会计实务中，要确定无形资产所创造的经济利益是否很可能流入企业，需要实施职业判断。在实施这种判断时，需要对无形资产在预计使用寿命内可能存在的各种经济因素做出合理估计，并且应当有确凿的证据支持。例如，企业是否有足够的人力资源、高素质的管理队伍、相关的硬件设备、相关的原材料等来配合无形资产为企业创造经济利益。同时，更为重要的是关注一些外界因素的影响，例如，是否存在与该无形资产相关的新技术、新产品冲击，或据其生产的产品是否存在市场等。在实施判断时，企业管理层应对在无形资产的预计使用寿命内存在的各种因素做出最稳健的估计。

（二）该无形资产的成本能够可靠地计量

成本能够可靠地计量是确认资产的一项基本条件，对于无形资产而言，这个条件显得更为重要。例如，企业内部产生的品牌、报刊名、刊头、客户名单和实质上类似项目的支出，由于不能与整个业务开发成本区分开来，成本无法可靠计量，因此，不应确认为无形资产。

第二节 无形资产的初始计量

无形资产的初始计量是指企业初始取得无形资产时入账价值的确定。由于无形资产的取得方式不同，其初始计量也有所不同。无形资产的取得方式主要有外购、接受投资转入、非货币性资产交换换的、债务重组取得、接受捐赠以及自行开发等。

无形资产核算通过"无形资产"账户进行。"无形资产"账户核算企业持有的无形资产成本，该账户借方登记取得无形资产的成本，贷方登记出售无形资产转出的账面余额，期末余额在借方，反映企业期末无形资产的成本。"无形资产"账户应按无形资产项目设置明细账进行明细核算。

一、外购无形资产

外购的无形资产，其成本包括买价、相关税费以及能够使该无形资产达到预定可使用状态之前所发生的一切必要支出（包括专业服务费用、测试费用，但不包括广告费及间接费用）。根据购入无形资产的实际成本，借记"无形资产"科目；根据支付的增值税额，借记"应交税费——应交增值税（进项税额）"科目；根据支付的全部价款，贷记"银行存款"等科目。

需要说明的是，如果企业购买无形资产的价款超过正常信用条件延期支付，实质上具有融资性质，应通过折现的方法对购入的无形资产进行初始计量。即无形资产的成本以购买价款的现值为基础确定，实际支付的价款与购买价款的现值之间的差额，符合资本化条件的予以资本化，否则在信用期间内计入当期损益。

【例7-1】 蒙利公司因某项生产活动需要长江公司已获得的专利技术，如果使用了该项专利技术，蒙利公司预计其生产能力比原先提高25%，销售利润率增长20%。为此，蒙利公司从长江公司购入一项专利权，按照协议约定以现金支付，实际支付的价款为300万元，增值税为18万元，款项已通过银行转账支付。

【分析】 ①蒙利公司购入的专利权符合无形资产的定义，即蒙利公司能够拥有或者控制该项专利技术，符合可辨认的条件，同时是不具有实物形态的非货币性资产。②蒙利公司购入的专利权符合无形资产的确认条件。首先，蒙利公司的某项生产活动需要长江公司已获得的专利技术，蒙利公司使用了该项专利技术，预计生产能力比原先提高25%，销售利润率增长20%，即经济利益很可能流入；其次，购买该项专利权的成本为300万元，即成本能够可靠计量。由此，符合无形资产的确认条件。

蒙利公司的账务处理如下：
借：无形资产——专利权　　　　　　　　　　　　　　　3 000 000
　　应交税费——应交增值税（进项税额）　　　　　　　180 000
　贷：银行存款　　　　　　　　　　　　　　　　　　　3 180 000

二、投资者投入的无形资产

投资者投入的无形资产的成本，应当按照投资合同或协议约定的价值确定，但合同或协议约定价值不公允的除外。合同或协议约定的价值不公允，按无形资产的公允价值入账，所确认初始成本与实收资本或股本之间的差额调整资本公积。

【例7-2】 蒙利公司接受长江公司以一项专利权作为投资,蒙利公司预计使用该专利权后可使其未来利润增长30%。为此,投资双方签订了投资合同,此项专利权的价值为380 000元,折合为公司的股票100 000股,每股面值1元。蒙利公司的账务处理如下:

借:无形资产——专利权　　　　　　　　　　　　　　　　380 000
　　贷:股本　　　　　　　　　　　　　　　　　　　　　　100 000
　　　　资本公积——股本溢价　　　　　　　　　　　　　　280 000

三、土地使用权的处理

企业取得的土地使用权,通常应当按照取得时所支付的价款及相关税费确认为无形资产。但属于投资性房地产的土地使用权,应当按照投资性房地产进行会计处理。

土地使用权用于自行开发建造厂房等地上建筑物时,土地使用权的账面价值不与地上建筑物合并计算其成本,而仍作为无形资产进行核算,土地使用权与地上建筑物分别进行摊销和计提折旧。但下列情况除外:

第一,房地产开发企业取得的土地使用权用于建造对外出售的房屋建筑物,相关的土地使用权应当计入所建造的房屋建筑物成本。

第二,企业外购房屋建筑物所支付的价款中包括土地使用权和建筑物价值的,应当对实际支付的价款按照合理的方法(例如,公允价值相对比例)在土地使用权与地上建筑物之间进行分配;如果确实无法在土地使用权与地上建筑物之间进行合理分配的,应当全部作为固定资产,按照固定资产确认和计量的原则进行会计处理。

企业改变土地使用权的用途,停止自用土地使用权而用于赚取租金或资本增值时,应将其转为投资性房地产。

【例7-3】 20×4年1月1日,蒙利公司购入一块土地的使用权,以银行存款转账支付5 000万元,并在该土地上自行建造厂房等工程,发生材料支出为12 000万元,工资费用为8 000万元,其他相关费用为10 000万元等。该工程已经完工并达到预定可使用状态。假定土地使用权的使用年限为50年,该厂房的使用年限为25年,两者都没有净残值,都采用直线法进行摊销和计提折旧。为简化核算,不考虑其他相关税费。

【分析】 蒙利公司购入土地使用权,使用年限为50年,表明它属于使用寿命有限的无形资产,在该土地上自行建造厂房,应将土地使用权和地上建筑物分别作为无形资产和固定资产进行核算,并分别摊销和计提折旧。

蒙利公司的账务处理如下:
(1) 支付转让价款。

借:无形资产——土地使用权　　　　　　　　　　　　　50 000 000
　　贷:银行存款　　　　　　　　　　　　　　　　　　　50 000 000
(2) 在土地上自行建造厂房。

借:在建工程　　　　　　　　　　　　　　　　　　　　300 000 000

贷：工程物资		120 000 000
应付职工薪酬		80 000 000
银行存款		100 000 000

(3) 厂房达到预定可使用状态。

借：固定资产		300 000 000
贷：在建工程		300 000 000

(4) 每年分期摊销土地使用权和对厂房计提折旧。

借：管理费用		1 000 000
制造费用		12 000 000
贷：累计摊销		1 000 000
累计折旧		12 000 000

四、自行开发的无形资产

企业内部自行研究开发项目的支出，应当区分研究阶段支出与开发阶段支出。

研究阶段是指为获取新的科学或技术知识并理解它们而进行的独创性的有计划调查。其基本特点包括计划性和探索性。计划性，即研发项目已经董事会或者相关管理层的批准，并着手收集相关资料、进行市场调查等。例如，某药品公司为研究开发某药品，经董事会或者相关管理层的批准，有计划地收集相关资料、进行市场调查、比较市场相关药品的药性、效用等活动。探索性是指研究阶段往往具有较大的风险，甚至具有一定的尝试性和成功的偶然性。也就是说，研究成功与否具有很大的不确定性。为此，企业研究阶段发生的支出，应予以费用化。

开发阶段是指在进行商业性生产或使用前，将研究成果或其他知识应用于某项计划或设计，以生产出新的或具有实质性改进的材料、装置、产品等。例如，生产前或使用前的原型和模型的设计、建造和测试；含新技术的工具、夹具、模具和冲模的设计；不具有商业性生产经济规模的试生产设施的设计、建造和运营；新的或经改造的材料、设备、产品、工序、系统或服务所选定的替代品的设计、建造和测试等。开发阶段相对研究阶段而言，应当是完成了研究阶段的工作，在很大程度上形成一项新产品或新技术的基本条件已经具备。企业自行研究开发项目的开发阶段发生的支出，同时满足下列条件的，应当予以资本化：

第一，完成该无形资产以使其能够使用或出售在技术上具有可行性。判断无形资产的开发在技术上是否具有可行性，应当以目前阶段的成果为基础，并提供相关证据和材料，证明企业进行开发所需的技术条件等已经具备，不存在技术上的障碍或其他不确定性。比如，企业已经完成了全部计划、设计和测试活动，这些活动是使资产能够达到设计规划书中的功能、特征和技术所必需的活动或经过专家鉴定等。

第二，具有完成该无形资产并使用或出售的意图。开发某项产品或专利技术产品等，通常是根据管理当局决定该项研发活动的目的或者意图加以确定。也就是说，研发项目形成成果以后，无论是为出售还是为自己使用并从使用中获得经济利益，应当依管理当局的决定为依据。因此，企业的管理当局应当明确表明其持有拟开发无形资产的目的，并具有完成该项无形资产开发并使其能够使用或出售的可能性。

第三，无形资产产生经济利益的方式，包括能够证明运用该无形资产生产的产品存在市场或无形资产自身存在市场；无形资产将在内部使用的，应当证明其有用性。开发支出资本化作为无形资产确认，其基本条件是能够为企业带来未来经济利益。如果有关的无形资产在形成以后，主要是用于形成新产品或新工艺的，企业应对运用该无形资产生产的产品市场情况进行估计，应能够证明所生产的产品存在市场，能够带来经济利益的流入；如果有关的无形资产开发以后主要是用于对外出售的，则企业应能够证明市场上存在对该类无形资产的需求，开发以后存在外在的市场可以出售并带来经济利益的流入；如果无形资产开发以后不是用于生产产品，也不是用于对外出售，而是在企业内部使用的，则企业应能够证明在企业内部使用时对企业的有用性。

第四，有足够的技术、财务资源和其他资源支持，以完成该无形资产的开发，并有能力使用或出售该无形资产。这一条件主要包括以下内容：①为完成该项无形资产开发具有技术上的可靠性。开发的无形资产并使其形成成果在技术上的可靠性，是继续开发活动的关键。因此，必须有确凿证据证明企业继续开发该项无形资产有足够的技术支持和技术能力。②财务资源和其他资源支持。财务和其他资源支持是能够完成该项无形资产开发的经济基础，因此，企业必须能够证明为完成该项无形资产的开发所需的财务和其他资源，是否能够足以支持完成该项无形资产的开发。③能够证明企业在开发过程中所需的技术、财务和其他资源，以及企业获得这些资源的相关计划等。如在企业自有资金不足以提供支持的情况下，是否存在外部其他方面的资金支持，如银行等金融机构愿意为该无形资产的开发提供所需资金的声明等来证实，并有能力使用或出售该无形资产。

第五，归属于该无形资产开发阶段的支出能够可靠地计量。企业对于研究开发活动发生的支出应单独核算，如发生的研究开发人员的工资、材料费等，在企业同时从事多项研究开发活动的情况下，所发生的支出同时用于支持多项研究开发活动的，应按照一定的标准在各项研究开发活动之间进行分配，无法明确分配的，应予费用化计入当期损益，不计入开发活动的成本。

按规定，研究阶段的支出应该全部费用化，计入当期的管理费用。对于开发阶段的支出，符合条件的进行资本化，不符合条件的计入当期的管理费用。如果企业无法明确区分研究阶段与开发阶段的支出，应该将所有发生的研究开发支出进行费用化处理，计入当期损益。

企业自行研究开发的无形资产发生的研究开发支出，无论其是否满足资本化条件，均应首先在"研发支出"账户中核算。"研发支出"账户核算企业进行研究与开发无形资产过程中发生的各项支出，分别按"费用化支出""资本化支出"进行明细核算。

企业自行开发无形资产发生的研发支出，不满足资本化条件的，借记"研发支出——费用化支出"科目；满足资本化条件的，借记"研发支出——资本化支出"科目，增值税计入"应交税费——应交增值税（进项税额）"科目，贷记相关科目。研究开发的项目达到预定可使用状态或预定用途，将原来记入"研发支出——费用化支出"的金额，转入"管理费用"科目；将原来记入"研发支出——资本化支出"的金额，转入"无形资产"科目。

【例7-4】 20×4年1月1日，蒙利公司经董事会批准研发某项新产品专利技术，该公司董事会认为，研发该项目具有可靠的技术和财务等资源的支持，并且一旦研发成功将降低该公司生产产品的生产成本。该公司在研究开发过程中发生材料费500万元、人工工资100万元以及其他费用400万元，总计1 000万元，其中，符合资本化条件的支出为600万元。20×4年12月31日，该专利技术已经达到预定用途。

【分析】 首先，蒙利公司经董事会批准研发某项新产品专利技术，并认为完成该项新型技术无论从技术上，还是财务等方面能够得到可靠的资源支持，并且一旦研发成功将降低公司的生产成本，因此，符合条件的开发费用可以资本化。其次，蒙利公司在开发该项新型技术时，累计发生10 000万元的研究与开发支出，其中符合资本化条件的开发支出为6 000万元，其符合"归属于该无形资产开发阶段的支出能够可靠地计量"的条件。

蒙利公司的账务处理如下：

(1) 发生研发支出。

借：研发支出——费用化支出	4 000 000
——资本化支出	6 000 000
贷：原材料	5 000 000
应付职工薪酬	1 000 000
银行存款	4 000 000

(2) 20×4年12月31日，该专利技术已经达到预定用途。

借：管理费用	4 000 000
无形资产	6 000 000
贷：研发支出——费用化支出	4 000 000
——资本化支出	6 000 000

第三节　无形资产的后续计量

无形资产是企业的长期资产，能在较长的时间内为企业带来经济利益。但无形资产通常也有其使用寿命，因此，企业应按无形资产的使用寿命对无形资产进行分期摊销。无形资产的摊销主要涉及三个方面的问题，即使用寿命的确定、摊销方法的选择及其账务处理。

一、无形资产使用寿命的确定

无形资产的后续计量以其使用寿命为基础。企业应当于取得无形资产时分析判断其使用寿命。无形资产的使用寿命是有限的，应当估计该使用寿命的年限或者构成使用寿命的产量等类似计量单位数量；无法预见无形资产为企业带来经济利益期限的，应当视为使用寿命不确定的无形资产。

（一）估计无形资产使用寿命应考虑的因素

在估计无形资产的使用寿命时，应当综合考虑各方面相关因素的影响，其中通常应当考虑以下因素：

- 该资产通常的产品寿命周期、可获得的类似资产使用寿命的信息
- 对技术、工艺等方面现阶段情况及对未来发展趋势的估计
- 以该资产生产的产品（或服务）市场需求情况
- 现在或潜在的竞争者预期采取的行动
- 为维持该资产产生未来经济利益能力的预期维护支出，以及企业预计支付有关支出的能力
- 对该资产的控制期限，使用的法律或类似限制，如特许使用期间、租赁期间等
- 与企业持有的其他资产使用寿命的关联性等

（二）无形资产使用寿命的确定

第一，源自合同性权利或其他法定权利取得的无形资产，其使用寿命通常不应超过合同性权利或其他法定权利的期限。例如，企业以支付土地出让金方式取得一块土地50年的使用权，如果企业准备持续持有，在50年期间内没有计划出售，该项土地使用权预期为企业带来未来经济利益的期间为50年。但如果企业使用资产的预期期限短于合同性权利或其他法定权利规定的期限的，则应当按照企业预期使用的期限来确定其使用寿命。例如，企业取得的某项实用新型专利权，法律规定的保护期限为10年，企业预计运用该项实用新型专利权所生产的产品在未来6年内会为企业带来经济利益，则该项专利权的预计使用寿命为6年。

如果合同性权利或其他法定权利能够在到期时因续约等延续，则仅当有证据表明企业续约不需要付出重大成本时，续约期才能够包括在使用寿命的估计中。下列情况下，一般说明企业无须付出重大成本即可延续合同性权利或其他法定权利：有证据表明合同性权利或法定权利将被重新延续，如果在延续之前需要第三方同意，则还需有第三方将会同意的证据；有证据表明为获得重新延续所必需的所有条件将被满足，以及企业为延续持有无形资产所付出的成本相对于预期从重新延续中流入企业的未来经济利益相比不具有重要性。如果企业为延续无形资产持有期间而付出的成本与预期从

重新延续中流入企业的未来经济利益相比具有重要性，则从本质上来看是企业获得的一项新的无形资产。

第二，没有明确的合同或法律规定无形资产的使用寿命的，企业应当综合各方面因素判断，例如，企业经过努力，聘请相关专家进行论证、与同行业的情况进行比较以及参考企业的历史经验等，来确定无形资产为企业带来未来经济利益的期限。

第三，经过上述努力仍确实无法合理确定无形资产为企业带来经济利益期限的，才能将其作为使用寿命不确定的无形资产。例如，企业取得了一项在过去几年中市场份额领先的畅销产品的商标，该商标按照法律规定还有5年的使用寿命，但是在保护期届满时，企业可每10年以较低的手续费申请延期，同时有证据表明企业有能力申请延期。此外，有关的调查表明，根据产品生命周期、市场竞争等方面情况综合判断，该商标将在不确定的期间内为企业带来现金流量。综合各方面的情况，该商标可视为使用寿命不确定的无形资产。又如，企业通过公开拍卖取得一项出租车运营许可，按照所在地的规定，以现有出租车运营许可权为限，不再授予新的运营许可权，而且在旧的出租车报废以后，有关的运营许可权可用于新的出租车。企业估计在有限的未来，将持续经营出租车行业。对于该运营许可权，由于其能为企业带来未来经济利益的期限从目前情况来看，无法可靠地估计，因而应将其视为使用寿命不确定的无形资产。

（三）无形资产使用寿命的复核

企业至少应当于每年年度终了，对使用寿命有限的无形资产的使用寿命进行复核。如果有证据表明无形资产的使用寿命与以前估计不同的，应当改变其摊销期限，并按照会计估计变更进行处理。例如，企业使用的某项专利权，原预计使用寿命为10年，使用至第3年末时，该企业计划再使用2年即不再使用，为此，在第3年年末，企业应当变更该项无形资产的使用寿命，并作为会计估计变更进行处理。又如，某项无形资产计提了减值准备，这可能表明企业原估计的摊销期限需要做出变更。

企业应当在每个会计期间对使用寿命不确定的无形资产的使用寿命进行复核。如果有证据表明该无形资产的使用寿命是有限的，应当按照《企业会计准则第28号——会计政策、会计估计变更和差错更正》进行处理，并按照使用寿命有限的无形资产的处理原则进行会计处理。

二、使用寿命有限的无形资产摊销

使用寿命有限的无形资产，应以成本减去累计摊销额和累计减值损失后的余额进行后续计量。使用寿命有限的无形资产，应在其预计的使用寿命内采用系统合理的方法对应摊销金额进行摊销。

无形资产的应摊销金额与无形资产的入账价值并不完全一致。计算时，除应考虑入账价值这一基本因素之外，还应考虑无形资产的残值和无形资产减值准备金额。在一般情况下，使用寿命有限的无形资产，其残值应视为零，但下列情况除外：有第三方承诺在无形资产使用寿命结束时购买该无形资产；可以根据活跃市场得到残值信息，并且该活跃市场在无形资产使用寿命结束时很可能存在。

无形资产的残值意味着在其经济寿命结束之前企业预计将会处置该无形资产，并且从该处置中取得收益。估计无形资产的残值应以资产处置时的可收回金额为基础。此时的可收回金额是指在预计出售日，出售一项使用寿命已满且处于类似使用状况下同类无形资产预计的处置价格（扣除相关税费）。残值确定以后，在持有无形资产的期间，至少应于每年年末进行复核。预计其残值与原估计金额不同的，应按照会计估计变更进行处理。如果无形资产的残值重新估计以后高于其账面价值，则无形资产不再摊销，直至残值降至低于账面价值时再恢复摊销。

企业选择的无形资产摊销方法，应当能够反映与该项无形资产有关的经济利益的预期实现方式，并一致地运用于不同的会计期间。具体摊销方法有很多，如直线法、递减余额法和生产总量法等。例如，受技术陈旧因素影响较大的专利权和专有技术等无形资产，应采用类似固定资产加速折旧的方法进行摊销；有特定产量限制的特许经营权或专利权，应采用产量法进行摊销。无法可靠确定其预期实现方式的，应采用直线法进行摊销。

需要注意的是，企业应当至少于每年年度终了，要对使用寿命有限的无形资产的使用寿命及未来经济利益的消耗方式进行复核。如果无形资产的预计使用年限及未来经济利益的预期消耗方式与以前估计不同，就应当改变摊销期限和摊销方法。并按照会计估计变更进行会计处理。

无形资产的摊销金额一般计入当期损益，但如果某项无形资产包含的经济利益是通过所生产的产品或其他资产实现的，则无形资产的摊销金额应当计入相关资产的成本。

企业摊销无形资产，应当自无形资产可供使用时起，至不再作为无形资产确认时至。即当月增加的无形资产，当月开始摊销；当月减少的无形资产，当月不再摊销。

企业摊销无形资产时，应单独设置"累计摊销"账户核算。"累计摊销"账户属于"无形资产"账户的备抵调整账户，该账户核算企业对使用寿命有限的无形资产计提的累计摊销额，贷方登记企业计提的无形资产摊销额，借方登记处置无形资产转出的累计摊销额，期末余额在贷方，反映企业无形资产的累计摊销额。企业应区别无形资产的使用情况进行不同的会计处理，对于企业自用的无形资产，将相关的摊销价值计入管理费用；对于企业出租的无形资产，将相关的摊销价值计入其他业务成本。即借记"管理费用""其他业务成本"等科目，贷记"累计摊销"科目。

【例7-5】 20×2年1月1日，蒙利公司从外单位购得一项非专利技术，支付价款5 000万元，款项已支付，估计该项非专利技术的使用寿命为10年，该项非专利技术用于生产产品；同时，购入一项商标权，支付价款3 000万元，款项已支付，估计该商标权的使用寿命为15年。假定这两项无形资产的净残值均为零，并按直线法摊销。

【分析】 蒙利公司外购的非专利技术估计使用寿命为10年，表明该项无形资产是使用寿命有限的无形资产，且该项无形资产用于产品生产，因此，应当将其摊销金额计入相关产品的制造成本。蒙利公司外购的商标权估计使用寿命为15年，表明该项无形资产同样也是使用寿命有限的无形资产，而商标权的摊销金额通常直接计入当期管理费用。

蒙利公司的账务处理如下：

（1）取得无形资产。

借：无形资产——非专利技术	50 000 000
——商标权	30 000 000
贷：银行存款	80 000 000

（2）按年摊销。

借：制造费用——非专利技术	5 000 000
管理费用——商标权	2 000 000
贷：累计摊销	7 000 000

如果蒙利公司20×3年12月31日根据科学技术发展的趋势判断，20×2年购入的该项非专利技术在4年后将被淘汰，不能再为企业带来经济利益，决定对其再使用4年后不再使用。为此，蒙利公司应当在20×3年12月31日据此变更该项非专利技术的估计使用寿命，并按会计估计变更进行处理。

20×3年12月31日该项无形资产累计摊销金额为1 000（500×2）万元，20×4年该项无形资产的摊销金额为1 000 [（5 000-1 000）÷4] 万元。

蒙利公司20×4年对该项非专利技术按年摊销的账务处理如下：

借：制造费用——非专利技术	10 000 000
贷：累计摊销	10 000 000

三、使用寿命不确定无形资产减值测试

根据可获得的相关信息判断，有确凿证据表明无法合理估计其使用寿命的无形资产，应作为使用寿命不确定的无形资产。对于使用寿命不确定的无形资产，在持有期间内不需要进行摊销，但应当至少在每年年度终了按照《企业会计准则第8号——资产减值》的有关规定进行减值测试。如经减值测试表明已发生减值，则需要计提相应的减值准备，具体账务处理：借记"资产减值损失"科目，贷记"无形资产减值准备"科目。

【例7-6】 20×2年1月1日，蒙利公司自行研发的某项非专利技术已经达到预定可使用状态，累计研究支出为800 000元，累计开发支出为2 500 000元（其中，符合资本化条件的支出为2 000 000元）。有关调查表明，根据产品生命周期、市场竞争等方面情况综合判断，该非专利技术将在不确定的期间内为企业带来经济利益。由此，该非专利技术可视为使用寿命不确定的无形资产，在持有期间内不需要进行摊销。

20×3 年底,蒙利公司对该项非专利技术按照资产减值的原则进行减值测试,经测试表明其已发生减值。20×3 年底,该非专利技术的可收回金额为 1 800 000 元。

蒙利公司的账务处理:

(1) 20×2 年 1 月 1 日,非专利技术达到预定用途。

借:无形资产——非专利技术　　　　　　　　　　　2 000 000
　　贷:研发支出——资本化支出　　　　　　　　　　　　　2 000 000

(2) 20×3 年 12 月 31 日,非专利技术发生减值。

借:资产减值损失——非专利技术(2 000 000-1 800 000)　200 000
　　贷:无形资产减值准备——非专利技术　　　　　　　　　　200 000

第四节　无形资产的处置与期末计价

一、无形资产的处置

无形资产的处置,主要是指无形资产对外出租、出售、对外捐赠,或者是无法为企业带来未来经济利益时,应予转销并终止确认。

(一) 无形资产的出售

企业将无形资产出售,表明企业放弃无形资产的所有权。准则规定,企业出售无形资产时,应将所取得的价款与该无形资产账面价值的差额作为资产处置利得或损失(营业外收入或营业外支出),与固定资产处置性质相同,计入当期损益。另外,按现行税法的规定,出售无形资产应按实际转让收入计算缴纳增值税。

出售无形资产时,应按实际收到的金额等,借记"银行存款"等科目;按已计提的累计摊销额,借记"累计摊销"科目;原已计提减值准备的,借记"无形资产减值准备"科目;按应支付的相关税费及其他费用,贷记"应交税费——应交增值税(销项税额)""银行存款"等科目;按其账面余额,贷记"无形资产"科目;按其差额,贷记"营业外收入——处置非流动资产利得"科目或借记"营业外支出——处置非流动资产损失"科目。

【例 7-7】　蒙利公司出售一项专利权,所得价款为 1 200 000 元,增值税 72 000元。该专利权成本为 3 000 000 元,出售时已摊销金额为 1 800 000 元,已计提的减值准备为 300 000 元。蒙利公司的账务处理如下:

借:银行存款　　　　　　　　　　　　　　　　　　1 272 000
　　累计摊销　　　　　　　　　　　　　　　　　　　1 800 000
　　无形资产减值准备　　　　　　　　　　　　　　　　300 000
　　贷:无形资产　　　　　　　　　　　　　　　　　　　　3 000 000

应交税费——应交增值税（销项税额）　　　　　　　　　　　72 000
　　营业外收入——处置非流动资产利得　　　　　　　　　　　300 000

（二）无形资产的出租

企业将所拥有的无形资产的使用权让渡给他人，并收取租金，属于与企业日常活动相关的其他经营活动取得的收入，在满足收入确认条件的情况下，应确认相关的收入及成本，并通过其他业务收支账户进行核算。让渡无形资产使用权而取得的租金收入，借记"银行存款"等科目，贷记"其他业务收入""应交税费——应交增值税（销项税额）"等科目；摊销出租无形资产的成本并发生与转让有关的各种费用支出时，借记"其他业务成本"科目，贷记"累计摊销"科目。

【例 7-8】 20×5 年 1 月 1 日，蒙利公司将一项专利技术出租给长江公司使用，该专利技术账面余额为 500 万元，摊销期限为 10 年，出租合同规定，承租方每销售一件用该专利生产的产品，必须付给出租方 10 万元专利技术使用费，假定承租方当年销售该产品 10 件。

蒙利公司的账务处理如下：

(1) 取得该项专利技术使用费。

借：银行存款　　　　　　　　　　　　　　　　　　　　1 006 000
　　贷：其他业务收入　　　　　　　　　　　　　　　　　1 000 000
　　　　应交税费——应交增值税（销项税额）　　　　　　　　6 000

(2) 按年对该项专利技术进行摊销。

借：其他业务成本　　　　　　　　　　　　　　　　　　　500 000
　　贷：累计摊销　　　　　　　　　　　　　　　　　　　　500 000

（三）无形资产的报废

如果无形资产预期不能为企业带来未来经济利益，则不再符合无形资产的定义，应将其报废并予以转销。转销时，应按已计提的累计摊销额，借记"累计摊销"科目，按已计提的减值准备，借记"无形资产减值准备"科目，按无形资产账面余额，贷记"无形资产"科目，按其差额"营业外支出"科目。

【例 7-9】 蒙利公司拥有一项非专利技术，预期不能再为企业带来任何经济利益，故应当予以转销。转销时，该项非专利技术的成本为 9 000 000 元，已累计摊销 5 400 000 元，累计计提减值准备 2 400 000 元，该项非专利技术的残值为 0。假定不考虑其他相关因素，蒙利公司的账务处理如下：

借：累计摊销　　　　　　　　　　　　　　　　　　　　5 400 000
　　无形资产减值准备　　　　　　　　　　　　　　　　　2 400 000
　　营业外支出——处置非流动资产损失　　　　　　　　　1 200 000
　　贷：无形资产　　　　　　　　　　　　　　　　　　　9 000 000

二、无形资产的期末计价

期末,企业应当按照无形资产账面价值与可收回金额孰低的原则对无形资产进行计量,可收回金额低于账面价值的差额,应当计提无形资产减值准备。企业按应减记的金额,借记"资产减值损失——计提的无形资产减值准备"科目,贷记"无形资产减值准备"科目。无形资产减值损失一经确认,在以后会计期间不得转回。

【本章小结】

无形资产是指企业拥有或控制的没有实物形态的可辨认非货币性资产,具体包括专利权、非专利技术、商标权、著作权、土地使用权、特许权等。

无形资产的初始计量是指企业初始取得无形资产时入账价值的确定。无形资产的取得方式不同,初始计量也有所不同。无形资产的取得方式主要有外购、接受投资转入、非货币性资产交换换的、债务重组取得、接受捐赠以及自行开发等。

无形资产是企业的长期资产,能在较长的时间内为企业带来经济利益,企业应按无形资产的使用寿命对其进行分期摊销。无形资产的摊销主要涉及三个方面的问题,即使用寿命的确定、摊销方法的选择及其账务处理。

无形资产的处置是指由于无形资产出售、出租、对外捐赠,或者是无法为企业带来未来经济利益时,对无形资产的转销并终止确认。

期末,企业应当按照无形资产账面价值与可收回金额孰低的原则对无形资产进行计量,可收回金额低于账面价值的差额,应当计提无形资产减值准备。无形资产减值损失一经确认,在以后会计期间不得转回。

【思考题】

1. 无形资产具有哪些特征?
2. 无形资产的确认条件有哪些?
3. 如何确认自行开发无形资产的成本?
4. 如何确定无形资产的摊销期限?
5. 出售无形资产时,应如何核算?

【练习题】

甲公司与无形资产相关的业务资料如下:

1. 20×2年1月,甲公司以银行存款3 600万元购入一项土地使用权(不考虑相关税费)。该土地使用年限为50年。预计净残值为0,采用直线法进行摊销。

2. 20×2 年 6 月，甲公司研发部门准备研究开发一项专利技术。研究阶段，企业为了研究成果的应用研究、评价，以银行存款支付了相关费用 500 万元。

3. 20×2 年 8 月，上述专利技术研究获得技术可行认证，转入开发阶段。开发阶段，直接发生的研发人员工资、材料费以及相关设备折旧费分别为 800 万元、1 500 万元和 500 万元，同时以银行存款支付了其他相关费用 200 万元。以上开发支出均满足无形资产的确认条件。

4. 20×2 年 10 月，上述专利技术的研究开发项目达到预定用途，形成无形资产，当月投入新产品 A 产品的生产。甲公司预计该专利技术的预计使用年限为 10 年，预计净残值为 0。甲公司无法可靠确定与该专利技术有关的经济利益的预期实现方式。

5. 20×3 年 12 月 31 日，由于新产品研发技术的出现，甲公司生产的产品市场占有率下降，故对其上述研发的专利技术进行减值测试，经测试，该项专利技术预计未来现金流量现值为 2 050 万元，公允价值减去处置费用后的净额为 2 100 万元。假定计提减值准备后该项专利技术的使用年限、净残值和摊销方法均不变。

6. 20×5 年 5 月，新产品完全替代了甲公司自行研发技术所生产 A 产品，甲公司决定停止生产 A 产品，由于该项专利技术不能用于其他类似产品的生产，甲公司预计该项专利技术不能再为企业带来经济利益，经批准将其予以转销。

【要求】

(1) 编制甲公司 20×2 年 1 月购入该项土地使用权的会计分录。

(2) 编制土地使用权 20×2 年摊销的会计分录，计算甲公司 20×2 年 12 月 31 日该项土地使用权的账面价值。

(3) 编制甲公司 20×2 年研究开发专利技术的有关会计分录。

(4) 计算甲公司研究开发的专利技术 20×3 年末应计提的无形资产减值准备，并编制计提减值准备相关的会计分录。

(5) 编制甲公司该项专利技术 20×5 年 5 月予以转销的会计分录。

(答案中的金额单位用万元表示)

第八章 投资性房地产

学习目标

▶ 掌握

投资性房地产的确认与初始计量,投资性房地产的处置,投资性房地产后续计量的模式。

▶ 理解

投资性房地产与非投资性房地产的转换。

▶ 了解

投资性房地产的概念和范围。

第一节 投资性房地产概述

一、投资性房地产的概念

投资性房地产,是指为赚取租金或资本增值或者两者兼有而持有的房地产。主要包括已出租的土地使用权、持有并准备增值后转让的土地使用权以及已出租的建筑物。投资性房地产应当能够单独计量和出售。

二、投资性房地产的范围

(一) 属于投资性房地产的项目

1. 已出租的土地使用权

已出租的土地使用权是指企业通过出让或转让方式取得并以经营租赁方式出租的土地使用权。企业计划用于出租但尚未出租的土地使用权,不属于此类。对于以经营租赁方式租入土地使用权再转租给其他单位的,不能确认为投资性房地产。

2. 持有并准备增值后转让的土地使用权

持有并准备增值后转让的土地使用权,是指企业取得的、准备增值后转让的土地使用权。但是,按照国家有关规定认定的闲置土地,不属于持有并准备增值的土地使用权。

3. 已出租的建筑物

已出租的建筑物是指企业拥有产权的、以经营租赁方式出租的建筑物，包括自行建造或开发活动完成后用于出租的建筑物。企业在判断和确认已出租的建筑物，应当把握以下要点：

其一，用于出租的建筑物是指企业拥有产权的建筑物。企业以经营租赁方式租入再转租的建筑物不属于投资性房地产。

其二，已出租的建筑物是企业已经与其他方签订了租赁协议，约定以经营租赁方式出租的建筑物。通常情况下，对企业持有以备经营出租的空置建筑物或在建建筑物，如董事会或类似机构做出书面决议，明确表明将其用于经营出租且持有意图短期内不再发生变化的，即使尚未签订租赁协议，也应视为投资性房地产。

其三，企业将建筑物出租，按租赁协议向承租人提供的相关辅助服务在整个协议中不重大的，应当将该建筑物确认为投资性房地产。例如，企业将其办公楼出租，同时向承租人提供维护、保安等日常辅助服务，企业应当将其确认为投资性房地产。

（二）不属于投资性房地产的项目

下列房地产不属于投资性房地产：

1. 自用房地产

自用房地产是指为生产商品、提供劳务或者经营管理而持有的房地产。如企业生产经营用的厂房和办公楼属于固定资产；企业生产经营用的土地使用权属于无形资产。自用房地产的特征在于服务于企业自身的生产经营活动，其价值将随着房地产的使用而逐渐转移到企业的产品或服务中去，通过销售商品或提供服务为企业带来经济利益，在产生现金流量的过程中与企业持有的其他资产密切相关。例如，企业拥有并自行经营的旅馆饭店，其经营目的主要是通过向客户提供服务取得服务收入，该旅馆饭店不确认为投资性房地产。

2. 作为存货的房地产

作为存货的房地产通常是指房地产开发企业在正常经营过程中销售的或为销售而正在开发的商品房和土地。这部分房地产属于房地产开发企业的存货，其生产、销售构成企业的主营业务活动，产生的现金流量也与企业的其他资产密切相关。因此，具有存货性质的房地产不属于投资性房地产。

从事房地产经营开发的企业依法取得的、用于开发后出售的土地使用权，属于房地产开发企业的存货，即使房地产开发企业决定待增值后再转让其开发的土地，也不得将其确认为投资性房地产。

3. 某项房地产，部分用于赚取租金或资本增值，部分用于生产商品、提供劳务或经营管理，能够单独计量和出售的、用于赚取租金或资本增值的部分，应当确认为投资性房地产；不能够单独计量和出售的、用于赚取租金或资本增值的部分，不确认为投资性房地产。

三、投资性房地产的后续计量模式

投资性房地产的后续计量模式有成本模式和公允价值模式两种。企业通常应当采用成本模式对投资性房地产进行后续计量，只有在满足特定条件的情况下，即有确凿证据表明其所有投资性房地产的公允价值能够持续可靠取得的，才可以采用公允价值模式进行后续计量。也就是说，投资性房地产准则适当引入公允价值模式，在满足特定条件的情况下，可以对投资性房地产采用公允价值模式进行后续计量。但是，同一企业只能采用一种模式对所有投资性房地产进行后续计量，不得同时采用两种计量模式进行后续计量。

第二节　投资性房地产的取得

一、投资性房地产的确认

将某个项目确认为投资性房地产，首先应当符合投资性房地产的概念，其次要同时满足投资性房地产的两个确认条件：其一，与该投资性房地产有关的经济利益很可能流入企业；其二，该投资性房地产的成本能够可靠地计量。

对已出租的土地使用权、已出租的建筑物，其作为投资性房地产的确认时点一般为租赁期开始日，即土地使用权、建筑物进入出租状态、开始赚取租金的日期。但对企业持有以备经营出租的空置建筑物，董事会或类似机构做出书面决议，明确表明将其用于经营出租且持有意图。短期内不再发生变化的，即使尚未签订租赁协议，也应视为投资性房地产。这里的"空置建筑物"，是指企业新购入、自行建造或开发完工但尚未使用的建筑物，以及不再用于日常生产经营活动且经整理后达到可经营出租状态的建筑物。对持有并准备增值后转让的土地使用权，其作为投资性房地产的确认时点为企业将自用土地使用权停止自用，准备增值后转让的日期。

二、投资性房地产的初始计量

投资性房地产应当按照成本进行初始计量。

以下以外购、自行建造的投资性房地产的初始计量为例予以说明。

（一）外购的投资性房地产

在采用成本模式计量下，外购的土地使用权和建筑物，按照取得时的实际成本进行初始计量，借记"投资性房地产"科目，"应交税费——应交增值税（进项税额）"科目，贷记"银行存款"等科目。取得时的实际成本包括购买价款、相关税费和可直接归属于该资产的其他支出。企业购入的房地产，部分用于出租（或资本增值）、部分自用,用于出租(或资本增值)的部分应当予以单独确认的,应按照不同部分的公允价值占公允价值总额的比例将成本在不同部分之间进行分配。

在采用公允价值模式计量下,外购的投资性房地产应当按照取得时的实际成本进行初始计量,其实际成本的确定与采用成本模式计量的投资性房地产一致。企业应当在"投资性房地产"科目下设置"成本"和"公允价值变动"两个明细科目,按照外购的土地使用权和建筑物发生的实际成本,计入"投资性房地产——成本"科目。

【例8-1】 20×1年3月,蒙利公司计划购入一栋写字楼用于对外出租。3月15日,蒙利公司与乙企业签订了经营租赁合同,约定自写字楼购买日起将这栋写字楼出租给乙企业,为期5年。4月5日,蒙利公司实际购入写字楼,支付价款共计1 000万元。假设不考虑其他因素,蒙利公司采用成本模式进行后续计量。

蒙利公司的账务处理如下:

借:投资性房地产——写字楼　　　　　　　　　　　　　10 000 000
　　贷:银行存款　　　　　　　　　　　　　　　　　　　　10 000 000

【例8-2】 沿用【例8-1】,假设蒙利公司拥有的投资性房地产符合采用公允价值计量模式的条件,采用公允价值模式进行后续计量。

蒙利公司的账务处理如下:

借:投资性房地产——成本(写字楼)　　　　　　　　　10 000 000
　　贷:银行存款　　　　　　　　　　　　　　　　　　　　10 000 000

(二)自行建造的投资性房地产

企业自行建造(或开发,下同)的房地产,只有在自行建造或开发活动完成(即达到预定可使用状态)的同时开始对外出租或用于资本增值,才能将自行建造的房地产确认为投资性房地产。自行建造投资性房地产的成本,由建造该项房地产达到预定可使用状态前发生的必要支出构成,包括土地开发费、建筑成本、安装成本、应予以资本化的借款费用、支付的其他费用和分摊的间接费用等。建造过程中发生的非正常性损失,直接计入当期损益,不计入建造成本。采用成本模式计量的,应按照确定的成本,借记"投资性房地产"科目,贷记"在建工程"或"开发成本"科目。采用公允价值模式计量的,应按照确定的成本,借记"投资性房地产——成本"科目,贷记"在建工程"或"开发成本"科目。

企业自行建造房地产达到预定可使用状态后一段时间才对外出租或用于资本增值的,应当先将自行建造的房地产确认为固定资产、无形资产或存货,自租赁期开始日或用于资本增值之日起,从固定资产、无形资产或存货转换为投资性房地产。

【例8-3】 20×1年1月,蒙利公司从其他单位购入一块土地的使用权,并在这块土地上开始自行建造三栋厂房。20×1年10月,蒙利公司预计厂房即将完工,与乙公司签订了经营租赁合同,将其中的一栋厂房租赁给乙公司使用。租赁合同约定,该厂房于达到预定可使用状态时开始起租。20×1 年 11 月 1 日，三栋厂房同时达到预定可使用状态。该块土地使用权的成本为 780 万元；三栋厂房的实际造价均为 1 200 万元，能够单独出售。假设蒙利公司采用成本计量模式。

蒙利公司的账务处理如下：

土地使用权中的对应部分同时转换为投资性房地产 = [780×(1 200÷3 600)] = 260（万元）

借：投资性房地产——厂房　　　　　　　　　　　　　　12 000 000
　　贷：在建工程　　　　　　　　　　　　　　　　　　　　12 000 000
借：投资性房地产——土地使用权　　　　　　　　　　　2 600 000
　　贷：无形资产——土地使用权　　　　　　　　　　　　　2 600 000

三、投资性房地产的后续支出

投资性房地产的后续支出，是指已确认为投资性房地产的项目在持有期间发生的与投资性房地产使用效能直接相关的各种支出，如改建扩建支出、装修装潢支出、日常维修支出等。与投资性房地产有关的后续支出可分为资本化支出和费用化支出两类。

（一）资本化的后续支出

与投资性房地产有关的后续支出，满足投资性房地产确认条件的，应当计入投资性房地产成本。例如，企业为了提高投资性房地产的使用效能，往往需要对投资性房地产进行改建、扩建而使其更加坚固耐用，或者通过装修而改善其室内装潢，改扩建或装修支出满足确认条件的，应当将其资本化。

其一，采用成本模式计量的，投资性房地产进入改扩建或装修阶段后，应当将其账面价值转入改扩建工程。借记"投资性房地产——在建""投资性房地产累计折旧"等科目，贷记"投资性房地产"科目。发生资本化的改良或装修支出，通过"投资性房地产——在建"科目归集，借记"投资性房地产——在建"科目，贷记"银行存款""应付账款"等科目。改扩建或装修完成后，借记"投资性房地产"科目，贷记"投资性房地产——在建"科目。

其二，采用公允价值模式计量的，投资性房地产进入改扩建或装修阶段，借记"投资性房地产——在建"科目，贷记"投资性房地产——成本""投资性房地产——公允价值变动"等科目；在改扩建或装修完成后，借记"投资性房地产——成本"科目，贷记"投资性房地产——在建"科目。

企业对某项投资性房地产进行改扩建等再开发且将来仍作为投资性房地产的，再开发期间应继续将其作为投资性房地产，再开发期间不计提折旧或摊销。

【例 8-4】 20×1 年 4 月，蒙利公司与乙企业的一项厂房经营租赁合同即将到期。该厂房按照成本模式进行后续计量，原价为 2 600 万元，已计提折旧 800 万元。为了提高厂房的租金收入，蒙利公司决定在租赁期满后对厂房进行改扩建，并与丙企业签订了经营租赁合同，约定自改扩建完工时将厂房出租给丙企业。4月15日，与乙企业的租赁合同到期，厂房随即进入改扩建工程，在改扩建过程中，用银行存款支付改扩建支出180万元。12月15日，厂房改扩建工程完工，即日按照租赁合同出租给丙企业。

蒙利公司的账务处理如下：

(1) 20×1年4月15日，投资性房地产转入改扩建工程。

借：投资性房地产——厂房（在建） 18 000 000
　　投资性房地产累计折旧 8 000 000
　　贷：投资性房地产——厂房 26 000 000

(2) 20×1年4月15日~12月10日。

借：投资性房地产——厂房（在建） 1 800 000
　　贷：银行存款 1 800 000

(3) 20×1年12月10日，改扩建工程完工。

借：投资性房地产——厂房 19 800 000
　　贷：投资性房地产——厂房（在建） 19 800 000

【例8-5】按【例8-4】资料，假定蒙利公司对投资性房地产采用公允价值模式进行后续计量，20×1年4月15日，厂房账面余额为2 800万元，其中成本2 600万元，累计公允价值变动200万元，其他条件不变。则蒙利公司的账务处理如下：

(1) 20×1年4月15日，投资性房地产转入改扩建工程。

借：投资性房地产——厂房（在建） 28 000 000
　　贷：投资性房地产——成本 26 000 000
　　　　　　　　　　——公允价值变动 2 000 000

(2) 20×1年4月15日~12月10日，发生改扩建支出。

借：投资性房地产——厂房（在建） 1 800 000
　　贷：银行存款 1 800 000

(3) 20×1年12月10日，改扩建工程完工。

借：投资性房地产——成本 29 800 000
　　贷：投资性房地产——厂房（在建） 29 800 000

(二) 费用化的后续支出

与投资性房地产有关的后续支出，不满足投资性房地产确认条件的，如企业对投资性房地产进行日常维护所发生的支出，应当在发生时计入当期损益，借记"其他业务成本"等科目，贷记"银行存款"等科目。

【例8-6】蒙利公司对其某项投资性房地产进行日常维修，以银行存款支付维修费18 000元。

蒙利公司的账务处理如下：

借：其他业务成本 18 000
　　贷：银行存款 18 000

第三节 投资性房地产的后续计量

一、采用成本模式进行后续计量的投资性房地产

企业通常应当采用成本模式对投资性房地产进行后续计量。采用成本模式进行后续计量的投资性房地产，应当遵循以下会计处理：

其一，外购投资性房地产或自行建造的投资性房地产达到预定可使用状态时，按照其实际成本，借记"投资性房地产"科目，贷记"银行存款""在建工程"等科目。

其二，按照固定资产或无形资产的有关规定，按期（月）计提折旧或进行摊销，借记"其他业务成本"等科目，贷记"投资性房地产累计折旧（摊销）"科目。

其三，取得租金收入时，应根据收取的全部价款，借记"银行存款"等科目，根据确认的收入金额，贷记"其他业务收入"科目，根据收取的增值税额，贷记"应交税费——应交增值税（销项税额）"科目。

其四，投资性房地产存在减值迹象的，应当适用资产减值的有关规定。经减值测试后确定发生减值的，应当计提减值准备，借记"资产减值损失"科目，贷记"投资性房地产减值准备"科目。

【例8-7】 蒙利公司的一栋办公楼出租给乙企业使用，已确认为投资性房地产，采用成本模式进行后续计量。假设这栋办公楼的成本为1 500万元，按照直线法计提折旧，使用寿命为20年，预计净残值为零。按照经营租赁合同约定，乙企业每月支付甲企业租金8万元，增值税0.88万元。当年12月，这栋办公楼发生减值迹象，经减值测试，其可收回金额为1 000万元，此时办公楼的账面价值为1 200万元，以前未计提减值准备。

蒙利公司的账务处理如下：

(1) 计提折旧。

每月计提的折旧：1 500÷20÷12=6.25（万元）

借：其他业务成本	62 500
贷：投资性房地产累计折旧	62 500

(2) 确认每月租金。

借：银行存款（或其他应收款）	88 800
贷：其他业务收入	80 000
应交税费——应交增值税（销项税额）	8 800

(3) 计提减值准备。

借：资产减值损失	2 000 000

贷：投资性房地产减值准备　　　　　　　　　　　　　　　2 000 000

二、采用公允价值模式进行后续计量的投资性房地产

（一）采用公允价值模式的前提条件

企业只有存在确凿证据表明投资性房地产的公允价值能够持续可靠取得，才可以采用公允价值模式对投资性房地产进行后续计量。采用公允价值模式计量的投资性房地产，应当同时满足下列条件：

第一，投资性房地产所在地有活跃的房地产交易市场。所在地，通常指投资性房地产所在的城市。对于大中型城市，应当为投资性房地产所在的城区。

第二，企业能够从活跃的房地产交易市场上取得的同类或类似房地产的市场价格及其他相关信息，从而对投资性房地产的公允价值做出合理的估计。同类或类似的房地产，对建筑物而言，是指所处地理位置和地理环境相同、性质相同、结构类型相同或相近、新旧程度相同或相近、可使用状况相同或相近的建筑物；对土地使用权而言，是指同一位置区域、所处地理环境相同或相近、可使用状况相同或相近的土地。

（二）采用公允价值模式进行后续计量的会计处理

在采用公允价值模式计量下，企业应当在"投资性房地产"科目下设置"成本"和"公允价值变动"两个明细科目，并遵循以下会计处理：

第一，外购投资性房地产或自行建造的投资性房地产达到预定可使用状态时，按照其实际成本，借记"投资性房地产——成本"科目，贷记"银行存款""在建工程"等科目。

第二，不对投资性房地产计提折旧或摊销。企业应当以资产负债表日投资性房地产的公允价值为基础调整其账面余额，公允价值与其账面余额之间的差额计入当期损益。

资产负债表日，投资性房地产的公允价值高于其账面余额的差额，借记"投资性房地产——公允价值变动"科目，贷记"公允价值变动损益"科目；公允价值低于其账面余额的差额作相反的账务处理。

第三，取得租金收入时，应根据收取的全部价款，借记"银行存款"等科目，根据确认的收入金额，贷记"其他业务收入"科目，根据收取的增值税额，贷记"应交税费——应交增值税（销项税额）"科目。

【例8-8】甲公司为从事房地产经营开发的企业。20×1年8月，甲公司与乙公司签订租赁协议，约定将甲公司开发的一栋精装修的写字楼于开发完成的同时开始租赁给乙公司使用，租赁期为10年。当年10月1日，该写字楼开发完成并开始起租，写字楼的造价为8 000万元。由于该栋写字楼地处商业繁华区，所在城区有活跃的房地产交易市场，而且能够从房地产交易市场上取得同类房地产的市场报价，甲公司决定采用

公允价值模式对该项出租的房地产进行后续计量。20×1年12月31日，该写字楼的公允价值为8 200万元（不含增值税，下同）。20×2年12月31日，该写字楼的公允价值为8 300万元。

甲公司的账务处理如下：

（1）20×1年10月1日，甲公司开发完成写字楼并出租。

借：投资性房地产——成本　　　　　　　　　　　　　　80 000 000
　　贷：开发产品　　　　　　　　　　　　　　　　　　　　　80 000 000

（2）20×1年12月31日，按照公允价值为基础调整其账面余额，公允价值与原账面余额之间的差额计入当期损益。

借：投资性房地产——公允价值变动　　　　　　　　　　2 000 000
　　贷：公允价值变动损益　　　　　　　　　　　　　　　　　2 000 000

（3）20×2年12月31日，公允价值又发生变动。

借：投资性房地产——公允价值变动　　　　　　　　　　1 000 000
　　贷：公允价值变动损益　　　　　　　　　　　　　　　　　1 000 000

三、投资性房地产后续计量模式的变更

为保证会计信息的可比性，企业对投资性房地产的计量模式一经确定，不得随意变更。存在确凿证据表明投资性房地产的公允价值能够持续可靠取得，且能够满足采用公允价值模式条件的情况下，才允许企业对投资性房地产从成本模式计量变更为公允价值模式计量。

成本模式转为公允价值模式的，应当作为会计政策变更处理，将计量模式变更时公允价值与账面价值的差额，调整期初留存收益。企业变更投资性房地产计量模式时，应当按照计量模式变更日投资性房地产的公允价值，借记"投资性房地产——成本"科目，按照已计提的折旧或摊销，借记"投资性房地产累计折旧（摊销）"科目，原已计提减值准备的，借记"投资性房地产减值准备"科目，按照原账面余额，贷记"投资性房地产"科目，按照公允价值与其账面价值之间的差额，贷记或借记"利润分配——未分配利润""盈余公积"等科目。

已采用公允价值模式计量的投资性房地产，不得从公允价值模式转为成本模式。

【例8-9】 20×1年，蒙利公司将一栋写字楼对外出租，采用成本模式进行后续计量。20×3年1月1日，蒙利公司认为，出租给乙公司使用的写字楼，其所在地的房地产交易市场比较成熟，具备了采用公允价值模式计量的条件，决定对该项投资性房地产从成本模式转换为公允价值模式计量。20×3年1月1日，该写字楼的原价为8 000万元，已计提折旧350万元，账面价值为7 650万元，公允价值为8 200万元。蒙利公司按净利润的10%计提盈余公积。

蒙利公司的账务处理如下：

借：投资性房地产——成本　　　　　　　　　　　　　　82 000 000

投资性房地产累计折旧	3 500 000
贷：投资性房地产	80 000 000
利润分配——未分配利润	4 950 000
盈余公积	550 000

第四节 投资性房地产的转换和处置

一、投资性房地产的转换

(一) 投资性房地产转换形式和转换日

房地产的转换，实质上是因房地产用途发生改变而对房地产进行的重新分类。企业必须有确凿证据（确凿证据包括两个方面：一是企业管理当局应当就改变房地产用途形成正式的书面决议；二是房地产因用途改变而发生实际状态上的改变）表明房地产用途发生改变，且满足下列条件之一的，才能将投资性房地产转换为非投资性房地产或者将非投资性房地产转换为投资性房地产：

1. 投资性房地产开始自用。即将投资性房地产转换为固定资产或无形资产

在此情况下，转换日为房地产达到自用状态，即企业开始将其用于生产商品、提供劳务或者经营管理的日期。

2. 作为存货的房地产改为出租

通常指房地产开发企业将其持有的开发产品以经营租赁的方式出租，存货相应地转换为投资性房地产。在此情况下，转换日为房地产的租赁期开始日。

3. 自用土地使用权停止自用用于赚取租金或资本增值

即将无形资产转换为投资性房地产。自用土地使用权停止自用改为出租，转换日应当为租赁期开始日；自用土地使用权停止自用改为用于资本增值，转换日是指企业停止将该项土地使用权用于生产商品、提供劳务或经营管理且管理当局做出房地产转换决议的日期。

4. 自用建筑物停止自用改为出租

即将固定资产转换为投资性房地产。在此情况下，转换日为房地产的租赁期开始日。

(二) 投资性房地产转换为自用房地产

1. 采用成本模式进行后续计量的投资性房地产转换为自用房地产

企业将投资性房地产转换为自用房地产，应当按该项投资性房地产在转换日的账面余额、累计折旧或摊销、减值准备等，分别转入"固定资产""累计折旧""固定资

产减值准备"等科目;按投资性房地产的账面余额,借记"固定资产"或"无形资产"科目,贷记"投资性房地产"科目;按已计提的折旧或摊销,借记"投资性房地产累计折旧(摊销)"科目,贷记"累计折旧"或"累计摊销"科目;原已计提减值准备的,借记"投资性房地产减值准备"科目,贷记"固定资产减值准备"或"无形资产减值准备"科目。

【例8-10】 20×1年8月1日,蒙利公司将出租在外的厂房收回,开始用于本企业生产商品。该项房地产账面价值为4 200万元,其中,原价5 000万元。累计已提折旧800万元。假设蒙利公司采用成本模式计量。

蒙利公司的账务处理如下:

借:固定资产	50 000 000
投资性房地产累计折旧	8 000 000
贷:投资性房地产	50 000 000
累计折旧	8 000 000

2. 采用公允价值模式进行后续计量投资性房地产转为自用房地产

企业将采用公允价值模式计量的投资性房地产转换为自用房地产时,应当以其转换当日的公允价值作为自用房地产的入账价值,公允价值与原账面价值的差额计入当期损益。

转换日,按该项投资性房地产的公允价值,借记"固定资产"或"无形资产"科目,按该项投资性房地产的成本,贷记"投资性房地产——成本"科目,按该项投资性房地产的累计公允价值变动,贷记或借记"投资性房地产——公允价值变动"科目,按其差额,贷记或借记"公允价值变动损益"科目。

【例8-11】 20×1年10月15日,蒙利公司因租赁期满,将出租的写字楼收回,开始作为办公楼用于本企业的行政管理。20×1年10月15日,该写字楼的公允价值为5 000万元;该项房地产在转换前采用公允价值模式计量,原账面价值为4 850万元,其中,成本为4 500万元,公允价值变动为增值350万元。

蒙利公司的账务处理如下:

借:固定资产	50 000 000
贷:投资性房地产——成本	45 000 000
投资性房地产——公允价值变动	3 500 000
公允价值变动损益	1 500 000

(三)非投资性房地产转换为投资性房地产

1. 采用成本模式对非投资性房地产转换为投资性房地产的后续计量

企业将作为存货的房地产转换为采用成本模式计量的投资性房地产,应当按该项存货在转换日的账面价值,借记"投资性房地产"科目,原已计提跌价准备的,借记"存货跌价准备"科目,按其账面余额,贷记"开发产品"等科目。

企业将自用土地使用权或建筑物转换为以成本模式计量的投资性房地产时,应当按该项建筑物或土地使用权在转换日的原价、累计折旧、减值准备等,分别转入"投资性房地产""投资性房地产累计折旧(摊销)""投资性房地产减值准备"科目,按其账面余额,借记"投资性房地产"科目,贷记"固定资产"或"无形资产"科目,按已计提的折旧或摊销,借记"累计摊销"或"累计折旧"科目,贷记"投资性房地产累计折旧(摊销)"科目,原已计提减值准备的,借记"固定资产减值准备"或"无形资产减值准备"科目,贷记"投资性房地产减值准备"科目。

【例8-12】 蒙利公司拥有1栋办公楼,用于本企业总部办公。20×1年3月10日,甲企业与乙企业签订了经营租赁协议,将这栋办公楼整体出租给乙企业使用,租赁期开始日为20×1年4月15日,为期5年。20×1年4月15日,这栋办公楼的账面余额15 000万元,已计提折旧500万元。假设蒙利公司采用成本模式计量。

蒙利公司的账务处理如下:

借:投资性房地产——写字楼   150 000 000
    累计折旧   5 000 000
  贷:固定资产   150 000 000
    投资性房地产累计折旧   5 000 000

2. 采用公允价值模式对非投资性房地产转换为投资性房地产的后续计量

企业将作为存货的房地产转换为采用公允价值模式计量的投资性房地产,应当按该项房地产在转换日的公允价值入账,借记"投资性房地产——成本"科目,原已计提跌价准备的,借记"存货跌价准备"科目;按其账面余额,贷记"开发产品"等科目。同时,转换日的公允价值小于账面价值的,按其差额,借记"公允价值变动损益"科目;转换日的公允价值大于账面价值的,按其差额,贷记"其他综合收益"科目。

企业将自用房地产转换为采用公允价值模式计量的投资性房地产,应当按该项土地使用权或建筑物在转换日的公允价值,借记"投资性房地产——成本"科目,按已计提的累计摊销或累计折旧,借记"累计摊销"或"累计折旧"科目;原已计提减值准备的,借记"无形资产减值准备""固定资产减值准备"科目;按其账面余额,贷记"固定资产"或"无形资产"科目。同时,转换日的公允价值小于账面价值的,按其差额,借记"公允价值变动损益"科目;转换日的公允价值大于账面价值的,按其差额,贷记"其他综合收益"科目。

【例8-13】 20×1年3月10日,甲房地产开发公司与乙企业签订了租赁协议,将其开发的一栋写字楼出租给乙企业。租赁期开始日为20×1年4月15日。20×1年4月15日,该写字楼的账面余额15 000万元,公允价值为17 000万元。20×1年12月31日,该项投资性房地产的公允价值为18 000万元。

甲公司的账务处理如下:

(1) 20×1年4月15日。

借:投资性房地产——成本   170 000 000

```
        贷：开发产品                                          150 000 000
            其他综合收益                                       20 000 000
```

(2) 20×1 年 12 月 31 日。
```
    借：投资性房地产——公允价值变动                         10 000 000
        贷：公允价值变动损益                                 10 000 000
```

【例 8-14】 20×2 年 6 月，蒙利公司打算搬迁至新建办公楼，由于原办公楼处于商业繁华地段，蒙利公司准备将其出租，以赚取租金收入。20×3 年 10 月，蒙利公司完成了搬迁工作，原办公楼停止自用。20×3 年 12 月，蒙利公司与乙企业签订了租赁协议，将其原办公楼租赁给乙企业使用，租赁其开始日为 20×3 年 1 月 1 日，租赁期限为 3 年。20×3 年 1 月 1 日，该办公楼原价为 28 000 万元，已提折旧 9 500 万元。蒙利公司对投资性房地产采用公允价值模式计量。

(1) 假定办公楼 20×3 年 1 月 1 日的公允价值为 18000 万元。
```
    借：投资性房地产——成本                                180 000 000
        公允价值变动损益                                     5 000 000
        累计折旧                                            95 000 000
        贷：固定资产                                        280 000 000
```

(2) 假定办公楼 20×3 年 1 月 1 日的公允价值为 19000 万元。
```
    借：投资性房地产——成本                                190 000 000
        累计折旧                                            95 000 000
        贷：固定资产                                        280 000 000
            其他综合收益                                     5 000 000
```

二、投资性房地产的处置

当投资性房地产被处置，或者永久退出使用且预计不能从其处置中取得经济利益时，应当终止确认该项投资性房地产。

企业出售、转让、报废投资性房地产或者发生投资性房地产毁损，应当将处置收入扣除其账面价值和相关税费后的金额计入当期损益。

(一) 采用成本模式计量的投资性房地产的处置

出售、转让按成本模式进行后续计量的投资性房地产时，应根据实际收到的全部价款，借记"银行存款"等科目，根据确认的收入，贷记"其他业务收入"科目，根据收取的增值税额，贷记"应交税费——应交增值税（销项税额）"科目；按该项投资性房地产的账面价值，借记"其他业务成本"科目，按其账面余额，贷记"投资性房地产"科目；按照已计提的折旧或摊销，借记"投资性房地产累计折旧（摊销）"科目；原已计提减值准备的，借记"投资性房地产减值准备"科目。

【例 8-15】 蒙利公司将其出租的一栋写字楼确认为投资性房地产，采用成本模式计量。租赁期届满后，蒙利公司将该栋写字楼出售给乙公司，合同价款为 40 000 万元，增值税额 4 400 万元，乙公司已用银行存款付清。出售时，该栋写字楼的成本为 33 000 万元，已计提折旧 5 000 万元。

蒙利公司的账务处理如下：

借：银行存款		444 000 000
贷：其他业务收入		400 000 000
应交税费——应交增值税（销项税额）		44 000 000
借：其他业务成本		280 000 000
投资性房地产累计折旧		50 000 000
贷：投资性房地产——写字楼		330 000 000

（二）采用公允价值模式计量的投资性房地产的处置

出售、转让采用公允价值模式计量的投资性房地产，应根据实际收到的全部价款，借记"银行存款"等科目，根据确认的收入，贷记"其他业务收入"科目，根据收取的增值税额，贷记"应交税费——应交增值税（销项税额）"科目；按该项投资性房地产的账面余额，借记"其他业务成本"科目，按其成本，贷记"投资性房地产——成本"科目，按其累计公允价值变动，贷记或借记"投资性房地产——公允价值变动"科目。同时，将投资性房地产累计公允价值变动转入其他业务成本，借记或贷记"公允价值变动损益"科目，贷记或借记"其他业务成本"科目。若存在原转换日计入资本公积的金额，则也需一并转入其他业务成本，借记"其他综合收益"科目，贷记"其他业务成本"科目。

【例8-16】 20×1年3月10日，甲房地产开发公司与乙企业签订了租赁协议，将其开发的一栋写字楼出租给乙企业使用，租赁期开始日为20×1年4月15日。20×1年4月15日，该写字楼的账面余额42 000万元，公允价值为45 000万元。20×1年12月31日，该项投资性房地产的公允价值为46 000万元。20×2年6月租赁期届满，企业收回该项投资性房地产，并以50 000万元出售，增值税5 500万元，出售价税款已收讫。甲企业采用公允价值模式计量。

甲公司的账务处理如下：

(1) 20×1年4月15日，存货转换为投资性房地产。

借：投资性房地产——成本	450 000 000
贷：开发产品	420 000 000
其他综合收益	30 000 000

(2) 20×1年12月31日，公允价值变动。

借：投资性房地产——公允价值变动	10 000 000
贷：公允价值变动损益	10 000 000

(3) 20×2年6月，出售投资性房地产。

借：银行存款	555 000 000
贷：其他业务收入	500 000 000

应交税费——应交增值税（销项税额）	55 000 000
借：其他业务成本	460 000 000
贷：投资性房地产——成本	450 000 000
——公允价值变动	10 000 000

同时，将投资性房地产累计公允价值变动转入其他业务成本：

借：公允价值变动损益	10 000 000
贷：其他业务成本	10 000 000

同时，将转换时原计入资本公积的部分转入其他业务成本：

借：其他综合收益	10 000 000
贷：其他业务成本	10 000 000

【本章小结】

　　投资性房地产的概念和范围。投资性房地产，是指为赚取租金或资本增值，或者两者兼有而持有的房地产。投资性房地产的范围包括已出租的土地使用权、持有并准备增值后转让的土地使用权和已出租的建筑物。

　　投资性房地产的确认和初始计量。投资性房地产需符合定义并同时满足下列条件的，才能予以确认：其一，与该投资性房地产有关的经济利益很可能流入企业；其二，该投资性房地产的成本能够可靠地计量。投资性房地产应当按照成本进行初始计量。与投资性房地产有关的后续支出，满足投资性房地产确认条件的，应当计入投资性房地产成本，不满足投资性房地产确认条件的，应当在发生时计入当期损益。

　　投资性房地产后续计量。通常应当采用成本模式，只有满足特定条件的情况下才可以采用公允价值模式。但是，同一企业只能采用一种模式对所有投资性房地产进行后续计量，不得同时采用两种计量模式。采用成本模式计量的投资性房地产，按固定资产（或无形资产）的有关规定进行后续计量，按期（月）计提折旧（或摊销），存在减值迹象的，按照资产减值的有关规定处理。采用公允价值模式后续计量的，不对投资性房地产计提折旧或进行摊销，应当以资产负债表日投资性房地产的公允价值为基础调整其账面价值，公允价值与原账面价值之间的差额计入当期损益。

　　投资性房地产后续计量模式的变更。成本模式转为公允价值模式的，应当作为会计政策变更处理，按计量模式变更时投资性房地产的公允价值与账面价值的差额，调整期初留存收益。已采用公允价值模式计量的投资性房地产，不得从公允价值模式转为成本模式。

　　投资性房地产的转换。成本模式下的转换是对应的结转，不确认损益。涉及存货项目的，不确认新的减值准备。公允价值模式下的转换，投资性房地产转换为非投资性房地产，公允价值与账面价值的差额计入公允价值变动损益；非投资性房地产转换为投资性房地产，公允价值大于账面价值，计入其他综合收益。公允价值小于账面价值,计入公允价值变动损益。处置投资性房地产时,应当将取得的处置收入作为其他业务收入,将处置的投资性房地产账面价值计入其他业务成本。处置采用公允价值模式计量的投资性房地产时,还应当同时结转投资性房地产累计公允价值变动,计入其他业务成本;若存在原转换日计入其他综合收益的金额,也需一并结转,计入其他业务成本。

【思考题】

1. 什么叫投资性房地产?它包括哪些项目?
2. 投资性房地产如何进行初始计量?
3. 如何进行投资性房地产后续计量模式的变更?
4. 采用公允价值模式对投资性房地产进行后续计量需要满足哪些条件?
5. 两种计量模式下投资性房地产转换的会计处理是怎样的?
6. 两种计量模式下投资性房地产处置的会计处理是怎样的?

【练习题】

1. 北方公司于20×7年12月将建造完工的办公楼作为投资性房地产对外出租,采用成本模式进行后续计量,至20×9年1月1日,该办公楼的原价为3 300万元,已提折旧120万元,已提减值准备180万元。20×9年1月1日,北方公司决定改为采用公允价值模式对出租的办公楼进行后续计量。该办公楼20×9年1月1日的公允价值为2 800万元,该公司按净利润的10%提取盈余公积。

【要求】 编制北方公司该投资性房地产后续计量模式变更日的会计分录。

2. 20×7年2月10日,甲房地产开发企业与承租方丁公司签订办公楼租赁合同,将其开发的一栋办公楼出租给丁公司使用,租赁期自20×7年3月1日起2年,当日,办公楼账面价值为1 100万元,公允价值为2 400万元。甲公司采用公允价值模式对投资性房地产进行后续计量。办公楼20×7年12月31日的公允价值为2 600万元,20×8年12月31日的公允价值为2 640万元。20×9年3月1日,甲公司收回租赁期届满的办公楼并对外出售,取得价款2 800万元。假定不考虑相关的税费。

【要求】
(1) 编制甲公司在20×7年3月1日的会计分录;
(2) 编制出售前与公允价值变动损益相关的会计分录;
(3) 编制出售时的会计分录。

第九章　流动负债

学习目标

▶ 掌握

短期借款、应付票据、应付职工薪酬、应交增值税、消费税的核算。

▶ 理解

应付账款、应交城市维护建设税、教育费附加及其他应付款和预收账款的核算。

▶ 了解

流动负债特征及分类。

第一节　流动负债概述

负债是指企业过去的交易或事项形成的，预期会导致经济利益流出企业的现时义务。从本质上讲，负债是已经发生的交易或事项导致的债权人对企业的一种求偿权，并且该项权利优先于所有者对企业的所有权。负债按其流动性不同，可以划分为流动负债和非流动负债。

一、流动负债的定义

流动负债是指企业在1年或超过1年的一个营业周期内，需要以流动资产或增加其他负债来抵偿的债务，主要包括短期借款、应付票据、应付账款、预收账款、应付职工薪酬、应付股利、应付利息、应交税费和其他应付款等。

确认流动负债的目的，主要是将其与流动资产进行比较，反映企业的短期偿债能力。短期偿债能力是债权人非常关心的财务指标，因此在资产负债表上必须将流动负债与非流动负债分别列示。

二、流动负债的分类

流动负债按照不同的标准，可以分为不同的类别，以满足不同的需要。

（一）按照偿付手段分类

流动负债按照偿付手段分类，可以分为货币性流动负债和非货币性流动负债。

1. 货币性流动负债

货币性流动负债是指需要以货币资金来偿还的流动负债，主要包括短期借款、应付票据、应付账款、应付职工薪酬、应付股利、应交税费和其他应付款。

2. 非货币性流动负债

非货币性流动负债是指不需要用货币资金来偿还的流动负债，主要为预收账款。

（二）按照偿付金额是否确定分类

按照偿付金额是否确定分类，可以分为金额可以确定的流动负债和金额需要估计的流动负债。

1. 金额可以确定的流动负债

金额可以确定的流动负债是指有确切的债权人和偿付日期并有确切的偿付金额的流动负债，主要包括短期借款、应付票据、已取得结算凭证的应付账款、预收账款、应付职工薪酬、应付股利、应付利息、应交税费和其他应付款等。

2. 金额需要估计的流动负债

金额需要估计的流动负债是指没有确切的债权人和偿付日期，或虽有确切的债权人和偿付日期但其偿付金额需要估计的流动负债，主要包括没有取得结算凭证的应付账款等。结算凭证尚未到达但已经入库的存货，其应付账款应于月末估计确定。

（三）按照形成方式分类

按照形成方式分类，可以分为融资活动形成的流动负债和营业活动形成的流动负债。

1. 融资活动形成的流动负债

融资活动形成的流动负债是指企业从银行和其他金融机构筹集资金形成的流动负债，主要包括短期借款、应付股利和应付利息。

2. 营业活动形成的流动负债

营业活动形成的流动负债是指企业在正常的生产经营活动中形成的流动负债，可以分为外部业务结算形成的流动负债和内部往来形成的流动负债。外部结算业务形成的流动负债主要包括应付票据、应付账款、预收账款、应交税费、其他应付款中应付外单位的款项等；内部往来形成的流动负债主要包括应付职工薪酬和其他应付款中应付企业内部单位或职工的款项。

需要说明的是，将流动负债进行上述划分是相对而言的。企业的一项流动负债属于何种类型，除按上述标准进行一般的分类外，还应进行具体分析，确定该项负债的性质。

三、流动负债的入账价值

负债是企业应在未来偿付的债务，从理论上讲，其入账价值应按未来应付金额的现值计量。流动负债也是负债,从理论上讲也应如此。但是,流动负债的偿付时间一般不超过1年,未来应付的金额与折现值相差不多,按照重要性原则,其差额往往忽略不计,因而流动负债入账价值一般按照业务发生时的金额计量。

不同业务形成的流动负债,发生时的金额既可能是未来应付的金额,也可能是未来应付金额的现值。如果形成流动负债的业务发生时,双方协定不计算利息,则发生时的金额即为未来应付的金额。例如,企业赊购一批存货,应付账款为1 000元,付款期为两个月,不计利息,则两个月后应付的金额为1 000元。在这种情况下,未来应付的金额1 000元中,实际上已经隐含了两个月的利息,其现值应为扣除两个月利息后的余额。但由于现值与未来应付的金额相差不多,按照重要性原则,应付账款的入账价值一般按照1 000元计量,即按照未来应付的金额计量。如果形成流动负债的业务发生时,双方协定计算利息,则发生时的金额为现在应付的金额,未来应付的金额为现在应付的金额与应付利息之和。例如,上例业务中双方协商采用商业汇票结算,计算利息,年利率为6%,则业务发生时的金额1 000元为现在应付的金额,两个月应付的利息为10元,未来应付的金额为1 010元。在这种情况下,应付票据的入账价值仍按1 000元计量,即按照现在应付的金额计量。

第二节 短期借款

短期借款,是指企业向银行或其他金融机构等借入的期限在一年以下(含一年)的各种借款。短期借款通常是企业为维持正常生产经营所需资金而借入的款项,与长期借款相比,短期借款具有借款期限相对较短、利息费用相对较低、借款手续相对简便等特点。

短期借款通常需要支付利息,因此企业应如实地反映短期借款的借入、利息的发生和本息的偿还情况。

一、短期借款的借入

企业应设置"短期借款"科目核算企业短期借款本金的取得、偿还情况。该科目贷方登记取得短期借款的本金数额,借方登记归还短期借款的本金数额,期末余额在贷方,反映企业尚未偿还的短期借款。企业从银行或其他金融机构取得短期借款时,借记"银行存款"科目,贷记"短期借款"科目。

二、短期借款的利息费用

根据不同的借款条件,利息的核算方法有所不同。如合同规定按月支付利息,则在实际支付利息时,将借款利息直接计入当期筹资费用,即借记"财务费用"科目,贷记"银行存款"科目。但在实际工作中,银行一般于每季度末收取短期借款的利息,按照权责发生制的原则,当月已经使用的短期借款形成的利息应作为当月的筹资费用,而这笔利息尚未支付,所以对企业而言形成一笔负债,即应付利息。也就是说,企业的短期借款利息一般采用月末预提的方式进行核算。企业应当在期末按照本金和合同规定利息计算当月应预提的短期借款利息费用,借记"财务费用"科目,贷记"应付利息"科目;实际支付利息时,根据已预提的利息,借记"应付利息"科目,根据尚未预提即本月应计利息,借记"财务费用"科目,根据该季度应付利息总额,贷记"银行存款"科目。如果短期借款利息是在借款到期时连同本金一起归还,一般也采用月末预提的方式进行核算。采用月末预提的方式能够在"应付利息"明细账中全面反映借款利息的预提和支出数额。

此外,在短期借款的数额不多、各月负担的利息费用数额不大的情况下,年内各月份也可以采用简化的核算方法,即于实际支付利息的月份,将其全部作为当月的财务费用处理,借记"财务费用"科目,贷记"银行存款"科目。但在年末,如果有应由本年负担但尚未支付的借款利息应予预提,否则会影响年度所得税的计算。

三、短期借款的偿还

企业短期借款到期偿还本金时,借记"短期借款"科目,贷记"银行存款"科目。

【例9-1】 蒙利公司于20×1年4月1日向银行借入一笔短期借款,金额为150 000元,期限为6个月,借款合同规定年利率为8%,本金到期后一次归还,利息按季支付。蒙利公司按月预提利息。则该公司的有关会计处理如下:

(1) 4月1日借入短期借款时。

借:银行存款　　　　　　　　　　　　　　　　　　　　　　　150 000
　　贷:短期借款　　　　　　　　　　　　　　　　　　　　　　　150 000

(2) 4月末,计提4月应计利息时。

本月应计提的利息金额 = 150 000×8%÷12 = 1 000(元)

借:财务费用　　　　　　　　　　　　　　　　　　　　　　　1 000
　　贷:应付利息　　　　　　　　　　　　　　　　　　　　　　　1 000

5月末计提5月利息费用的处理与4月相同。

(3) 6月末支付该季度银行借款利息时。

借:财务费用　　　　　　　　　　　　　　　　　　　　　　　1 000
　　应付利息　　　　　　　　　　　　　　　　　　　　　　　2 000
　　贷:银行存款　　　　　　　　　　　　　　　　　　　　　　　3 000

第三季度借款利息预提和支付的处理与上季度相同。

(4) 10月1日偿还银行借款本金时。

借:短期借款　　　　　　　　　　　　　　　　　　　　　　　150 000
　　贷:银行存款　　　　　　　　　　　　　　　　　　　　　　　150 000

第三节 应付票据与应付账款

应付票据和应付账款均属于企业在购货过程中形成的流动负债。

一、应付票据

应付票据是指企业采用商业汇票结算方式延期付款购入货物应付的票据款。在我国，商业汇票的付款期限最长为 6 个月，因而应付票据即短期应付票据，在会计上应作为流动负债管理和核算。商业汇票按照承兑人可以分为银行承兑汇票和商业承兑汇票；按照是否带息分为带息商业汇票和不带息商业汇票。实际工作中使用的一般是不带息的商业汇票。

企业应通过"应付票据"科目，核算应付票据的发生、偿付等情况。该科目贷方登记开出、承兑商业汇票或以承兑商业汇票抵付货款、应付账款的面值，借方登记偿付票据的金额，余额在贷方，表示企业尚未到期的商业汇票的票面金额。该科目一般可按债权人设置明细科目进行明细核算。

（一）开出、承兑应付票据

企业因购买材料、商品和接受劳务供应等开出、承兑的商业汇票，应当按照有关发票金额，借记"原材料""应交税费——应交增值税（进项税额）"等科目，按照商业汇票的票面金额，贷记"应付票据"科目。因抵付货款、应付账款而开出、承兑的商业汇票，应当按照商业汇票的票面金额，借记"应付账款"等科目，贷记"应付票据"科目。

如果开出的为银行承兑汇票，企业支付给银行的手续费应当计入当期的财务费用，借记"财务费用"科目，贷记"银行存款"科目。

【例 9-2】 蒙利公司为增值税一般纳税人，购进原材料采用商业汇票方式结算货款。根据有关发票账单购入材料的实际成本为 30 000 元，增值税专用发票上注明的增值税为 5 100 元。材料已经验收入库。该企业于 20×3 年 9 月 6 日开出一张面值为 35 100 元、期限为 3 个月的不带息商业汇票。根据上述资料，应作如下会计分录：

借：原材料 30 000
　　应交税费——应交增值税（进项税额） 5 100
　　贷：应付票据 35 100

（二）票据到期

应付票据到期支付票款时，应按账面余额予以结转，借记"应付票据"科目，贷记"银行存款"科目。

【例9-3】 承**【例9-2】**，20×3年12月6日，蒙利公司于9月6日开出的商业汇票到期，通知银行以银行存款支付票款。则该公司应作如下会计分录：

借：应付票据　　　　　　　　　　　　　　　　　　　　35 100
　　贷：银行存款　　　　　　　　　　　　　　　　　　　　35 100

在商业汇票到期时，如果企业无力支付票据款，则应根据不同承兑人承兑的商业汇票作不同的处理。

采用商业承兑汇票进行结算，承兑人即为付款人。如果付款人无力支付票据款，银行将把商业承兑汇票退还给收款人，由收付款双方协商解决。由于商业汇票已经失效，付款人应将应付票据款转为应付账款，企业应按票面价值借记"应付票据"科目，贷记"应付账款"科目。

采用银行承兑汇票进行结算，承兑人为承兑银行。如果付款人无力支付票据款，承兑银行将代为支付票据款，并将其转为对付款人的逾期贷款。由于商业汇票已经失效，付款人应将应付票据款转为短期借款，企业应按票面价值借记"应付票据"科目，贷记"短期借款"科目。企业支付给银行的罚息，应计入财务费用。

【例9-4】 承**【例9-2】**，假设上述商业汇票为商业承兑汇票，该票据到期时蒙利公司无力支付票款。则该企业应作如下会计分录：

借：应付票据　　　　　　　　　　　　　　　　　　　　35 100
　　贷：应付账款　　　　　　　　　　　　　　　　　　　　35 100

二、应付账款

应付账款是指企业在正常的生产经营过程中因购买材料、商品或接受劳务供应等而发生的债务。与应付票据类似，应付账款也是经营过程中为购买商品、接受劳务而产生的一项负债。只是应付票据是一种延期付款的书面证明，具有更强的法律效力，而应付账款是以企业商业信誉为担保的尚未结清的债务。

企业应设置"应付账款"科目核算应付账款的发生、偿还以及转销等情况。该科目贷方登记企业购买材料、商品或接受劳务供应而发生的应付账款，借方登记偿还的应付账款或已转销的无法支付的应付账款，余额一般在贷方，反映企业尚未支付的应付账款余额。该科目一般按债权人设置明细科目进行明细核算。

（一）发生应付账款

理论上说，应付账款入账时间的确定，应以与所购买物资所有权有关的风险和报酬已经转移或劳务已经接受为标志。但在实际工作中，应区别情况处理：在物资和发票账单同时到达的情况下，应付账款一般待物资验收入库后，才按发票账单登记入账；在物资和发票账单未同时到达的情况下，由于应付账款需根据发票账单登记入账，有时货物已到，发票账单要间隔较长时间才能到达，由于这笔负债已经成立，应作为一项负债反映，为在资产负债表上客观反映企业所拥有的资产和承担的债务，在实际工作中采用在月份终了将所购物资和应付债务估计入账，待下月初再用红字予以冲回的办法进行处理。

应付账款一般按应付金额入账,而不按到期应付金额的现值入账。购入的材料、商品已验收入库,但货款尚未支付,应根据发票账单上注明的实际价款或暂估价值,借记"原材料"等科目,按照增值税专用发票上注明的金额,借记"应交税费——应交增值税(进项税额)"科目,按照应付的价款,贷记"应付账款"科目。

如果购入的资产在形成一笔应付账款时是带有现金折扣的,应付账款入账金额的确定应按发票上记载的应付金额的总额(不扣除现金折扣)记账,即总价法。在这种方法下,应按发票上记载的全部应付金额,借记有关科目,贷记"应付账款"科目;实际获得的现金折扣在偿付应付账款时冲减财务费用。

(二)偿还应付账款

企业偿还应付账款或开出商业汇票抵付应付账款时,借记"应付账款"科目,贷记"银行存款""应付票据"等科目。

【例9-5】 蒙利公司是增值税一般纳税人,20×1年3月5日,购入材料一批,货款20 000元,增值税3 400元。材料已验收入库(该企业采用实际成本法进行材料的日常核算),款项尚未支付。按照有关购货合同的规定,付款条件是"2/10、1/20、n/30"(假定计算现金折扣时不考虑增值税)。20×1年3月13日,蒙利公司用银行存款支付上述应付账款。

借:原材料 20 000
　　应交税费——应交增值税(进项税额) 3 400
　　　贷:应付账款 23 400
借:应付账款 23 400
　　贷:银行存款 23 000
　　　　财务费用 400

如果蒙利公司于20×1年3月28日付款,则有关会计分录如下:

借:应付账款 23 400
　　贷:银行存款 23 400

企业因债权人破产、撤销等原因而无法支付的应付账款,经核准后予以转销,按其账面余额,借记"应付账款"科目,贷记"营业外收入"科目。

第四节　应付职工薪酬

应付职工薪酬是指职工为企业提供服务后,企业应当支付给职工的各种形式的报酬或补偿。

一、职工薪酬的内容

职工主要是指与企业订立劳动合同的所有人员，含全职、兼职和临时职工，也包括虽未与企业订立劳动合同但由企业正式任命的人员。未与企业订立劳动合同或未由企业正式任命，但向企业所提供服务与职工所提供服务类似的人员，也属于职工范畴，包括通过企业与劳务中介公司签订用工合同而向企业提供服务的人员。

职工薪酬，是指企业为获得职工提供的服务或解除劳动关系而给予的各种形式的报酬或补偿。企业提供给职工配偶、子女、受赡养人、已故员工遗属及其他受益人等的福利，也属于职工薪酬。职工薪酬包括短期薪酬、离职后福利、辞退福利和其他长期职工福利。企业应当严格按照《职工薪酬》准则的规定，根据职工薪酬的性质，对职工薪酬进行合理分类，作为职工薪酬会计处理的基础。

短期薪酬，是指企业在职工提供相关服务的年度报告期间结束后十二个月内需要全部予以支付的职工薪酬。具体包括职工工资、奖金、津贴和补贴，职工福利费，医疗保险费、工伤保险费和生育保险费等社会保险费，住房公积金，工会经费和职工教育经费，短期带薪缺勤，短期利润分享计划，非货币性福利和其他短期薪酬。

离职后福利，是指企业为获得职工提供的服务而在职工退休或与企业解除劳动关系后，提供的各种形式的报酬和福利。

辞退福利，是指企业在职工劳动合同到期之前解除与职工的劳动关系，或者为鼓励职工自愿接受裁减而给予职工的补偿。

其他长期职工福利，是指除短期薪酬、离职后福利、辞退福利之外所有的职工薪酬，包括长期带薪缺勤、长期残疾福利、长期利润分享计划等。

为了反映职工薪酬的发放和提取情况，应设置"应付职工薪酬"科目进行核算，该科目应该按照职工薪酬的类别设置明细科目。

二、短期薪酬

（一）职工工资、奖金、津贴和补贴

职工工资、奖金、津贴和补贴，是指按照构成工资总额的计时工资、计件工资、支付给职工的超额劳动报酬和增收节支的劳动报酬、为补偿职工特殊或额外的劳动消耗和因其他特殊原因支付给职工的津贴，以及为保证职工工资水平不受物价影响支付给职工的物价补贴等。其中，企业按照短期奖金计划向职工发放的奖金属于短期薪酬，按照长期奖金计划向职工发放的奖金属于其他长期职工福利。

（二）职工福利费

职工福利费是指企业为职工提供的除职工工资、奖金、津贴和补贴、职工教育经费、社会保险费及住房公积金等以外的福利待遇支出，包括发放给职工或为职工支付的以下各项现金补贴和非货币性集体福利：一是为职工卫生保健、生活等发放或支付

的各项现金补贴和非货币性福利,包括职工因公外地就医费用、职工疗养费用、防暑降温费等;二是企业尚未分离的内设集体福利部门所发生的设备、设施和人员费用;三是发放给在职职工的生活困难补助以及按规定发生的其他职工福利支出,如丧葬补助费、抚恤费、职工异地安家费等。为了反映职工福利的支付与分配情况,应在"应付职工薪酬"科目下设"职工福利"明细科目。

(三) 社会保险费以及住房公积金

社会保险费是按国家规定由企业和职工共同负担的费用,包括医疗保险费、养老保险费、失业保险费、工伤保险费和生育保险费等。住房公积金是按照国家规定由企业和职工共同负担用于解决职工住房问题的费用,该费用需按照国家规定的基准和比例计算,向住房公积金管理机构缴存。为了反映企业负担的社会保险费和住房公积金的提取和缴纳情况,应在"应付职工薪酬"科目下设置"社会保险费"和"住房公积金"明细科目。

(四) 工会经费和职工教育经费

工会经费和职工教育经费,是指企业为了改善职工文化生活、为职工学习先进技术和提高文化水平和业务素质,用于开展工会活动和职工教育及职业技能培训等相关支出。为了反映工会经费和职工教育经费的提取和使用情况,应在"应付职工薪酬"科目下分别设置"工会经费"和"职工教育经费"等明细科目。

职工的工资、奖金、津贴和补贴,大部分的职工福利费、医疗保险费、工伤保险费和生育保险费等社会保险费,住房公积金、工会经费和职工教育经费一般属于货币性短期薪酬,这四类短期薪酬在会计核算上有其共同特点,因此也被称为一般短期薪酬。

企业应当根据职工提供服务情况和工资标准计算应计入职工薪酬的工资总额,按照受益对象计入当期损益或相关资产成本,借记"生产成本""制造费用""管理费用"等科目,贷记"应付职工薪酬"科目。发放时,借记"应付职工薪酬",贷记"银行存款"等科目。企业发生的职工福利费,应当在实际发生时根据实际发生额计入当期损益或相关资产成本。

企业为职工缴纳的医疗保险费、工伤保险费、生育保险费等社会保险费和住房公积金,以及按规定提取的工会经费和职工教育经费,应当在职工为其提供服务的会计期间,根据规定的计提基础和计提比例计算确定相应的职工薪酬金额,并确认相关负债,按照受益对象计入当期损益或相关资产成本。其中:①医疗保险费、工伤保险费、生育保险费和住房公积金。企业应当按照国务院、所在地政府或企业年金计划规定的标准,计量应付职工薪酬义务和应相应计入成本费用的薪酬金额。②工会经费和职工教育经费。企业应当分别按照职工工资总额的2%和1.5%的计提标准,计量应付职工薪酬(工会经费、职工教育经费)义务金额和应相应计入成本费用的薪酬金额;从业人员技术要求高、培训任务重、经济效益好的企业,可根据国家相关规定,按照职工工资总额的 2.5% 计量应计入成本费用的职工教育经费。按照明确标准计算确定应承担的职工薪酬义务后，再根据受益对象计入当期损益或相关资产成本。

【例 9-6】 蒙利公司 20×1 年 9 月职工工资总额为 1 260 000 元，其中：产品生产工人工资 600 000 元，在建工程人员工资 300 000 元，公司管理人员工资 225 000 元，产品销售人员工资 135 000 元。该企业发生的职工福利费为 180 000 元，其中：产品生产工人福利费 84 000 元，在建工程人员福利费 42 000 元，公司管理人员福利费 35 100 元，产品销售人员福利费 18 900 元。按工资总额的 10% 计算应缴纳的住房公积金，按工资总额的 2% 和 1.5% 分别计提工会经费和职工教育经费。另外，企业代扣代缴由职工个人负担的住房公积金 126 000 元，个人所得税 156 000 元。月底，向住房公积金办缴纳住房公积金。

(1) 工资分配进成本、费用。

借：生产成本　　　　　　　　　　　　　　　　600 000
　　在建工程　　　　　　　　　　　　　　　　300 000
　　管理费用　　　　　　　　　　　　　　　　225 000
　　销售费用　　　　　　　　　　　　　　　　135 000
　　贷：应付职工薪酬——工资　　　　　　　1 260 000

(2) 发生职工福利费。

借：生产成本　　　　　　　　　　　　　　　　 84 000
　　在建工程　　　　　　　　　　　　　　　　 42 000
　　管理费用　　　　　　　　　　　　　　　　 35 100
　　销售费用　　　　　　　　　　　　　　　　 18 900
　　贷：应付职工薪酬——职工福利　　　　　　180 000

(3) 按工资总额 10% 计算应缴纳的住房公积金。

借：生产成本　　　　　　　　　　　　　　　　 60 000
　　在建工程　　　　　　　　　　　　　　　　 30 000
　　管理费用　　　　　　　　　　　　　　　　 22 500
　　销售费用　　　　　　　　　　　　　　　　 13 500
　　贷：应付职工薪酬——住房公积金　　　　　126 000

(4) 按工资总额 2% 和 1.5% 分别计提工会经费和职工教育经费。

借：生产成本　　　　　　　　　　　　　　　　 21 000
　　在建工程　　　　　　　　　　　　　　　　 10 500
　　管理费用　　　　　　　　　　　　　　　　 7 875
　　销售费用　　　　　　　　　　　　　　　　 4 725
　　贷：应付职工薪酬——工会经费　　　　　　 25 200
　　　　　　　　　　——职工教育经费　　　　 18 900

(5) 代扣代缴职工个人应负担的住房公积金和个人所得税。

借：应付职工薪酬——工资　　　　　　　　　　　　　　　282 000
　　　贷：其他应付款——应付住房公积金　　　　　　　　　126 000
　　　　　应交税费——应交个人所得税　　　　　　　　　156 000

（6）向住房公积金办缴纳住房公积金。

借：其他应付款——应付住房公积金　　　　　　　　　　　126 000
　　应付职工薪酬——住房公积金　　　　　　　　　　　　126 000
　　　贷：银行存款　　　　　　　　　　　　　　　　　　252 000

（五）短期带薪缺勤

短期带薪缺勤是指企业支付工资或者提供补偿的职工缺勤，包括年休假、病假、短期伤残、婚假、产假、丧假、探亲假等。对于职工带薪缺勤，企业应当根据其性质及职工享有的权利，分为累积带薪缺勤和非累积带薪缺勤两类。企业应当对累积带薪缺勤和非累积带薪缺勤分别进行会计处理。

1. 累积带薪缺勤

累积带薪缺勤是指带薪权利可以结转下期的带薪缺勤，本期尚未用完的带薪缺勤权利可以在未来期间使用。例如，某职工每年可以享受 10 天的带薪休假，当年由于工作任务比较繁重，未能按时休假。如果该企业规定当年未休假时间可以递延 1 年，则当年未休假的时间属于累积带薪缺勤。为了反映累积带薪缺勤的提取和使用情况，应在"应付职工薪酬"科目下设置"累积带薪缺勤"明细科目。

职工当期未享受带薪缺勤而在未来可以享受带薪缺勤的情况下，增加了当期为企业提供的服务。因此，企业应当在职工提供服务从而增加了其未来享有的带薪缺勤权利时，确认与累积带薪缺勤相关的职工薪酬，并以累积未行使权利而增加的预期支付金额计量，计入当期成本费用，借记"生产成本""制造费用""管理费用""销售费用""在建工程""研发支出"等科目，贷记"应付职工薪酬——累积带薪缺勤"科目。

【例 9-7】 蒙利公司 20×1 年有一名生产工人按照规定每年可以享受 5 天带薪休假，由于工作任务较重，该职工当年未能带薪休假，公司规定，可以将未享受的带薪休假时间递延到 20×2 年。该职工的日工资为 300 元。

借：生产成本　　　　　　　　　　　　　　　　　　　　　1 500
　　　贷：应付职工薪酬——累积带薪缺勤　　　　　　　　　1 500

2. 非累积带薪缺勤

非累积带薪缺勤，是指带薪权利不能结转下期的带薪缺勤，本期尚未用完的带薪缺勤权利将予以取消，并且职工离开企业时也无权获得现金支付。例如，某职工每年可以享受 10 天的带薪休假，当年由于工作任务比较繁重，未能按时休假。如果该企业规定当年未休假时间不能递延，则当年未休假的时间属于非累积带薪缺勤。我国企业职工休婚假、产假、丧假、探亲假、病假期间的工资通常属于非累积带薪缺勤。由于职工提供服务本身不能增加其能够享受的福利金额，企业在职工未缺勤时不应当计提相关费用和负债。为此,企业应当在职工实际发生缺勤的会计期间确认与非累积带薪缺勤相关的职工薪酬。

企业确认职工享有的与非累积带薪缺勤权利相关的薪酬,视同职工出勤确认的当期损益或相关资产成本。通常情况下,与非累积带薪缺勤相关的职工薪酬已经包括在企业每期向职工发放的工资等薪酬中,因此,不必额外作相应的账务处理。

(六) 短期利润分享计划

短期利润分享计划是指因职工提供服务而与职工达成的基于利润或者其他经营成果提供薪酬的协议。企业为了鼓励职工长期为其提供服务,可能制订利润分享计划,规定当职工在企业工作了特定年限后,或者完成规定的业绩指标后,能够享有按照企业净利润的一定比例计算的奖金。实务中,实行工效挂钩的企业根据企业经济效益增长的实际情况提取的工资,类似于利润分享计划。但是,这类计划是按照企业实现净利润的一定比例确定享受的福利,与企业经营业绩挂钩,仍然是由于职工提供服务而产生的,不是由企业与其所有者之间的交易而产生,因此,企业应当将利润分享计划作为费用处理(或根据相关准则,作为资产成本的一部分),不能作为净利润的分配。为了反映利润分享计划的提取和发放情况,应在"应付职工薪酬"科目下设置"利润分享计划"明细科目。企业确认职工利润分享计划薪酬时,应借记有关的成本费用科目,贷记"应付职工薪酬——利润分享计划"科目。

【例9-8】 蒙利公司为了鼓励本公司高级管理人员为其提供服务,制订了利润分享计划。该计划规定,在实行利润分享计划的年度,管理人员只要在公司工作满一整年即可获得奖金。假定20×1年没有管理人员离开公司,公司应支付的奖金总额为当年净利润的4%,并以银行存款支付,公司当年净利润为1 500万元。则蒙利公司20×1年12月31日应作如下会计处理:

借:管理费用　　　　　　　　　　　　　　　　　　　　　600 000
　　贷:应付职工薪酬——利润分享计划　　　　　　　　　　600 000
借:应付职工薪酬——利润分享计划　　　　　　　　　　　600 000
　　贷:银行存款　　　　　　　　　　　　　　　　　　　　600 000

(七) 非货币性福利

非货币性福利是指企业以非货币性资产支付给职工的薪酬,主要包括企业以自己的产品或外购商品发放给职工作为福利,将拥有的房屋等资产无偿提供给职工使用或租赁住房等资产供职工无偿使用,以及向职工提供企业支付了补贴的商品或服务等。

为了反映非货币性福利的支付与分配情况,应在"应付职工薪酬"科目下设置"非货币性福利"明细科目。

企业向职工提供非货币性福利的,应当按照公允价值计量。公允价值不能可靠取得的,可以采用成本计量。

1. 以自产产品或外购商品发放给职工作为福利

企业以其生产的产品作为非货币性福利提供给职工的,应当按照该产品的公允价值和相关税费,计量应计入成本费用的职工薪酬金额,相关收入的确认、销售成本的结转和相关税费的处理,与正常商品销售相同。以外购商品作为非货币性福利提供给职工的,应当按照该商品的公允价值和相关税费计入成本费用。

需要注意的是,在以自产产品或外购商品发放给职工作为福利的情况下,企业在进行账务处理时,应当先通过"应付职工薪酬"科目归集当期应计入成本费用的非货币性薪酬金额。

【例9-9】 蒙利公司为一家生产笔记本电脑的企业,共有职工200名,20×1年2月,公司以其生产的成本为10 000元的高级笔记本电脑和外购的每部不含税价格为1 000元的手机作为春节福利发放给公司每名职工。该型号笔记本电脑的售价为每台14 000元,蒙利公司适用的增值税税率为17%,已开具了增值税专用发票;蒙利公司以银行存款支付了购买手机的价款和增值税进项税额,已取得增值税专用发票,适用的增值税税率为17%。假定200名职工中170名为直接参加生产的职工,30名为总部管理人员。

【分析】 企业以自己生产的产品作为福利发放给职工,应计入成本费用的职工薪酬金额以公允价值计量,计入主营业务收入,产品按照成本结转,但要根据相关税收规定,视同销售计算增值税销项税额。外购商品发放给职工作为福利,应当将交纳的增值税进项税额计入成本费用。

笔记本电脑的售价总额 = 14 000×170+14 000×30 = 2 380 000+420 000 = 2 800 000(元)

笔记本电脑的增值税销项税额 = 170×14 000×17%+30×14 000×17% = 404 600+71 400 = 476 000(元)

蒙利公司决定发放非货币性福利时,应作如下账务处理:

借:生产成本	2 784 600
管理费用	491 400
贷:应付职工薪酬——非货币性福利	3 276 000

实际发放笔记本电脑时,应作如下账务处理:

借:应付职工薪酬——非货币性福利	3 276 000
贷:主营业务收入	2 800 000
应交税费——应交增值税(销项税额)	476 000
借:主营业务成本	2 000 000
贷:库存商品	2 000 000

手机的售价总额 = 170×1 000+30×1 000 = 170 000+30 000 = 200 000(元)

手机的进项税额 = 170×1 000×17%+30×1 000×17% = 28 900+5 100 = 34 000(元)

蒙利公司决定发放非货币性福利时,应作如下账务处理:

借：生产成本		198 900
管理费用		35 100
贷：应付职工薪酬——非货币性福利		234 000

购买手机时,蒙利公司应作如下账务处理：

借：库存商品		200 000
应交税费——应交增值税（进项税额）		34 000
贷：银行存款		234 000
借：应付职工薪酬——非货币性福利		234 000
贷：库存商品		200 000
应交税费——应交增值税（进项税额转出）		34 000

2. 将拥有的房屋等资产无偿提供给职工使用或租赁住房等资产供职工无偿使用

企业将拥有的房屋等资产无偿提供给职工使用的，应当根据受益对象，将住房每期的公允价值计入当期损益或相关资产成本，同时确认应付职工薪酬。公允价值无法可靠取得的，可以按照成本计量。

租赁住房等资产供职工无偿使用的，应当根据受益对象，将每期应付的租金计入相关资产成本或当期损益，并确认应付职工薪酬。

【例9-10】 20×1年蒙利公司为总部各部门经理级别以上职工提供自建单位宿舍免费使用，同时为副总裁以上高级管理人员每人租赁一套住房。该公司总部共有部门经理以上职工60名，每人提供一间单位宿舍免费使用，假定每间单位宿舍每月计提折旧1 000元；该公司共有副总裁以上高级管理人员10名，公司为其每人租赁一套月租金为10 000元的公寓。该公司每月应作如下账务处理：

借：管理费用		60 000
贷：应付职工薪酬——非货币性福利		60 000
借：应付职工薪酬——非货币性福利		60 000
贷：累计折旧		60 000
借：管理费用		100 000
贷：应付职工薪酬——非货币性福利		100 000
借：应付职工薪酬——非货币性福利		100 000
贷：其他应付款		100 000

3. 向职工提供企业支付了补贴的商品或服务

企业有时以低于企业取得资产或服务成本的价格向职工提供资产或服务，比如以低于成本的价格向职工出售住房、以低于企业支付的价格向职工提供医疗保健服务。以提供包含补贴的住房为例，企业在出售住房等资产时，应当将此类资产的公允价值与其内部售价之间的差额（即相当于企业补贴的金额）分别按情况处理：

（1）如果出售住房的合同或协议中规定了职工在购得住房后至少应当提供服务的年限，且如果职工提前离开则应退回部分差价，企业应当将该项差额作为长期待摊费用处理,并在合同或协议规定的服务年限内平均摊销,根据受益对象分别计入相关资产成本或当期损益。

(2) 如果出售住房的合同或协议中未规定职工在购得住房后必须服务的年限,企业应当将该项差额直接计入出售住房当期相关资产成本或当期损益。

【例9-11】 20×2年初蒙利公司为稳定管理队伍,与10名中层管理人员签订如下协议:①以每套500 000元的价格售予每位管理人员一套公寓;②每位管理人员必须自协议签订之日起服务10年,如违约则由公司无偿收回公寓。此协议于20×2年初生效并当即执行。蒙利公司在20×1年11月以每套800 000元的价格购入10套公寓,假定不考虑相关税费。蒙利公司的会计处理如下:

(1) 20×1年11月购入公寓时。

借:固定资产 8 000 000
　　贷:银行存款 8 000 000

(2) 20×2年初执行协议时。

借:银行存款 5 000 000
　　长期待摊费用 3 000 000
　　贷:固定资产 8 000 000

(3) 20×2年分摊长期待摊费用时。

借:管理费用 300 000
　　贷:应付职工薪酬——非货币性福利 300 000
借:应付职工薪酬——非货币性福利 300 000
　　贷:长期待摊费用 300 000

三、离职后福利

离职后福利,是指企业为获得职工提供的服务而在职工退休或与企业解除劳动关系后,提供的各种形式的报酬和福利,属于短期薪酬和辞退福利的除外。职工离职后,还将享受待业、养老保险、企业年金等福利。离职后福利计划是指企业与职工就离职后福利达成的协议,或者企业为向职工提供离职后福利制定的规章或办法等。企业应当按照企业承担的风险和义务情况,将离职后福利计划分类为设定提存计划和设定受益计划两种类型。

(一) 设定提存计划

设定提存计划,是指向独立的基金缴存固定费用后,企业不再承担进一步支付义务的离职后福利计划。设定提存计划的会计处理比较简单,因为企业在每一期间的义务取决于该期间将要提存的金额。因此,在计量义务或费用时不需要精算假设,通常也不存在精算利得或损失。企业应在资产负债表日确认为换取职工在会计期间内为企业提供的服务而应付给设定提存计划的提存金,并作为一项费用计入当期损益或相关资产成本,借记"生产成本""制造费用""管理费用""销售费用"等科目,贷记

"应付职工薪酬——设定提存计划"科目。

(二) 设定受益计划

设定受益计划是指除设定提存计划以外的离职后福利计划。企业应当计量设定受益计划所产生的义务,并确定相关义务的归属期间。企业的义务是为现在及以前的职工提供约定的福利,并且精算风险和投资风险由企业来承担,如果精算或者投资的实际结果比预期差,则企业的义务可能会增加。为了反映设定受益计划的提取和发放情况,应在"应付职工薪酬"科目下设置"设定受益计划"明细科目。

设定受益计划的核算涉及到以下四个步骤:确定设定受益计划义务的现值和当期服务成本、确定设定受益计划净负债或净资产、确定应当计入当期损益的金额、确定应当计入其他综合收益的金额。

1. 确定设定受益计划义务的现值和当期服务成本

企业应当根据预期累计福利单位法,采用无偏且相互一致的精算假设对有关人口统计变量和财务变量等做出估计,计量设定受益计划所产生的义务,并确定相关义务的归属期间。企业应当根据资产负债表日与设定受益计划义务期限和币种相匹配的国债或活跃市场上的高质量公司债券的市场收益率确定折现率,将设定受益计划所产生的义务予以折现,以确定设定受益计划义务的现值和当期服务成本。

根据预期累计福利单位法,职工每提供一个期间的服务,就会增加一个单位的福利权利,企业应当对每一单位的福利权利进行单独计量,并将所有单位的福利权利累计形成最终义务。企业应当将福利归属于提供设定受益计划的义务发生的期间。这一期间是指从职工提供服务以获取企业在未来报告期间预计支付的设定受益计划福利开始,至职工的继续服务不会导致这一福利金额显著增加之日为止。

企业在确定设定受益计划义务的现值、当期服务成本以及过去服务成本时,应当根据计划的福利公式将设定受益计划产生的福利义务归属于职工提供服务的期间,并计入当期损益或相关资产成本。

当职工后续年度的服务将导致其享有的设定受益计划福利水平显著高于以前年度时,企业应当按照直线法将累计设定受益计划义务分摊确认于职工提供服务而导致企业第一次产生设定受益计划福利义务至职工提供服务不再导致该福利义务显著增加的期间。在确定后续年度服务是否将导致职工享有的设定受益福利水平显著高于以前年度时,不应考虑仅因未来工资水平提高而导致设定受益计划义务显著增加的情况。

2. 确定设定受益计划净负债或净资产

设定受益计划存在资产的,企业应当将设定受益计划义务的现值减去设定受益计划资产公允价值所形成的赤字或盈余确认为一项设定受益计划净负债或净资产。计划资产包括长期职工福利基金持有的资产、符合条件的保险单等,但不包括企业应付但未付给独立主体的提存金、由企业发行并由独立主体持有的任何不可转换的金融工具。

设定受益计划存在盈余的，企业应当以设定受益计划的盈余和资产上限两项的孰低者计量设定受益计划净资产。其中，资产上限，是指企业可从设定受益计划退款或减少未来向独立主体缴存提存金而获得的经济利益的现值。

3. 确定应当计入当期损益的金额

报告期末，企业应当在损益中确认的设定受益计划产生的职工薪酬成本包括服务成本、设定受益净负债或净资产的利息净额。除非其他相关会计准则要求或允许职工福利成本计入资产成本，企业应当将服务成本和设定受益净负债或净资产的利息净额计入当期损益。

服务成本包括当期服务成本、过去服务成本和结算利得或损失。其中，当期服务成本，是指因职工当期提供服务所导致的设定受益计划义务现值的增加额；过去服务成本，是指设定受益计划修改所导致的与以前期间职工服务相关的设定受益计划义务现值的增加或减少；设定受益计划结算利得或损失是下列两项的差额：①结算日确定的设定受益计划义务的现值；②结算价格，包括转移计划资产的公允价值和企业直接发生的与结算相关支付。

设定受益计划净负债或净资产的利息净额，是指设定受益净负债或净资产在职工提供服务期间由于时间变化而产生的变动，包括计划资产的利息收益、设定受益计划义务的利息费用以及资产上限影响的利息。

4. 确定应当计入其他综合收益的金额

企业应当将重新计量设定受益计划净负债或净资产所产生的变动计入其他综合收益，并且在后续会计期间不允许转回至损益，但企业可以在权益范围内转移这些在其他综合收益中确认的金额。

重新计量设定受益计划净负债或净资产所产生的变动包括下列部分：①精算利得或损失，即由于精算假设和经验调整导致之前所计量的设定受益计划义务现值的增加或减少。②计划资产回报，扣除包括在设定受益净负债或净资产的利息净额中的金额。计划资产的回报，指计划资产产生的利息、股利和其他收入，以及计划资产已实现和未实现的利得或损失。企业在确定计划资产回报时，应当扣除管理该计划资产的成本以及计划本身的应付税款，但计量设定受益义务时所采用的精算假设所包括的税款除外。管理该计划资产以外的其他管理费用不需从计划资产回报中扣减。③资产上限影响的变动，扣除包括在设定受益计划净负债或净资产的利息净额中的金额。

四、辞退福利

（一）定义

辞退福利是指企业在职工劳动合同到期之前解除与职工的劳动关系，或者为鼓励职工自愿接受裁减而给予职工的补偿。企业应当严格按照辞退计划条款的规定，根据拟解除劳动关系的职工数量、每一职位的辞退补偿标准等确认应付职工薪酬。

(二) 科目设置

为了反映辞退福利的提取和支付情况，应在"应付职工薪酬"科目下设置"辞退福利"明细科目。

1. 辞退福利的提取

辞退福利通常采取解除劳动关系时一次性支付补偿的方式，也有通过提高退休后养老金或其他离职后福利标准的方式，或者将职工薪酬的工资部分支付到辞退后未来某一期末。企业应当按照辞退计划条款的规定，合理预计并确认辞退福利产生的应付职工薪酬，计入当期损益。

由于被辞退职工不再给企业带来任何经济利益，因此辞退福利应当计入当期费用而不计入资产成本。企业应当根据已确定的辞退福利，借记"管理费用"，贷记"应付职工薪酬——辞退福利"科目。

2. 辞退福利的支付

企业实际支付辞退福利时，应借记"应付职工薪酬——辞退福利"科目，贷记"银行存款"科目。

五、其他长期职工福利

其他长期职工福利，指除短期薪酬、离职后福利和辞退福利以外的其他所有职工福利。其他长期职工福利包括以下各项（假设预计在职工提供相关服务的年度报告期末以后12个月内不会全部结算）：长期带薪缺勤，如其他长期服务福利、长期残疾福利、长期利润分享计划等。

企业向职工提供的其他长期职工福利，符合设定提存计划条件的，应当按照设定提存计划的有关规定进行会计处理。符合设定受益计划条件的，企业应当按照设定受益计划的有关规定，确认和计量其他长期职工福利净负债或净资产。

为了反映其他长期职工福利的提取和支付情况，应在"应付职工薪酬"科目下设置"其他长期职工福利"明细科目。

在报告期末，企业应当将其他长期职工福利产生的职工薪酬成本确认为下列组成部分：服务成本；其他长期职工福利净负债或净资产的利息净额；重新计量其他长期职工福利净负债或净资产所产生的变动。

为了简化相关会计处理，上述项目的总净额应计入当期损益或相关资产成本。

第五节 应交税费

应交税费是指企业在生产经营过程中产生的应向国家缴纳的各种税费，主要包括：增值税、消费税、城市维护建设税、教育费附加、土地增值税、城镇土地使用税、房产税、车船税、矿产资源补偿费、企业所得税和代扣代缴的个人所得税等。这些应交税费应当按照权责发生制原则进行确认、计提，在尚未缴纳之前形成企业的一项负债。

企业应设置"应交税费"科目，核算应缴纳的各种税费，并按税种设置二级科目进行明细核算。该科目的贷方登记应缴纳的各种税费，借方登记已缴纳的各种税费，期末贷方余额反映企业尚未缴纳的税费，借方余额反映企业多交或尚未抵扣的税费。

一、增值税

（一）增值税概述

增值税是以商品（含应税劳务和应税服务）在流转过程中产生的增值额作为征税对象而征收的一种流转税。按照我国增值税法的规定，增值税是对在我国境内销售商品或者提供加工、修理修配劳务（以下简称"应税劳务"）、交通运输业、邮政业、部分现代服务业（以下简称"应税服务"）以及进口货物的企业单位和个人，就其货物销售或提供应税劳务、应税服务的增值额和货物进口金额为计税依据而课征的一种流转税。增值税的纳税人按其经营规模及会计核算健全与否划分为一般纳税人和小规模纳税人。计算增值税的方法分为一般计税方法和简易计税方法。

1. 增值税的一般计税方法

增值税的一般计税方法，是先按当期销售额和适用的税率计算出销项税额，然后以该销项税额对当期购进项目支付的税款（即进项税额）进行抵扣，从而间接算出当期的应纳税额。当期应纳税额的计算公式：

当期应纳税额＝当期销项税额－当期进项税额

公式中的"当期销项税额"是指纳税人当期销售货物、提供应税劳务、发生应税行为时按照销售额和增值税税率计算并收取的增值税税额。

公式中的"当期进项税额"是指纳税人当期购进货物、接受加工修理或修配劳务、应税服务、无形资产和不动产所支付或承担的增值税税额。通常包括：①从销售方取得的增值税专用发票上注明的增值税税额；②从海关取得的完税凭证上注明的增值税税额；③购进农产品，按照农产品收购发票或者销售发票上注明的农产品买价和11%的扣除率计算的进项税额；④接受境外单位或者个人提供的应税服务，从税务机关或者境内代理人取得的解缴税款的中华人民共和国税收缴款凭证（以下简称税收缴款凭证）上注明的增值税税额。

当期销项税额小于当期进项税额不足抵扣时，其不足部分可以结转下期继续抵扣。一般纳税人采用的税率分为基本税率（17%）、低税率（11%、6%）和零税率三种。

2. 增值税的简易计税方法

增值税的简易计税方法是按照销售额与征收率的乘积计算应纳税额。应纳税额的计算公式：

应纳税额＝销售额×征收率

增值税一般纳税人计算增值税大多采用一般计税方法；小规模纳税人一般采用简易计税方法；一般纳税人销售服务、无形资产或者不动产，符合规定的，可以采用简易计税方法。

需要说明的是，小规模纳税人的征收率为3%；应税行为中按照简易计税方法计税的销售不动产、不动产经营租赁服务的征收率为5%，其他情况征收率为3%。

(二) 一般纳税人的增值税业务

增值税一般纳税人从税务角度看其主要特点如下：第一，可以使用增值税专用发票，企业销售货物或提供应税劳务可以开具增值税专用发票；第二，购进货物或者接受增值税应税劳务取得的扣税凭证上注明的增值税额或者按规定计算的可抵扣税额可以从当期的销项税额中抵扣，当期不足抵扣部分留待以后各期继续抵扣；第三，如果企业销售货物或者提供应税劳务采用销售额和销项税额合并定价方法的，按照"销售额=含税销售额÷(1+增值税税率)"换算为不含税销售额，并按不含税销售额计算销项税额。

增值税一般纳税人进行会计核算时其特点主要有：第一，在购进阶段，会计处理时依据增值税专用发票上注明的价款和增值税额，实行价与税的分离，属于价款部分，计入购入货物的成本；属于增值税税额部分，计入进项税额。第二，在销售阶段，销售价格中不再含税，如果定价时含税，应换算为不含税价格作为销售收入，向购买方收取的增值税额作为销项税额。

1. 增值税核算应设置的会计科目

为了核算企业应交增值税的发生、抵扣、交纳、退税及转出等情况，增值税一般纳税人应当在"应交税费"科目下设置"应交增值税""未交增值税""预缴增值税""待抵扣进项税额""待认证进项税额""待转销项税额"等明细科目。

(1) "应交增值税"明细账内设置"进项税额""销项税额抵减""已交税金""转出未交增值税""减免税款""销项税额""出口退税""进项税额转出""转出多交增值税""简易计税"等专栏。其中：①"进项税额"专栏，记录一般纳税人购进货物、加工修理修配劳务、服务、无形资产或不动产而支付或负担的、准予从销项税额中抵扣的增值税额；②"销项税额抵减"专栏，记录一般纳税人按照现行增值税制度规定因扣减销售额而减少的销项税额；③"已交税金"专栏，记录一般纳税人已交纳的当月应交增值税额；④"转出未交增值税"和"转出多交增值税"专栏，分别记录一般纳税人月度终了转出当月应交未交或多交的增值税额；⑤"减免税款"专栏，记录一般纳税人按现行增值税制度规定准予减免的增值税额；⑥"销项税额"专栏，记录一般纳税人销售货物、加工修理修配劳务、服务、无形资产或不动产应收取的增值税额，以及从境外单位或个人处购进服务、无形资产或不动产应扣缴的增值税额；⑦"出口退税"专栏，记录一般纳税人出口产品按规定退回的增值税额；⑧"进项税额转出"专栏，记录一般纳税人购进货物、加工修理修配劳务、服务、无形资产或不动产等发生非正常损失以及其他原因而不应从销项税额中抵扣，按规定转出的进项税额;⑨"简易计税"专栏,记录一般纳税人采用简易计税方法应交纳的增值税额。

(2)"未交增值税"明细科目,核算一般纳税人月度终了从"应交增值税"或"预缴增值税"明细科目转入当月应交未交、多交或预缴的增值税额,以及当月交纳以前期间未交的增值税额。

(3)"预缴增值税"明细科目,核算一般纳税人转让不动产、提供不动产经营租赁服务、提供建筑服务、采用预收款方式销售自行开发的房地产项目等,按现行增值税制度规定应预缴的增值税额。

(4)"待抵扣进项税额"明细科目,核算一般纳税人已取得增值税扣税凭证并经税务机关认证,按照现行增值税制度规定准予以后期间从销项税额中抵扣的进项税额。

(5)"待认证进项税额"明细科目,核算一般纳税人由于未取得增值税扣税凭证或未经税务机关认证而不得从当期销项税额中抵扣的进项税额。

(6)"待转销项税额"明细科目,核算一般纳税人销售货物、加工修理修配劳务、服务、无形资产或不动产,已确认相关收入(或利得)但尚未发生增值税纳税义务而需于以后期间确认为销项税额的增值税额。

2. 取得资产、接受应税劳务或应税行为

(1)一般纳税人购进货物、接受加工修理修配劳务或者服务、取得无形资产或者不动产,按应计入相关成本费用的金额,借记"在途物资"或"原材料""库存商品""生产成本""无形资产""固定资产""管理费用"等科目,按可抵扣的增值税额,借记"应交税费——应交增值税(进项税额)"科目,按应付或实际支付的金额,贷记"应付账款""应付票据""银行存款"等科目。购进货物等发生的退货,应根据税务机关开具的红字增值税专用发票编制相反的会计分录。

企业购进农产品,除取得增值税专用发票或者海关进口增值税专用缴款书外,可以按照农产品收购发票或者销售发票上注明的农产品买价和13%的扣除率计算的进项税额,借记"应交税费——应交增值税(进项税额)"科目,按农产品买价扣除进项税额后的差额,借记"材料采购""在途物资""原材料""库存商品"等科目,按照应付或实际支付的价款,贷记"应付账款""应付票据""银行存款"等科目。

【例9-12】蒙利公司为增值税一般纳税人,适用的增值税税率为17%,原材料按实际成本核算,销售商品价格为不含增值税的公允价格。2016年6月发生交易或事项以及相关的会计分录如下:

(1)5日,购入原材料一批,增值税专用发票上注明的价款为120 000元,增值税税额为20 400元,材料尚未到达,全部款项已用银行存款支付。

借:在途物资 120 000
　　应交税费——应交增值税(进项税额) 20 400
　　贷:银行存款 140 400

(2)10日,收到5日购入的原材料并验收入库,实际成本总额为120 000元。同日,与运输公司结清运输费用,增值税专用发票注明的运输费用为5 000元,增值税税额为 550 元，运输费用和增值税税额已用转账支票付讫。

借：原材料　　　　　　　　　　　　　　　　　　　　125 000
　　应交税费——应交增值税（进项税额）　　　　　　　　550
　　贷：银行存款　　　　　　　　　　　　　　　　　　　5 500
　　　　在途物资　　　　　　　　　　　　　　　　　　120 000

（3）15 日，购入不需要安装的生产设备一台，增值税专用发票上注明的价款为 180 000 元，增值税税额为 30 600 元，款项尚未支付。

借：固定资产　　　　　　　　　　　　　　　　　　　180 000
　　应交税费——应交增值税（进项税额）　　　　　　30 600
　　贷：应付账款　　　　　　　　　　　　　　　　　210 600

（4）20 日，购入免税农产品一批，农产品收购发票上注明的买价为 200 000 元，规定的扣除率为 11%，货物尚未到达，价款已用银行存款支付。

借：在途物资　　　　　　　　　　　　　　　　　　　178 000
　　应交税费——应交增值税（进项税额）　　　　　　22 000
　　贷：银行存款　　　　　　　　　　　　　　　　　200 000

（5）25 日，生产车间委托外单位修理机器设备，对方开具的增值税专用发票上注明的修理费用为 20 000 元，增值税税额为 3 400 元，款项已用银行存款支付。

借：管理费用　　　　　　　　　　　　　　　　　　　20 000
　　应交税费——应交增值税（进项税额）　　　　　　3 400
　　贷：银行存款　　　　　　　　　　　　　　　　　23 400

（2）购进不动产或不动产在建工程的进项税额的分年抵扣。按现行增值税制度规定，自 2016 年 5 月 1 日后，一般纳税人取得并按固定资产核算的不动产或者不动产在建工程，其进项税额自取得之日起分 2 年从销项税额中抵扣的，第一年抵扣比例为 60%，第二年抵扣比例为 40%。

企业购进不动产或不动产在建工程，应当按取得资产的成本，借记"固定资产""在建工程"等科目，按当期可抵扣的增值税额，借记"应交税费——应交增值税（进项税额）"科目，按以后期间可抵扣的增值税额，借记"应交税费——待抵扣进项税额"科目，按应付或实际支付的金额，贷记"应付账款""应付票据""银行存款"等科目。尚未抵扣的进项税额待以后期间允许抵扣时，按允许抵扣的金额，借记"应交税费——应交增值税（进项税额）"科目，贷记"应交税费——待抵扣进项税额"科目。

【例 9-13】20×6 年 6 月 10 日，蒙利公司购进一幢办公楼并于当月投入使用。6 月 25 日，纳税人取得该大楼的增值税专用发票并认证相符，专用发票注明的价款为 800 000 元，增值税进项税额为 88 000 元，款项已用银行存款支付。不考虑其他相关因素。

本月该办公楼应抵扣的进项税额 = 88 000 × 60% ÷ 12 = 4 400（元）

借：固定资产 800 000
　　应交税费——应交增值税（进项税额） 4 400
　　　　　　——待抵扣进项税额 83 600
　　贷：银行存款 888 000

（3）货物等已验收入库但尚未取得增值税扣税凭证。企业购进的货物等已到达并验收入库，但尚未收到增值税扣税凭证的，应按货物清单或相关合同协议上的价格暂估入账。按应计入相关成本费用的金额，借记"原材料""库存商品""无形资产""固定资产"等科目，按未来可抵扣的增值税额，借记"应交税费——待认证进项税额"科目，按应付或实际支付的金额，贷记"应付账款""应付票据""银行存款"等科目。待取得相关增值税扣税凭证并经认证后，借记"应交税费——应交增值税（进项税额）"或"应交税费——待抵扣进项税额"科目，贷记"应交税费——待认证进项税额"科目。

【例 9-14】 20×6 年 6 月 25 日，蒙利公司购进原材料一批已验收入库，但尚未收到增值税扣税凭证，款项也未支付。随货同行的材料清单列明的原材料销售价格为 260 000 元，估计未来可抵扣的增值税额为 44 200 元。该企业应编制如下会计分录：

借：原材料 260 000
　　应交税费——待认证进项税额 44 200
　　贷：应付账款 304 200

下月初，取得相关增值税专用发票上注明的价款为 260 000 元，增值税税额为 44 200 元，增值税专用发票已认证。全部款项以银行存款支付。该企业应编制如下会计分录：

借：应付账款 304 200
　　应交税费——应交增值税（进项税额） 44 200
　　贷：应交税费——待认证进项税额 44 200
　　　　银行存款 304 200

需要说明的是，一般纳税人购进货物、接受应税劳务或应税行为，用于简易计税方法计税项目、免征增值税项目、集体福利或个人消费等，其进项税额按照现行增值税制度规定不得从销项税额中抵扣的，应将进项税额计入相关成本费用，不通过"应交税费——应交增值税（进项税额）"科目核算。

（4）进项税额转出。企业已单独确认进项税额的购进货物、加工修理修配劳务或者服务、无形资产或者不动产但其事后改变用途（如用于简易计税方法计税项目、免征增值税项目、非增值税应税项目等），或发生非正常损失，企业应将已记入"应交税费——应交增值税（进项税额）"科目的金额转入"应交税费——应交增值税（进项税额转出）"科目。这里所说的"非正常损失"，是指因管理不善造成被盗、丢失、霉烂变质的损失，以及被执法部门依法没收或者强令自行销毁的货物。进项税额转出的会计处理为，借记"待处理财产损溢""应付职工薪酬"等科目，贷记"应交税费——应交增值税（进项税额转出）"科目。属于转作待处理财产损失的进项税额，应与非正常损失的购进货物、在产品或库存商品、固定资产和无形资产的成本一并处理。

【例 9-15】 20×6 年 6 月，蒙利公司发生进项税额转出事项及相关会计分录如下：

（1）10 日，库存材料因管理不善发生意外火灾损失，有关增值税专用发票注明的材料成本为 20 000 元，增值税税额为 3 400 元。该公司将毁损库存材料作为待处理财产损溢入账。

借：待处理财产损溢——待处理流动资产损溢　　　　23 400
　　贷：原材料　　　　　　　　　　　　　　　　　20 000
　　　　应交税费——应交增值税（进项税额转出）　 3 400

（2）18 日，领用一批外购原材料用于集体福利消费，该批原材料的成本为 60 000 元，购入时支付的增值税进项税额为 10 200 元。

借：应付职工薪酬——职工福利费　　　　　　　　　70 200
　　贷：原材料　　　　　　　　　　　　　　　　　60 000
　　　　应交税费——应交增值税（进项税额转出）　10 200

3. 销售货物、提供应税劳务、发生应税行为

（1）企业销售货物、提供加工修理修配劳务、销售服务、无形资产或不动产，应当按应收或已收的金额，借记"应收账款""应收票据""银行存款"等科目，按取得的收入金额，贷记"主营业务收入""其他业务收入""固定资产清理"等科目，按现行增值税制度规定计算的销项税额（或采用简易计税方法计算的应纳增值税额），贷记"应交税费——应交增值税（销项税额或简易计税）"科目。

企业销售货物等发生销售退回的，应根据税务机关开具的红字增值税专用发票作相反的会计分录。会计上收入或利得确认时点先于增值税纳税义务发生时点的，应将相关销项税额计入"应交税费——待转销项税额"科目，待实际发生纳税义务时再转入"应交税费——应交增值税（销项税额或简易计税）"科目。

【例 9-16】 20×6 年 6 月，蒙利公司发生与销售相关的交易以及相关会计分录如下：

（1）15 日，销售产品一批，开具增值税专用发票注明的价款为 500 000 元，增值税税额为 85 000 元，提货单和增值税专用发票已交给买方，款项尚未收到。

借：应收账款　　　　　　　　　　　　　　　　　585 000
　　贷：主营业务收入　　　　　　　　　　　　　500 000
　　　　应交税费——应交增值税（销项税额）　 　85 000

（2）28 日，为外单位代加工电脑桌 500 个，每个收取加工费 80 元，已加工完成。开具增值税专用发票注明的价款为 40 000 元，增值税税额为 6 800 元，款项已收到并存入银行。

借：银行存款　　　　　　　　　　　　　　　　　 46 800

贷：主营业务收入　　　　　　　　　　　　　　　　　　　　　　　　40 000
　　　　应交税费——应交增值税（销项税额）　　　　　　　　　　　　　　6 800

（2）视同销售。企业有些交易和事项从会计角度看不属于销售行为，不能确认销售收入，但按照税法规定，应视同对外销售处理，计算应交增值税。视同销售需要交纳增值税的事项有：企业将自产或委托加工的货物用于非应税项目、集体福利或个人消费，将自产、委托加工或购买的货物作为投资、分配给股东或投资者、无偿赠送他人等。在这些情况下，企业应当根据视同销售的具体内容，按照现行增值税制度规定计算的销项税额（或采用简易计税方法计算的应纳增值税额），借记"在建工程""长期股权投资""应付职工薪酬""营业外支出"等科目，贷记"应交税费——应交增值税（销项税额或简易计税）"科目等。

【例9-17】　20×6年6月，蒙利公司发生的视同销售交易如下：

（1）10日，将自己生产的产品用于自营工程。该批产品的成本为180 000元，计税价格为250 000元。

　　借：在建工程　　　　　　　　　　　　　　　　　　　　　　　　　222 500
　　　　贷：库存商品　　　　　　　　　　　　　　　　　　　　　　　　180 000
　　　　　　应交税费——应交增值税（销项税额）　　　　　　　　　　　　42 500

（2）25日，用一批原材料对外进行长期股权投资。该批原材料实际成本为600 000元，双方协商不含税价值为750 000元。

　　借：长期股权投资　　　　　　　　　　　　　　　　　　　　　　　877 500
　　　　贷：其他业务收入　　　　　　　　　　　　　　　　　　　　　　750 000
　　　　　　应交税费——应交增值税（销项税额）　　　　　　　　　　　127 500
　　借：其他业务成本　　　　　　　　　　　　　　　　　　　　　　　600 000
　　　　贷：原材料　　　　　　　　　　　　　　　　　　　　　　　　　600 000

4. 交纳增值税

企业交纳当月应交的增值税，借记"应交税费——应交增值税（已交税金）"科目，贷记"银行存款"科目；企业交纳以前期间未交的增值税，借记"应交税费——未交增值税"科目，贷记"银行存款"科目。

【例9-18】　20×6年6月，蒙利公司发生销项税额合计为261 800元，进项税额转出合计为13 600元，进项税额合计为85 350元。该公司当月应交增值税计算结果如下：

应交增值税＝261 800＋13 600－85 350＝190 050（元）

当月，该公司用银行存款交纳增值税150 000元，应编制如下会计分录：

　　借：应交税费——应交增值税（已交税金）　　　　　　　　　　　　150 000
　　　　贷：银行存款　　　　　　　　　　　　　　　　　　　　　　　　150 000

5. 月末转出多交增值税和未交增值税

月度终了，企业应当将当月应交未交或多交的增值税自"应交增值税"明细科目转入"未交增值税"明细科目。对于当月应交未交的增值税，借记"应交税费——应交增值税（转出未交增值税）"科目，贷记"应交税费——未交增值税"科目；对于当月多交的增值税，借记"应交税费——未交增值税"科目，贷记"应交税费——应交增值税（转出多交增值税）"科目。

【例9-19】 月末，蒙利公司将尚未交纳的其余增值税税款40 050元转账。应编制如下会计分录：

借：应交税费——应交增值税（转出未交增值税）　　　　40 050
　　贷：应交税费——未交增值税　　　　　　　　　　　　　40 050

次月初，该公司交纳上月未交增值税40 050元时，应编制如下会计分录：

借：应交税费——未交增值税　　　　　　　　　　　　　40 050
　　贷：银行存款　　　　　　　　　　　　　　　　　　　　40 050

需要说明的是，企业购入材料等不能取得增值税专用发票的，发生的增值税应计入材料采购成本，借记"材料采购""在途物资""原材料"等科目，贷记"银行存款"等科目。

（三）小规模纳税人的增值税业务

小规模纳税人核算增值税采用简化的方法，即购进货物、接受应税劳务和应税行为支付的增值税，一律不予抵扣，直接计入有关货物或劳务的成本。销售货物、提供应税劳务和应税行为时，按照不含税销售额和规定的增值税征收率计算应交纳的增值税，但不得开具增值税专用发票。

一般来说，小规模纳税人采用销售额和应纳税额合并定价的方法并向客户结算款项，销售货物或提供应税劳务后，应进行价税分离，确定不含税的销售额。不含税的销售额计算公式：

不含税销售额=含税销售额÷（1+征收率）

应纳税额=不含税销售额×征收率

小规模纳税人进行账务处理时，只需在"应交税费"科目下设置"应交增值税"明细科目，该明细科目不再设置专栏。"应交税费——应交增值税"科目贷方登记应交纳的增值税，借方登记已交纳的增值税；期末贷方余额反映尚未交纳的增值税，借方余额反映多交纳的增值税。

小规模纳税人购进货物或接受应税劳务、应税行为，按照应付或实际支付的全部款项，借记"材料采购""在途物资""原材料"等科目，贷记"应付账款""应付票据""银行存款"等科目；销售货物、提供应税劳务和应税行为，应按全部价款借记"银行存款"等科目，按不含税的销售额贷记"主营业务收入"等科目，按应征税额贷记"应交税费——应交增值税"科目。

【例9-20】 甲企业为增值税小规模纳税人，适用增值税税率为3%，原材料按实际成本核算。该企业发生经济交易如下：购入原材料一批，取得增值税专用发票注明的价款为30 000元，增值税税额为5 100元，款项以银行存款支付，材料验收入库。销售产品一批，开具的普通发票中注明的货款（含税）为51 500元，款项已存入银行。

用银行存款交纳增值税 1 500 元。该企业应编制如下会计分录：

(1) 购入原材料。

借：原材料　　　　　　　　　　　　　　　　　　　　　35 100
　　贷：银行存款　　　　　　　　　　　　　　　　　　　　　35 100

(2) 销售产品。

借：银行存款　　　　　　　　　　　　　　　　　　　　51 500
　　贷：主营业务收入　　　　　　　　　　　　　　　　　　　50 000
　　　　应交税费——应交增值税　　　　　　　　　　　　　　 1 500

(3) 交纳增值税。

借：应交税费——应交增值税　　　　　　　　　　　　　 1 500
　　贷：银行存款　　　　　　　　　　　　　　　　　　　　　 1 500

二、消费税

消费税是指对生产、委托加工及进口应税消费品征收的一种税。国家在普遍征收增值税的基础上，选择部分消费品再征收一道消费税，其目的主要是引导消费方向，调整产业结构，保证国家税收收入。

消费税的征收方法采取从价定率和从量定额两种方法。实行从价定率办法计征的应纳税额的税基为不含增值税的销售额；实行从量定额办法计征的应纳税额的销售数量是指应税消费品的数量。消费税是价内税，对于应该缴纳的消费税，企业应在"应交税费"科目下设置"应交消费税"明细科目进行核算。

(一) 销售应税消费品

企业将生产的产品直接对外销售的，对外销售产品应交纳的消费税，通过"税金及附加"科目核算。企业按规定计算出应交的消费税，借记"税金及附加"科目，贷记"应交税费——应交消费税"科目。

【例 9-21】 蒙利公司 20×6 年 6 月应交纳消费税的产品销售收入 2 000 000 元，该产品适用的消费税税率为 10%。蒙利公司关于消费税的账务处理如下：

借：税金及附加　　　　　　　　　　　　　　　　　　 200 000
　　贷：应交税费——应交消费税　　　　　　　　　　　　　 200 000

(二) 自产自用应税消费品

企业将自产应税消费品用于在建工程、管理部门、职工福利等非生产机构，需要视同销售，计算缴纳消费税，并将其计入相关的成本中。

企业应于产品移送使用时按计算的应交消费税的金额，借记"在建工程""生产成本""管理费用""应付职工薪酬"等科目，贷记"应交税费——应交消费税"科目。

【例 9-22】 蒙利公司将自产的一批应税消费品用于在建工程，成本为 10 万元，该产品的市场销售价格为 16 万元，适用消费税税率为 5%，增值税率为 17%。则蒙利公司应作如下会计处理：

应缴纳的消费税=160 000×5%=8 000（元）

应缴纳的增值税=160 000×17%=27 200（元）

借：在建工程	135 200
贷：库存商品	100 000
应交税费——应交消费税	8 000
——应交增值税（销项税额）	27 200

（三）委托加工应税消费品

按照税法规定，企业委托加工的应税消费品，由受托方在向委托方交货时代收代缴税款（除受托加工或翻新改制金银首饰按规定由受托方交纳消费税外）。

受托方按应扣税款金额，借记"应收账款""银行存款"等科目，贷记"应交税费——应交消费税"科目。

委托方收回委托加工物资后，直接用于销售的，应将受托方代收代缴的消费税计入委托加工物资的成本，借记"委托加工物资"等科目，贷记"应付账款""银行存款"等科目；委托加工物资收回后用于连续生产应税消费品的，按规定准予抵扣的，应按已由受托方代收代缴的消费税，借记"应交税费——应交消费税"科目，贷记"应付账款""银行存款"等科目，待用委托加工的应税消费品生产出应纳消费税的产品销售时，再交纳消费税。

【例9-23】 蒙利公司委托乙企业加工材料（非金银首饰），原材料价款为150 000元，加工费用为60 000元，由受托方代收代缴的消费税为6 000元，材料已经加工完毕并验收入库，加工费用尚未支付。假设不考虑增值税等其他税费。蒙利公司账务处理如下：

(1) 将加工收回后的材料直接用于销售。

借：委托加工物资	150 000
贷：原材料	150 000
借：委托加工物资	66 000
贷：应付账款	66 000
借：原材料	216 000
贷：委托加工物资	216 000

(2) 将加工收回后的材料用于继续生产。

借：委托加工物资	150 000
贷：原材料	150 000
借：委托加工物资	60 000
应交税费——应交消费税	6 000
贷：应付账款	66 000
借：原材料	210 000

　　　　贷：委托加工物资　　　　　　　　　　　　　　　　　　　　　210 000

（四）进口应税消费品

企业进口应税物资在进口环节应交的消费税，计入该项物资的成本，借记"材料采购""固定资产"等科目，贷记"银行存款"科目。

【例9-24】 蒙利公司从国外进口一批需要交纳消费税的商品，商品价值为1 000 000元，进口环节需要交纳的消费税为200 000元（不考虑增值税），采购的商品已经验收入库，货款尚未支付，税款已经用银行存款支付。蒙利公司应编制如下会计分录：

　　借：库存商品　　　　　　　　　　　　　　　　　　　　　　　1 200 000
　　　　贷：应付账款　　　　　　　　　　　　　　　　　　　　　1 000 000
　　　　　　银行存款　　　　　　　　　　　　　　　　　　　　　　 200 000

三、其他应交税费

（一）城市维护建设税和教育费附加

城市维护建设税和教育费附加均为附加的税费。按照现行法规的有关规定，城市维护建设税和教育费附加均应根据应交增值税、消费税之和的一定比例计算缴纳。城市维护建设税与教育费附加均属于价内税，应计入"税金及附加"由营业收入来补偿。

结转应交城市维护建设税与教育费附加时，应借记"税金及附加"科目，贷记"应交税费——应交城市维护建设税""应交税费——应交教育费附加"科目；实际缴纳城市维护建设税与教育费附加时，应借记"应交税费——应交城市维护建设税""应交税费——应交教育费附加"科目，贷记"银行存款"科目。

【例9-25】 蒙利公司本期实际应上交增值税400 000元，消费税240 000元。该公司适用的城市维护建设税的征收率为7%，教育费附加的征收率为3%。该公司的有关会计处理如下：

（1）计算应交的城市维护建设税。

应交的城市维护建设税=（400 000+240 000）×7%=44 800（元）

应交的教育费附加=（400 000+240 000）×3%=19 200

　　借：税金及附加　　　　　　　　　　　　　　　　　　　　　　　64 000
　　　　贷：应交税费——应交城市维护建设税　　　　　　　　　　　44 800
　　　　　　　　　　——应交教育费附加　　　　　　　　　　　　　19 200

（2）用银行存款上交城市维护建设税和教育费附加时。

　　借：应交税费——应交城市维护建设税　　　　　　　　　　　　 44 800
　　　　　　　　——应交教育费附加　　　　　　　　　　　　　　 19 200
　　　　贷：银行存款　　　　　　　　　　　　　　　　　　　　　　64 000

（二）土地增值税

土地增值税是对转让国有土地使用权、地上的建筑物及其附着物（以下简称转让房地产）并取得增值性收入的单位和个人所征收的一种税。

土地增值税按照转让房地产所取得的增值额和规定的税率计算征收。转让房地产的增值额是转让收入减去税法规定扣除项目金额后的余额，其中，转让收入包括货币收入、实物收入和其他收入；扣除项目主要包括取得土地使用权所支付的金额、房地产开发成本及费用、与转让房地产有关的税金、旧房及建筑物的评估价格、财政部确定的其他扣除项目等。土地增值税采用四级超率累进税率，其中最低税率为30%，最高税率为60%。

根据企业对房地产核算方法不同，企业应交土地增值税的账务处理也有所区别：企业转让的土地使用权连同地上建筑物及其附着物一并在"固定资产"科目核算的，转让时应交的土地增值税，借记"固定资产清理"科目，贷记"应交税费——应交土地增值税"科目；土地使用权在"无形资产"科目核算的，按实际收到的金额，借记"银行存款""累计摊销""无形资产减值准备"科目，按应交的土地增值税，贷记"应交税费——应交土地增值税"科目，同时冲销土地使用权的账面价值，贷记"无形资产"科目，按其差额，借记"营业外支出"科目或贷记"营业外收入"科目；房地产开发经营企业销售房地产应交纳的土地增值税，借记"税金及附加"科目，贷记"应交税费——应交土地增值税"科目。交纳土地增值税，借记"应交税费——应交土地增值税"科目，贷记"银行存款"科目。

【例9-26】 蒙利公司对外转让一栋厂房，根据税法规定计算的应交土地增值税为25 000元。蒙利公司应编制如下会计分录：

(1) 计算应交土地增值税。

借：固定资产清理　　　　　　　　　　　　　　　　　　25 000
　　贷：应交税费——应交土地增值税　　　　　　　　　　　　25 000

(2) 用银行存款交纳土地增值税。

借：应交税费——应交土地增值税　　　　　　　　　　　25 000
　　贷：银行存款　　　　　　　　　　　　　　　　　　　　　25 000

(三) 房产税、土地使用税、车船使用税和印花税

房产税是国家对在城市、县城、建制镇和工矿区征收的由产权所有人缴纳的一种税。土地使用税是国家为了合理利用城镇土地，调节土地级差收入，提高土地使用效益，加强土地管理而开征的一种税。车船使用税由拥有并且使用车船的单位和个人交纳。印花税是对书立、领受购销合同等凭证行为征收的税款。

企业按规定计算应交的房产税、土地使用税、车船使用税时，借记"税金及附加"科目，贷记"应交税费——应交房产税（或土地使用税、车船使用税）"科目；实际上交时，借记"应交税费——应交房产税（或土地使用税、车船使用税）"科目，贷记"银行存款"科目。

由于企业交纳的印花税，是由纳税人根据规定自行计算应纳税额以购买并一次贴足印花税票的方法交纳的税款。一般情况下，企业需要预先购买印花税票，待发生应

税行为时,直接将已购买的印花税票粘贴在应纳税凭证上,不会发生应付未付的情况,不需要预计应纳税额。因此,企业交纳的印花税不需要通过"应交税费"科目核算,于购买印花税票时,直接借记"税金及附加"科目,贷记"银行存款"科目。

第六节 其他应付款与预收账款

一、其他应付款

其他应付款是指除应付账款、应付票据、预收账款、应付职工薪酬、应交税费、应付股利等经营活动以外的其他应付、暂收款项,如应付租入包装物租金、存入保证金等。

企业应通过"其他应付款"科目,核算其他应付款的增减变动及结存情况,该科目贷方登记发生的各种其他应付、暂收款项,借方登记偿还或转销的各种其他应付、暂收款项,期末余额在贷方,反映企业应付未付的其他应付款项。该科目一般按其他应付款的项目和对方单位(或个人)设置明细科目进行明细核算。

企业发生其他各种应付、暂收款项时,借记"管理费用"等科目,贷记"其他应付款"科目;支付或退回其他各种应付、暂收款项时,借记"其他应付款"科目,贷记"银行存款"科目。

【例9-27】 蒙利公司20×1年2月收到客户租用包装物的押金7 000元,款项存入银行。蒙利公司账务处理如下:

借:银行存款 7 000
　　贷:其他应付款 7 000

二、预收账款

预收账款是买卖双方协议商定,由购货单位预先支付一部分货款而形成的一项负债。与应付账款不同,预收账款所形成的负债不是以货币偿付,而是以货物偿付。在会计核算上,主要包括预收款项、发出商品实现收入及合同结算等情况。

企业应通过设置"预收账款"科目核算预收账款的取得、偿还等情况。该科目贷方登记按照合同规定预收的货款额和发出货物后对方补付的货款额;借方登记发出货物时应收的货款额和退回多收的货款额,期末贷方如在余额,反映企业预收的款项;期末如为借方余额,反映企业尚未转销的款项,实质上是企业的一种债权。该科目一般按照购货单位设置明细科目进行明细核算。

企业向购货单位预收款项时,借记"银行存款"等科目,贷记"预收账款"科目;销售实现时,按实现的收入和应收的增值税销项税额,借记"预收账款"科目,贷记"主营业务收入"科目，按照增值税专用发票上注明的增值税额，贷记"应交税费——应交增值税（销项税额）"科目；企业收到购货单位补付的货款时，借记"银行存款"科目，贷记"预收账款"科目；企业向购货单位退回多收的款项时，借记"预收账款"科目，贷记"银行存款"科目。

【例9-28】 蒙利公司是增值税一般纳税人。20×1年5月8日，与D公司签订供货合同，供货金额为70 000元，应交纳增值税为11 900元。根据有关供货合同，D公司应于20×1年5月10日先预付货款40 000元，余款交货后付清。20×1年5月20日，蒙利公司将货物发到D公司并开出增值税专用发票，D公司验收合格后付清了剩余货款。则蒙利公司有关会计处理如下：

(1) 5月10日收到预付款40 000元。

借：银行存款　　　　　　　　　　　　　　　　　　　　　40 000
　　贷：预收账款——D公司　　　　　　　　　　　　　　　　40 000

(2) 5月20日蒙利公司发出货物并收到剩余货款。

借：预收账款——D公司　　　　　　　　　　　　　　　　81 900
　　贷：主营业务收入　　　　　　　　　　　　　　　　　　70 000
　　　　应交税费——应交增值税（销项税额）　　　　　　　11 900

实际收到对方应补付的货款41 900元（81 900-40 000）时：

借：银行存款　　　　　　　　　　　　　　　　　　　　　41 900
　　贷：预收账款——D公司　　　　　　　　　　　　　　　41 900

值得注意的是，企业预收账款业务如果不多时，可以不设置"预收账款"科目，收到预收款项时直接计入"应收账款"科目的贷方。

【本章小结】

负债是指企业过去的交易或事项形成的，预期会导致经济利益流出企业的现时义务。按其流动性的不同，分为流动负债和非流动负债。流动负债包括短期借款、应付票据、应付账款、预收账款、应付职工薪酬、应交税费等。短期借款是企业通过向银行借款方式筹集资金，其核算一般包括取得资金、确认利息以及归还本金等内容。应付票据和应付账款是因为赊购材料或商品等日常经营活动而形成的企业现时义务，未来需要用货币偿付。与上述负债不同，预收账款所形成的负债需要未来用产品或劳务偿付。应付职工薪酬应在职工为企业提供服务的会计期间予以确认，并根据职工提供服务的受益对象，分别计入相关资产成本或当期损益。职工薪酬的发放形式既可以是货币，也可以是非货币性福利。应交税费主要反映企业按照税法规定应交纳的各种税费及其实际交纳情况。

【思考题】

1. 什么是负债？企业的负债主要包括哪些内容？流动负债如何计价？
2. 应付账款和应付票据有什么区别？如何核算？
3. 应付职工薪酬包括哪些内容？如何核算？
4. 设定受益计划和设定提存计划的区别和联系。
5. 一般纳税人和小规模纳税人的增值税核算有何不同？
6. 委托加工的应交消费税如何核算？

【练习题】

1. 南海公司为增值税一般纳税人，20×1年12月发生下列经济业务：

（1）1日，从北海公司购进甲材料10 000公斤，每公斤20元，增值税税额率为17%。取得增值税专用发票。甲材料已验收入库，价、税款尚未支付。

（2）1日，向友谊公司借入生产经营周转借款200 000元，期限为6个月，年利率为15%，假定金融企业同期同类贷款利率为7.5%。

（3）3日，销售A商品一批，价款500 000元，增值税税率为17%。开出增值税专用发票，A商品已发出，价、税款已收存银行。

（4）5日，以银行存款解交本月应交的增值税额24 000元。

（5）6日，开出并承兑为期3个月的商业承兑汇票一张，用以抵付前欠北海公司所购甲材料价、税款234 000元。

（6）10日，开出现金支票，从银行提取现金102 000元，用以支付本月职工工资。

（7）16日，发生职工福利费180 000元，用银行存款支付。其中：生产部门人员福利费124 200元，车间管理人员福利费21 600元，行政管理人员福利费21 600元，专设销售机构人员福利费7 200元，基建部门人员福利费5 400元。

（8）31日，预提应由本月负担的短期借款利息。

（9）31日，分配本月工资：生产车间直接生产工人工资69 000元，车间管理人员工资12 000元，行政管理人员工资12 000元，专设销售机构人员工资4 000元，基建部门人员工资3 000元。

（10）31日，公司按照本月职工工资总额100 000元的10%、12%、2%和10%分别计提医疗保险费、养老保险费、失业保险费和住房公积金。

（11）31日，结转本月销售A商品的成本400 000元。

（12）31日，将当月应交未交增值税予以结转。

（13）31日，按本期应交增值税额的7%和3%，分别计提应交未交的城市维护建设税、教育费附加。

【要求】 根据以上资料，编制相关业务的会计分录。

2. 天利股份有限公司 20×1 年 3 月发生部分业务如下：

（1）3 月 31 日，为公司总部 25 位部门经理每人配备汽车一辆免费使用，每辆汽车每月折旧 800 元。

（2）该公司为 5 名副总裁以上高级管理人员每人租赁一套公寓免费使用，月租金为每套 8 000 元，3 月 31 日，支付当月租金 40 000 元。

【要求】 编制上述业务的会计分录。

第十章　非流动负债

学习目标

▶ 掌握

长期借款、应付债券和借款费用资本化的会计处理。

▶ 理解

借款费用的金额确定与会计处理的一般问题。

▶ 了解

非流动负债特征及分类。

第一节　非流动负债概述

一、非流动负债的性质与种类

非流动负债是流动负债以外的负债，通常是指偿还期限在1年以上的债务。与流动负债相比，非流动负债具有偿还期限较长、金额较大的特点。相对来说，是企业一项比较稳定且重要的资金来源。

非流动负债的计价，由于其涉及的期间一般较长，其到期值与现值往往差距较大，应当考虑货币的时间价值。根据《企业会计准则第22号——金融工具确认和计量》的规定，非流动负债应当按照公允价值进行初始计量，采用摊余成本进行后续计量。实际利率与合同利率差别较小的，也可按合同利率计算利息费用。

常见的非流动负债主要有长期借款、应付债券、长期应付款等。

二、非流动负债借款费用

由于非流动负债的利息额往往较大，因而利息的确认与计量，对于如实反映企业的财务状况与经营成果，便显得十分重要。此外，非流动负债的利息既可能是分期支付，也可能于到期还本时一次支付。因而，非流动负债的应付未付利息本身既可能是流动负债，也可能是非流动负债。

按照我国企业会计准则的规定,非流动负债的借款费用按照用途和具体条件,分别进行费用化或资本化处理。一般来说,企业在生产经营期间发生的具有专门用途的借款费用,应予以资本化,计入相关资产成本;发生的没有专门用途的借款费用应先计入开办费,在生产经营开始日将全部开办费计入当期损益。

第二节　长期借款

一、长期借款的概念

长期借款是指企业从银行或其他金融机构借入的期限在一年以上的款项。企业借入长期借款不仅可以弥补企业流动资金的不足,在某种程度上,为企业扩大生产经营、购建各种资产所需资金起到作用。另外,举借长期借款,在有利于投资人保持原有控制企业权力的同时,也可以为投资人带来获利机会。企业借入的长期借款按其偿还方式,可分为定期偿还和分期偿还。定期偿还的长期借款,是指按规定的借款到期日一次还清全部本息;分期偿还的长期借款是指在借款期内,按规定分期偿还本息。

长期借款按利息的计算方法,可分为单息长期借款和复息长期借款。单息长期借款是指计算利息时,上期的利息并不计入本金之内,仅按本金计算的利息;复息长期借款计算利息方法是,上期利息计入本金,再进行计息,俗称利滚利。

长期借款的偿还方式、计息的利率、偿还期等都要在借款协议中明确规定。

二、长期借款的账务处理

企业应设置"长期借款"账户核算企业长期借款的借入、应计利息和归还本息的情况,该账户贷方登记长期借款本息的增加额,借方登记本息的减少额,余额在贷方,反映企业尚未偿还的长期借款本金和利息。企业借入的长期借款,除应按规定办理借入手续外,还应按期支付利息,并按规定期限归还借款。因此,长期借款的会计处理应反映长期借款的借入、利息的结算和借款本息的归还情况。

(一)取得长期借款的核算

企业借入长期借款,应按实际收到的金额,借记"银行存款"账户,按取得长期借款的本金,贷记"长期借款——本金"账户,将二者的差额借记"长期借款——利息调整"账户。

(二)长期借款利息的核算

在资产负债表日确认当期的利息费用。对于按照长期借款的摊余成本和实际利率计算确定的利息费用,符合资本化条件的部分借记"在建工程"等账户;不符合资本化条件的部分借记"财务费用"等账户。按照借款本金和合同利率计算确定的应支付的利息,贷记"应付利息"账户,实际利息和应付利息的差额作为其调整额,贷记"长期借款——利息调整"账户。

企业在付息日实际支付利息时按照本期应支付的利息金额,借记"应付利息"账户,贷记"银行存款"账户。

(三) 归还长期借款的核算

长期借款到期,对于分期付息到期还本的借款,企业归还长期借款本金时,借记"长期借款"账户,贷记"银行存款"账户。如果有应付未付的利息,应借记"应付利息"账户,贷记"银行存款"账户;对于到期一次还本付息的借款,企业归还长期借款时,借记"长期借款——本金"账户,借记"长期借款——应计利息"账户,按照实际支付的本息和,贷记"银行存款"账户。

【例10-1】 蒙利公司20×1年1月1日借入长期借款1 000 000元,用于扩建厂房,年末完工交付使用。借款期为二年,年利率9%,每年年末归还借款利息,到期一次还清本金。20×1年1月支付工程款共计600 000元,20×1年10月又支付工程费用共计300 000元,按期完工,达到预定可使用状态。

蒙利公司账务处理如下:

(1) 借款存入银行时。

借:银行存款　　　　　　　　　　　　　　　　1 000 000
　　贷:长期借款——本金　　　　　　　　　　　　　1 000 000

每年应计利息 = 本金 × 利率 = 1 000 000 × 9% = 90 000(元)

(2) 20×1年1月、10月支付工程款。

借:在建工程　　　　　　　　　　　　　　　　　600 000
　　贷:银行存款　　　　　　　　　　　　　　　　　600 000
借:在建工程　　　　　　　　　　　　　　　　　300 000
　　贷:银行存款　　　　　　　　　　　　　　　　　300 000

(3) 20×1年12月完工交付使用时计算计入工程利息。

借:在建工程　　　　　　　　　　　　　　　　　 90 000
　　贷:应付利息　　　　　　　　　　　　　　　　　 90 000

(4) 20×1年末支付银行利息时。

借:应付利息　　　　　　　　　　　　　　　　　 90 000
　　贷:银行存款　　　　　　　　　　　　　　　　　 90 000

(5) 20×2年计算应付利息并支付。

借:财务费用　　　　　　　　　　　　　　　　　 90 000
　　贷:应付利息　　　　　　　　　　　　　　　　　 90 000
借:应付利息　　　　　　　　　　　　　　　　　 90 000
　　贷:银行存款　　　　　　　　　　　　　　　　　 90 000

(6) 第三年 1 月归还本金。

借：长期借款　　　　　　　　　　　　　　　1 000 000
　　贷：银行存款　　　　　　　　　　　　　　　　1 000 000

【例 10-2】　蒙利公司 20×1 年 7 月 1 日借入长期借款 1 000 000 元，用于扩建厂房，一年完工交付使用。借款期为二年，年利率 10%，单息计算，到期一次还本付息。工程按期完工，达到预定可使用状态。

蒙利公司账务处理如下：

(1) 借款存入银行时。

借：银行存款　　　　　　　　　　　　　　　1 000 000
　　贷：长期借款——本金　　　　　　　　　　　　1 000 000

(2) 20×1 年年底应计利息。

应计利息 = 1 000 000 × 10% × 6/12 = 50 000（元）

借：在建工程　　　　　　　　　　　　　　　　50 000
　　贷：长期借款——应计利息　　　　　　　　　　　50 000

(3) 20×2 年 6 月 30 日应计利息。

借：在建工程　　　　　　　　　　　　　　　　50 000
　　贷：长期借款——应计利息　　　　　　　　　　　50 000

(4) 20×2 年年底应计利息。

借：财务费用　　　　　　　　　　　　　　　　50 000
　　贷：长期借款——应计利息　　　　　　　　　　　50 000

(5) 20×3 年 6 月 30 日应计利息。

借：财务费用　　　　　　　　　　　　　　　　50 000
　　贷：长期借款——应计利息　　　　　　　　　　　50 000

(6) 20×3 年 7 月 1 日归还本金及利息。

借：长期借款——本金　　　　　　　　　　　1 000 000
　　长期借款——应计利息　　　　　　　　　　　200 000
　　贷：银行存款　　　　　　　　　　　　　　　　1 200 000

第三节　应付债券

应付债券是企业依照法定程序，按约定的利率和日期支付利息，并在特定日期偿还本金的有价证券。发行债券是企业筹集长期资金的重要方式。但企业发行债券和企业发行股票有本质的不同，应付债券是企业的负债，其发行企业为债务人，其持有者为债权人；而股票为发行企业的所有者权益，其持有者为股东。应付债券的持有者作为债权人,享有按期收回本金和利息的权利,而一般无权参与企业的经营;而股票的持有者即股东则享有公司法和公司章程规定的各项权利,包括参与企业经营管理的权利。应付债券的持有者作为债权人,无论企业经营的好坏,一般都可按照利率获得固定的报酬(利息);而股东所能获得的报酬则在很大程度上与企业经营状况好坏、盈余多少及企业股利政策相联系。应付债券表现为企业的负债,应付债券都有明确的偿还期限,到期无条件支付本息。因而企业债券的持有者一般不承担企业的经营风险,企业解散清算时,企业债券的持有者较股东享有优先的受偿权;而股东则是企业的终极所有者,其投入资金一般可以被认为是没有偿还期限的,企业解散清算时,股东只能参加剩余财产的分配,因而承担了更大的风险。因此,企业的应付债券与股票在性质、资金提供者的法律地位、所获报酬及所承担的风险责任等方面存在不同。企业根据国家有关规定,在符合条件的前提下,经批准可以发行公司债券、可转换公司债券、认股权和债券分离交易的可转换公司债券。

一、一般公司债券的账务处理

企业发行的期限在一年以上的债券,具有长期借款的性质,构成了企业的长期负债。但应付债券与长期借款相比较筹资范围更为广泛,长期借款的债权人一般限于银行或其他金融机构;而应付债券的债权人可以是单位或个人。债券作为一种有价证券,具有较强的流动性;而长期借款只有证明债权债务关系的契约,一般不能自由流通。企业发行债券的价格受同期银行存款利率的影响较大,一般情况下,公司债券的发行方式有三种,即面值发行、溢价发行、折价发行。假设其他条件不变,债券的票面利率高于同期银行存款利率时,可按超过债券票面价值的价格发行,称为溢价发行,溢价是以后各期多付利息而事先得到的补偿;如果债券的票面利率低于同期银行存款利率时,可按低于债券面值的价格发行,称为折价发行,折价是企业以后各期少付利息而预先给投资者的补偿;如果当债券的票面利率与同期银行存款利率一致时,可按票面价格发行,称为面值发行。

无论是按面值发行,还是溢价发行或折价发行,企业应设置"应付债券"账户核算企业为筹集(长期)资金而发行债券的本金和利息。该账户贷方登记取得应付债券的本金和应计的利息,借方登记归还的债券本金和利息,期末余额在贷方,表示企业尚未偿还的长期债券摊余成本。一般可按"面值""应计利息""利息调整"等进行明细核算。企业资产负债表日,对于分期付息、一次还本的债券,企业应按应付债券的摊余成本和实际利率计算确定的债券利息费用,借记"在建工程""制造费用""财务费用""研发支出"等账户,按票面利率计算确定的应付未付利息,贷记"应付利息"账户,按其差额,借记或贷记"应付债券——利息调整"账户。对于一次还本付息的债券,企业应于资产负债表日按摊余成本和实际利率计算确定的债券利息费用,借记"在建工程""制造费用""财务费用""研发支出"等账户,按票面利率计算确定的应付未付利息,贷记"应付债券——应计利息"账户,按其差额,借记或贷记"应付债券——利息调整"账户。实际利率与票面利率差异较小的,也可以采用票面利率计算确定利息费用。

企业长期债券到期,采用一次还本付息方式支付债券本息的,借记"应付债券——面值""应付债券——应计利息"账户,贷记"银行存款"账户。采用一次还本分期付息方式的,在每期支付利息时,借记"应付利息"账户,贷记"银行存款"账户。债券到期偿还本金并支付最后一期利息时,借记"应付债券——面值""在建工程""制造费用""财务费用""研发支出"等账户,贷记"银行存款"账户。按其差额,借记或贷记"应付债券——利息调整"账户。

【例10-3】 蒙利公司为筹集生产经营所需资金于20×1年1月发行5年期,票面利率为年利率6%的债券,面值为6 000万元,该债券按面值发行。债券每年付息一次,到期还本。假定发行时市场利率为6%。

蒙利公司账务处理如下:

(1) 发行时。

借:银行存款	60 000 000
贷:应付债券——面值	60 000 000

(2) 20×1年12月31日计算利息时。

借:财务费用	3 600 000
贷:应付利息	3 600 000

(3) 实际支付利息时。

借:应付利息	3 600 000
贷:银行存款	3 600 000

(4) 到期偿付时。

借:银行存款	60 000 000
贷:应付债券——面值	60 000 000

【例10-4】 接上例,如果蒙利公司发行债券时,债券按溢价发行。债券每年付息一次,到期还本。假定市场利率为5%。

蒙利公司发行债券实际发行价格:

60 000 000×(P/S, 5%, 5)+60 000 000×6%×(P/A, 5%, 5)= 60 000 000×0.783 5+ 60 000 000×6%×4.329 5=62 596 200(元)

(1) 发行时。

借:银行存款	62 596 200
贷:应付债券——面值	60 000 000
——利息调整	2 596 200

(2) 20×1年12月31日计算利息费用。

应付债券摊余成本×5%=62 596 200×5%=3 129 810(元)

借:财务费用	3 129 810

　　　　应付债券——利息调整　　　　　　　　　　　　　　　　470 190
　　　　　贷：应付利息　　　　　　　　　　　　　　　　　　　　3 600 000
　支付利息时：
　借：应付利息　　　　　　　　　　　　　　　　　　　　　　　3 600 000
　　　贷：银行存款　　　　　　　　　　　　　　　　　　　　　　3 600 000

（3）20×2年12月31日计算利息费用。

应付债券摊余成本×5%＝(62 596 200－470 190)×5%＝3 106 300.50（元）

　借：财务费用　　　　　　　　　　　　　　　　　　　　　　　3 106 300.50
　　　　应付债券——利息调整　　　　　　　　　　　　　　　　493 699.50
　　　　　贷：应付利息　　　　　　　　　　　　　　　　　　　　3 600 000
　支付利息时：
　借：应付利息　　　　　　　　　　　　　　　　　　　　　　　3 600 000
　　　贷：银行存款　　　　　　　　　　　　　　　　　　　　　　3 600 000

（4）20×3年12月31日计算利息费用。

应付债券摊余成本×5%＝(62 596 200－470 190－493 699.5)×5%＝3 081 615.53（元）

　借：财务费用　　　　　　　　　　　　　　　　　　　　　　　3 081 615.53
　　　　应付债券——利息调整　　　　　　　　　　　　　　　　518 384.47
　　　　　贷：应付利息　　　　　　　　　　　　　　　　　　　　3 600 000
　支付利息时：
　借：应付利息　　　　　　　　　　　　　　　　　　　　　　　3 600 000
　　　贷：银行存款　　　　　　　　　　　　　　　　　　　　　　3 600 000

（5）20×4年12月31日计算利息费用。

应付债券摊余成本×5%＝(62 596 200－470 190－493 699.5－518 384.47)×5%＝3 055 696.30（元）

　借：财务费用　　　　　　　　　　　　　　　　　　　　　　　3 055 696.30
　　　　应付债券——利息调整　　　　　　　　　　　　　　　　544 303.70
　　　　　贷：应付利息　　　　　　　　　　　　　　　　　　　　3 600 000
　支付利息时：
　借：应付利息　　　　　　　　　　　　　　　　　　　　　　　3 600 000
　　　贷：银行存款　　　　　　　　　　　　　　　　　　　　　　3 600 000

（6）20×5年12月31日归还本金及最后一期利息费用时。

应付债券利息调整余额＝2 596 200－(470 190＋493 699.50＋518 384.47＋544 303.70)＝569 622.33（元）

利息费用＝3 600 000－569 622.33＝3 030 377.67（元）

　借：财务费用　　　　　　　　　　　　　　　　　　　　　　　3 030 377.67

   应付债券——面值　　　　　　　　　　　　　　60 000 000
      ——利息调整　　　　　　　　　　　　　569 622.33
  贷：银行存款　　　　　　　　　　　　　　　　　63 600 000

二、可转换公司债券的账务处理

  可转换公司债券是债券的一种，它可以转换为债券发行公司的股票，通常具有较低的票面利率。从本质上讲，可转换债券是在发行公司债券的基础上，附加了一份期权，并允许购买人在规定时间范围内将其购买的债券转换成指定公司的股票。企业发行的可转换公司债券，既含有负债成分又含有权益成分，根据《企业会计准则第37号——金融工具列报》的规定，应当在初始确认时将负债和权益成分进行分拆，分别进行处理。企业在进行分拆时，应当先确定负债成分的公允价值并以此作为其初始确认金额，确认为应付债券；再按照该可转换公司债券整体的发行价格扣除负债成分初始确认金额后的金额确定权益成分的初始确认金额，确认为资本公积。负债成分的公允价值是合同规定的未来现金流量按一定利率折现的现值。其中，利率根据市场上具有可比信用等级并在相同条件下提供几乎相同现金流量，但不具有转换权的工具的适用利率确定。发行该可转换公司债券发生的交易费用，应当在负债成分和权益成分之间按照其初始确认金额的相对比例进行分摊。企业在发行可转换公司债券时，在"应付债券"账户下设置"可转换公司债券"明细账户核算。企业应按实际收到的金额，借记"银行存款"等账户，按该项可转换公司债券包含的负债成分的面值，贷记"应付债券——可转换公司债券——面值"账户，按权益成分的公允价值，贷记"资本公积——其他资本公积"账户，按其差额，借记或贷记"应付债券——利息调整"账户。

  对于可转换公司债券的负债成分，在转换为股份前，其账务处理与一般公司债券相同，即按照实际利率和摊余成本确认利息费用，按照面值和票面利率确认应付债券或应付利息，差额作为利息调整。

  可转换公司债券持有人行使转换权利，将其持有的债券转换为股票，按可转换公司债券的余额，借记"应付债券——可转换公司债券——面值"账户，借记或贷记"应付债券——可转换公司债券——利息调整"账户，按其权益成分的金额，借记"资本公积——其他资本公积"账户，按股票面值和转换的股数计算的股票面值总额，贷记"股本"账户，按其差额，贷记"资本公积——股本溢价"账户。如用现金支付不可转换股票的部分，还应贷记"银行存款"等账户。

  【例10-5】蒙利公司经批准于20×1年1月1日发行5年期一次还本付息的可转换公司债券100万份，每份面值100元，共计1亿元，款项以收到存入银行，债券票面年利率为6%。债券发行1年后可转换为蒙利公司普通股股票，转股时每份债券可转10股，股票面值为每股1元。假定一年后债券持有人将持有的可转换公司债券全部转换为蒙利公司普通股股票。蒙利公司发行可转换公司债券时二级市场上与之类似的没有转换权的债券市场利率为9%。该可转换公司债券发生的利息费用不符合资本化条件。蒙利公司账务处理如下：

（1）发行时。

蒙利公司发行可转换公司债券负债成分的公允价值：

100 000 000×(P/S,9%,5)+100 000 000×6%×(P/A,9%,5)=100 000 000×0.649 9+100 000 000×6%×3.889 7=88 328 200（元）

可转换公司债券权益成分的公允价值：

100 000 000−88 328 200=11 671 800（元）

借：银行存款	100 000 000	
应付债券——可转换公司债券——利息调整	11 671 800	
贷：应付债券——可转换公司债券——面值		100 000 000
资本公积——其他资本公积——可转换公司债券		11 671 800

（2）20×1年12月31日计算利息费用。

应计入财务费用的利息=88 328 200×9%=7 949 538（元）

当期应付未付的利息费用=100 000 000×6%=6 000 000（元）

借：财务费用	7 949 538	
贷：应付债券——可转换公司债券——应计利息		6 000 000
——利息调整		1 949 538

（3）20×2年1月1日债券持有人行使转换权时。

债券持有人在当期付息前转换股票，应按债券面值和应计利息之和除以10，计算转换的股份数。

转换的股份数=(100 000 000+6 000 000)÷10=10 600 000

借：应付债券——可转换公司债券——面值	100 000 000	
——应计利息	6 000 000	
资本公积——其他资本公积——可转换公司债券	11 671 800	
贷：股本		10 600 000
应付债券——可转换公司债券——利息调整		9 722 262
资本公积——股本溢价		97 349 538

企业发行附有赎回选择权的可转换公司债券，其在赎回日可能支付的利息补偿金，即债券约定赎回期届满日应当支付的利息减去应付债券票面利息的差额，应当在债券发行日至债券约定赎回届满日期间计提应付利息，计提的应付利息分别计入相关资产成本或财务费用。

第四节 长期应付款

长期应付款是企业除长期借款和应付债券以外的其他各种长期应付款项,包括应付融资租入固定资产的租赁费、具有融资性质的延期付款购买资产发生的应付款项等。

一、应付融资租入固定资产的租赁费

应付融资租入固定资产的租赁费是指应付给出租方因融通资金并由其提供所需固定资产的租赁费,包括出租方支付的融资固定资产购置成本、利息、手续费和一定的利润。

企业融资租入的固定资产,在租赁期开始日,企业应当将租赁开始日租赁资产公允价值与最低租赁付款额现值两者中较低者作为租入资产的入账价值,将最低租赁付款额作为长期应付款的入账价值,其差额作为未确认融资费用。

具体会计处理:按应计入固定资产成本的金额,即租赁开始日租赁资产公允价值与最低租赁付款额现值两者中较低者加上初始直接费用,借记"在建工程"或"固定资产"账户,按最低租赁付款额,贷记"长期应付款"账户,按发生的初始直接费用,贷记"银行存款"等账户,按其差额,借记"未确认融资费用"账户。

【例10-6】 蒙利公司和甲公司签订了一份融资租赁合同,租入生产用机床一台,起租日20×1年1月1日,租赁期3年,租金每年年末支付90万元,发生租赁初始直接费用9 800元,银行存款支付。该机床在20×1年1月1日的公允价值为250万元。租赁合同规定的年利率为8%。该机床的估计使用年限为5年,假设不考虑净残值。租赁期届满时,蒙利公司享有优惠购买该机床的选择权,购买价为100元,估计该日租赁资产的公允价值为8万元。

蒙利公司租赁该设备时的账务处理如下:

计算租赁开始日最低租赁付款额的现值及未确认融资费用。

最低租赁付款额=900 000×3=2 700 000(元)

租赁开始日最低租赁付款额的现值:

900 000×(P/A,8%,3)=900 000×2.577 1=2 319 390(元)

小于租赁资产公允价值2 500 000元

根据《企业会计准则第21号——租赁》规定的孰低原则,租赁资产的入账价值应为其折现值2 319 390元加上初始直接费用9 800元,等于2 329 190元。

未确认融资费用=最低租赁付款额-最低租赁付款额的现值
=2 700 000-2 319 390=380 610(元)

借:固定资产——融资租入固定资产　　　　　　　　　　　　　　2 329 190

未确认融资费用	380 610
贷：长期应付款——应付融资租赁款	2 700 000
银行存款	9 800

关于融资租赁核算的详细内容,在第六章《固定资产》中已介绍,在此从略。

二、具有融资性质的延期付款购买资产

企业购入有关资产超过正常信用条件延期支付价款、实质上具有融资性质的,所购资产的成本应当以延期支付购买价款的现值为基础确定。按购买价款的现值,借记"固定资产""在建工程"等账户,按应支付的金额,贷记"长期应付款"账户,实际支付的价款与购买价款的现值之间的差额,作为未确认融资费用核算,借记"未确认融资费用"账户。未确认融资费用应当在信用期间内采用实际利率法进行摊销,计入相关资产成本或当期损益。按期支付价款,借记"长期应付款"账户,贷记"银行存款"账户。

【例10-7】 蒙利公司20×1年1月1日采用分期付款方式购入一台不需安装的设备,设备价款共计为900 000元,20×1年1月1日首付款项为150 000元,其余款项分5年期间平均支付,每年的付款期为12月31日。假定折现率为10%,则

蒙利公司账务处理如下:

(1) 20×1年1月1日购买时。

购买价款的现值:150 000+150 000 (P/A, 10%, 5) = 150 000+150 000×3.790 8 = 718 620 (元)

借：固定资产	718 620
未确认融资费用	181 380
贷：长期应付款	900 000

(2) 20×1年1月1日首付款项时。

借：长期应付款	150 000
贷：银行存款	150 000

(3) 20×1年12月31日采用实际利率法对未确认融资费用分摊。

摊余本金×10%=(718 620−150 000)×10%=56 862

借：财务费用	56 862
贷：未确认融资费用	56 862

(4) 20×1年12月31日支付款项时。

借：长期应付款	150 000
贷：银行存款	150 000

(5) 20×2年12月31日采用实际利率法对未确认融资费用分摊。

摊余本金×10% = 568 620−(150 000−56 862)×10% = 47 548.20

借：财务费用	47 548.20

　　　　贷：未确认融资费用　　　　　　　　　　　　　　　　47 548.20
（6）20×2 年 12 月 31 日支付款项时。
　　借：长期应付款　　　　　　　　　　　　　　　　150 000
　　　　贷：银行存款　　　　　　　　　　　　　　　　　　　150 000
　　以此类推，以后各年年末同样采用实际利率法对未确认融资费用分摊，按规定支付款项。

第五节　借款费用

一、借款费用的概念

　　借款费用是指企业因借款而发生的利息及其他相关成本，从本质上讲是企业因借入资金所付出的代价。借款费用包括借款利息、折价或者溢价的摊销、辅助费用以及因外币借款而发生的汇兑差额等。
　　因借款而发生的利息，包括企业向银行或者其他金融机构等借入资金发生的利息、发行公司债券发生的利息，以及为购建或者生产符合资本化条件的资产而发生的带息债务所承担的利息等；折价或者溢价的摊销，包括发行公司债券等所发生的折价或者溢价在每期的摊销金额；辅助费用，包括企业在借款过程中发生的诸如手续费、佣金、印刷费等交易费用；因外币借款而发生的汇兑差额，是指由于汇率变动导致市场汇率与账面汇率出现差异，从而对外币借款本金及其利息的记账本位币金额所产生的影响金额。
　　对于企业发生的权益性融资费用，不应包括在借款费用中。

二、借款费用的确认

（一）借款费用资本化的范围及原则

　　按我国企业会计准则规定，企业发生的借款费用，可直接归属于符合资本化条件的资产的购建或者生产的，应当予以资本化，计入符合资本化条件的资产成本。其他借款费用，应当在发生时根据其发生额确认为财务费用，计入当期损益。
　　符合资本化条件的资产，是指需要经过相当长时间的购建或者生产活动才能达到预定可使用或者可销售状态的固定资产、投资性房地产和存货等资产。其中"相当长时间"，是指为资产的购建或者生产所必需的时间，通常为一年以上（含一年）。
　　企业购入即可使用的资产，或者购入后需要安装但所需安装时间较短的资产，或者需要建造、生产但所需建造、生产时间较短的资产，均不属于符合资本化条件的资产。

借款包括专门借款和一般借款。专门借款是指为购建或者生产符合资本化条件的资产而专门借入的款项,这种款项有明确的用途。即为购建或者生产某项符合资本化条件的资产而专门借入的,并通常应当具有标明该用途的借款合同。《企业会计准则》规定,因专门借款而发生的利息、折价或溢价的摊销和汇兑差额,在符合有关规定的资本化条件情况下,应予以资本化,计入所购建固定资产的成本。当所购建的固定资产达到预定可使用状态时,应停止借款费用的资本化。一般借款是指除专门借款之外的借款,相对于专门借款而言,一般借款在借入时,其用途通常没有特指用于符合资本化条件的资产购建或者生产。对于一般借款,只有在构建或者生产符合资本化条件的资产占用了一般借款时,才应将与该部分一般借款相关的借款费用资本化;否则,所发生的借款费用应当计入当期损益。

(二) 借款费用资本化期间的确定

只有发生在资本化期间内的借款费用,才允许资本化。借款费用资本化期间,是指从借款费用开始资本化时点到停止资本化时点的期间,但借款费用暂停资本化的期间不包括在内。具体企业借款费用资本化的起始条件准则规定如下:

1. 借款费用开始资本化的时点

借款费用允许开始资本化必须同时满足下列条件:

(1) 资产支出已经发生。资产支出只包括为购建或者生产符合资本化条件的资产而以支付现金、转移非现金资产或者承担带息债务形式发生的支出。

(2) 借款费用已经发生。借款费用已经发生,是指企业已经发生了因购建或者生产符合资本化条件的资产而专门借入款项的借款费用,或者占用了一般借款的借款费用。

(3) 为使资产达到预定可使用或可销售状态所必要的购建或者生产活动已经开始。

2. 借款费用暂停资本化的时间

符合资本化条件的资产在购建或者生产过程中发生非正常中断,且中断时间连续超过3个月的,应当暂停借款费用的资本化。在中断期间所发生的借款费用,应当计入当期损益,直至购建或者生产活动重新开始。但是,如果中断是使所购建或者生产的符合资本化条件的资产达到预定可使用或者可销售状态必要的程序,中断期间所发生的借款费用应当继续资本化。

(1) 非正常中断,通常是由于企业管理决策上的原因或者其他不可预见的原因等所导致的中断。

(2) 正常中断通常仅限于因购建或者生产符合资本化条件的资产达到预定可使用或者可销售状态所必要的程序,或者事先可预见的不可抗力因素导致的中断。某些地区的工程在建造过程中,由于可预见的不可抗力因素(如雨季或冰冻季节等原因)导致施工出现停顿,也属于正常中断。

3. 借款费用停止资本化的时点

购建或者生产符合资本化条件的资产达到预定可使用或可销售状态时,借款费用应当停止资本化,在符合资本化条件的资产达到预定可使用或者可销售状态之后所发生的借款费用,应当在发生时根据其发生额确认为费用,计入当期损益。因安排专门借款发生的一次性支出的辅助费用,在发生时,只要资本化期间没有停止,就予以资本化,停止资本化以后发生的,就应予以费用化。

三、借款费用的计量

(一) 利息资本化金额的确定

根据会计准则规定,借款费用资本化金额的计算方法因借款种类不同而异。在借款费用资本化期间内,每一会计期间的利息资本化金额,应当按照下列方法确定:

第一,为购建或者生产符合资本化条件的资产而借入专门借款的,借款费用不要求与资产支出相挂钩,但必须考虑资本化期间未动用的专门借款存入银行取得的利息收入或者进行暂时性投资取得的投资收益。对于专门借款发生的利息资本化金额,应当以专门借款当期实际发生的利息费用,减去将尚未动用的借款资金存入银行取得的利息收入或进行暂时性投资取得投资收益后的金额确定。

专门借款应予资本化金额=当期实际发生的利息费用-尚未动用的专门借款产生的收益。

【例10-8】 蒙利公司20×1年1月1日开工建造新厂房一幢,工期预计为1年零6个月,工程采用出包方式,分别与20×1年1月1日、20×1年7月1日和20×2年1月1日支付工程进度款。厂房于20×2年6月30日完工,达到预定可使用状态。

公司为建造厂房于20×1年1月1日从银行取得专门借款本金2 000万元,借款期限为3年,年利率为6%,利息按年支付。20×1年7月1日从银行取得专门借款本金4 000万元,借款期限为5年,年利率为7%,利息按年支付。(假定例题中名义利率与实际利率相同) 闲置专门借款资金用于固定收益的债券短期投资,假定该短期投资月收益率为0.5%。蒙利公司为建造该厂房的支出金额如表10-1所示。

表10-1 蒙利公司建造厂房各期支出额

单位:万元

日期	每期资产支出金额	累计资产支出金额	闲置借款资金用于短期投资金额
20×1年1月1日	1 500	1 500	500
20×1年7月1日	2 500	4 000	2 000
20×2年1月1日	1 500	5 500	500
合计	5 500	—	3 000

蒙利公司建造该厂房应资本化的借款利息金额计算如下:

(1) 专门借款资本化的时间为20×1年1月1日至20×2年6月30日。

(2) 计算在资本化期间内专门借款实际发生的利息金额。

20×1年1月1日至20×1年12月31日：专门借款发生的利息金额=2 000×6%+4 000×7%×6/12=260（万元）

20×2年1月1日至20×2年6月30日：专门借款发生的利息金额=2 000×6%×6/12+4 000×7%×6/12=200（万元）

(3) 计算在资本化期间内利用闲置的专门借款资金进行短期投资的收益。

20×1年1月1日至20×1年12月31日：短期投资收益=500×0.5%×6+2 000×0.5%×6=75（万元）

20×2年1月1日至20×2年6月30日：短期投资收益=500×0.5%×6=15（万元）

(4) 计算专门借款利息费用的资本化金额，在资本化期间内，专门借款利息费用的资本化金额应当以其实际发生的利息费用减去将闲置的专门借款资金进行短期投资取得的收益后的金额确定。

20×1年1月1日至20×1年12月31日：利息资本化金额=260−75=185（万元）

20×2年1月1日至20×2年6月30日：利息资本化金额=200−15=185（万元）

蒙利公司有关账务处理如下：

(1) 20×1年12月31日。

借：银行存款（或应收利息） 750 000
　　在建工程 1 850 000
　　贷：应付利息 2 600 000

(2) 20×2年6月30日。

借：银行存款（或应收利息） 150 000
　　在建工程 1 850 000
　　贷：应付利息 2 000 000

第二，企业在购建或者生产符合资本化条件的资产时，如果专门借款资金不足，占用了一般借款资金的，或者企业为购建或者生产符合资本化条件的资产并没有借入专门借款，而占用的都是一般借款资金，则企业必须与资产的累计支出相挂钩，并考虑其资本化率。根据为购建或者生产符合资本化条件的资产而发生的累计资产支出超过专门借款部分的资产支出加权平均数乘以所占用一般借款的资本化率，计算确定一般借款应予资本化的利息金额。资本化率应当根据一般借款加权平均利率计算确定。如果符合资本化条件的资产的购建或者生产没有借入专门借款，则应以累计资产支出加权平均数为基础计算所占用的一般借款利息资本化金额。

一般借款利息费用资本化金额=累计资产支出超过专门借款部分的资产支出加权平均数×占用一般借款的资本化率

所占用一般借款本金加权平均数 = $\sum$（所占用每笔一般借款本金 × 每笔一般借款在当期所占用的天数当期天数）

【例10-9】 假定蒙利公司为建造厂房于20×1年1月1日专门借款2 000万元，借款期限为3年，年利率为6%。除此以外，没有其他专门借款。在厂房建造过程中占用两笔一般借款，具体资料如下：

（1）20×1年1月1日向银行长期贷款2 000万元，期限为3年，年利率为6%，按年支付利息。

（2）发行公司债券10 000万元，于20×0年1月1日发行，期限为5年，年利率为8%，按年支付利息。其他相关资料均同上例。

蒙利公司建造该厂房应资本化的借款利息金额计算如下：

(1) 计算专门借款利息的资本化金额。

20×1年专门借款利息的资本化金额＝2 000×6%－500×0.5%×6＝105（万元）

20×2年专门借款利息的资本化金额＝2 000×6%×180/360＝60（万元）

(2) 计算一般借款利息的资本化金额。

在建造厂房过程中，自20×1年7月1日起已经有2 000万元占用了一般借款，另外，20×2年1月1日支出的1 500万元也占用了一般借款。计算这两笔资产支出的加权平均数如下：

20×1年占用了一般借款的资产支出加权平均数＝2 000×180/360＝1 000（万元）

一般借款利息资本化率＝2 000×6%＋10 000×8%/2 000＋10 000＝7.67%

2010年应予资本化的一般借款利息金额＝1 000×7.67%＝76.7（万元）

20×2年占用了一般借款的资产支出加权平均数＝（2 000＋1 500）×180/360＝1 750（万元）

20×2年应予资本化的一般借款利息金额＝1 750×7.67%＝134.23（万元）

(3) 根据上述计算结果，计算蒙利公司建造该厂房应资本化的借款利息金额。

20×1年利息资本化金额＝105＋76.7＝181.7（万元）

20×2年利息资本化金额＝60＋134.23＝194.23（万元）

蒙利公司有关账务处理如下：

20×1年12月31日：

借：银行存款（或应收利息）　　　　　　　　　　　　150 000
　　在建工程　　　　　　　　　　　　　　　　　　1 817 000
　　财务费用　　　　　　　　　　　　　　　　　　8 433 000
　　贷：应付利息　　　　　　　　　　　　　　　　　　10 400 000

20×2年6月30日：

借：在建工程　　　　　　　　　　　　　　　　　　1 942 300
　　财务费用　　　　　　　　　　　　　　　　　　3 257 700
　　贷：应付利息　　　　　　　　　　　　　　　　　　5 200 000

【例10-10】假定蒙利公司建造厂房没有专门借款，占用的都是一般借款。蒙利公司为建造厂房占用的一般借款有两笔，具体如下：

（1）20×1年1月1日向A银行长期贷款2 000万元，期限为3年，年利率为6%，按年支付利息。

(2) 20×1年1月1日发行公司债券10 000万元,期限为5年,年利率为8%,按年支付利息。假定这两笔一般借款除了用于厂房建设外,没有用于其他符合资本化条件的资产的购建或者生产活动。假定全年按360天计算。

鉴于蒙利公司建造厂房没有占用专门借款,而占用了一般借款,因此,公司应当首先计算所占用一般借款的加权平均利率作为资本化率,然后计算建造厂房的累计资产支出加权平均数,将其与资本化率相乘,计算求得当期应予资本化的借款利息金额。具体如下:

20×1年累计资产支出加权平均数 = 1 500×360/360 + 2 500×180/360 = 2 750 (万元)

一般借款资本化率 (年) = (2 000×6%×1 + 10 000×8%×1)/(2 000×1 + 10 000×1) = 7.67%

20×1年为建造厂房的利息资本化金额 = 2 750×7.67% = 210.93 (万元)

20×1年实际发生的一般借款利息费用 = 2 000×6% + 10 000×8% = 920 (万元)

20×1年12月31日:

借:在建工程　　　　　　　　　　　　　　　　　　　　2 109 300
　　财务费用　　　　　　　　　　　　　　　　　　　　7 090 700
　　贷:应付利息　　　　　　　　　　　　　　　　　　　　　　9 200 000

20×2年累计资产支出加权平均数 = (4 000 + 1 500)×180/360 = 2 750 (万元)

20×2年为建造厂房的利息资本化金额 = 2 750×7.67% = 210.93 (万元)

20×2年1月1日至6月30日实际发生的一般借款利息费用 = (2 000×6% + 10 000×8%)×180÷360 = 460 (万元)

20×2年6月30日:

借:在建工程　　　　　　　　　　　　　　　　　　　　2 109 300
　　财务费用　　　　　　　　　　　　　　　　　　　　2 490 700
　　贷:应付利息　　　　　　　　　　　　　　　　　　　　　　4 600 000

需要注意的是,在资本化期间,每一会计期间的利息资本化金额,不应当超过当期相关借款实际发生的利息金额。

(二) 辅助费用金额

辅助费用最大的特点是与资金的使用时间无关,一般是由于取得借款而产生的费用。辅助费用主要包括借款发生的手续费以及债券发行费用等。专门借款发生的辅助费用,在所购建或者生产的符合资本化条件的资产达到预定可使用或者可销售状态之前发生的,应当在发生时根据其发生额予以资本化,计入符合资本化条件的资产的成本;在所购建或者生产的符合资本化条件的资产达到预定可使用或者可销售状态之后发生的,应当在发生时根据其发生额确认为费用,计入当期损益。一般借款发生的辅助费用,也应当按照上述原则确定其发生额并进行账务处理。

【例10-11】 假定蒙利公司为建造厂房于20×1年1月1日按面值发行2000万元公

司债券年利率4%，每年付息一次，期限三年。于20×1年1月1日建造，厂房于20×2年12月31日完工，达到预定可使用状态。假定企业按面值的1%支付发行中介机构手续费为20万元。经计算该债券的实际利率为4.37%，借款辅助费用各年的摊销额分别为65 260元、68 112元和66 628元。蒙利公司有关账务处理如下：

(1) 20×1年1月1日发行。

借：银行存款　　　　　　　　　　　　　　　　　　19 800 000
　　应付债券——利息调整　　　　　　　　　　　　　　 200 000
　　贷：应付债券——面值　　　　　　　　　　　　　　20 000 000

(2) 20×1年末计提利息。

借：在建工程　　　　　　　　　　　　　　　　　　　　865 260
　　贷：应付利息　　　　　　　　　　　　　　　　　　 800 000
　　　　应付债券——利息调整　　　　　　　　　　　　　 65 260

20×2年末计提利息：

借：在建工程　　　　　　　　　　　　　　　　　　　　868 112
　　贷：应付利息　　　　　　　　　　　　　　　　　　 800 000
　　　　应付债券——利息调整　　　　　　　　　　　　　 68 112

20×3年末计提利息：

借：财务费用　　　　　　　　　　　　　　　　　　　　866 628
　　贷：应付利息　　　　　　　　　　　　　　　　　　 800 000
　　　　应付债券——利息调整　　　　　　　　　　　　　 66 628

（三）外币专门借款汇兑差额资本化金额的确定

当企业为购建或者生产符合资本化条件的资产所借入的专门借款为外币借款时，由于企业取得外币借款日、使用外币借款日和会计结算日往往并不一，而外汇汇率又在随时发生变化，因此，外币借款会产生汇兑差额。相应地，在借款费用资本化期间内，为购建固定资产而专门借入的外币借款所产生的汇兑差额，是购建固定资产的一项代价，应当予以资本化，计入符合资本化条件的资产的成本。而除外币专门借款之外的其他外币借款及其利息产生的汇兑差额应当作为财务费用，计入当期损益。

【本章小结】

非流动负债是指流动负债以外的负债，主要包括长期借款、应付债券、长期应付款等。非流动负债与流动负债相比，具有债务金额大、偿付期限长、可以分期偿还等特点。账务处理时，通常应当考虑货币的时间价值，在其发生时按照未来应偿付金额的现值计价入账。非流动负债的核算往往涉及借款费用问题，借款费用是指企业因借款而发生的利息及其他相关成本，从本质上讲是企业因借入资金所付出的代价。借款费用包括借款利息、折价或者溢价的摊销、辅助费用以及因外币借款而发生的汇兑差额等。按我国企业会计准则规定，企业发生的借款费用，可直接归属于符合资本化条件的资产的购建或者生产的，应当予以资本化，计入符合资本化条件的资产成本。其他借款费用，应当在发生时根据其发生额计入当期损益。

【思考题】

1. 非流动负债和流动负债相比有何特殊性？
2. 非流动负债计价如何考虑货币时间价值的影响？
3. 企业长期负债主要包括哪些内容？如何核算？
4. 长期借款的会计处理包括哪些内容？
5. 什么是应付债券的利息调整？
6. 企业借款费用资本化如何确认和计量？

【练习题】

1. 甲企业从银行取得长期借款 300 000 元，用于企业的经营周转，期限为 3 年，年利率为 10%，按复利计息，每年计息一次，到期一次归还本息。借入款项已存入银行。

【要求】 根据上述资料编制有关会计分录。

2. 乙公司 2012 年 1 月 1 日以 757 260 元的价格发行总面值为 800 000 元，票面利率为年利率为 10%，5 年期的到期一次付息债券，用于企业的经营周转，债券利息按单利计息，每年计息一次，到期一次归还本息。发行该债券发生的交易费用 10 000 元，从发行债券所收到的款项中扣除。

【要求】 根据上述资料编制有关会计分录。

3. 丙公司 2012 年 1 月 1 日以 850 617 元的价格发行总面值为 800 000 元，票面利率为年利率为 10%，5 年期的债券，用于企业的经营周转，债券利息每年 12 月 31 日支付，发行该债券发生的交易费用 15 000 元，从发行债券所收到的款项中扣除。

【要求】 根据上述资料编制有关会计分录。

4. 某公司为建造一生产车间，于 2012 年 11 月 1 日向银行借入三年期借款 1 000 000 元，年利率为 6%。2013 年 1 月 1 日开始建造该项固定资产，并发生支出 500 000 元，2013 年 4 月 1 日又发生支出 400 000 元。2013 年 7 月 1 日又为该工程建设发行期限为三年，面值为 1 000 000 元，票面利率为 9%，到期一次还本付息的债券，发行价为 1 000 000 元。同日又发生支出 600 000 元。2013 年 10 月 1 日发生支出为 400 000 元。该固定资产于 2013 年 12 月 31 日完工交付使用。假定公司利息资本化金额按年计算。未动用的借款资金存入银行取得的利息收入：2012 年为 5 000 元，2013 年为 6 000 元。

【要求】 根据上述资料编制有关会计分录。

第十一章 所有者权益

学习目标

▶ 掌握

实收资本的核算;资本溢价(或股本溢价)的核算;其他综合收益的核算;留存收益的核算。

▶ 理解

所有者权益的概念、特征及核算的基本要求。

▶ 了解

库存股的核算;其他资本公积的核算。

第一节 所有者权益概述

一、所有者权益的概念及来源

所有者权益是指企业资产扣除负债后由所有者享有的剩余权益。公司的所有者权益又称为股东权益。所有者权益是所有者对企业资产的剩余索取权,既可反映所有者投入资本的保值增值情况,又体现了保护债权人权益的理念。

企业所有者拥有的权益最初表现为投资者的投入资本。随着企业生产经营活动的开展,从企业盈利中提取的盈余公积及未分配利润等形成的企业资本积累,最终也归企业所有者所有,与投入资本共同构成企业的所有者权益。由此可见,所有者权益的来源包括所有者投入的资本、直接计入所有者权益的利得和损失、留存收益等。所有者投入的资本是指所有者所有投入企业的资本部分,它既包括构成企业注册资本或者股本部分的金额,也包括投入资本超过注册资本或者股本部分的金额,即资本溢价或者股本溢价,这部分投入资本在我国企业会计准则体系中被计入了资本公积。直接计入所有者权益的利得和损失,是指不应计入当期损益、会导致所有者权益发生增减变动的、与所有者投入资本或者向所有者分配利润无关的利得或者损失。留存收益是企业历年实现的净利润留存于企业的部分,主要包括累计计提的盈余公积和未分配利润。

二、所有者权益的特征

所有者权益是所有者在企业所享有的一种权利，但是，所有者权益只是一种剩余权益。对于任何企业而言，其资产形成的资金来源有两个：一个是债权人；另一个是所有者。债权人对企业资产的要求权形成负债，所有者对企业资产的要求权形成所有者权益。二者都是对企业资产的要求权，但所有者权益与负债相比，负债有优先求偿权，企业清算时，只有在清偿所有的负债后，剩余部分才可按照股权比例返还给所有者。

所有者权益是一种权利，但这种权利来自投资者投入的可供企业长期使用的资源。在企业存续期内，企业没有归还的义务。企业除非发生减资、清算或分派现金股利才予以退还。而企业的负债必须按约定的偿还日期，到期偿还本金及支付利息。

所有者权益在数额上等于资产减去负债的余额，所以确认计量依赖于资产和负债的确认计量。

三、所有者权益核算的基本要求

根据《中华人民共和国公司法》的规定，不同企业的组织形式，对资产和负债的账务处理并无重大影响，但涉及所有者权益方面的账务处理却不一样。

企业组织形式一般分为独资企业、合伙企业和公司制企业三种。公司制是现实经济社会中最主要的企业组织形式，公司是企业法人，有独立的法人财产，享有法人财产权。公司以其全部财产对公司的债务承担责任。公司的形式多种多样，其中最重要的形式包括有限责任公司和股份有限公司。公司制企业通常是建立在所有权和经营权相分离的前提下，公司的所有者可以通过出售或转让股份发生变更，公司是独立的法律主体和纳税主体，股东对公司的债务只承担有限的责任等。因此，法律为保护债权人的利益，对公司实行严格的法律管制。

由于上述特点，特别是政府的严格法律管制，使公司所有者权益会计业务比较复杂。其中许多程序是基于法律的规定，而不仅仅是依据会计惯例。因此，会计核算不仅遵循会计法律、法规，同时又受相关法律的限制。

第二节 实收资本

一、实收资本的概念

实收资本是指企业按照投资合同或协议约定，接受投资者投入企业的资本金。实收资本的构成比例即投资者的出资比例或股东的股权比例,既是确定所有者在企业所有者权益中份额和参与企业财务经营决策的基础,也是企业进行利润或股利分配的依据,同时还是企业清算时确定所有者对净资产要求权的依据。

我国公司法规定,企业投资者可以用货币资金出资,也可以用货币估价的且可以依法转让的实物资产、知识产权和土地使用权等非货币性资产进行出资;但法律、法规规定不得出资的财产除外。"公司登记管理条例"明确规定,投资者不得以劳务、信用、自然人姓名、商誉、特许经营权或者设定担保的财产等作价投资。且全体股东的货币出资比例不得低于有限责任公司注册资本的30%。

企业收到投资者投入资本后,根据原始凭证分别按不同的出资方式进行不同的会计处理。企业收到投资者投入资本时,应当设置"实收资本"科目进行核算,股份有限公司应将该科目改为"股本"科目进行核算。若有限责任公司投资者缴纳的投资额超过该投资在企业注册资本中所占比例计算的金额部分;或股份有限公司投资者缴纳的投资额超过所购买股票面值部分,不计入"实收资本"或"股本"科目,而应当计入"资本公积——资本溢价"或"资本公积——股本溢价"科目。

二、实收资本的账务处理

(一)接受货币资金投资

1. 有限责任公司接受货币资金投资

【例11-1】 20×2年,A、B、C共同投资设立蒙利有限责任公司,注册资本为1 000 000元。根据合同约定该企业收到A投入的货币资金300 000元,B投入的货币资金200 000元,C投入的货币资金500 000元。蒙利有限责任公司已如期收到各投资者一次缴足的款项。蒙利公司账务处理如下:

借:银行存款 1 000 000
　　贷:实收资本——投资者A 300 000
　　　　　　　　——投资者B 200 000
　　　　　　　　——投资者C 500 000

2. 股份有限公司接受货币资金投资

股份有限公司发行股票时,既可以按面值发行股票,也可以溢价发行(我国目前不允许折价发行)。股份有限公司在核定的股本总额及核定的股份总额范围内发行股票时,应在实际收到现金资产时进行会计处理。在采用溢价发行股票的情况下,企业应将相当于股票面值的部分记入"股本"科目,其余部分在扣除发行手续费、佣金等发行费用后记入"资本公积——股本溢价"科目。股票发行没有溢价或溢价金额不足以支付发行费用的部分,应将不足支付的发行费用依次冲减"资本公积——股本溢价""盈余公积"和"未分配利润"科目。

【例11-2】 蒙利股份有限公司于20×5年10月发行普通股10 000 000股,每股面值1元,每股发行价格5元。假定股票发行成功,股款50 000 000元已全部收到,不考虑发行过程中的税费等因素。根据上述资料，蒙利股份有限公司应作如下账务处理：

应计入"资本公积"科目的金额＝50 000 000－10 000 000×1＝40 000 000（元）

应编制如下会计分录：

借：银行存款　　　　　　　　　　　　　　　　　　　50 000 000
　　贷：股本　　　　　　　　　　　　　　　　　　　　10 000 000
　　　　资本公积——股本溢价　　　　　　　　　　　　40 000 000

【分析】　蒙利股份有限公司发行股票实际收到的款项为50 000 000元，应借记"银行存款"科目；实际发行的股票面值总额为10 000 000元，应贷记"股本"科目，按其差额，贷记"资本公积——股本溢价"科目。

（二）接受非货币资产投资

1. 接受固定资产投资

企业接受投资者作价投入的房屋、建筑物、机器设备等固定资产，应按投资合同或协议约定价值确定固定资产价值（但投资合同或协议约定价值不公允的除外）和在注册资本中应享有的份额。

【例11-3】　20×3年蒙利有限责任公司成立时，接受D公司投入的不需要安装的设备一台，合同约定该机器设备的价值为2 000 000元，增值税进项税额为340 000元（由投资方支付税款，并提供或开具增值税专用发票）。经约定，蒙利有限责任公司接受D公司的投入资本为2 340 000元。合同约定的固定资产价值与公允价值相符，不考虑其他因素。蒙利公司应编制如下会计分录：

借：固定资产　　　　　　　　　　　　　　　　　　　2 000 000
　　应交税费——应交增值税（进项税额）　　　　　　　　340 000
　　贷：实收资本——D公司　　　　　　　　　　　　　2 340 000

【分析】　该项固定资产合同约定的价值与公允价值相符，蒙利有限责任公司接受D公司投入的固定资产按合同约定金额与增值税进项税额作为实收资本，因此，可按2 340 000元的金额贷记"实收资本"科目。

若蒙利公司为股份有限公司，接受D公司投入的设备时，按合同约定的价格借记"固定资产"科目，按合同约定价款的17%借记"应交税费——应交增值税（进项税）"科目；按D公司所获得的股票的面值贷记"股本——D公司"科目，差额借或贷记"资本公积——股本溢价"科目；"资本公积——股本溢价"不够冲减的依次冲减"盈余公积"和"未分配利润"科目。

2. 接受存货投资

企业接受投资者作价投入的材料物资和库存商品等存货资产，应按投资合同或协议约定价值确定存货价值（但投资合同或协议约定价值不公允的除外）以及增值税金额。并用合同约定的存货价值和增值税金额确定实收资本金额。

【例11-4】　20×5年6月，蒙利有限责任公司增资时，收到B公司作为资本投入的原材料一批，该批原材料投资合同或协议约定价值（不含可抵扣的增值税进项税额部分）为 100 000 元，增值税进项税额为 17 000 元（由投资方支付税金，并提供或开具增值税专用发票）。假设合同约定的价值与公允价值相符，不考虑其他因素，原材料按实际成本进行日常核算。该投资合同约定 B 公司占蒙利公司注册资本的 10%，增资后的蒙利公司注册资本为 1 000 000 元。蒙利有限责任公司应编制如下会计分录：

  借：原材料   100 000
    应交税费——应交增值税（进项税额）   17 000
    贷：实收资本——B 公司   100 000
      资本公积——资本溢价   17 000

【分析】 原材料的合同约定价值与公允价值相符，因此，可按照 100 000 元的金额借记"原材料"科目；同时，该进项税额允许抵扣，因此，增值税专用发票上注明的增值税税额 17 000 元，应借记"应交税费——应交增值税（进项税额）"科目。蒙利有限责任公司按其 B 公司在注册资本中所占的金额 100 000 元，贷记"实收资本"科目；差额 17 000 元应贷记"资本公积——资本溢价"科目。

3. 接受无形资产投资

企业收到以无形资产方式投入的资本，应按投资合同或协议约定价值确定无形资产价值（但投资合同或协议约定价值不公允的除外）和在注册资本中应享有的份额。

【例 11-5】 蒙利有限责任公司于设立时收到 A 公司作为资本投入的非专利技术一项，该非专利技术投资合同约定价值为 60 000 元；同时收到 B 公司作为资本投入的土地使用权一项，投资合同约定价值为 80 000 元。假设蒙利公司接受该非专利技术和土地使用权符合国家注册资本管理的有关规定，可按合同约定作实收资本入账，合同约定的价值与公允价值相符，不考虑其他因素。蒙利有限责任公司应编制如下会计分录：

  借：无形资产——非专利技术   60 000
      ——土地使用权   80 000
    贷：实收资本——A 公司   60 000
      ——B 公司   80 000

【分析】 非专利技术与土地使用权的合同约定价值与公允价值相符，因此，可分别按照 60 000 元和 80 000 元的金额借记"无形资产"科目。A 公司和 B 公司投入的非专利技术和土地使用权按合同约定金额作为实收资本，因此可分别按 60 000 元和 80 000 元的金额贷记"实收资本"科目。

（三）实收资本（或股本）增减变动

1. 实收资本（或股本）增加

一般企业增加资本主要有三个途径：接受投资者追加投资、资本公积转增资本和盈余公积转增资本。需要注意的是，资本公积和盈余公积转增资本时，转增后剩余公积金金额不得低于转增前注册资本的25%。资本公积（或盈余公积）转增资本时，企业应该按照原投资者各自出资比例相应增加各投资者的出资额。由于上述（一）和（二）中详细讲解接受投资者追加投资增加的实收资本会计核算，本节重点关注资本公积和盈余公积转增资本的核算。

【例11-6】 蒙利有限责任公司成立于20×1年，注册资本为5 000 000元，投资者甲、乙、丙各占注册资本的20%、40%、40%。20×5年因扩大经营，经批准，蒙利有限责任公司按原出资比例将资本公积1 000 000元转增资本。蒙利有限责任公司应编制如下会计分录：

借：资本公积 1 000 000
　　贷：实收资本——甲 200 000
　　　　　　　　——乙 400 000
　　　　　　　　——丙 400 000

【分析】 资本公积1 000 000元按原出资比例转增实收资本，因此，蒙利有限责任公司应分别按照200 000元、400 000元和400 000元的金额贷记"实收资本"科目中甲、乙、丙明细分类科目。若盈余公积转增资本，则借记"盈余公积"科目，贷记"实收资本"（股份有限公司贷记"股本"）科目。

2. 实收资本（或股本）减少

企业减少实收资本应按法定程序报经批准，批准通过后可以进行减资。有限责任公司减资借记"实收资本"科目，贷记"银行存款"科目。但股份有限公司一般采用回购本公司股票方式减资，应当采用"库存股"科目；会计处理时，按实际支付的金额，借记"库存股"科目，贷记"银行存款"等科目；注销库存股时，应按股票面值和注销股数计算的股票面值总额，借记"股本"科目，按注销库存股的账面余额，贷记"库存股"科目，按其差额，冲减股票发行时原记入资本公积的溢价部分，借记"资本公积——股本溢价"科目，回购价格超过上述冲减"股本"及"资本公积——股本溢价"科目的部分，应依次借记"盈余公积""利润分配——未分配利润"等科目；如回购价格低于回购股份所对应的股本，所注销库存股的账面余额与所冲减股本的差额作为增加股本溢价处理，按回购股份所对应的股本面值，借记"股本"科目，按注销库存股的账面余额，贷记"库存股"科目，按其差额，贷记"资本公积——股本溢价"科目。

【例11-7】 假定蒙利公司为股份有限公司，截至20×1年12月31日公开发行普通股500万股，每股面值1元，资本公积（股本溢价）60万元，盈余公积40万元。经股东大会批准，蒙利公司以现金回购本公司股票50万股并注销。假定蒙利公司按照每股3元回购股票，不考虑其他因素，蒙利公司账务处理如下：

库存股的成本＝500 000×3＝1 500 000（元）

借：库存股 1 500 000

贷：银行存款	1 500 000
借：股本	500 000
资本公积——股本溢价	600 000
盈余公积	400 000
贷：库存股	1 500 000

【例11-8】 假定蒙利公司为股份有限公司，截至20×1年12月31日公开发行普通股500万股，每股面值1元，资本公积（股本溢价）60万元，盈余公积40万元。经股东大会批准，蒙利公司以现金回购本公司股票50万股并注销。假定蒙利公司按照每股0.8元回购股票，不考虑其他因素，蒙利公司账务处理如下：

库存股的成本＝500 000×0.8＝400 000（元）

借：库存股	400 000
贷：银行存款	400 000
借：股本	500 000
贷：库存股	400 000
资本公积——股本溢价	100 000

第三节　资本公积

一、资本公积的概念

资本公积是企业收到投资者出资额超出其在注册资本或股本中所占份额的投资。资本公积与实收资本虽然都属于投入资本的范畴，但二者又是有一定区别的。实收资本是投资者为谋求价值增值而对公司的一种原始投入，从法律上讲属于公司的法定资本，其无论是在来源还是在金额上，都有着比较严格的限制，而且投资者对公司的原始投入往往都是带有回报要求的，而且这种要求带有确指性。然而，不同来源形成的资本公积却归所有投资者共同享有，不体现各所有者的占有比例，不直接表明所有者对企业的基本产权关系，也不能作为所有者参与企业财务经营决策或进行利润分配（或股利分配）的依据。资本公积的用途主要是用来转增资本（或股本）。

资本公积主要包括资本溢价（或股本溢价）和其他资本公积两个明细科目。资本溢价（或股本溢价）是企业收到投资者的超出其在企业注册资本（或股本）中所占份额的投资。形成资本溢价（或股本溢价）的原因有溢价发行股票、投资者超额缴入资本等。

其他资本公积是指除净损益、其他综合收益和利润分配以外所有者权益的其他变动。如企业的长期股权投资采用权益法核算时，因被投资单位除净损益、其他综合收益和利润分配以外所有者权益的其他变动,投资企业按应享有份额而增加或减少的资本公积。

企业根据国家有关规定实行权益工具核算的股权激励的,在等待期内将取得职工或其他方服务的金额确认成本、费用的同时确认"资本公积——其他资本公积"。企业集团(由母公司和其全部子公司构成)内发生的股份支付交易,如结算企业是接受服务企业的投资者,应当按照授予日权益工具的公允价值或应承担负债的公允价值确认为对接受服务企业的长期股权投资,同时确认"资本公积——其他资本公积"或负债。

二、资本公积的账务处理

企业应设置"资本公积"科目核算企业收到投资者出资超出其在注册资本或股本中所占的份额以及其他权益变动等。该科目贷方登记资本公积的增加额,借方登记资本公积的减少额,期末余额在贷方,反映企业的资本公积。"资本公积"科目应当分别按"资本溢价"(或"股本溢价")和"其他资本公积"科目进行明细核算。

(一)资本溢价(股本溢价)的核算

当企业收到投资者投入的资本、可转换公司债券持有人行使转换权利、将债务转为资本等形成的资本公积,借记"银行存款""固定资产""无形资产"等科目,按其在注册资本或股本中所占份额,贷记"实收资本"或"股本"科目,按其差额,贷记"资本公积"科目(资本溢价或股本溢价)。与发行权益性证券直接相关的手续费、佣金等交易费用,借记"资本公积"科目(股本溢价),贷记"银行存款"等科目。企业经股东大会或类似机构决议,用资本公积转增资本,借记"资本公积"科目(资本溢价或股本溢价),贷记"实收资本"或"股本"科目。如果企业将重组债务转为资本的,应按重组债务的账面价值,借记"应付账款"等科目,按债权人放弃债权而享有本企业股份的面值总额,贷记"实收资本"或"股本"科目,按股份的公允价值总额与相应的实收资本或股本之间的差额,贷记或借记"资本公积"科目(资本溢价或股本溢价),按重组债务的账面价值与股份的公允价值总额之间的差额,贷记"营业外收入——债务重组利得"科目。

【例11-9】 假定蒙利公司由A、B、C三位股东各出资100万元设立。设立时的注册资本为300万元。经过三年的经营,蒙利公司留存收益为150万元。这时又有D投资者有意参加该企业,并表示愿意出资180万元,占该企业的25%股份。假定有关手续已办妥,D投资者的出资额也全部收到。蒙利公司账务处理如下:

借:银行存款　　　　　　　　　　　　　　　　　　　　1 800 000
　　贷:实收资本　　　　　　　　　　　　　　　　　　　1 000 000
　　　　资本公积——股本溢价　　　　　　　　　　　　　　800 000

【例11-10】 蒙利公司首次公开发行了普通股500万股,每股面值1元,每股发行价格为3元。并以银行存款支付发行手续费、咨询费等费用共计50万元。假定发行收入已全部收到，发行费用已全部支付，不考虑其他因素，蒙利公司账务处理如下：

（1）收到发行收入时。

借：银行存款	15 000 000
贷：股本	5 000 000
资本公积——股本溢价	10 000 000

（2）支付发行费用时。

借：资本公积——股本溢价	500 000
贷：银行存款	500 000

（二）其他资本公积的核算

企业对被投资单位的长期股权投资采用权益法核算的，在持股比例不变的情况下，对因被投资单位除净损益、其他综合收益和利润分配以外的所有者权益的其他变动，应按持股比例计算其应享有或应分担被投资单位所有者权益的增减数额。借记（或贷记）"长期股权投资"科目的同时贷记（或借记）"资本公积——其他资本公积"科目。该笔与长期股权投资相关的其他资本公积，应当在处置该投资时予以转销。

企业实行权益工具结算的股权激励计划时，在等待期的每个资产负债表日应当按照企业取得的职工或其他方提供的服务金额，借记"管理费用""销售费用"或"生产成本"等成本、费用科目的同时贷记"资本公积——其他资本公积"科目，行权日转销该"资本公积——其他资本公积"科目的金额。

（三）资本公积转增资本的核算

按照《公司法》的规定，法定公积金（资本公积和盈余公积）转为资本时，所留存的该项公积金不得少于转增前公司注册资本的25%。经股东大会或类似机构决议，用资本公积转增资本时，借记"资本公积"，同时按照转增前的实收资本或股本的结构或比例，将转增的金额贷记"实收资本"或"股本"科目。值得注意的是，执行新会计准则之后，新发生的经济业务形成的其他资本公积不允许转增资本。

【例11-11】假定蒙利公司由A、B、C三位股东各出资100万元设立。设立时的注册资本为300万元。为了扩大经营规模，经批准，蒙利公司按照原出资比例将资本公积60万元转增资本。蒙利公司账务处理如下：

借：资本公积	600 000
贷：实收资本——A	200 000
——B	200 000
——C	200 000

第四节 其他综合收益

一、其他综合收益概念

其他综合收益主要是指直接计入所有者权的利得和损失。其他综合收益一般是由特定资产的计价变动（可供出售金融资产公允价值变动等）而形成，处置该资产时，其他综合收益也一并处置，计入当期损益。因此，其他综合收益与资本公积和盈余公积有一定区别，不能转增资本。

二、其他综合收益的核算

（一）权益法核算的长期股权投资，被投资企业其他权益变动的核算

长期股权投资采用权益法核算的，在持股比例不变的情况下，被投资单位除净损益以外所有者权益的其他变动，企业按持股比例计算应享有的份额，如果是利得，应当增加长期股权投资的账面价值，借记"长期股权投资"科目，同时增加其他综合收益，贷记"其他综合收益"科目；如果是损失，应当做相反的账务处理。采用权益法核算的长期股权投资，原记入其他综合收益中的金额，在处置时应进行结转，将与所出售股权相对应的部分在处置时自其他综合收益转入当期损益。借记"其他综合收益"科目，贷记"投资收益"科目。

【例 11-12】 假定蒙利公司持有 B 公司 30% 的股份，能够对 B 公司产生重大影响。当期 B 公司因持有的可供出售金融资产公允价值的变动计入其他综合收益的金额为 1 200 万元，除该事项外，B 公司当期实现的净损益为 6 400 万元。假定蒙利公司与 B 公司适用的会计政策、会计期间相同，投资时 B 公司有关资产、负债的公允价值与其账面价值也相同，双方在当期及以前期间未发生任何内部交易。蒙利公司账务处理如下：

借：长期股权投资——损益调整　　　　　　　　　　19 200 000
　　　　　　　　——其他权益变动　　　　　　　　　3 600 000
　　贷：投资收益　　　　　　　　　　　　　　　　　19 200 000
　　　　其他综合收益　　　　　　　　　　　　　　　3 600 000

【例 11-13】 假定蒙利公司持有 B 公司 40% 的股份，能够对 B 公司产生重大影响。20×1 年 12 月 30 日，蒙利公司决定出售其持有的蒙利公司股权的 1/4，出售时蒙利公司账面上对 B 公司长期股权投资的投资成本为 1 200 万元，损益调整为 320 万元，其他权益变动为 200 万元，出售取得价款为 470 万元。蒙利公司账务处理如下：

借：银行存款　　　　　　　　　　　　　　　　　　4 700 000

贷：长期股权投资	4 300 000
投资收益	400 000

同时，还应将原计入资本公积的部分按比例转入当期损益：

借：其他综合收益	500 000
贷：投资收益	500 000

（二）可供出售金融资产公允价值变动的核算

资产负债表日，可供出售金融资产应当采用公允价值计量。按照我国会计准则的规定，可供出售金融资产的公允价值与账面价值之差，即为公允价值变动，不能计入当期损益，而直接计入所有者权益的其他综合收益项目。公允价值大于账面价值，借记"可供出售金融资产——公允价值变动"科目的同时贷记"其他综合收益"科目；公允价值小于账面价值，则做相反会计分录。当该可供出售金融资产出售时，原已计入"其他综合收益"科目的金额应当转入当期损益（投资收益）。

【例11-14】 假定蒙利公司持有B公司10%的股份，采用可供出售金融资产核算。20×1年12月31日，该金融资产的账面价值为200 000元，公允价值为210 000元。蒙利公司账务处理如下：

借：可供出售金融资产——公允价值变动	10 000
贷：其他综合收益	10 000

【例11-15】 假定蒙利公司持有B公司10%的股份，采用可供出售金融资产核算。20×2年3月20日，蒙利公司决定出售其持有的蒙利公司全部股权，出售时蒙利公司账面上对B公司可供出售金融资产的投资成本为20万元，公允价值变动借方1万元，出售取得价款为25万元。蒙利公司账务处理如下：

借：银行存款	250 000
贷：可供出售金融资产	210 000
投资收益	40 000

同时，还应将原计入资本公积的部分按比例转入当期损益：

借：其他综合收益	10 000
贷：投资收益	10 000

（三）持有至到期投资转换为可供出售金融资产时，公允价值与账面价值的差额

企业原准备持有至到期的债权投资如果提前出售绝大部分，则剩余部分不满足持有至到期意图，应重分类为可供出售金融资产。在重分类日，按其剩余持有至到期投资的公允价值借记"可供出售金融资产"科目；按其剩余部分的账面价值贷记"持有至到期投资"科目；公允价值与账面价值的差额借记或贷记"其他综合收益"科目；处置该重分类后的可供出售金融资产时，原已计入其他综合收益的金额，转入当期损益（投资收益）。

【例11-16】 假定20×1年1月1日蒙利公司以754 302元的价格购入B公司当日发行的面值为800 000元,票面利率为5%、5年期的债券,作为持有至到期投资,债券利息在每年12月31日支付。20×3年1月1日蒙利公司因经营需要,将20×1年1月1日购入的确认为持有至到期投资的债券出售了90%,实际收到价款702 000元,当日该持有至到期投资账面价值为700 755.24元(其中面值借方800 000元、利息调整贷方21 383.07元)。剩余部分重分类为可供出售金融资产,重分类当日的公允价值为78 000元。蒙利公司账务处理如下:

(1) 出售90%债券的会计分录。

借:银行存款　　　　　　　　　　　　　　　　　　　　　702 000
　　持有至到期投资——利息调整　19 244.76 (21 383.07×90%=19 244.76)
　　贷:持有至到期投资——面值　　　720 000 (800 000×90%=720 000)
　　　　投资收益　　　　　　　　　　　　　　　　　　　1244.76

(2) 剩余部分重分类的会计分录。

剩余债券面值=800 000-720 000=80 000(元)

剩余债券利息调整贷方=21 383.07-19 244.76=2 138.31(元)

剩余债券账面价值=80 000-2 138.31=77 861.69(元)

剩余债券公允价值变动=78 000-77 861.69=138.31(元)

借:可供出售金融资产——面值　　　　　　　　　　　　80 000
　　　　　　　　　　——公允价值变动　　　　　　　　　138.31
　　持有至到期投资——利息调整　　　　　　　　　　　2 138.31
　　贷:可供出售金融资产——利息调整　　　　　　　　2 138.31
　　　　持有至到期投资——面值　　　　　　　　　　　80 000
　　　　其他综合收益　　　　　　　　　　　　　　　　138.31

(四) 自用房地产或存货转换为投资性房地产的公允价值与账面价值的差额

企业自用的房地产或者存货(房地产企业)转换为以公允价值后续计量的投资性房地产时,转换日按公允价值计价入账。若公允价值高于其账面价值的差额,应当计入"其他综合收益",而不能计入当期损益(公允价值变动损益)。处置该投资性房地产时,原已计入其他综合收益的金额应当予以转销。

第五节　留存收益

留存收益是公司在经营过程中所创造的,但由于公司经营发展的需要或由于法定的原因等，没有分配给所有者而留存在公司的盈利。留存收益是指企业从历年实现的净利润中提取或形成的留存于企业的内部积累，它来源于企业的生产经营活动所实现的净利润，是股东权益的组成部分，留存收益包括盈余公积和未分配利润等项目。

一、盈余公积

（一）盈余公积的概念

盈余公积是指企业按规定从净利润中提取的积累资金，提取盈余公积的主要目的是限制股利的过度分派，以满足将来扩大企业生产规模、弥补日后发生的亏损等需要。盈余公积包括法定盈余公积、任意盈余公积。我国《公司法》规定，法定盈余公积通常按照净利润（减弥补以前年度亏损）的10%提取，法定盈余公积累计额已达注册资本的50%时可以不再提取。任意盈余公积是按照股东或股东大会的决议提取的盈余公积。两者的区别就在于其各自计提的依据不同。前者以国家的法律或行政规章为依据提取；后者则由企业自行决定提取。

企业提取的盈余公积可用于弥补亏损、转增资本（或股本）或派送新股等。企业提取的盈余公积，无论是用于弥补亏损、转增资本，还是用于派送新股，只不过是在企业所有者权益内部结构上的调整，比如企业以盈余公积弥补亏损时，实际是减少盈余公积留存的数额，以此抵补未弥补亏损的数额，并不引起企业所有者权益总额的变动；企业以盈余公积转增资本时，也只是减少盈余公积结存的数额，但同时增加企业实收资本或股本的数额，也并不引起所有者权益总额的变动。

（二）盈余公积的账务处理

企业应设置"盈余公积"科目核算企业按规定提取的盈余公积及盈余公积的使用等。该科目贷方登记提取的各种盈余公积的增加额，借方登记用于弥补亏损或转增资本的盈余公积的减少额，期末余额在贷方，反映企业的盈余公积。"盈余公积"科目应当分别按"法定盈余公积"和"任意盈余公积"等进行明细核算。当企业按规定提取的盈余公积，借记"利润分配——提取法定盈余公积、提取任意盈余公积"科目，贷记"盈余公积"科目（法定盈余公积、任意盈余公积）。经股东大会或类似机构决议，用盈余公积弥补亏损或转增资本，借记"盈余公积"科目，贷记"利润分配——盈余公积补亏""实收资本"或"股本"科目。如果经股东大会决议，用盈余公积派送新股，按派送新股计算的金额，借记"盈余公积"科目，按股票面值和派送新股总数计算的股票面值总额，贷记"股本"科目。

【例11-17】蒙利公司20×2年度的净利润为1 000 000元，没有像以前年度亏损，按照10%的法定比率提取法定盈余公积100 000元。该企业投资者决定按照5%的比率来提取任意盈余公积，金额为50 000元。蒙利公司账务处理如下：

（1）提取法定盈余公积时。

借：利润分配——提取法定盈余公积　　　　　　　　　　　　　　　100 000

贷：盈余公积——法定盈余公积　　　　　　　　　　　　　　　　　100 000
　（2）提取任意盈余公积时。
　　借：利润分配——提取任意盈余公积　　　　　　　　　　　　　　　50 000
　　贷：盈余公积——任意盈余公积　　　　　　　　　　　　　　　　　50 000

【例 11-18】　蒙利公司股东大会决议，用盈余公积弥补以前年度亏损，金额为 50 000 元。蒙利公司账务处理如下：
　　借：盈余公积　　　　　　　　　　　　　　　　　　　　　　　　　50 000
　　贷：利润分配——盈余公积补亏　　　　　　　　　　　　　　　　　50 000

【例 11-19】　20×1 年 1 月 20 日，蒙利公司股东大会决议用盈余公积派送新股，股票面值 10 元，派送的新股总数为 10 000 股，蒙利公司账务处理如下：
　　借：盈余公积　　　　　　　　　　　　　　　　　　　　　　　　　100 000
　　贷：股本　　　　　　　　　　　　　　　　　　　　　　　　　　　100 000

二、未分配利润

　　未分配利润是企业实现的净利润经过弥补亏损、提取盈余公积和向投资者分配利润后留存在企业的尚未分配、留待以后期间再确定用途、进行分配的结存利润。与所有者权益的其他部分相比，企业对未分配利润的使用分配具有较大的自主性。

　　企业应设置"利润分配"科目核算企业利润的分配（或亏损的弥补）和历年分配（或弥补）后的余额。"利润分配"科目年末余额，反映企业的未分配利润（或未弥补亏损）。"利润分配"科目应当分别设置"提取法定盈余公积""提取任意盈余公积""应付现金股利""盈余公积补亏"和"未分配利润"等明细科目进行核算。

　　企业按规定提取的盈余公积，借记"利润分配"科目（提取法定盈余公积、提取任意盈余公积），贷记"盈余公积——法定盈余公积、任意盈余公积"科目。

　　经股东大会或类似机构决议，分配给股东或投资者的现金股利或利润，借记"利润分配"科目（应付现金股利或利润），贷记"应付股利"科目。

　　经股东大会或类似机构决议，分配给股东的股票股利，应在办理增资手续后，借记"利润分配"科目（转作股本的股利），贷记"股本"科目。

　　用盈余公积弥补亏损，借记"盈余公积——法定盈余公积或任意盈余公积"科目，贷记"利润分配"科目（盈余公积补亏）。

　　年度终了，企业应将全年实现的净利润，自"本年利润"科目转入"利润分配——未分配利润"科目，并将"利润分配"科目下的其他有关明细科目的余额，转入"未分配利润"明细科目。结转后，"未分配利润"明细科目的贷方余额，就是累积未分配的利润数额；如为借方余额，则表示累积未弥补的亏损数额。结转后，本科目除"未分配利润"明细科目外，其他明细科目应无余额。

【例11-20】 蒙利公司年初未分配利润为0，20×3实现净利润1 000 000元，提取法定盈余公积100 000元，宣告发放现金股利400 000元。假定不考虑其他因素，蒙利公司账务处理如下：

(1) 结转本年利润。

借：本年利润　　　　　　　　　　　　　　　　　　　　1 000 000
　　贷：利润分配——未分配利润　　　　　　　　　　　　　　　　1 000 000

(2) 提取法定盈余公积、宣告发放现金股利。

借：利润分配——提取法定盈余公积　　　　　　　　　　100 000
　　　　　　　——应付现金股利　　　　　　　　　　　400 000
　　贷：盈余公积——法定盈余公积　　　　　　　　　　　　　　　100 000
　　　　应付股利　　　　　　　　　　　　　　　　　　　　　　　400 000

同时：

借：利润分配——未分配利润　　　　　　　　　　　　　500 000
　　贷：利润分配——提取法定盈余公积　　　　　　　　　　　　　100 000
　　　　　　　　——应付现金股利　　　　　　　　　　　　　　　400 000

【本章小结】

所有者权益是指企业资产扣除负债后由所有者享有的剩余权益，它有别于债权人的权益。所有者权益的来源包括所有者投入的资本、直接计入所有者权益的利得和损失、留存收益等。

实收资本就是指投资者按照企业章程或者合同、协议的约定，实际投入企业的资本。投资者向企业投入的资本，在一般情况下无须偿还，可以长期周转使用。实收资本的构成比例即投资者的出资比例或股东的股权比例，是确定所有者在企业所有者权益中份额和参与企业财务经营决策的基础，也是企业进行利润或股利分配的依据，同时还是企业清算时确定所有者对净资产要求权的依据。除股份有限公司外，其他企业应设置"实收资本"科目，核算投资者投入资本的增减变动情况。股份有限公司需设置"股本"科目进行核算。

资本公积核算企业收到投资者出资额超出其在注册资本或股本中所占份额的投资和所有者权益的其他变动。资本公积具体包括资本溢价（或股本溢价）和其他资本公积两个明细科目。资本溢价（或股本溢价）是企业收到投资者的超出其在企业注册资本（或股本）中所占份额的投资。其他资本公积是核算除投资者投入资本、净损益和其他综合收益外其他所有者权益的变动。

其他综合收益是核算企业持有的可供出售金融资产公允价值变动；持有至到期投资重分类为可供出售金融资产时公允价值大于其账面价值的差额；权益法核算的长期股权投资，被投资单位其他综合收益变动；自用房地产或存货转换为投资性房地产的公允价值与账面价值的差额等直接计入所有者权益的利得和损失。

留存收益是指企业从历年实现的净利润中提取或形成的留存于企业的内部积累，它来源于企业的生产经营活动所实现的净利润，是股东权益的组成部分，留存收益包括盈余公积和未分配利润等项目。其中，盈余公积是指企业按规定从净利润中提取的积累资金，包括法定盈余公积、任意盈余公积。未分配利润是企业实现的净利润经过弥补亏损、提取盈余公积和向投资者分配利润后留存在企业的尚未分配、留待以后期间再确定用途、进行分配的结存利润。

【思考题】

1. 什么是所有者权益？所有者权益和负债有什么区别？
2. 注册资本、实收资本和投入资本有什么不同？
3. 当企业投资者投入的资本高于其注册资本时，如何核算？
4. 什么是盈余公积？盈余公积有什么用途？如何核算？
5. 投入资本与留存收益有什么不同？
6. 企业当年未分配利润的数额如何计算？
7. 其他综合收益如何核算？

【练习题】

1. 假定某公司有下列各项业务：

（1）假定某公司由 A、B、C 三位投资者各出资 200 000 元组成。A 以 200 000 元现金投资，B 以 30 000 元存货（包括进项税额）、170 000 元专利权投资，C 以 200 000 元设备投资（包括进项税额）。款项已存入企业开户银行，其他资产均办理了相关的手续。

（2）假定某公司由 A、B、C 三投资者投资组建，设立时，A、B、C 三位投资者各出资 200 万元，实收资本为 600 万元，经过数年经营，现有盈余公积和未分配利润合计 300 000 元。现公司吸收新投资者，有 D 投资者愿以 220 万元出资，取得 1/4 的股权比例。新股东的出资已全部到位。

（3）假定某公司发行股票，委托证券公司代理发行普通股 1 000 000 股，每股面值 1 元，按每股 5 元的价格对外发行，按发行收入的 3% 向证券公司支付发行费用。股票发行已全部完成，股款已全部存入银行。

（4）假定甲公司 2017 年 5 月 10 日以 500 000 元价格购入 A 公司公开发行股票，确认为可供出售金融资产核算。2017 年 12 月 31 日，该金融资产公允价值上升到 508 000 元，2018 年 3 月 2 日甲公司以 510 000 元价格出售持有 A 公司全部股票。

【要求】 根据上述资料编制有关会计分录。

2. 假定某公司有下列各相关业务：

（1）假定某公司年初未分配利润贷方余额为 3 000 000 元，本年利润总额为 8 000 000 元，本年所得税费用为 3 000 000 元，按净利润的 10% 提取法定盈余公积，提取任意盈余公积 250 000 元，向投资者分配利润 250 000 元。

（2）假定某公司年初累计未弥补亏损 500 000 元，本年实际利润 1 000 000 元，经决定用盈余公积弥补以前年度的累积亏损 500 000 元。

（3）假定某公司经决定用盈余公积 500 000 元转增资本，并已办妥转增手续。

【要求】 根据上述资料编制有关会计分录。

第十二章 收入、费用和利润

学习目标

▶ 掌握

销售商品收入、期间费用、营业外收支和所得税费用的核算。

▶ 理解

生产费用、利润的结算和分配的核算。

▶ 了解

收入、费用和利润的概念、主要内容及其确认条件；收入与利得的关系；费用、损失、成本与支出的关系；利润与综合收益的关系；提供劳务收入、让渡资产使用权收入。

第一节 收入、费用与利润概述

收入、费用和利润反映了企业在某一会计期间的经营成果，也被称为动态会计要素。

一、收入概述

（一）收入的概念及特征

收入是指企业在日常活动中形成的、会导致所有者权益增加的、与所有者投入资本无关的经济利益的总流入。根据收入的概念，收入具有如下几方面的特征：

1. 收入是日常活动所形成的经济利益的流入

日常活动是指企业为完成其经营目标所从事的经常性活动以及与之相关的其他活动。企业的某些活动属于为完成其经营目标所从事的经常性活动，如制造业企业销售生产的产品、商业企业销售购进的商品、租赁企业出租资产、商业银行对外贷款、保险公司签发保单、咨询公司提供咨询服务等，由此产生的经济利益总流入构成收入；另外，企业还发生某些活动属于与经营性活动相关的其他活动，如制造业企业对外出售不需用的原材料、利用闲置资金对外投资、对外转让无形资产使用权等，由此产生的经济利益总流入也构成收入。

2. 收入可能表现为资产的增加或负债的减少，或者二者兼而有之

收入通常表现为资产的增加，例如一般情况下在确认销售商品收入时，银行存款或应收账款等相关资产也相应增加；收入有时也表现为负债的减少，例如预收款项的销售业务，在确认销售商品收入时，预收账款这项负债得以减少；或者，预收款项的销售业务在确认收入时，预收账款这项负债全部得以抵偿，不足的账款还必须向对方收取银行存款或形成新的债权，收入在增加资产的同时也减少了负债。

3. 收入必然会导致所有者权益增加

收入无论是表现为资产的增加还是负债的减少，根据"资产＝负债＋所有者权益"的会计恒等式，最终必然导致所有者权益的增加。

4. 收入是企业自身活动获得的经济利益流入

收入既不包括企业的所有者向企业投入资本导致的经济利益流入，也不包括企业为第三方或客户代收的款项，如代税务机关收取的税款等。所有者向企业投入的资本在增加资产的同时，应直接增加所有者权益，不能作为企业的收入。代收款项在增加资产的同时，应作为暂收应付款项增加相关负债，也不能作为企业的收入。

（二）收入与利得

利得是指企业在非日常活动中形成的、会导致所有者权益增加的、与所有者投入资本无关的经济利益的总流入。利得主要包括直接计入所有者权益的利得和计入当期利润的利得，计入当期损益的利得主要包括处置非流动资产的利得、非货币性资产交换利得、债务重组利得、政府补助利得、盘盈利得和捐赠利得等营业外收入。收入与利得的区别主要体现在收入是企业日常活动形成的经济利益流入，而利得是企业偶发活动形成的经济利益流入。对于从事一般商品生产和销售的制造业企业而言，销售商品所得是日常活动形成的收入，而出售固定资产所得是偶发活动形成的利得，因为固定资产作为劳动手段，取得的主要目的是为了用于生产经营活动而不是为了出售。二者的共同点在于都反映了一定会计期间除所有者投入资本以外的经济利益总流入，最终都会导致企业所有者权益的增加。将收入和利得区分开来，有利于确立收入确认与计量的原则和满足不同会计信息使用者的决策要求。

（三）收入的分类

其一，按照企业从事日常活动的性质，可将收入分为销售商品收入、提供服务收入等。销售商品收入是指企业通过销售商品实现的收入，如制造业企业销售生产的产品、商业企业销售购进的商品。提供服务收入是指企业通过提供服务实现的收入，如咨询公司提供咨询服务、软件开发企业为客户开发软件、安装公司提供安装服务等实现的收入。

其二，按照企业从事日常活动在企业的重要性，可将收入分为主营业务收入、其他业务收入等。主营业务收入，是指企业为完成其经营目标所从事的经常性活动取得

的收入。不同行业的企业,具有不同的主营业务。例如,制造业企业以销售产成品、半成品和提供劳务为主营业务;商品流通企业以购进和销售商品为主营业务;商业银行以办理存贷款和结算事项为主营业务等。其他业务收入,是指企业除主要经营业务以外的其他经营活动实现的收入。如制造业企业出租无形资产的使用权、出租暂时闲置的固定资产和包装物、销售原材料等实现的收入。与主营业务收入相比,其他业务收入具有单笔金额一般较小、不经常发生,在收入中占的比例偏小等特点。

二、费用概述

(一)费用的概念及特征

费用是指企业在日常活动中发生的、会导致所有者权益减少的、与向所有者分配利润无关的经济利益总流出。根据费用的概念,费用具有如下几方面的特征:

其一,费用是日常活动所形成的经济利益的流出,并与企业的收入密切相关。日常活动的界定与收入定义中涉及日常活动的界定相一致。日常活动是指企业为完成其经营目标所从事的经常性活动以及与之相关的其他活动。企业的某些活动属于为完成其经营目标所从事的经常性活动,如制造业企业销售生产的产品,由此产生的经济利益总流出构成费用,如主营业务成本、其他业务成本、营业税金及附加。企业因日常活动所产生的费用通常还包括销售费用、管理费用和财务费用等。

其二,费用可能表现为资产的减少或负债的增加。费用通常表现为资产的减少,如一般情况下在结转销售商品成本时,库存商品或原材料等相关资产也相应减少;费用有时也表现为负债的增加,如在确认营业税金及附加时,应交税费这项负债会相应增加。

其三,费用必然会导致所有者权益减少。费用无论是表现为资产的减少还是负债的增加,根据"资产=负债+所有者权益"的会计恒等式,最终必然导致所有者权益的减少。

其四,费用是企业经济利益流出,该流出不包括向所有者分配利润。企业向所有者分配利润也会导致经济利益流出,而该经济利益流出在增加负债的同时,应直接减少所有者权益,不能作为企业的费用,应当将其排除在费用的定义之外。

(二)费用、损失、成本与支出

损失是指由企业非日常活动所发生的、会导致所有者权益减少的、与向所有者分配利润无关的经济利益流出。损失主要包括直接计入所有者权益的损失和计入当期利润的损失,计入当期损益的损失主要包括非流动资产处置损失、非货币性资产交换损失、债务重组损失、公益性捐赠支出、非常损失和盘亏损失等营业外支出。费用与损失的区别主要体现在费用是企业日常活动形成的经济利益流出,而损失是企业偶发活动形成的经济利益流出。二者的共同点在于都反映了一定会计期间除向所有者分配利润以外的经济利益总流出,最终都会导致企业所有者权益的减少。

成本泛指企业为取得资产而发生的各项耗费。如购买固定资产的代价即固定资产成本，购买原材料的代价即原材料成本，生产产品的各种耗费就是产成品成本。成本与费用最大的区别是，成本是针对某一具体对象的各种耗费，而费用是针对某一期间的各种耗费，二者的联系是费用是本期已耗用的成本，如为取得本期营业收入而结转的已售产成品成本。而本期未耗用的成本，如生产出来尚未销售的产成品，尚在使用期内的固定资产等，在未来也会一次或分次转为费用。在我国，成本一般指产品制造成本，是为生产产品而发生的各种耗费。对制造业企业而言，产品制造成本的形成过程就是生产费用的发生过程。

支出比成本的范围更加广泛，是指企业为获取另一项资产，或为取得本期收入，或为清偿债务，或为向所有者分配利润，甚至是由于发生某些损失而发生的资产减少。支出可分为如下几类：资本性支出、收益性支出、偿债性支出、分配性支出和损失性支出。支出与费用的区别在于支出必然导致本期某项资产的减少，而费用有时导致本期某项资产减少，有时则导致本期某项负债增加。费用必然导致企业本期所有者权益减少，而支出有时导致本期所有者权益减少，有时却保持本期所有者权益不变，例如企业发生各种偿债性支出和资本性支出时所有者权益保持不变。

（三）费用的分类

1. 按照经济内容（或性质）的不同，费用的分类

（1）外购材料费用，是指企业为进行生产而耗用的从外部购入的原材料及主要材料、半成品、辅助材料、包装物、修理用备件和低值易耗品等。

（2）外购燃料费用，是指企业为进行生产而耗用的从外部购入的各种燃料，包括固体燃料、液体燃料和气体燃料。

（3）外购动力费用，是指企业为进行生产而耗用的从外部购入的各种动力，包括热力、电力和蒸汽等。

（4）工资及职工福利费用，是指企业所有应计入生产费用的职工工资和职工福利费。

（5）折旧费用，是指企业所拥有或控制的固定资产按照使用情况计提的折旧费。

（6）利息支出，是指企业为筹集生产经营资金而发生的利息净支出（即利息支出减利息收入后的余额）。

（7）税金，是指计入企业成本费用的各种税金。

（8）其他费用，是指不属于以上各费用要素的费用项目。

2. 按照经济用途的不同，费用的分类

（1）已售产品的生产费用，是指与生产产品直接有关的费用，包括直接材料、直接人工、制造费用等。这些费用计入产品成本，并从产品的销售收入中得到补偿。生产费用可根据计入产品的方式不同，划分为直接费用和间接费用。直接费用，是指为生产某种产品发生的直接人工费、材料费等。直接费用一般在发生时直接计入该种产品成本。间接费用，是指企业为生产多种产品而发生的各种费用，如生产车间的制造

费用,应按一定的标准进行分配记入各种产品成本。

(2) 期间费用,是指与生产产品无直接关系,属于某一时期的费用,期间费用包括管理费用、财务费用和销售费用。期间费用不计入产品成本,而是在当期损益中扣除。

(3) 另外,在我国,税金及附加、所得税费用等也属于企业的费用项目。

三、利润和综合收益概述

(一) 利润的概念

利润是指企业在一定会计期间的经营成果。利润包括收入减去费用后的净额、直接计入当期利润的利得和损失等。其中,收入减费用后的净额反映的是企业日常活动的经营业绩,直接计入当期利润的利得和损失反映的则是企业非日常活动的业绩。直接计入当期的利得和损失,是指应当计入当期损益、会导致所有者权益发生增减变动的、与所有者投入资本或者向所有者分配利润无关的利得或损失。如果本期利润大于零,则表明企业的所有者权益将增加;如果本期利润小于零,则表明企业的所有者权益将减少。

(二) 综合收益的概念及其主要内容

净利润是企业一定会计期间已确认并实现的经营成果的综合反映,其缺点是不包含企业已发生(确认)但未实现的各项收益,是一种狭隘的经营成果观。会计界针对净利润的缺陷提出了综合收益的概念。综合收益,又被称为全面收益,是指企业在某一期间与所有者之外的其他方面进行交易或发生其他事项所引起的净资产变动。综合收益的构成包括两部分:净利润和其他综合收益。

其中,其他综合收益主要包括以下内容:可供出售金融资产产生的利得(或损失);按照权益法核算的在被投资单位其他综合收益中所享有的份额;现金流量套期工具产生的利得(或损失);外币财务报表折算差额等;其他。

第二节 收 入

按照从事日常活动的性质,收入通常被分为销售商品收入、提供服务收入。

一、销售商品收入

(一) 销售商品收入的确认和计量原则

企业应当在履行了合同中的履约义务,即在客户取得相关商品控制权时确认收入。客户,是指与企业订立合同以向该企业购买其日常活动产出的商品或服务并支付对价的一方。合同,是指双方或多方之间订立有法律约束力的权利和义务的协议。合同有书面形式、口头形式以及其他形式。

1. 取得相关商品控制权

取得相关商品控制权,是指能够主导该商品的使用并从中获得几乎全部的经济利益。当企业与客户之间的合同同时满足下列条件时,企业应当在客户取得相关商品控制权时确认收入:其一,合同各方已批准该合同并承诺将履行各自义务;其二,该合同明确了合同各方与所转让商品或提供劳务相关的权利和义务;其三,该合同有明确的与所转让商品相关的支付条款;其四,该合同具有商业实质,即履行该合同将改变企业未来现金流量的风险、时间分布或金额;其五,企业因向客户转让商品而有权取得的对价很可能收回。

在合同开始日即满足上述条件的合同,企业在后续期间无须对其进行重新评估,除非有迹象表明相关事实和情况发生重大变化。在合同开始日不能同时满足上述五个条件的合同,企业应当对其进行持续评估,并在其满足条件时进行会计处理。对于不符合上述五个条件的合同,企业只有在不再负有向客户转让商品的剩余义务,且已向客户收取的对价无须退回时,才能将已收取的对价确认为收入;否则,应当将已收取的对价作为负债进行会计处理。

合同开始日,企业应当对合同进行评估,识别该合同所包含的各单项履约义务,并确定各单项履约义务是在某一时段内履行,还是在某一时点履行,然后,在履行了各单项履约义务时分别确认收入。履约义务,是指合同中企业向客户转让可明确区分商品的承诺。

2. 在某一时段履约义务的确定

满足下列条件之一的,属于在某一时段内履行履约义务;否则,属于在某一时点履行履约义务:①客户在企业履约的同时即取得并消耗企业履约所带来的经济利益。②客户能够控制企业履约过程中在建的商品。③企业履约过程中所产出的商品具有不可替代用途,且该企业在整个合同期间内有权对累计至今已完成的履约部分收取款项。

对于在某一时段内履行的履约义务,企业应当在该段时间内按照履约进度确认收入,但是,履约进度不能合理确定的除外。当履约进度不能合理确定时,企业已经发生的成本预计能够得到补偿的,应当按照已经发生的成本金额确认收入,直到履约进度能够合理确定为止。

3. 某一时点履约义务的确定

对于在某一时点履行的履约义务,企业应当在客户取得相关商品控制权时点确认收入。在判断客户是否已取得商品控制权时,企业应当考虑下列迹象:①企业就该商品享有现时收款权利,即客户就该商品负有现时付款义务。②企业已将该商品的法定所有权转移给客户,即客户已拥有该商品的法定所有权。③企业已将该商品实物转移给客户,即客户已实物占有该商品。④企业已将该商品所有权上的主要风险和报酬转移给客户,即客户已取得该商品所有权上的主要风险和报酬。⑤客户已接受该商品。

⑥其他表明客户已取得商品控制权的迹象。

4. 有关销售商品收入的计量原则

通常情况下,企业应当按照分摊至各单项履约义务的交易价格计量收入。交易价格,是指企业因向客户转让商品而预期有权收取的对价金额。企业代第三方收取的款项以及企业预期将退还给客户的款项,应当作为负债进行会计处理,不计入交易价格。企业应当根据合同条款,并结合其以往的习惯做法确定交易价格。在确定交易价格时,企业应当考虑可变对价、合同中存在的重大融资成分等因素的影响。合同中存在可变对价的,企业应当按照期望值或最可能发生金额确定可变对价的最佳估计数。合同中存在重大融资成分的,企业应当按照假定客户在取得商品控制权时即以现金支付的应付金额确定交易价格。该交易价格与合同对价之间的差额,应当在合同期间内采用实际利率法摊销。合同开始日,企业预计客户取得商品控制权与客户支付价款间隔不超过一年的,可以不考虑合同中存在的重大融资成分。

(二) 通常情况下销售商品收入的会计处理

1. 符合销售商品收入确认条件的会计处理

销售商品收入同时满足上述确认条件并且金额能够可靠计量时,企业应按已收或应收的合同或协议价款,加上应收取的增值税额,借记"银行存款""应收账款""应收票据""预收账款"等科目,按确定的收入金额,贷记"主营业务收入""其他业务收入"等科目,按应收取的增值税额,贷记"应交税费——应交增值税(销项税额)"科目;同时,结转销售成本,借记"主营业务成本""其他业务成本"等科目,贷记"库存商品""原材料"等科目。或在资产负债表日,按应交纳的消费税、资源税、城市维护建设税、教育费附加及房产税、土地使用税、车船使用税、印花税等税费金额,借记"税金及附加"科目,贷记"应交税费——应交消费税(应交资源税、应交城市维护建设税、应交房产税、应交土地使用税、应交车船使用税)"等科目。

【例12-1】 蒙利公司采用托收承付结算方式向乙公司销售一批产品。该产品的生产成本为150 000元,合同约定的销售价格为200 000元,增值税税额为34 000元。蒙利公司已开出增值税专用发票并按合同约定的品种和质量发出该批产品,乙公司收到产品并验收入库。蒙利公司已办妥托收手续,并用银行存款代垫运杂费500元。

在这项交易当中,蒙利公司已按照合同约定的品种和质量发出产品,乙公司也已将该批产品验收入库,表明已将商品控制权转移给客户,因此,按照收入确认的条件,该项销售商品的收入已实现,蒙利公司应确认销售收入并结转销售成本。

蒙利公司的账务处理如下:

借:应收账款　　　　　　　　　　　　　　　　　　　234 500
　　贷:主营业务收入　　　　　　　　　　　　　　　　　　200 000
　　　　应交税费——应交增值税(销项税额)　　　　　　　34 000
　　　　银行存款　　　　　　　　　　　　　　　　　　　　　500
借:主营业务成本　　　　　　　　　　　　　　　　　　150 000

        贷：库存商品   150 000

【例12-2】 蒙利公司采用支票结算方式向丙公司销售一批原材料。该批原材料实际购买成本为55 000元，合同约定的销售价格为80 000元，增值税税额为13 600元。蒙利公司已开出增值税专用发票并按合同约定发出该批材料，丙公司收到该批材料并验收入库。

蒙利公司的账务处理如下：

    借：银行存款   93 600
        贷：其他业务收入   80 000
            应交税费——应交增值税（销项税额）   13 600
    借：其他业务成本   55 000
        贷：原材料   55 000

【例12-3】 蒙利公司本月应交消费税400元，应交城市维护建设税770元，应交教育费附加330元。

蒙利公司的账务处理如下：

    借：税金及附加   1 500
        贷：应交税费——应交消费税   400
                  ——应交城市维护建设税   770
                  ——应交教育费附加   330

【例12-4】 蒙利公司本月按规定计算确定的应交房产税为3 000元、应交车船使用税为2 000元、应交土地使用税为4 000元。蒙利公司的账务处理如下：

    借：税金及附加   9 000
        贷：应交税费——应交房产税   3 000
                  ——应交车船使用税   2 000
                  ——应交土地使用税   4 000

2. 不符合销售商品收入确认条件的会计处理

如果企业销售商品不符合收入确认条件，则不应确认收入，已经发出的商品，应当通过"发出商品"科目进行核算。借记"发出商品"，贷记"库存商品"科目。

【例12-5】 20×1年6月20日，蒙利公司向丁公司销售一批产品，该批产品成本60 000元，销售价格为90 000元，增值税税额为15 300元。蒙利公司在销售时已知悉丁公司资金周转发生困难，近期内难以收回货款，但为了减少存货积压以及考虑到与丁公司长期的业务往来关系，仍将产品发运给丁公司并开出增值税专用发票。20×1年9月1日，丁公司给蒙利公司开出一张面值为105 300元、为期4个月的不带息银行承兑汇票。20×2年1月1日，蒙利公司收到票款。

在这项交易中，蒙利公司开出发票账单并将产品发运给丁公司，表明已将商品的主要风险和报酬转移给购货方丁公司；但由于丁公司资金周转发生困难，近期内难以收回货款，而能否收回货款及何时收回货款，尚存在重大不确定性。因此，按照收入确认的条件，蒙利公司在发出产品时还不能确认销售收入，而应待丁公司开出银行承兑汇票时再确认销售收入。

蒙利公司的账务处理如下：

(1) 20×1年6月20日，发出产品。

借：发出商品　　　　　　　　　　　　　　　　　　　　60 000
　　贷：库存商品　　　　　　　　　　　　　　　　　　　　60 000
借：应收账款　　　　　　　　　　　　　　　　　　　　15 300
　　贷：应交税费——应交增值税（销项税额）　　　　　　15 300

(2) 20×1年9月1日收到丁公司开来的汇票时，蒙利公司据以确认销售收入。

借：应收票据　　　　　　　　　　　　　　　　　　　　105 300
　　贷：主营业务收入　　　　　　　　　　　　　　　　　　90 000
　　　　应收账款　　　　　　　　　　　　　　　　　　　　15 300
借：主营业务成本　　　　　　　　　　　　　　　　　　60 000
　　贷：发出商品　　　　　　　　　　　　　　　　　　　　60 000

(3) 20×2年1月1日，收到票款。

借：银行存款　　　　　　　　　　　　　　　　　　　　105 300
　　贷：应收票据　　　　　　　　　　　　　　　　　　　　105 300

3. 商业折扣、现金折扣、销售折让与销售退回的会计处理

(1) 商业折扣，是指企业为促进商品销售而在商品标价上给予的价格扣除。商业折扣的目的是鼓励购货方多购商品，通常根据购货方不同的购货数量而给予不同的折扣比率。商品标价扣除商业折扣后的金额，是双方的实际交易价格，即发票价格。因此，企业销售商品涉及商业折扣的，应当按照扣除商业折扣后的金额确定销售商品收入金额。

(2) 现金折扣，是指债权人为鼓励债务人在规定的期限内付款而向债务人提供的债务扣除。现金折扣的目的是鼓励债务人在规定期限内尽快付款，折扣条件通常表示为2/10、1/20、n/30。即一笔赊销期限为30天的商品交易，销售方规定的现金折扣条件为10天内付款可得到2%的现金折扣，超过10天但在20天内付款可得到1%的现金折扣，超过20天付款须按发票金额全额付款。

在销售附有现金折扣条件的情况下，应收账款的未来收现金额是不确定的，可能是全部的发票金额，也可能是发票金额扣除现金折扣后的净额。基于此，会计处理上也有两种方法：一是总价法，即按发票金额对应收账款及销售收入计价入账，如果购货方能够在折扣期限内付款，销售方应将购货方取得的现金折扣作为财务费用处理。二是净价法，即按发票金额扣除现金折扣后的净额对应收账款及销售收入计价入账，如果购货方未能够在折扣期限内付款，销售方应将购货方丧失的现金折扣冲减财务费用。我国企业会计准则规定，涉及现金折扣的商品销售，应采用总价法进行会计处理。

【例12-6】 蒙利公司在20×1年5月1日向乙公司销售一批产品，产品标价为每

件 10 元，乙公司一次购买该产品 5 000 件，根据规定的折扣条件，可得到 20%的商业折扣，增值税税率为 17%。蒙利公司开出的增值税专用发票上注明的销售价款为 40 000 元，增值税税额为 6 800 元。为及早收回货款，蒙利公司和乙公司约定的现金折扣条件为 2/10、1/20、n/30。假定计算现金折扣时不考虑增值税。

蒙利公司按总价法进行的账务处理如下：

(1) 5 月 1 日销售实现时，按销售总价确认收入。

借：应收账款　　　　　　　　　　　　　　　　　　　　　46 800
　　贷：主营业务收入　　　　　　　　　　　　　　　　　　　40 000
　　　　应交税费——应交增值税（销项税额）　　　　　　　　 6 800

(2) 如果乙公司在 5 月 9 日付清货款，则按销售总价 40 000 元的 2%享受现金折扣 800 元，实际收款 46 000 元。

借：银行存款　　　　　　　　　　　　　　　　　　　　　46 000
　　财务费用　　　　　　　　　　　　　　（40 000×2%） 800
　　贷：应收账款　　　　　　　　　　　　　　　　　　　　　46 800

(3) 如果乙公司在 5 月 19 日付清货款，则按销售总价 40 000 元的 1%享受现金折扣 400 元，实际收款 46 400 元。

借：银行存款　　　　　　　　　　　　　　　　　　　　　46 400
　　财务费用　　　　　　　　　　　　　　（40 000×1%） 400
　　贷：应收账款　　　　　　　　　　　　　　　　　　　　　46 800

(4) 如果乙公司在 5 月 30 日才付清货款，则按全额收款。

借：银行存款　　　　　　　　　　　　　　　　　　　　　46 800
　　贷：应收账款　　　　　　　　　　　　　　　　　　　　　46 800

(3) 销售折让，是指企业因售出商品的质量不合格等原因而在售价上给予的减让。销售折让可能发生在销售方确认收入之前，也可能发生在销售方确认收入之后。如果发生在销售方确认收入之前，销售方应直接从原定的销售价格中扣除给予购买方的销售折让作为实际销售价格，确认收入；如果发生在销售方确认收入之后，销售方应按实际给予购买方的销售折让，冲减销售收入。

【例 12-7】 蒙利公司向乙公司销售一批产品，开出的增值税专用发票上注明的销售价款为 20 000 元，增值税额为 3 400 元。乙公司在验收过程中发现商品质量不合格，要求在价格上给予 5%的折让。假定蒙利公司已确认销售收入，款项尚未收到，发生的销售折让允许扣减当期增值税额。

蒙利公司的账务处理如下：

(1) 销售实现时。

借：应收账款　　　　　　　　　　　　　　　　　　　　　23 400
　　贷：主营业务收入　　　　　　　　　　　　　　　　　　　20 000
　　　　应交税费——应交增值税（销项税额）　　　　　　　　 3 400

(2) 发生销售折让时。

借：主营业务收入　　　　　　　　　　　　　　　　　　　　　　1 000
　　应交税费——应交增值税（销项税额）　　　　　　　　　　　　170
　　贷：应收账款　　　　　　　　　　　　　　　　　　　　　　　　　1 170

（4）销售退回，是指企业售出的商品由于质量、品种不符合要求等原因而发生的退货。对于销售退回，应分别不同情况进行会计处理：

第一，对于未确认收入的售出商品发生销售退回的，企业应按已计入"发出商品"科目的商品成本金额，借记"库存商品"科目，贷记"发出商品"科目。

【例12-8】 蒙利公司在20×1年12月5日向乙公司销售一批产品，产品成本为20 000元，销售价格为25 000元，增值税额为4 250元。根据合同规定，乙公司对产品验收无误后再付款，蒙利公司于乙公司付款时开具增值税专用发票。乙公司在验收产品时，发现产品质量存在问题并要求退货，蒙利公司同意退货。

蒙利公司的账务处理如下：

(1) 发出产品时。

借：发出商品　　　　　　　　　　　　　　　　　　　　　　　20 000
　　贷：库存商品　　　　　　　　　　　　　　　　　　　　　　　　20 000

(2) 乙公司要求退货，蒙利公司同意退货时。

借：库存商品　　　　　　　　　　　　　　　　　　　　　　　20 000
　　贷：发出商品　　　　　　　　　　　　　　　　　　　　　　　　20 000

第二，对于已确认收入的售出商品发生退回的，企业应在退回发生时冲减当期销售商品收入，同时冲减当期销售商品成本。如该项销售退回已发生现金折扣的，应同时调整相关财务费用的金额；如该项销售退回允许扣减增值税额的，应同时调整"应交税费——应交增值税（销项税额）"科目的相应金额。

【例12-9】 蒙利公司在20×1年12月18日向乙公司销售一批产品，开出的增值税专用发票上注明的销售价款为50 000元，增值税额为8 500元。该批产品成本为40 000元。20×2年6月5日，该批产品因质量问题被乙公司退回，蒙利公司当日支付有关款项。

蒙利公司的账务处理如下：

(1) 20×1年12月18日销售实现时确认收入。

借：应收账款　　　　　　　　　　　　　　　　　　　　　　　58 500
　　贷：主营业务收入　　　　　　　　　　　　　　　　　　　　　50 000
　　　　应交税费——应交增值税（销项税额）　　　　　　　　　　8 500
借：主营业务成本　　　　　　　　　　　　　　　　　　　　　40 000
　　贷：库存商品　　　　　　　　　　　　　　　　　　　　　　　　40 000

(2) 20×2年6月5日发生销售退回时。

借：主营业务收入　　　　　　　　　　　　　　　　　　　　　50 000

  应交税费——应交增值税（销项税额）   8 500
   贷：银行存款   58 500
 借：库存商品   40 000
   贷：主营业务成本   40 000

需要注意的是，已确认收入的售出商品发生的销售退回属于资产负债表日后事项的，应当按照有关资产负债表日后事项的相关规定进行会计处理。

（三）特殊商品销售的会计处理

1. 代销商品

企业应当根据其在向客户转让商品前是否拥有对该商品的控制权，来判断其从事交易时的身份是主要责任人还是代理人。企业在向客户转让商品前能够控制该商品的，该企业为主要责任人，应当按照已收或应收对价总额确认收入；否则，该企业为代理人，应当按照预期有权收取的佣金或手续费的金额确认收入，该金额应当按照已收或应收对价总额扣除应支付给其他相关方的价款后的净额，或者按照既定的佣金金额或比例等确定。

（1）企业向客户转让商品前能够控制该商品的包括以下情形：①企业自第三方取得商品或其他资产控制权后，再转让给客户。②企业能够主导第三方代表本企业向客户提供服务。③企业自第三方取得商品控制权后，通过提供重大的服务将该商品与其他商品整合成某组合产出转让给客户。

（2）在具体判断向客户转让商品前是否拥有对该商品的控制权时，企业不应仅局限于合同的法律形式，而应当综合考虑所有相关事实和情况，这些事实和情况：①企业承担向客户转让商品的主要责任。②企业在转让商品之前或之后承担了该商品的存货风险。③企业有权自主决定所交易商品的价格。④其他相关事实和情况。

视同买断方式代销商品，是指委托方和受托方签订合同或协议，委托方按合同或协议收取代销的货款，实际售价由受托方自定，实际售价与合同或协议价之间的差额归受托方所有。如果委托方和受托方之间的协议明确标明，受托方在取得代销商品后，无论是否能够卖出、是否获利，均与委托方无关，那么委托方在发出商品并满足销售商品收入其他确认条件时，即可确认相关销售商品收入。委托方在发出商品时，借记"银行存款"等科目，并按确定的合同或协议价格，贷记"主营业务收入""应交税费——应交增值税（销项税额）"等科目；同时，结转销售成本。受托方作为主要责任人收到委托代销商品时按照代销合同或协议价格将其确认为本期购入的存货，实际销售时按照实际售价确认商品销售收入。如果受托方没有将商品售出时可以将商品退回给委托方，或受托方因代销商品出现亏损时可以要求委托方补偿，则委托方在发出商品时，先借记"发出商品"科目，贷记"库存商品"科目，在收到代销清单时方可确认相关销售商品收入。受托方收到委托代销商品时不做购进商品处理，先借记"受托代销商品"科目，贷记"受托代销商品款"科目，在实际销售时按照实际售价确认商品销售收入，并借记"主营业务成本"科目，贷记"受托代销商品"科目，同时借记"受托代销商品款"科目,贷记"应付账款"或"银行存款"科目。

【例 12-10】 蒙利公司委托乙公司销售商品 100 件,协议价为 200 元/件,成本为 160 元/件。委托代销协议约定,乙企业在取得委托代销商品后,无论是否能够卖出、是否获利,均与蒙利公司无关。这批商品发出时,蒙利公司开出的增值税专用发票上注明的增值税税额为 3 400 元。乙公司本期将本批商品全部出售给 C 公司,售价 22 000 元,增值税税额 3 740 元,款项已收到并存入银行。

(1) 蒙利公司的账务处理如下:
1) 发出商品时。

借:应收账款 23 400
　　贷:主营业务收入 20 000
　　　　应交税费——应交增值税(销项税额) 3 400
借:主营业务成本 16 000
　　贷:库存商品 16 000

2) 实际收到乙公司支付的款项时。

借:银行存款 23 400
　　贷:应收账款 23 400

(2) 乙公司的账务处理如下:
1) 收到商品并取得增值税专用发票时。

借:库存商品 20 000
　　应交税费——应交增值税(进项税额) 3 400
　　贷:应付账款 23 400

2) 实际销售商品时。

借:银行存款 25 740
　　贷:主营业务收入 22 000
　　　　应交税费——应交增值税(销项税额) 3 740
借:主营业务成本 20 000
　　贷:库存商品 20 000

3) 按协议将款项付给蒙利公司时。

借:应付账款 23 400
　　贷:银行存款 23 400

【例 12-11】 蒙利公司委托乙公司销售商品 100 件,协议价为 200 元/件,成本为 160 元/件。委托代销协议约定,乙企业可以将没有卖出的商品退还给蒙利公司。乙公司本期将本批商品全部出售给 C 公司,售价 22 000 元,增值税税额 3 740 元,款项已收到并存入银行。蒙利公司收到代销清单时,开出的增值税专用发票上注明的增值税税额为 3 400 元。

(1) 蒙利公司的账务处理如下:

1) 发出商品时。

借：发出商品　　　　　　　　　　　　　　　　　　　　16 000
　　贷：库存商品　　　　　　　　　　　　　　　　　　　　16 000

2) 收到代销清单时。

借：应收账款　　　　　　　　　　　　　　　　　　　　23 400
　　贷：主营业务收入　　　　　　　　　　　　　　　　　20 000
　　　　应交税费——应交增值税（销项税额）　　　　　　3 400

借：主营业务成本　　　　　　　　　　　　　　　　　　16 000
　　贷：发出商品　　　　　　　　　　　　　　　　　　　　16 000

3) 实际收到乙公司支付的款项时。

借：银行存款　　　　　　　　　　　　　　　　　　　　23 400
　　贷：应收账款　　　　　　　　　　　　　　　　　　　　23 400

(2) 乙公司的账务处理如下：

1) 收到商品时。

借：受托代销商品　　　　　　　　　　　　　　　　　　20 000
　　贷：受托代销商品款　　　　　　　　　　　　　　　　20 000

2) 实际销售商品时。

借：银行存款　　　　　　　　　　　　　　　　　　　　25 740
　　贷：主营业务收入　　　　　　　　　　　　　　　　　22 000
　　　　应交税费——应交增值税（销项税额）　　　　　　3 740

借：主营业务成本　　　　　　　　　　　　　　　　　　20 000
　　贷：受托代销商品　　　　　　　　　　　　　　　　　20 000

借：受托代销商品款　　　　　　　　　　　　　　　　　20 000
　　贷：应付账款　　　　　　　　　　　　　　　　　　　　20 000

3) 按协议将款项付给蒙利公司时。

借：应付账款　　　　　　　　　　　　　　　　　　　　20 000
　　应交税费——应交增值税（进项税额）　　　　　　　3 400
　　贷：银行存款　　　　　　　　　　　　　　　　　　　　23 400

支付手续费方式委托代销商品，是指委托方和受托方签订合同或协议，委托方根据代销商品数量向受托方支付手续费的销售方式。在这种方式下，委托方发出商品时，商品控制权并未转移，委托方在发出商品时通常不应确认销售商品收入，而是在收到受托方开出的代销清单时才确认销售商品收入，支付的手续费计入当期销售费用。受托方作为代理人在商品销售时没有定价权，必须按照合同或协议约定的价格出售商品，受托方按合同或协议约定的方法计算确定的手续费而不是约定价格确认收入。

【例12-12】　蒙利公司委托乙公司销售商品100件，协议对外售价为200元/件，成本为160元/件。委托代销协议约定，蒙利公司按售价的10%向乙公司支付手续费。

乙公司本期将本批商品全部出售给 C 公司，售价 20 000 元，增值税税额 3 400 元，款项已收到并存入银行。蒙利公司收到代销清单时，向乙公司开出另一张增值税专用发票，发票上注明的增值税税额也为 3 400 元。

(1) 蒙利公司的账务处理如下：

1) 发出商品时。

借：发出商品　　　　　　　　　　　　　　　　　　　　　　　　16 000
　　贷：库存商品　　　　　　　　　　　　　　　　　　　　　　　　　16 000

2) 收到代销清单时。

借：应收账款　　　　　　　　　　　　　　　　　　　　　　　　23 400
　　贷：主营业务收入　　　　　　　　　　　　　　　　　　　　　　20 000
　　　　应交税费——应交增值税（销项税额）　　　　　　　　　　　 3 400
借：主营业务成本　　　　　　　　　　　　　　　　　　　　　　16 000
　　贷：发出商品　　　　　　　　　　　　　　　　　　　　　　　　　16 000
借：销售费用　　　　　　　　　　　　　　　（100×200×10%）2 000
　　贷：应收账款　　　　　　　　　　　　　　　　　　　　　　　　　 2 000

3) 实际收到乙公司支付的款项时。

借：银行存款　　　　　　　　　　　　　　　　　　　　　　　　21 400
　　贷：应收账款　　　　　　　　　　　　　　　　　　　　　　　　　21 400

(2) 乙公司的账务处理如下：

1) 收到商品时。

借：受托代销商品　　　　　　　　　　　　　　　　　　　　　　20 000
　　贷：受托代销商品款　　　　　　　　　　　　　　　　　　　　　　20 000

2) 实际销售商品时。

借：银行存款　　　　　　　　　　　　　　　　　　　　　　　　23 400
　　贷：应付账款　　　　　　　　　　　　　　　　　　　　　　　　　20 000
　　　　应交税费——应交增值税（销项税额）　　　　　　　　　　　 3 400

3) 收到增值税专用发票时。

借：应交税费——应交增值税（进项税额）　　　　　　　　　　 3 400
　　贷：应付账款　　　　　　　　　　　　　　　　　　　　　　　　　 3 400
借：受托代销商品款　　　　　　　　　　　　　　　　　　　　　20 000
　　贷：受托代销商品　　　　　　　　　　　　　　　　　　　　　　　20 000

4) 按协议将款项付给蒙利公司时。

借：应付账款　　　　　　　　　　　　　　　　　　　　　　　　23 400
　　贷：银行存款　　　　　　　　　　　　　　　　　　　　　　　　　21 400
　　　　主营业务收入　　　　　　　　　　　　（100×200×10%）2 000

2. 分期收款销售商品

分期收款销售商品，是指商品已经交付，但货款分期收回的销售方式（通常超过3年）。分期收款销售商品实质上具有融资性质，企业不应当按照合同约定的收款日期确认收入，而是应当在将商品交付给购货方（通常表明商品的控制权已经转移给购货方），并同时满足收入确认的其他条件时，根据应收合同或协议款项的公允价值一次确认收入。合同或协议款项的公允价值，通常应当按照其未来现金流量现值或商品现销价格计算确定。在将商品交付给购货方时，按照应收合同或协议款项借记"长期应收款"科目，按照合同或协议款项的公允价值贷记"主营业务收入"科目，差额贷记"未实现融资收益"科目。

应收的合同或协议价款与其公允价值之间的差额，应当在合同或协议期间内，按照应收款项的摊余成本和实际利率计算确定的摊销金额，计入当期损益（冲减财务费用）。通常在收取货款时，借记"银行存款"科目，贷记"长期应收款"科目。同期，按照应收款项的摊余成本和实际利率计算确定的摊销金额借记"未实现融资收益"科目，贷记"财务费用"科目。截至合同期满，"长期应收款"和"未实现融资收益"科目的余额均应为零。在会计实务处理中，若采用直线法摊销结果与实际利率法相差不大，也可采用直线法进行摊销。

【例12-13】 20×1年1月1日，蒙利公司采用分期收款方式向乙公司销售一套大型设备，合同约定的销售价格为300万元，分6次于每年6月30日和12月31日等额收取。该大型设备成本为210万元。在现销方式下，该大型设备的销售价格为240万元。假定蒙利公司发出商品时，其有关的增值税专用发票已经开出，税率为17%，并已通过银行存款收回。

根据相关资料，蒙利公司应当确认的销售商品收入金额为240万元。

根据公式：未来三年收款额的现值＝现销方式下应收款项金额

可以得出：$50 \times (P/A, r, 6) = 240$ 万元 $(P/A, r, 6) = 4.8$

当 $r=6\%$ 时，$(P/A, r, 6) = 4.9173$；当 $r=7\%$ 时，$(P/A, r, 6) = 4.7665$

用插值法计算：

$(4.9173-4.7665) / (6\%-7\%) = (4.9173-4.8)/(6\%-r)$ $r=6.78\%$

每期计入财务费用的金额如表12-1所示。

表12-1 财务费用和已收本金计算表

单位：万元

年份 (t)	未收本金 $A_t = A_{t-1} - D_{t-1}$	财务费用 $B = A \times 6.78\%$	收现总额 C	已收本金 $D = C - B$
20×1年1月1日	240			
20×1年6月30日	206.27	16.27	50	33.73

续表

年 份 (t)	未收本金 $A_t = A_{t-1} - D_{t-1}$	财务费用 $B = A \times 6.78\%$	收现总额 C	已收本金 $D = C - B$
20×1 年 12 月 31 日	170.26	13.99	50	36.01
20×2 年 6 月 30 日	131.80	11.54	50	38.46
20×2 年 12 月 31 日	90.74	8.94	50	41.06
20×3 年 6 月 30 日	46.89	6.15	50	43.85
20×3 年 12 月 31 日	0	3.11*	50	46.89
总 额		60	300	240

注：*表示尾数调整。

根据表12-1的计算结果，蒙利公司的账务处理如下：

(1) 20×1 年 1 月 1 日销售实现时。

借：长期应收款 3 000 000
　　银行存款 510 000
　　贷：主营业务收入 2 400 000
　　　　未实现融资收益 600 000
　　　　应交税费——应交增值税（销项税额） 510 000

借：主营业务成本 2 100 000
　　贷：库存商品 2 100 000

(2) 20×1 年 6 月 30 日收取货款时。

借：银行存款 500 000
　　贷：长期应收款 500 000

借：未实现融资收益 162 700
　　贷：财务费用 162 700

(3) 20×1 年 12 月 31 日收取货款时。

借：银行存款 500 000
　　贷：长期应收款 500 000

借：未实现融资收益 139 900
　　贷：财务费用 139 900

(4) 20×2 年 6 月 30 日收取货款时。

借：银行存款 500 000
　　贷：长期应收款 500 000

借：未实现融资收益 115 400
　　贷：财务费用 115 400

(5) 20×2 年 12 月 31 日收取货款时。

借:银行存款	500 000
贷:长期应收款	500 000
借:未实现融资收益	89 400
贷:财务费用	89 400

(6) 20×3年6月30日收取货款时。

借:银行存款	500 000
贷:长期应收款	500 000
借:未实现融资收益	61 500
贷:财务费用	61 500

(7) 20×3年12月31日收取货款时。

借:银行存款	500 000
贷:长期应收款	500 000
借:未实现融资收益	31 100
贷:财务费用	31 100

3. 附有销售退回条件的商品销售

附有销售退回条件的商品销售,是指购买方依照有关协议有权退货的销售方式。在这种销售方式下,企业应当在客户取得相关商品控制权时,按照因向客户转让商品而预期有权收取的对价金额(即不包含预期因销售退回将退还的金额)确认收入,按照预期因销售退回将退还的金额确认负债;同时,按照预期将退回商品转让时的账面价值,扣除收回该商品预计发生的成本(包括退回商品的价值减损)后的余额,确认为一项资产,按照所转让商品转让时的账面价值,扣除上述资产成本的净额结转成本。

每一资产负债表日,企业应当重新估计未来销售退回情况,如有变化,应当作为会计估计变更进行会计处理。

4. 附有质量保证条款的销售

对于附有质量保证条款的销售,企业应当评估该质量保证是否在向客户保证所销售商品符合既定标准之外提供了一项单独的服务。企业提供额外服务的,应当作为单项履约义务,按照相关规定进行会计处理;否则,质量保证责任应当按照或有事项相关规定进行会计处理。在评估质量保证是否在向客户保证所销售商品符合既定标准之外提供了一项单独的服务时,企业应当考虑该质量保证是否为法定要求、质量保证期限以及企业承诺履行任务的性质等因素。客户能够选择单独购买质量保证的,该质量保证构成单项履约义务。

5. 附有客户额外购买选择权的销售

对于附有客户额外购买选择权的销售,企业应当评估该选择权是否向客户提供了一项重大权利。企业提供重大权利的,应当作为单项履约义务,按照相关规定将交易价格分摊至该履约义务,在客户未来行使购买选择权取得相关商品控制权时,或者该选择权失效时,确认相应的收入。客户额外购买选择权的单独售价无法直接观察的,企业应当综合考虑客户行使和不行使该选择权所能获得折扣的差异、客户行使该选择权的可能性等全部相关信息后,予以合理估计。

客户虽然有额外购买商品选择权,但客户行使该选择权购买商品时的价格反映了这些商品单独售价的,不应被视为企业向该客户提供了一项重大权利。

6. 售后回购

售后回购,是指企业销售商品的同时承诺或有权选择日后再将该商品(包括相同或几乎相同的商品,或以该商品作为组成部分的商品)购回的销售方式。

对于售后回购交易,企业应当区分下列两种情形分别进行会计处理:

(1) 企业因存在与客户的远期安排而负有回购义务或企业享有回购权利的,表明客户在销售时点并未取得相关商品控制权,企业应当作为租赁交易或融资交易进行相应的会计处理。其中,回购价格低于原售价的,应当视为租赁交易,按照租赁的相关规定进行会计处理;回购价格不低于原售价的,应当视为融资交易,在收到客户款项时确认金融负债,并将该款项和回购价格的差额在回购期间内确认为利息费用等。企业到期未行使回购权利的,应当在该回购权利到期时终止确认金融负债,同时确认收入。

(2) 企业负有应客户要求回购商品义务的,应当在合同开始日评估客户是否具有行使该要求权的重大经济动因。客户具有行使该要求权重大经济动因的,企业应当将售后回购作为租赁交易或融资交易进行会计处理;否则,企业应当将其作为附有销售退回条款的销售交易进行会计处理。

二、提供服务收入

(一) 提供服务收入的确认和计量原则

服务通常指其结果不形成有形资产的服务,如旅游服务、运输服务、饮食服务、广告策划与制作、管理咨询、代理业务、培训业务、建筑安装、软件设计、提供特许权等。企业通过提供服务而取得的收入,即为劳务收入。有的服务一次就能完成,且一般为现金交易,如饮食服务、理发服务、照相服务等;有的服务需要花费一段较长的时间才能完成,如安装服务、旅游服务、培训服务、远洋运输等。对于一次就能完成的服务,或在同一会计期间内开始并完成的服务,应在客户取得相关服务控制权时点时确认收入。对于时间跨度较长的服务项目来说,虽说很多服务合同中都约定了分期结算的条款,但其劳务收入的会计处理却比较复杂,应当在该段时间内按照履约进度确认收入,但是,履约进度不能合理确定的除外。

(二) 提供服务收入的会计处理

1. 履约义务能够合理确定

对于一次就能完成的劳务,或在同一会计期间内开始并完成的劳务,企业对外提供劳务,如属于企业的主营业务,所实现的收入应作为主营业务收入处理,结转的相关成本应作为主营业务成本处理；如属于主营业务以外的其他经营活动，所实现的收入应作为其他业务收入处理，结转的相关成本应作为其他业务成本处理。提供劳务发生的支出一般通过"劳务成本"科目予以归集，待确认为费用时，从"劳务成本"科目转入"主营业务成本"或"其他业务成本"科目。具体账务处理为企业应当按照确定的本期收入金额，借记"银行存款""预收账款""应收账款"等科目，贷记"主营业务收入"或"其他业务收入""应交税费——应交增值税（销项税额）"科目。同时，借记"主营业务成本"或"其他业务成本"科目，贷记"劳务成本"科目。

对于一次就能完成的劳务，企业应在提供劳务完成时确认收入及相关成本。对于持续一段时间但在同一会计期间内开始并完成的劳务，企业应在为提供劳务发生相关支出时确认劳务成本，劳务完成时再确认劳务收入，并结转相关劳务成本。

【例12-14】 万象公司于20×7年3月10日接受一项设备安装任务，该安装任务可一次完成。合同价款为9 000元，增值税为990元，全部款项已收到并存入银行，实际发生安装成本5 000元。假定安装业务属于该公司的主营业务，该公司为增值税一般纳税人，安装劳务适用增值税税率为11%，不考虑其他相关税费。

在安装完成时，万象公司相关账务处理如下：

借：银行存款 9 990
　　贷：主营业务收入 9 000
　　　　应交税费——应交增值税（销项税额） 990
借：主营业务成本 5 000
　　贷：劳务成本等 5 000

【例12-15】 额吉餐饮是一家大型餐饮企业，20×7年7月9日的营业收入（含增值税）总额是106 000元。该餐饮企业为增值税一般纳税人，适用的增值税率是6%。则收入相关的账务处理如下：

不含税收入=含税收入÷（1+6%）= 106 000÷（1+6%）= 100 000（元）

借：银行存款（库存现金） 106 000
　　贷：主营业务收入 100 000
　　　　应交税费——应交增值税（销项税额） 6 000

对于营业周期较长劳务项目，提供劳务交易的结果能够可靠估计的，应当采用产出法或投入法进行相关会计处理。其中，产出法是根据已转移给客户的服务对于客户的价值确定履约进度；投入法是根据企业为履行履约义务的投入确定履约进度。对于类似情况下的类似履约义务，企业应当采用相同的方法确定履约进度。

2. 履约进度不能合理确定

当履约进度不能合理确定时，企业已经发生的成本预计能够得到补偿的，应当按照已经发生的成本金额确认收入，直到履约进度能够合理确定为止。

第三节 费　用

一、费用的确认条件及其计量原则

费用的确认除了应当符合定义外，还应当满足严格的条件，即费用只有在经济利益很可能流出，从而导致企业资产减少或者负债增加，且经济利益的流出额能够可靠计量时才能予以确认。因此，费用的确认至少应当符合以下条件：其一，与费用相关的经济利益应当很可能流出企业；其二，经济利益流出企业的结果会导致资产的减少或者负债的增加；其三，经济利益的流出额能够可靠计量。企业为生产产品、提供劳务等发生的可归属于产品成本、劳务成本等的费用，应当在确认产品销售收入、劳务收入等时，将已销售产品、已提供劳务的成本等计入当期费用。企业发生的支出不产生经济利益的，或者即使能够产生经济利益但不符合或者不再符合资产确认条件的，应当在发生时确认为费用。企业发生的交易或者事项导致其承担了一项负债而又不确认为一项资产的，应当在发生时确认为费用。费用通常按照已经发生或未来将要发生的实际成本、所耗资产的历史成本进行计量。

二、生产费用

生产费用应当计入产品成本。产品成本是与产品的生产直接相关的成本，它包括产品生产中所耗费的直接材料、直接人工和制造费用等。直接材料是指直接用于产品生产并构成产品实体的原料、主要材料、外购半成品以及有助于产品形成的辅助材料。直接人工是指直接参加产品生产的工人工资以及其他各种形式的职工薪酬。制造费用是指各种间接费用，包括生产车间管理人员的工资等职工薪酬、折旧费、办公费、水电费、机物料消耗、劳动保护费、季节性和修理期间的停工损失等。

（一）应设置的账户

为了核算生产所发生的各项生产费用，企业应当设置"生产成本"和"制造费用"科目。"生产成本"账户核算企业进行产品生产过程中发生的各项生产成本，包括生产各种产品（产成品、自制半成品等）、自制材料、自制工具、自制设备等。该账户属于成本类，借方登记所发生的各项生产费用数额，贷方登记完工转出的各种产品成本数额，期末余额一般在借方，表示企业尚未加工完成的在产品成本。企业应在"生产成本"账户下按基本生产成本和辅助生产成本进行明细核算。基本生产成本明细账户核算企业基本生产车间为完成企业主要生产目的而进行的产品生产所发生的生产费用。辅助生产成本明细账户核算企业辅助生产车间为基本生产车间和其他部门服务而进行的产品生产或劳务供应所发生的生产费用。"制造费用"账户核算企业生产车间

(部门)为生产产品和提供劳务而发生的各项间接费用。该账户属于成本类,借方登记所发生的各项间接费用数额,贷方登记转出的本期间接费用数额,除季节性的生产性企业外,期末一般无余额。

(二)生产成本核算的具体会计处理程序

1. 对生产成本进行审核和控制

区分应计入产品成本的成本和不应计入产品成本的费用;对应计入产品成本的各项成本,区分为应当计入本月的产品成本与应当由其他月份产品负担的成本。

2. 对应计入本月产品的成本费用按照成本核算对象进行归集

对于发生的直接材料、直接人工等直接费用,计入"生产成本——基本生产成本"各明细账户和"生产成本——辅助生产成本"科目的借方。对于发生的间接费用,计入"制造费用"科目的借方。具体会计处理如下:

(1) 根据"材料成本分配表",编制会计分录。

借:生产成本——基本生产成本——A 产品
　　　　　　　　　　　　　　——B 产品
　　　　　　——辅助生产成本
　　制造费用
　　贷:原材料——某材料

(2) 根据"工资成本分配汇总表",编制会计分录。

借:生产成本——基本生产成本——A 产品
　　　　　　　　　　　　　　——B 产品
　　　　　　——辅助生产成本
　　制造费用
　　管理费用等
　　贷:应付职工薪酬

(3) 根据发生的其他成本费用(如用银行存款支付水电费),编制会计分录。

借:生产成本——基本生产成本——A 产品
　　　　　　　　　　　　　　——B 产品
　　　　　　——辅助生产成本
　　制造费用
　　管理费用等
　　贷:银行存款等

3. 对于"生产成本——辅助生产成本"账户所归集的辅助生产费用

按其所服务的对象,编制辅助生产费用分配表,采用一定的方法(如直接分配法、交互分配法和按计划成本分配法)分别记入"制造费用""管理费用"和"生产成本——基本生产成本"等科目的借方,结转后"生产成本——辅助生产成本"科目无余额。具体会计处理如下:

借：生产成本——基本生产成本——A产品
　　　　　　　　　　　　——B产品
　　制造费用
　　管理费用等
　　贷：生产成本——辅助生产成本

4. 对于"制造费用"账户所归集的各种间接生产费用和分配转入的辅助生产成本编制制造费用分配表，按一定标准分配记入"生产成本——基本生产成本"各明细账户的借方，结转后"制造费用"账户无余额。

分配制造费用的方法很多，通常采用的方法有生产工人工时比例法、生产工人工资比例法、机器工时比例法和按年度计划分配率分配法等。分配方法一经确认，不得随意变更。如需变更，应当在财务报表附注中予以说明。具体会计处理如下：

借：生产成本——基本生产成本——A产品
　　　　　　　　　　　　——B产品
　　贷：制造费用

5. 对于"生产成本——基本生产成本"各明细账户所归集的各种产品的生产成本采用一定的方法在完工产品和期末在产品之间进行分配，结转完工产品成本，计算完工产品的总成本和单位成本，结转后"生产成本——基本生产成本"账户余额反映尚未完工的在产品成本。

期末如果既有完工产品又有在产品，产品成本明细账中归集的月初在产品生产成本与本月发生的成本之和，则应当在完工产品与月末在产品之间，采用适当的分配方法，进行分配和归集，以计算完工产品和月末在产品的成本。具体方法包括在产品按所耗直接材料成本计价法、约当产量比例法、在产品按定额成本计价法等。具体会计处理如下：

借：库存商品——A产品
　　　　　　——B产品
　　贷：生产成本——基本生产成本——A产品
　　　　　　　　　　　　——B产品

生产成本核算的过程如图12-1所示。

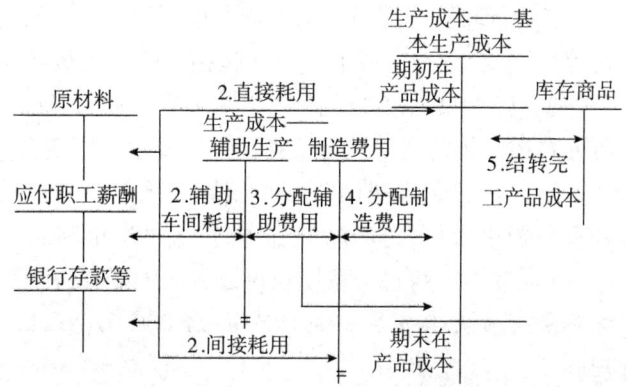

图12-1　生产成本核算过程示意图

三、期间费用

期间费用是企业当期发生的费用中的重要组成部分,是指本期发生的、不能直接或间接归入某种产品成本的、直接计入损益的各项费用,包括销售费用、管理费用和财务费用。

(一) 销售费用

销售费用是指企业在销售商品和材料、提供劳务的过程中发生的各种费用,包括企业在销售商品过程中发生的保险费、包装费、展览费和广告费、商品维修费、预计产品质量保证损失、运输费、装修费等以及为销售本企业商品而专设的销售机构(含销售网点、售后服务网点等)的职工薪酬、业务费、折旧费、固定资产修理费用等费用。

企业发生的销售费用,通过"销售费用"账户核算。该账户属于损益类,借方登记企业实际发生的各种销售费用数额;贷方登记期末转入"本年利润"账户的数额;结转后期末应无余额。"销售费用"账户按费用项目设置明细账,进行明细核算。

【例12-16】 蒙利公司为宣传产品发生广告费100 000元(不含税),增值税6 000元,全部款项已通过银行存款支付。蒙利公司的账务处理如下:

借:销售费用　　　　　　　　　　　　　　　　　　100 000
　　应交税费——应交增值税(进项税额)　　　　　　6 000
　　贷:银行存款　　　　　　　　　　　　　　　　　　106 000

【例12-17】 蒙利公司销售一批产品,销售过程中发生装卸费4 000元,已通过银行存款支付。蒙利公司的账务处理如下:

借:销售费用　　　　　　　　　　　　　　　　　　4 000
　　贷:银行存款　　　　　　　　　　　　　　　　　　4 000

(二) 管理费用

管理费用是指企业为组织和管理企业生产经营所发生的管理费用,包括企业在筹建期间内发生的开办费、董事会和行政管理部门在企业的经营管理中发生的或者应由企业统一负担的公司经费(包括行政管理部门职工工资及福利费、物料消耗、低值易耗品摊销、办公费和差旅费等)、工会经费、董事会费(包括董事会成员津贴、会议费和差旅费等)、聘请中介机构费、咨询费(含顾问费)、诉讼费、业务招待费、技术转让费、矿产资源补偿费、研究费用、排污费以及行政管理部门发生的固定资产修理费等。

企业发生的管理费用,在"管理费用"账户核算。该账户属于损益类,借方登记企业实际发生的各种管理费用数额;贷方登记期末转入"本年利润"账户的数额;结转后期末应无余额。"管理费用"账户按费用项目设置明细账,进行明细核算。

【例12-18】 蒙利公司6月共发生业务招待费24 000元,已通过银行存款支付。蒙利公司的账务处理如下:

借:管理费用　　　　　　　　　　　　　　　　　　　　　24 000
　　贷:银行存款　　　　　　　　　　　　　　　　　　　　　　24 000

【例12-19】 蒙利公司6月25日根据有关规定,开出转账支票支付本月应交纳的排污费7 000元。

借:管理费用　　　　　　　　　　　　　　　　　　　　　 7 000
　　贷:银行存款　　　　　　　　　　　　　　　　　　　　　　 7 000

(三) 财务费用

财务费用是指企业为筹集生产经营所需资金等而发生的筹资费用,包括利息支出(减利息收入)、汇兑损益以及相关的手续费、企业发生的现金折扣或收到的现金折扣等。

企业发生的财务费用,通过"财务费用"账户核算。该账户属于损益类,借方登记企业实际发生的各种筹资费用、手续费和汇兑损失的数额;贷方登记企业实际取得的各种利息收入和汇兑收益数额;期末,应将账户余额转入"本年利润"账户,结转后该账户无余额。"财务费用"账户中按费用项目设置明细账,进行明细核算。

【例12-20】 蒙利公司20×7年1月1日向银行借入一笔生产经营用短期借款,共计120 000元,期限为9个月,年利率为8%。根据与银行签署的贷款协议,该项借款的本金到期后一次归还;利息分月预提,按季支付。

蒙利公司1月末的有关账务处理如下:

借:财务费用　　　　　　　　　　　　　　　　　　　　　　 800
　　贷:应付利息　　　　　　　　　　　　　　　　　　　　　　　 800

【例12-21】 蒙利公司20×7年4月1日收到建设银行的存款计息凭证,收到的存款利息为1 000元。蒙利公司有关账务处理如下:

借:银行存款　　　　　　　　　　　　　　　　　　　　　 1 000
　　贷:财务费用　　　　　　　　　　　　　　　　　　　　　　 1 000

第四节　利润及综合收益

一、利润和综合收益的构成

企业应当采用多步式方法计算利润,将不同性质的收入、费用、利得和损失进行对比,从而可以得出一些中间性的利润数据,便于会计信息使用者理解企业经营成果的不同来源,判断净利润的质量及其风险,从而做出正确的决策。具体利润计算构成如下:

(一) 营业利润

营业利润=营业收入-营业成本-税金及附加-销售费用-管理费用-财务费用-资产减值损失+公允价值变动收益（-公允价值变动损失）+投资收益（-投资损失）

其中：

营业收入是指企业经营业务所确认的收入总额，包括主营业务收入和其他业务收入。营业成本是指企业经营业务所发生的实际成本总额，包括主营业务成本和其他业务成本。企业通过"主营业务收入""其他业务收入""主营业务成本""其他业务成本"账户对其进行核算，期末应将相关账户余额转入"本年利润"，结转后这些账户应无余额。

资产减值损失是指企业计提各项资产减值准备所形成的损失，通过"资产减值损失"账户对其进行核算。该账户属于损益类账户，借方登记企业计提的坏账准备、存货跌价准备、固定资产减值准备等各种减值准备的数额；贷方登记因相关资产的价值得以恢复而转回的数额；期末，应将账户余额转入"本年利润"账户，结转后该账户无余额。

公允价值变动收益（或损失）是指企业交易性金融资产等公允价值变动形成的应计入当期损益的利得（或损失），通过"公允价值变动损益"账户对其进行核算。该账户属于损益类账户，借方登记公允价值变动损失的数额（持有的交易性金融资产公允价值低于其账面余额的差额）；贷方登记公允价值变动收益的数额（公允价值高于其账面余额的差额）；出售交易性金融资产时将原计入该账户的公允价值变动额转为投资收益；期末，应将账户余额转入"本年利润"账户，结转后该账户无余额。

投资收益（或损失）是指企业以各种方式对外投资所取得的收益（或发生的损失），通过"投资收益"账户对其进行核算。该账户属于损益类，借方登记投资损失的数额；贷方登记投资收益的数额；期末，应将账户余额转入"本年利润"账，结转后该账户无余额。

(二) 利润总额

利润总额=营业利润+营业外收入-营业外支出

其中，营业外收入是指企业发生的与其日常活动无直接关系的利得。营业外支出是指企业发生的与其日常活动无直接关系的损失。

(三) 净利润

净利润=利润总额-所得税费用

其中，所得税费用是指企业确认的应从当期利润总额中扣除的所得税费用。具体有关所得税费用的核算见本章第四节。

(四) 综合收益

综合收益=净利润+其他综合收益

其中，其他综合收益是指企业根据会计准则规定未在损益中确认的各项利得和损失扣除所得税影响后的净额。

【例 12-22】 蒙利公司 20×5 年发生的主营业务收入为 800 万元，主营业务成本为 520 万元，其他业务收入为 200 万元，其他业务成本为 80 万元，税金及附加为 25 万元，销售费用为 20 万元，管理费用为 50 万元，财务费用为 10 万元，投资收益为 40 万元（贷方发生额），资产减值损失为 70 万元（借方发生额），公允价值变动收益为 80 万元（贷方发生额），营业外收入为 38 万元，营业外支出为 15 万元，所得税费用为 82 万元。其他综合收益为 8 万元。

蒙利公司 20×5 年营业利润、利润总额、净利润分别为：

营业收入＝主营业务收入＋其他业务收入＝800＋200＝1 000（万元）

营业成本＝主营业务成本＋其他业务成本＝520＋80＝600（万元）

营业利润＝营业收入－营业成本－税金及附加－销售费用－管理费用－财务费用＋投资收益＋公允价值变动收益－资产减值损失＝1 000－600－25－20－50－10＋40＋80－70＝345（万元）

利润总额＝营业利润＋营业外收入－营业外支出＝345＋38－15＝368（万元）

净利润＝利润总额－所得税费用＝368－82＝286（万元）

综合收益＝净利润＋其他综合收益＝286＋8＝294（万元）

二、营业外收入和营业外支出

（一）营业外收入

营业外收入是指企业发生的与其日常活动无直接关系的各项利得，主要包括非流动资产处置利得、非货币性资产交换利得、债务重组利得、政府补助、盘盈利得、捐赠利得、确实无法支付而按规定程序经批准后转作营业外收入的应付款项等。其中，非流动资产处置利得包括固定资产处置利得和无形资产出售利得。固定资产处置利得，指企业出售固定资产所取得价款或报废固定资产的材料价值和变价收入等，扣除处置固定资产的账面价值、清理费用、处置相关税费后的净收益；无形资产出售利得，指企业出售无形资产所取得价款，扣除出售无形资产的账面价值、出售相关税费后的净收益。盘盈利得，主要指对于现金清查盘点中盘盈的现金，报经批准后计入营业外收入的金额。捐赠利得，指企业接受捐赠产生的利得。

企业应通过"营业外收入"账户，核算营业外收入的取得及结转情况。该账户属于损益类，贷方登记企业发生的各项营业外收入的数额；借方登记期末转入"本年利润"账户的数额；结转后该账户期末应无余额。

【例 12-23】 由于债权人破产，蒙利公司一笔金额为 2 000 元的其他应付款无法支付，经批准予以转销。

蒙利公司有关账务处理如下：

借：其他应付款　　　　　　　　　　　　　　　　　2 000
　　贷：营业外收入　　　　　　　　　　　　　　　　　　2 000

(二) 营业外支出

营业外支出是指企业发生的与其日常活动无直接关系的各项损失，主要包括非流动资产处置损失、非货币性资产交换损失、债务重组损失、盘亏损失、公益性捐赠支出、非常损失等。其中，非流动资产处置损失包括固定资产处置损失和无形资产出售损失。固定资产处置损失，指企业出售固定资产所取得价款或报废固定资产的材料价值和变价收入等，不足以抵补处置固定资产的账面价值、清理费用、处置相关税费所发生的净损失。无形资产出售损失，指企业出售无形资产所取得价款，不足以抵补出售无形资产的账面价值、出售相关税费后所发生的净损失。盘亏损失，主要指对于固定资产清查盘点中盘亏的固定资产，在查明原因处理时按确定的损失计入营业外支出的金额。公益性捐赠支出，指企业对外进行公益性捐赠发生的支出。非常损失，指企业对于因客观因素（如自然灾害等）造成的损失，在扣除保险公司赔偿后应计入营业外支出的净损失。

企业应通过"营业外支出"账户，核算营业外支出的发生及结转情况。该账户属于损益类，借方登记企业发生的各项营业外支出的数额；贷方登记期末转入"本年利润"账户的数额；结转后期末该账户应无余额。

【例 12-24】 蒙利公司为赈灾捐款 600 000 元，已用银行存款支付。

蒙利公司有关账务处理如下：

借：营业外支出   600 000
  贷：银行存款   600 000

需要注意的是，营业外收入和营业外支出应当分别核算。在具体核算时，不得以营业外支出直接冲减营业外收入；也不得以营业外收入冲减营业外支出。即企业在会计核算时，应当区别营业外收入和营业外支出进行核算。

三、净利润的核算

企业应设置"本年利润"账户，核算企业当期实现的净利润（或发生的净亏损）。该账户属于所有者权益类账户，企业应将所有收入类账户的余额转入"本年利润"账户的贷方，将所有费用类账户的余额转入"本年利润"账户的借方。结转后"本年利润"账户如为贷方余额，表示当年实现的净利润；如为借方余额，表示当年发生的净亏损。

年度终了，企业还应将"本年利润"科目的本年累计余额转入"利润分配——未分配利润"科目。企业在生产经营过程中既有可能发生盈利，也有可能出现亏损。企业当年如果实现盈利，应借记"本年利润"科目，贷记"利润分配——未分配利润"科目。企业当年如果发生亏损，应借记"利润分配——未分配利润"科目，贷记"本年利润"科目。结转后"本年利润"账户无余额。

【例 12-25】 蒙利公司 20×1 年 12 月各损益类账户的发生额如表 12-2 所示。

表12-2 各损益类账户发生额

单位：元

账户名称	借方发生额	账户名称	贷方发生额
主营业务成本	1 060 000	主营业务收入	1 615 000
其他业务成本	70 000	其他业务收入	200 000
税金及附加	150 000	投资收益	42 000
销售费用	17 000	公允价值变动收益	80 000
管理费用	54 000	营业外收入	39 000
财务费用	10 000		
资产减值损失	240 000		
营业外支出	0		
所得税费用	92 500		

蒙利公司结转各损益类账户的账务处理如下：

借：主营业务收入 1 615 000
　　其他业务收入 200 000
　　营业外收入 39 000
　　投资收益 42 000
　　公允价值变动损益 80 000
　　贷：本年利润 1 976 000
借：本年利润 1 693 500
　　贷：主营业务成本 1 060 000
　　　　其他业务成本 70 000
　　　　税金及附加 150 000
　　　　销售费用 17 000
　　　　管理费用 54 000
　　　　财务费用 10 000
　　　　资产减值损失 240 000
　　　　所得税费用 92 500

【例12-26】 20×1年12月31日结转各损益类科目后，蒙利公司"本年利润"账户贷方余额2 860 000元。

年度终了，蒙利公司将"本年利润"账户的本年累计余额转出时的账务处理如下：

借：本年利润 2 860 000
　　贷：利润分配——未分配利润 2 860 000

四、利润分配

(一) 利润分配的顺序

企业当期实现的利润,加上年初未分配利润(或减去年初未弥补亏损①)后的余额,为可供分配的利润。可供分配的利润,一般按下列顺序分配:

第一,提取法定盈余公积,是指企业根据《公司法》第167条规定,按照净利润的10%提取法定盈余公积。法定盈余公积累计金额超过企业注册资本的50%以上时,可以不再提取。

第二,提取任意盈余公积,是指企业按照股东大会决议提取的任意盈余公积。

第三,应付现金股利或利润,是指企业按照利润分配方案分配给股东的现金股利,也包括非股份有限公司分配给投资者的利润。

第四,分配股票股利,是指企业按照利润分配方案以分派股票股利的形式转作股本的股利,也包括非股份有限公司以利润转增的资本。

(二) 利润分配的核算

企业应当设置"利润分配"账户,核算利润的分配(或亏损的弥补)情况,以及历年积存的未分配利润(或未弥补的亏损)。该账户应当分别"提取法定盈余公积""提取任意盈余公积""应付现金股利或利润""转作股本的股利""盈余公积补亏"和"未分配利润"等进行明细核算。

1. 提取盈余公积

企业提取盈余公积时,借记"利润分配——提取法定盈余公积""利润分配——提取任意盈余公积"科目,贷记"盈余公积——法定盈余公积""盈余公积——任意盈余公积"科目。

2. 向投资者分配现金股利或利润

经股东大会或类似机构决议,分配给股东或投资者的现金股利或利润,借记"利润分配——应付现金股利或利润"科目,贷记"应付股利"等科目。

3. 分配股票股利

经股东大会或类似机构决议,分配给股东的股票股利,应在办理增资手续后,借记"利润分配——转作股本的股利"科目,贷记"股本"科目。

4. 弥补亏损

以当年实现的利润弥补以前年度结转的未弥补亏损,无论是以税前利润还是以税后利润弥补亏损,均不需要进行专门的账务处理。但是,两者在计算交纳所得税时的处理是不同的。在以税前利润弥补亏损的情况下,其弥补的数额可以抵减当期企业应纳税所得额,而以税后利润弥补的数额,则不能作为纳税所得扣除

---

① 按所得税法规定,企业某年度发生的亏损,在其后5年内可以用税前利润弥补,从其后的第6年开始,只能用税后利润弥补。

处理。

用盈余公积弥补亏损时，应借记"盈余公积"科目，贷记"利润分配——盈余公积补亏"科目。

5. 利润的结算

年度终了，应将"利润分配"科目所属的其他明细科目的余额，转入"未分配利润"明细科目。结转后，"未分配利润"明细账户的贷方余额就是未分配利润的金额；如出现借方余额，则表示未弥补亏损的金额。"利润分配"账户所属的其他明细账户应无余额。

【例12-27】 蒙利公司的股本为 10 000 000 元，每股面值 1 元。20×1 年年初"利润分配——未分配利润"账户为贷方余额 4 150 000 元，20×1 年实现净利润 2 860 000 元。

假定公司经股东大会批准 20×1 年度利润分配方案为：按照 20×1 年实现净利润的 10% 提取法定盈余公积，5% 提取任意盈余公积，向股东按每股 0.08 元派发现金股利。20×2 年 3 月 15 日，公司以银行存款支付了全部现金股利。蒙利公司的账务处理如下：

(1) 提取法定盈余公积和任意盈余公积时。

借：利润分配——提取法定盈余公积	286 000
——提取任意盈余公积	143 000
贷：盈余公积——法定盈余公积	286 000
——任意盈余公积	143 000

(2) 批准并宣告发放现金股利时。

借：利润分配——应付现金股利	800 000
贷：应付股利	800 000

20×2 年 3 月 15 日，实际发放现金股利时

借：应付股利	800 000
贷：银行存款	800 000

(3) 结转"利润分配"的明细账户。

借：利润分配——未分配利润	1 229 000
贷：利润分配——提取法定盈余公积	286 000
——提取任意盈余公积	143 000
——应付现金股利	800 000

蒙利公司 20×1 年末"利润分配——未分配利润"账户的余额：
4 150 000+2 860 000−1 229 000=5 781 000（元）

即贷方余额 5 781 000 元，反映企业的累计未分配利润为 5 781 000 元。

第五节 所得税费用

企业所得税是对生产经营所得进行课税，计税依据是应纳税所得额，由于应纳税所得额是按照企业所得税法规定计算的所得额，与依照会计准则计算的会计利润存在一定的差异。我国企业会计准则规定，企业应当采用资产负债表债务法核算所得税（小企业除外）。

一、资产负债表债务法概述

（一）资产负债表债务法的概念

资产负债表债务法，要求企业从资产负债表出发，通过比较资产负债表上列示的资产、负债的账面价值与计税基础，对于两者之间的差异分别应纳税暂时性差异与可抵扣暂时性差异，确认相关的递延所得税负债和递延所得税资产，并在此基础上确定每一会计期间利润表中的所得税费用。

（二）资产负债表债务法的基本核算程序

在采用资产负债表债务法核算所得税的情况下，企业一般应于每一资产负债表日进行所得税的核算，应遵循以下程序：

第一，按照相关会计准则规定确定资产负债表中除递延所得税资产和递延所得税负债之外的其他资产和负债项目的账面价值。

第二，按照会计准则中对于资产和负债计税基础的确定方法，以适用的税收法规为基础，确定资产负债表中有关资产、负债项目的计税基础。

第三，比较资产、负债的账面价值与其计税基础，对于两者之间存在差异的，分析其性质，除准则中规定的特殊情况外，分别应纳税暂时性差异与可抵扣暂时性差异并乘以适用的所得税税率，确定资产负债表日递延所得税负债和递延所得税资产的应有金额，并与期初递延所得税负债和递延所得税资产的余额相比，确定当期应予进一步确认的递延所得税资产和递延所得税负债金额或应予转销的金额，作为递延所得税。

第四，按照适用的税法规定计算确定当期应纳税所得额，将应纳税所得额与适用的所得税税率计算的结果确认为当期应交所得税。

第五，确定利润表中的所得税费用。利润表中的所得税费用包括当期所得税（当期应交所得税）和递延所得税两个组成部分，企业在计算确定了当期所得税和递延所得税后，两者之和（或之差）是利润表中的所得税费用。

二、资产负债表债务法相关基本概念

（一）资产的账面价值与计税基础

资产的账面价值，是指资产的账面余额减去相关的备抵项目后的净额。例如，固定资产的账面价值是固定资产的初始入账价值减去计提的累计折旧和固定资产减值准备后的净额。资产负债表中资产项目是按照资产的账面价值列示的，所以，计算资产的账面价值时，可以参照资产负债表中列示的资产项目的金额。例如，企业持有的应收账款账面余额为800万元，企业对该应收账款计提了40万元的坏账准备，其账面价值为760万元。

资产的计税基础，是指企业收回资产账面价值过程中，计算应纳税所得额时按照税法规定可以自应税经济利益中抵扣的金额，即某一项资产在未来期间计税时按照税法规定可以税前扣除的金额。资产在初始确认时，其计税基础一般为取得成本，即企业为取得某项资产支付的成本在未来期间准予税前扣除。在资产持续持有的过程中，其计税基础是指资产的取得成本减去以前期间按照税法规定已经税前扣除的金额后的余额，该余额代表的是按照税法规定，就涉及的资产在未来期间计税时仍然可以税前扣除的金额。如固定资产、无形资产等长期资产在某一资产负债表日的计税基础是指其成本扣除按照税法规定已在以前期间税前扣除的累计折旧额或累计摊销额后的金额。

现举例说明部分资产项目账面价值和计税基础的确定：

1. 以公允价值计量且其变动计入当期损益的金融资产

按照企业会计准则的规定，对于以公允价值计量且其变动计入当期损益的金融资产，其于某一会计期末的账面价值为该时点的公允价值。税法规定，企业以公允价值计量的金融资产，持有期间公允价值的变动不计入应纳税所得额，在实际处置或结算时，处置取得的价款扣除其历史成本后的差额应计入处置或结算期间的应纳税所得额。有关金融资产在某一会计期末的计税基础为其取得成本：

账面价值=该时点的公允价值

计税基础=取得时的历史成本

在公允价值变动的情况下，以公允价值计量且其变动计入当期损益的金融资产的账面价值与计税基础之间会存在差异。企业持有的可供出售金融资产的账面价值和计税基础的确定，与以公允价值计量且其变动计入当期损益的金融资产类似，可比照处理。

【例12-28】蒙利公司于20×1年10月20日自公开市场取得一项权益性投资，支付价款1 800万元，作为交易性金融资产核算。12月31日，该交易性金融资产的公允价值为1 880万元。

按照会计准则规定，在20×1年资产负债表日的账面价值为1 880万元。

因税法规定交易性金融资产在持有期间的公允价值变动不计入应纳税所得额，其在20×1年资产负债表日的计税基础应维持原取得成本不变,为1 800万元。

该交易性金融资产的账面价值1 880万元与其计税基础1 800万元之间产生了80万元的暂时性差异,该暂时性差异在未来期间会增加应纳税所得额。

2. 固定资产

固定资产初始确认时按照会计准则规定确定的入账价值基本上是被税法认可的,即取得时其账面价值一般等于计税基础。在持续持有期间,会计准则规定,企业应当根据与固定资产有关的经济利益的预期实现方式合理选择折旧方法,确定折旧年限。期末,如果固定资产的可收回金额低于账面价值,应计提减值准备。而税法对每一类固定资产的折旧年限做出了规定,在折旧方法的选择上,除某些按照规定可以加速折旧的情况外,基本上可以税前扣除的是按照直线法计提的折旧。税法还规定按照会计准则规定计提的资产减值准备在资产发生实质性损失前不允许税前扣除:

账面价值=成本-累计折旧-固定资产减值准备

计税基础=成本-按照税法规定已在以前期间税前扣除的折旧额

在折旧方法、折旧年限不同或提取固定资产减值准备的情况下,固定资产的账面价值与计税基础之间会存在差异。企业持有的以成本模式计量的投资性房地产的账面价值和计税基础的确定,与固定资产类似,可比照处理。

【例12-29】 蒙利公司于20×1年12月8日取得的某项环保用固定资产,原价为75万元,使用年限为5年,会计上采用年限平均法计提折旧,净残值为零。税法规定该类环保用固定资产采用加速折旧法计提的折旧可予税前扣除,该公司在计算缴纳所得税时采用年数总和法计提折旧并进行了纳税调整。20×3年12月31日,公司估计该项固定资产的可收回金额为33万元。

计算确定各年末的账面价值和计税基础,如表12-3所示。

表12-3 环保用固定资产各年末账面价值和计税基础

单位:万元

项目	20×1	20×12	20×3	20×4	20×5	20×6
账面价值	75	60	33①	22②	11	0
计税基础	75	50	30	15	5	0
差额③	0	10	3	7	6	0
递延所得税负债余额	0	2.5	0.75	1.75	1.5	0

注:①20×3年12月31日未计提减值准备时账面价值为75-(75-0)/5×2=45(万元),而该项固定资产的可收回金额为33万元,蒙利公司计提了12万元的固定资产减值准备,因此,该固定资产的账面价值为75-(75-0)/5×2-12=33(万元)。

②20×4年12月31日账面价值为33-(33-0)/3=22(万元)。

③该固定资产在20×2~20×5年的账面价值均大于其计税基础,产生的暂时性差异(差额)在未来期间会增加应纳税所得额,形成递延所得税负债。

3. 无形资产

除内部研究开发形成的无形资产外，以其他方式取得的无形资产，初始确认时按照会计准则规定确定的入账价值与按照税法规定确定的成本之间一般不存在差异。在后续计量时，会计准则规定，企业应根据无形资产使用寿命情况区分为使用寿命有限的无形资产与使用寿命不确定的无形资产。对于使用寿命不确定的无形资产，不要求摊销，但持有期间每年应进行减值测试，如果可收回金额低于账面价值，应计提减值准备。税法规定，企业取得的所有无形资产成本应在一定期限内摊销。但按照会计准则规定计提的资产减值准备在资产发生实质性损失前不允许税前扣除：

账面价值＝成本－累计摊销－无形资产减值准备（使用寿命确定的）

或＝成本－无形资产减值准备（使用寿命不确定的）

计税基础＝成本－按照税法规定已在以前期间税前扣除的摊销额

对于内部研究开发形成的无形资产，会计准则规定，内部研究开发活动区分两个阶段，研究阶段的支出应当费用化计入当期损益，开发阶段符合资本化条件以后至达到预定用途前发生的支出应当资本化作为无形资产的成本。税法中规定企业为开发新技术、新产品、新工艺发生的研究开发费用，未形成无形资产计入当期损益的，在按照规定据实扣除的基础上，按照研究开发费用的50%加计扣除；形成无形资产的，按照无形资产成本的150%摊销。

在内部研究开发形成的无形资产、无形资产使用寿命不确定或提取无形资产减值准备的情况下，无形资产的账面价值与计税基础之间会存在差异。

【例12-30】蒙利公司于20×1年为开发新技术发生研究开发支出计2 000万元，其中研究阶段支出400万元，开发阶段符合资本化条件前发生的支出为500万元，符合资本化条件后至达到预定用途前发生的支出为1 100万元。税法规定，企业为开发新技术、新产品、新工艺发生的研究开发费用，未形成无形资产计入当期损益的，按照研究开发费用的50%加计扣除；形成无形资产的，按照无形资产成本的150%摊销。假定开发形成的无形资产在20×1年末已达到预定用途（尚未开始摊销）。

蒙利公司20×1年发生的研究开发支出中，按照会计准则规定应予费用化的金额为900万元，形成无形资产的成本为1 100万元，即期末形成无形资产的账面价值为1 100万元。

按照税法规定可在当期税前扣除的金额为（900×150%）1 350万元。所形成的无形资产在未来期间可予税前扣除的金额为（1 100×150%）1 650万元，其计税基础为1 650万元，形成暂时性差异550万元。

4. 其他资产

因会计准则规定与税收法规规定不同，企业持有的其他资产可能造成其账面价值与计税基础之间存在差异的，如计提了资产减值准备的相关资产（应收账款、存货等）、采用公允价值模式计量的投资性房地产、采用权益法进行后续计量的长期股权投资等。

【例 12-31】 蒙利公司 20×1 年购入原材料成本为 400 万元，因部分生产线停工，当年未领用任何该原材料，20×1 年资产负债表日考虑到该原材料的市价及用其生产产成品的市价情况，估计其可变现净值为 330 万元。假定该原材料在 20×1 年的期初余额为 0。

按照会计准则规定，该项原材料期末可变现净值低于其成本，应计提存货跌价准备，其金额为 400-330=70（万元），2011 年资产负债表日该项原材料的账面价值为 330 万元。

因税法规定不允许税前扣除各项资产减值准备，其计税基础应维持原取得成本 400 万元不变。

账面价值 330 万元与其计税基础 400 万元之间产生了 70 万元的暂时性差异，该差异会减少企业在未来期间的应纳税所得额。

（二）负债的账面价值与计税基础

资产负债表中负债项目是按照负债的账面价值列示的，所以，计算负债的账面价值时，可以参照资产负债表中列示的负债项目的金额。

负债的计税基础，是指负债的账面价值减去未来期间计算应纳税所得额时按照税法规定可予抵扣的金额。用公式表示即为

负债的计税基础=账面价值-未来期间按照税法规定可予税前扣除的金额

短期借款、应付票据、应付账款等负债的确认与偿还一般不会影响企业的损益，也不会影响其应纳税所得额，未来期间计算应纳税所得额时按照税法规定可予抵扣的金额为零，计税基础即为账面价值。所以，这类负债一般不会产生暂时性差异。但是，预计负债、应付职工薪酬、预收账款等与收入和费用的产生密切相关的负债其确认可能会影响企业的损益，进而影响不同期间的应纳税所得额，使其计税基础与账面价值之间产生差额，即可能会产生暂时性差异。现举例说明部分负债项目账面价值和计税基础的确定：

1. 与产品质量担保相关的预计负债

按照会计准则的规定，企业对于预计提供产品质量担保服务将发生的支出在满足有关确认条件时，销售当期即应确认为费用，同时确认预计负债。税法规定，与销售产品相关的支出应于发生时税前扣除。预计负债的计税基础为其账面价值与未来期间可税前扣除的金额之间的差额，合理估计的预计负债在实际发生时可全部税前扣除，其计税基础为 0。在这种情况下，预计负债的账面价值与计税基础之间会存在差异。

【例 12-32】 蒙利公司 20×1 年因销售产品承诺提供 3 年的保修服务，在当年度利润表中确认了 20 万元的销售费用同时确认为预计负债。假定企业在确认预计负债的当期未发生任何保修支出。

按照或有事项准则规定，在 20×1 年 12 月 31 日，该项预计负债的账面价值为 20 万元。

按照税法规定，有关产品售后服务等与取得经营收入直接相关的费用于实际发生时允许税前列支。该项预计负债的计税基础=账面价值20万元-未来期间计算应纳税所得额时按照税法规定可予抵扣的金额20万元=0

账面价值20万元与其计税基础0万元之间产生了20万元的暂时性差异，该差异会减少企业在未来期间的应纳税所得额。

2. 预收账款

通常情况下，企业在预收客户款项时，因不符合收入确认条件，会计上将其确认为负债。税法中对于收入的确认原则一般与会计规定相同，即会计上未确认收入时，计税时一般也不计入应纳税所得额，计税基础等于账面价值。

但在某些特殊情况下，因不符合会计准则规定的收入确认条件未确认为收入的预收款项，按照税法规定却应计入当期应纳税所得额时，本期已纳税未来在实际确认收入则可以不用再纳税，未来期间计算应纳税所得额时按照税法规定可予抵扣的金额为有关预收账款的账面价值，其计税基础为0，即因其产生时已经计算交纳所得税，未来期间可全额税前扣除。在这种情况下，预收账款的账面价值与计税基础之间会存在差异。

【例12-33】蒙利公司于20×1年12月12日收到一笔预收合同款，金额为100万元，因20×1年12月未发出商品不符合收入确认条件，将其作为预收账款核算。假定按照适用税法规定，该款项应计入取得当期应纳税所得额计算交纳所得税。

按照会计准则规定，该预收账款在蒙利公司于20×1年12月31日的账面价值为100万元。

按照税法规定，该项预收款应计入取得当期的应纳税所得额计算交纳所得税，与该项负债相关的经济利益已在取得当期计算交纳所得税，未来期间按照会计准则规定应确认收入时，不再计入应纳税所得额，即其于未来期间计算应纳税所得额时可予税前扣除的金额为100万元，计税基础=账面价值100万元-未来期间计算应纳税所得额时按照税法规定可予抵扣的金额100万元=0。

账面价值100万元与其计税基础0万元之间产生了100万元的暂时性差异，该差异会减少企业在未来期间的应纳税所得额。

3. 应付职工薪酬

会计准则规定，企业为获得职工提供的服务给予的各种形式的报酬以及其他相关支出均应作为企业的成本费用，在未支付之前确认为负债。税法中对于合理的职工薪酬基本允许税前扣除，但税法中如果规定了税前扣除标准的，按照会计准则规定计入成本费用的金额超过规定标准部分，应进行纳税调整。因超过部分在发生当期不允许税前扣除，在以后期间也不允许税前扣除，即该部分差额对未来期间计税不产生影响，所产生应付职工薪酬负债的账面价值等于计税基础。

【例12-34】蒙利公司20×1年12月计入成本费用的职工工资总额为100万元，至20×1年12月31日尚未支付。按照适用税法规定，当期计入成本费用的工资费用支出中，可部分（税前扣除标准为80万元）予以税前扣除。

按照会计准则规定，该项应付职工薪酬负债的账面价值为100万元。

税法中明确规定了税前扣除标准为80万元，按照会计准则规定计入成本费用支出的金额超过规定标准部分20万元，应进行纳税调整。但超过部分在发生当期不允许税前扣除，在以后期间也不允许税前扣除。该项应付职工薪酬负债的计税基础=账面价值（100万元）－未来期间计算应纳税所得额时按照税法规定可予抵扣的金额（0）= 100万元。

该项负债的账面价值100万元与其计税基础100万元相同，不形成暂时性差异。

4. 其他负债

企业的其他负债项目，如应交的罚款和滞纳金等，在尚未支付之前按照会计规定确认为费用，同时作为负债反映。税法规定，罚款和滞纳金不能税前扣除，即该部分费用无论是在发生当期还是在以后期间均不允许税前扣除，其计税基础为账面价值减去未来期间计税时可予税前扣除的金额之间的差额，即计税基础等于账面价值。其他交易或事项产生的负债，其计税基础应当按照适用税法的相关规定确定。

（三）暂时性差异

暂时性差异，是指资产或负债的账面价值与其计税基础之间的差额。暂时性差异按照暂时性差异对未来期间应税金额的影响，分为应纳税暂时性差异和可抵扣暂时性差异。

1. 应纳税暂时性差异

应纳税暂时性差异，是指在确定未来收回资产或清偿负债期间的应纳税所得额时，将导致产生应税金额的暂时性差异。

应纳税暂时性差异通常产生于以下情况：

（1）资产的账面价值大于其计税基础。一项资产的账面价值代表的是企业在持续使用或出售该项资产时取得的经济利益的总额，而资产的计税基础代表的是一项资产在未来期间可予税前扣除的金额。资产的账面价值大于其计税基础，该项资产未来期间产生的经济利益不能全部税前抵扣，两者之间的差额需要交税，产生应纳税暂时性差异。

（2）负债的账面价值小于其计税基础。一项负债的账面价值为企业预计在未来期间清偿该负债时的经济利益流出，而计税基础代表的是账面价值在扣除税法规定未来期间允许税前扣除的金额之后的差额。负债产生的暂时性差异，实质上是税法规定就该项负债可以在未来期间税前扣除的金额。一项负债的账面价值小于其计税基础，就意味着未来期间按照税法规定可予税前扣除的金额是负数，这将会增加未来期间应纳税所得额和应交所得税，因而产生应纳税暂时性差异。

2. 可抵扣暂时性差异

可抵扣暂时性差异，是指在确定未来收回资产或清偿负债期间的应纳税所得额时，将导致产生可抵扣金额的暂时性差异。

可抵扣暂时性差异通常产生于以下情况：

(1) 资产的账面价值小于其计税基础。一项资产的账面价值小于其计税基础，企业在未来期间可以减少应纳所得税额并减少应交所得税，例如，一项资产的账面价值为 500 万元，其计税基础 650 万元，则企业在未来期间就该项资产可以在其自身取得经济利益的基础上多扣除 150 万元，未来期间应纳所得税额会减少，应交所得税也会减少，形成可抵扣暂时性差异。

(2) 负债的账面价值大于其计税基础。一项负债的账面价值大于其计税基础，就意味着未来期间按照税法规定与负债相关的全部或部分支出可以自未来应税经济利益中扣除，减少未来期间应纳所得税额和应交所得税，形成可抵扣暂时性差异。

对于按照税法规定可以结转以后年度的未弥补亏损及税款抵减，虽不是因资产、负债的账面价值与计税基础不同产生的，但本质上可抵扣亏损和税款抵减与可抵扣暂时性差异具有同样的作用，均能减少未来期间的应纳税所得额和应交所得税，视同可抵扣暂时性差异。

【例 12-35】 沿用【例 12-28】【例 12-29】【例 12-30】【例 12-31】【例 12-32】【例 12-33】【例 12-34】中有关资料，蒙利公司 20×1 年暂时性差异汇总情况见表 12-4。

表 12-4 蒙利公司 20×1 年暂时性差异汇总情况

单位：万元

项目	账面价值	计税基础	暂时性差异	暂时性差异类别
交易性金融资产	1 880	1 800	80	应纳税暂时性差异
固定资产	75	75	0	—
无形资产	1 100	1 650	550	可抵扣暂时性差异
存货	330	400	70	可抵扣暂时性差异
预计负债	20	0	20	可抵扣暂时性差异
预收账款	100	0	100	可抵扣暂时性差异
应付职工薪酬	100	100	0	—

需要注意的是，某些交易或事项发生以后，因为不符合资产、负债的确认条件而未体现为资产负债表中的资产或负债，但按照税法规定能够确定其计税基础的，其账面价值与计税基础之间的差异也构成暂时性差异。如企业发生的符合条件的广告费和业务宣传费支出，除另有规定外，不超过销售收入 15% 的部分准予扣除；超过部分准予向以后纳税年度结转扣除。该类费用在发生时按照会计准则规定即计入当期损益，不形成资产负债表中的资产。但按照税法规定可以确定其计税基础，两者之间的差异也形成暂时性差异。

三、当期所得税

当期所得税是指企业按照税法规定计算确定的针对当期发生的交易和事项,应交纳给税务部门的所得税金额,即应交所得税,当期所得税应以适用的税收法规为基础计算确定。

企业在确定当期所得税时,对于当期发生的交易或事项,会计处理与税收处理不同的,应在会计利润的基础上,按照适用税收法规的规定进行调整,计算出当期应纳税所得额,按照应纳税所得额与适用所得税税率计算确定当期应交所得税。一般情况下,应纳税所得额可在会计利润的基础上,考虑会计与税收之间的差异,按照以下公式计算确定:

应纳税所得额=会计利润+按照会计准则规定计入利润表但计税时不允许税前扣除的费用±计入利润表的费用与按照税法规定可予税前抵扣的费用金额之间的差额±计入利润表的收入与按照税法规定应计入应纳税所得额的收入之间的差额-税法规定的不征税收入±其他需要调整的因素

当期所得税=当期应交所得税=应纳税所得额×适用的所得税税率

企业应通过"所得税费用"账户,核算企业确认的应从当期利润总额中扣除的所得税费用的发生及结转情况。该账户属于损益类,借方登记当期应交所得税的数额和递延所得税费用的增加额;贷方登记递延所得税费用的增加额;期末,应将账户余额转入"本年利润"账户,结转后该账户无余额。"所得税费用"账户按"当期所得税费用""递延所得税费用"进行明细核算。

【例12-36】蒙利公司适用的所得税税率为25%,20×1年利润总额为368万元。该公司当年会计与税法之间的差异包括以下事项。

(1) 取得国债利息收入80万元。
(2) 因违反税收政策支付的罚款40万元。
(3) 交易性金融资产公允价值变动收益80万元。
(4) 本期提取存货跌价准备70万元。
(5) 预计产品质量保证费用20万元。
(6) 会计上确认为预收账款100万元而税法计入取得当期的应纳税所得额。

蒙利公司20×1应纳税所得额为:

应纳税所得额=会计利润368万元+按照会计准则规定计入利润表但计税时不允许税前扣除的费用40万元±计入利润表的费用与按照税法规定可予税前抵扣的费用金额之间的差额(+70万元+20万元)±计入利润表的收入与按照税法规定应计入应纳税所得额的收入之间的差额(-80万元+100万元)-税法规定的不征税收入80万元
=438(万元)

当期应交所得税=438万元×25%=109.5万元

蒙利公司相关的账务处理如下：

借：所得税费用——当期所得税费用　　　　　　　　　　　　　　1 095 000
　　贷：应交税费——应交所得税　　　　　　　　　　　　　　　　　　1 095 000

四、递延所得税

（一）递延所得税负债的确认与计量

递延所得税负债产生于应纳税暂时性差异。因应纳税暂时性差异在未来转回期间将增加企业的应纳税所得额和应交所得税，导致企业经济利益的流出，在其发生当期，构成企业应支付税金的义务，应作为负债确认。

1. 递延所得税负债的确认

企业在确认因应纳税暂时性差异产生的递延所得税负债时，应遵循以下原则：

除企业会计准则中明确规定可不确认递延所得税负债的情况之外，企业对于所有的应纳税暂时性差异均应确认相关的递延所得税负债。除直接计入所有者权益的交易或事项以及企业合并外，在确认递延所得税负债的同时，应增加所得税费用。

2. 递延所得税负债的计量

递延所得税负债应以相关应纳税暂时性差异转回期间适用的所得税税率计量。在我国，除享受优惠政策的情况之外，企业适用的所得税税率在不同年度之间一般不会发生变化，企业在确认递延所得税负债时，可以现行适用税率为基础计算确定，递延所得税负债的确认不要求折现。

企业应设置"递延所得税负债"账户对其进行核算。该账户属于负债类，贷方登记递延所得税负债的增加额，借方登记递延所得税负债的减少额，余额在贷方，反映企业确认的递延所得税负债。通常情况下，递延所得税负债增加时，借记"所得税费用"账户，贷记"递延所得税负债"账户；递延所得税负债减少时，借记"递延所得税负债"账户，贷记"所得税费用"账户。

【例12-37】 沿用【例12-29】中有关资料，假设20×1年递延所得税负债的期初数为0。蒙利公司与该固定资产相关的账务处理如下：

（1）20×1年末资产负债表日。账面价值75万元等于其计税基础75万元，两者之间不存在暂时性差异，不需要进行任何账务处理。

（2）20×2年末资产负债表日。账面价值60万元大于其计税基础50万元，两者之间产生的10万元差异会增加未来期间的应纳税所得额和应交所得税，属于应纳税暂时性差异，应确认与其相关的递延所得税负债25 000（100 000×25%）元，具体处理如下：

借：所得税费用　　　　　　　　　　　　　　　　　　　　　　　　　25 000
　　贷：递延所得税负债　　　　　　　　　　　　　　　　　　　　　　　25 000

（3）20×3年末资产负债表日。账面价值33万元大于其计税基础30万元，两者之间的差异为应纳税暂时性差异，应确认与其相关的递延所得税负债期末余额 7 500 元，但递延所得税负债的期初余额为 25 000 元，应当转回递延所得税负债 17 500 元，具体处理如下：

  借：递延所得税负债   17 500
    贷：所得税费用   17 500

（4）20×4 年末资产负债表日。账面价值 22 万元大于其计税基础 15 万元，两者之间的差异为应纳税暂时性差异，应确认与其相关的递延所得税负债期末余额 17 500 元，但递延所得税负债的期初余额为 7 500 元，当期进一步确认递延所得税负债 10 000 元，具体处理如下：

  借：所得税费用   10 000
    贷：递延所得税负债   10 000

（5）20×5 年末资产负债表日。账面价值 11 万元大于其计税基础 5 万元，两者之间的差异为应纳税暂时性差异，应确认与其相关的递延所得税负债期末余额 15 000 元，但递延所得税负债的期初余额为 17 500 元，当期应转回原已确认的递延所得税负债 2 500 元，具体处理如下：

  借：递延所得税负债   2 500
    贷：所得税费用   2 500

（6）20×6 年末资产负债表日。该项固定资产的账面价值及计税基础均为零，两者之间不存在暂时性差异，原已确认的与该项资产相关的递延所得税负债应予全额转回，具体处理如下：

  借：递延所得税负债   15 000
    贷：所得税费用   15 000

（二）递延所得税资产的确认与计量

递延所得税资产产生于可抵扣暂时性差异。因可抵扣暂时性差异在未来转回期间将减少企业的应纳税所得额和应交所得税，导致企业未来经济利益流出的减少，在其发生当期，满足一定条件的情况下，应作为资产确认。

1. 递延所得税资产的确认

资产、负债的账面价值与其计税基础不同产生可抵扣暂时性差异的，在估计未来期间能够取得足够的应纳税所得额用以利用该可抵扣暂时性差异时，应当以很可能取得用来抵扣可抵扣暂时性差异的应纳税所得额为限，确认相关的递延所得税资产，同时减少当期的所得税费用。按照税法规定可以结转以后年度的未弥补亏损和税款抵减，应视同可抵扣暂时性差异处理。

某些情况下的可抵扣暂时性差异，按照所得税准则中规定在交易或事项发生时不确认为递延所得税资产。其原因是如果确认递延所得税资产，则需调整资产、负债的入账价值，对实际成本进行调整将有违会计核算中的历史成本原则，影响会计信息的可靠性。

【例12-38】 沿用【例12-30】中有关资料，蒙利公司进行内部研究开发所形成的无形资产成本为1 100万元，因按税法规定可予未来期间税前扣除的金额为1 650万元，其计税基础为1 650万元。该项无形资产并非产生于企业合并，同时在初始确认时既不影响会计利润也不影响应纳税所得额，确认其账面价值与计税基础之间产生暂时性差异的所得税影响需要调整该项资产的历史成本，准则规定。因该资产并非产生于企业合并，同时在初始确认时既不影响会计利润也不影响应纳税所得额，不应确认相关的递延所得税资产。

2. 递延所得税资产的计量

确认递延所得税资产时，应估计相关可抵扣暂时性差异的转回时间，采用转回期间适用的所得税税率为基础计算确定。无论相关的可抵扣暂时性差异转回期间如何，递延所得税资产均不予折现。

资产负债表日，企业应当对递延所得税资产的账面价值进行复核。如果未来期间很可能无法取得足够的应纳税所得额用以利用递延所得税资产的利益，应当减记递延所得税资产的账面价值。递延所得税资产的账面价值减记以后，继后期间根据新的环境和情况判断能够产生足够的应纳税所得额利用可抵扣暂时性差异，使递延所得税资产包含的经济利益能够实现的，应相应恢复递延所得税资产的账面价值。

企业应设置"递延所得税资产"账户对其进行核算。该账户属于资产类，借方登记递延所得税负债的增加额，贷方登记递延所得税负债的减少额，余额在借方，反映企业确认的递延所得税资产。通常情况下，递延所得税资产增加时，借记"递延所得税资产"账户，贷记"所得税费用"账户；递延所得税资产减少时，借记"所得税费用"账户，贷记"递延所得税资产"账户。

（三）递延所得税的核算

递延所得税是指按照所得税准则规定当期应予确认的递延所得税资产和递延所得税负债金额，即递延所得税资产及递延所得税负债当期发生额的综合结果，但不包括计入所有者权益的交易或事项的所得税影响。用公式表示即为：

递延所得税 =（递延所得税负债的期末余额－递延所得税负债的期初余额）－（递延所得税资产的期末余额－递延所得税资产的期初余额）

或者：

递延所得税 = 当期递延所得税负债的增加 + 当期递延所得税资产的减少 － 当期递延所得税负债的减少 － 当期递延所得税资产的增加

【例12-39】 沿用【例12-35】中有关资料，蒙利公司20×1年递延所得税资产及递延所得税负债不存在期初余额，预计该公司会持续盈利，能够获得足够的应纳税所得额。20×1年12月31日除内部研究开发的无形资产外资产和负债的账面价值与计税基础存在的差异如表12-5所示。

表 12-5 蒙利公司 20×1 年 12 月 31 日相关资产和负债的账面价值与计税基础

单位：万元

项目	账面价值	计税基础	暂时性差异	
			应纳税暂时性差异	可抵扣暂时性差异
交易性金融资产	1880	1800	80	
存货	330	400		70
预计负债	20	0		20
预收账款	100	0		100
总计	—	—	80	190

蒙利公司 20×1 年递延所得税资产的期末余额为（190 万元×25%）47.5 万元，递延所得税负债的期末余额为（80 万元×25%）20 万元，期初余额均为 0，则 2011 年递延所得税为 20-47.5=-27.5 万元。相关账务处理如下：

借：递延所得税资产　　　　　　　　　　　　　　　　　　　475 000
　　贷：递延所得税负债　　　　　　　　　　　　　　　　　　200 000
　　　　所得税费用——递延所得税费用　　　　　　　　　　　275 000

五、所得税费用

计算确定了当期所得税及递延所得税以后，利润表中应予确认的所得税费用为两者之和。

所得税费用=当期所得税+递延所得税

【例 12-40】　沿用【例 12-36】和【例 12-39】中有关资料，蒙利公司 20×1 年所得税费用为 109.5-27.5=82 万元。如果将当期所得税费用及递延所得税费用的相关账务处理合并，具体会计分录如下：

借：所得税费用　　　　　　　　　　　　　　　　　　　　　820 000
　　递延所得税资产　　　　　　　　　　　　　　　　　　　475 000
　　贷：递延所得税负债　　　　　　　　　　　　　　　　　　200 000
　　　　应交税费——应交所得税　　　　　　　　　　　　　1 095 000

【例 12-41】　沿用【例 12-40】中有关资料，蒙利公司 20×2 年适用的所得税税率仍为 25%，蒙利公司预计会持续盈利，各年能够获得足够的应纳税所得额。20×2 年按照税收法规的规定进行调整后的应纳税所得额为 400 万元，20×2 年 12 月 31 日资产和负债的账面价值与计税基础存在的差异如表 12-6 所示。

表12-6　蒙利公司20×1年12月31日相关资产和负债的账面价值与计税基础

单位：万元

项目	账面价值	计税基础	暂时性差异	
			应纳税暂时性差异	可抵扣暂时性差异
交易性金融资产	1 300	1 260	40	
固定资产	60	50	10	
存货	590	800		210
预计负债	50	0		50
总计	—	—	50	260

蒙利公司20×2年相关账务处理如下：

（1）当期所得税＝4 000 000×25%＝1 000 000（元）。

（2）递延所得税。

期末递延所得税负债（500 000×25%）	125 000
期初递延所得税负债	200 000
递延所得税负债减少	75 000
期末递延所得税资产（2 600 000×25%）	650 000
期初递延所得税资产	475 000
递延所得税资产增加	175 000

递延所得税＝-75 000-175 000＝-250 000（元）

（3）所得税费用＝1 000 000-250 000＝750 000（元）。

借：所得税费用	750 000	
递延所得税资产	175 000	
递延所得税负债	75 000	
贷：应交税费——应交所得税		1 000 000

六、特殊的所得税会计问题

（一）企业合并中产生的递延所得税问题

非同一控制下的企业合并中，按照会计准则规定确定的合并中取得各项可辨认资产、负债的入账价值与其计税基础之间形成的暂时性差异，应确认相应的递延所得税资产和递延所得税负债，并调整合并中应予确认的商誉或计入利润表的损益金额，不影响合并时的所得税费用。

企业合并成本大于合并中取得的被购买方可辨认净资产公允价值份额的差额，按照会计准则规定应确认为商誉。因会计与税收的划分标准不同，按照税收法规规定作为免税合并的情况下,计税时不认可商誉的价值,即从税法角度,商誉的计税基础为0,两者之间的差额形成应纳税暂时性差异。对于商誉的账面价值与其计税基础不同产生的该应纳税暂时性差异,若确认递延所得税负债,则意味着购买方在企业合并中获得的可辨认净资产的价值量下降,企业应增加商誉的价值,同时商誉账面价值的增加还会进一步产生应纳税暂时性差异,使递延所得税负债和商誉价值量的变化进入不断循环状态。因而准则中规定不确认与商誉相关的递延所得税负债。

(二) 直接计入所有者权益的交易或事项产生的递延所得税

直接计入所有者权益的交易或事项,如可供出售金融资产。按照会计准则的规定采用公允价值进行计量,但公允价值的变动不计入当期损益而是直接计入所有者权益。税法规定,企业以公允价值计量的金融资产,持有期间公允价值的变动不计入应纳税所得额,在实际处置或结算时,处置取得的价款扣除其历史成本后的差额应计入处置或结算期间的应纳税所得额。即账面价值为公允价值,计税基础为取得时的历史成本,二者之差形成的暂时性差异,在确认相应的递延所得税资产或递延所得税负债时也应计入所有者权益,不影响当期的所得税费用(或收益)。

【例 12-42】 蒙利公司于 20×1 年 10 月 8 日自公开市场取得一项权益性投资,支付价款 500 万元,作为可供出售金融资产核算。12 月 31 日,该可供出售金融资产的公允价值为 560 万元。假设 20×1 年递延所得税负债的期初数为 0,企业适用的所得税税率为 25%。

蒙利公司与该可供出售金融资产相关的账务处理如下:

(1) 20×1 年 10 月 8 日。

借:可供出售金融资产　　　　　　　　　　　　　　　5 000 000
　　贷:银行存款　　　　　　　　　　　　　　　　　　　　5 000 000

(2) 20×1 年 12 月 31 日。

借:可供出售金融资产　　　　　　　　　　　　　　　600 000
　　贷:其他综合收益　　　　　　　　　　　　　　　　　　600 000

按照会计准则规定,在 20×1 年资产负债表日的账面价值为 560 万元。

因税法规定可供出售金融资产在持有期间的公允价值变动不计入应纳税所得额,其在 20×1 年资产负债表日的计税基础应维持原取得成本不变,为 500 万元。

该可供出售金融资产的账面价值 560 万元与其计税基础 500 万元之间产生了 60 万元的暂时性差异,该暂时性差异在未来期间会增加应纳税所得额,属于应纳税暂时性差异,由于递延所得税负债的期初数为 0,本期应确认递延所得税负债(600 000×25%) 150 000 元。蒙利公司的账务处理如下:

借:其他综合收益　　　　　　　　　　　　　　　　　150 000
　　贷:递延所得税负债　　　　　　　　　　　　　　　　　150 000

第十二章 收入、费用和利润

【本章小结】

企业收入主要来自于销售商品、提供劳务和让渡资产使用权。销售商品收入通常在销售成立并符合销售确认条件时按实际交易金额确认。提供劳务收入需要根据劳务交易结果能否可靠估计来确定采用何种收入确认方法,如果提供的劳务在一次就能完成或在同一会计年度开始并完成的,应在提供劳务交易完成时确认收入,如果提供的劳务的开始和完成分属不同的会计期间,且企业在资产负债表日提供劳务交易结果能够可靠估计的,应采用完工百分比法确认提供劳务收入。

为获取收入企业要付出相应的代价——费用,费用只有在经济利益很可能流出从而导致企业资产减少或者负债增加,且经济利益的流出额能够可靠计量时才能予以确认。

利润是企业在一定会计期间经营成果的体现,包括收入减去费用后的净额、直接计入当期利润的利得和损失等。利润是经营业绩的总括性指标,也是进行利润分配的重要依据。

我国所得税费用的核算采用了资产负债表债务法,要求企业从资产负债表出发,比较资产负债表上列示的资产、负债的账面价值与计税基础,根据两者之间的差异分别应纳税暂时性差异与可抵扣暂时性差异,确认相关的递延所得税负债与递延所得税资产,并在此基础上确定每一会计期间利润表中的所得税费用。

【思考题】

1. 什么是收入?收入的特征有哪些?如何进行分类?
2. 销售商品收入的确认条件是什么?
3. 举例说明商业折扣、现金折扣和销售折让对收入确认和计量的影响。
4. 代销商品的会计处理方法是什么?
5. 提供劳务的开始和完成属于同一会计期间和分属不同会计期间的确认和计量有何不同?
6. 成本、费用、支出和损失有哪些联系和区别?
7. 期间费用包括哪些内容?如何进行核算?
8. 什么是利润?利润由哪些内容构成?其计算公式是什么?
9. 什么是综合收益?其主要内容包括哪些?
10. 举例说明利润分配的核算及年终结转的会计处理。
11. 说明按照资产负债表债务法核算所得税的基本程序。
12. 资产和负债的计税基础在计算上有何区别?
13. 什么是暂时性差异?它分为哪两类?
14. 所得税费用包括哪些部分?

【练习题】

1. 甲公司为增值税一般纳税人,适用的增值税税率为17%,商品、原材料售价中不含增值税。假定销售商品、销售原材料和提供劳务均符合收入确认条件,其成本在确认收入时逐笔结转,不考虑其他因素。20×7 年 6 月,甲公司发生如下交易或事项:

(1) 销售商品一批,按商品标价计算的金额为 300 万元,由于是成批销售,甲公司给予客户 10%的商业折扣并开具了增值税专用发票,款项尚未收回。该批商品实际成本为 200 万元。

(2) 销售一批原材料,增值税专用发票注明售价 80 万元,款项收到并存入银行。该批材料的实际成本为 55 万元。

(3) 以前月份销售的 B 产品本月退回 20 件,每件售价 2 000 元,单位成本 1 500 元,货款已通过银行退回。

(4) 向红十字会捐赠现金 20 000 元。

(5) 以银行存款支付管理费用 18 万元,财务费用 11 万元,销售费用 6 万元。

【要求】

(1) 根据上述资料,逐笔编制甲公司相关的会计分录("应交税费"账户要写出明细账户及专栏名称)。

(2) 计算甲公司 6 月的营业收入、营业成本、营业利润、利润总额。

2. 丙企业是 20×1 年 1 月 1 日注册成立的公司,适用的所得税税率为 25%。20×1 年度有关所得税会计处理的资料如下:

(1) 本年度应纳税所得额为 300 万元。

(2) 该企业 20×1 年 12 月 31 日资产和负债的账面价值和计税基础如表 12-7 所示。

表 12-7 丙企业资产和负债的账面价值和计税基础差异表

20×1 年 12 月 31 日

项目	账面价值	计税基础
交易性金融资产	140	100
存货	180	200
预计负债	30	0

【要求】

(1) 采用资产负债表债务法计算本年度应交的所得税。

(2) 根据上述资料,将资产和负债的账面价值和计税基础比较表(见表 12-8)填写完整,并计算本期应确认的递延所得税资产或递延所得税负债金额。

表 12-8 资产和负债的账面价值和计税基础比较表

单位:万元

项目	账面价值	计税基础	差异	
			应纳税暂时性差异	可抵扣暂时性差异
交易性金融资产	140	100		
存货	180	200		
预计负债	30	0		
合计	—	—		

(3)计算应计入当期损益的所得税费用,并编制相关的会计分录。(答案中的金额单位用万元表示)

第十三章 财务报表

学习目标

▶ 掌握

资产负债表、利润表、现金流量表和所有者权益变动表的编制方法。

▶ 理解

在会计报表附注中披露的主要内容。

▶ 了解

财务报表的组成及列报要求。

第一节 财务报表概述

财务报告，或称财务会计报告，是指企业对外提供的反映企业某一特定日期财务状况和某一会计期间经营成果、现金流量等会计信息的文件。财务报告包括财务报表和其他应当在财务报告中披露的相关信息和资料。

一、财务报表的组成

财务报表是对企业财务状况、经营成果和现金流量的结构性表述。财务报表至少应当包括下列组成部分：资产负债表；利润表；现金流量表；所有者权益（或股东权益，下同）变动表；附注。

资产负债表是指反映企业在某一特定日期的财务状况的会计报表；利润表是指反映企业在一定会计期间的经营成果的会计报表；现金流量表是指反映企业在一定会计期间现金和现金等价物流入和流出的会计报表；所有者权益变动表是指反映企业构成所有者权益的各组成部分当期的增减变动情况的会计报表。会计报表附注是对在资产负债表、利润表、现金流量表和所有者权益变动表等报表中列示项目的文字描述或明细资料，以及对未能在这些报表中列示项目的说明等。

二、财务报表列报的基本要求

企业的财务报表是对企业财务状况、经营成果和现金流量的结构性表述，为保证同一企业不同期间和同一期间不同企业的财务报表相互可比，各企业的财务报表编制应遵循一定的原则。

（一）依据各项会计准则确认和计量的结果编制财务报表

企业应当根据实际发生的交易和事项，遵循各项具体会计准则的规定进行确认和计量，并在此基础上编制财务报表。企业应当在附注中对这一情况做出声明，只有遵循了企业会计准则的所有规定时，财务报表才应当被称为"遵循了企业会计准则"。

企业不应以在附注中披露代替对交易和事项的确认和计量。也就是说，企业如果采用不恰当的会计政策，不得通过在附注中披露等其他形式予以更正，企业应当对交易和事项进行正确的确认和计量。

（二）列报基础

持续经营是会计的基本前提，是会计确认、计量及编制财务报表的基础。企业会计准则规范的是持续经营条件下企业对所发生交易和事项确认、计量及报表列报；相反，如果企业出现了非持续经营，应当采用其他基础编制财务报表。

企业的会计确认和计量均是在持续经营假设的前提下做出的，因此，在编制财务报表过程中，企业管理层应当在考虑市场经营风险、企业盈利能力、偿债能力、财务弹性以及企业管理层改变经营政策的意向等因素的基础上，对企业的持续经营能力进行评价。如果对企业的持续经营能力产生重大怀疑，应当在附注中披露导致对持续经营能力产生重大怀疑的影响因素。

非持续经营是企业在极端情况下出现的一种情况，非持续经营往往取决于企业所处的环境以及企业管理部门的判断。一般而言，企业如果存在以下情况之一，则通常表明其处于非持续经营状态：其一，企业已在当期进行清算或停止营业；其二，企业已经正式决定在下一个会计期间进行清算或停止营业；其三，企业已确定在当期或下一个会计期间没有其他可供选择的方案而将被迫进行清算或停止营业。

企业处于非持续经营状态时，以持续经营为基础编制财务报表不再合理，企业应当采用其他基础编制财务报表，并在附注中披露这一事实。

（三）重要性和项目列报

重要性，是指财务报表使用者对财务报表某项目错报和漏报的可容忍程度。如果财务报表某项目的省略或错报会影响使用者据此做出经济决策，则该项目具有重要性。重要性应当根据企业所处环境，从项目的性质和金额大小两方面予以判断。判断项目性质的重要性，应当考虑该项目是否属于企业日常活动、是否对企业的财务状况和经营成果具有较大的影响等因素；判断项目金额大小的重要性，应当通过单项金额占资产总额、负债总额、所有者权益总额、营业收入总额、净利润等直接相关项目金额的比重加以确定。

财务报表是通过对大量的交易或其他事项进行处理而生成的,这些交易或其他事项按其性质或功能汇总归类而形成财务报表中的项目。关于项目在财务报表中是单独列报还是合并列报,应当依据重要性原则来判断。总的原则是,如果某项目单个看不具有重要性,则可将其与其他项目合并列报;如具有重要性,则应当单独列报。具体而言,应当遵循以下几点:

第一,性质或功能不同的项目,一般应当在财务报表中单独列报,但是不具有重要性的项目可以合并列报。比如,存货和固定资产在性质上和功能上都有本质差别,必须分别在资产负债表上单独列报。

第二,性质或功能类似的项目,一般可以合并列报,但是对其具有重要性的类别应该单独列报。比如,原材料、在产品等项目在性质上类似,均通过生产过程形成企业的产品存货,因此可以合并列报,合并之后的类别统称为"存货"在资产负债表上单独列报。

第三,项目单独列报的原则不仅适用于报表,还适用于附注。某些重要项目不仅应在报表中列示,还应当在附注中作详细披露。某些项目的重要性程度不足以在资产负债表、利润表、现金流量表或所有者权益变动表中单独列示,但是可能对附注而言却具有重要性,在这种情况下应当在附注中单独披露。

第四,无论是财务报表列报准则规定的单独列报项目,还是其他具体会计准则规定单独列报的项目,企业都应当予以单独列报。

(四)列报的一致性

可比性是一项重要的会计信息质量要求,目的是使同一企业不同期间和同一期间不同企业的财务报表相互可比。为此,财务报表项目的列报应当在各个会计期间保持一致,不得随意变更,这一要求不仅只针对财务报表中的项目名称,还包括财务报表项目的分类、排列顺序等。当会计准则要求改变,或企业经营业务的性质发生重大变化后,变更财务报表项目的列报能够提供更可靠、更相关的会计信息时,财务报表项目的列报是可以改变的。

(五)财务报表项目金额间的相互抵销

财务报表中的资产项目和负债项目的金额、收入项目和费用项目的金额不得相互抵销,但会计准则另有规定的除外。由于资产和负债是两个不同的概念,收入与费用分开列示具有不同的经济意义,因此项目之间不得相互抵销。

下列两种情况不属于抵销,可以净额列示:

第一,资产项目按扣除减值准备后的净额列示,不属于抵销。对资产计提减值准备,表明资产的价值已经发生减损,按扣除减值准备后的净额列示能够反映资产给企业带来的经济利益,因此不属于抵销。

第二,非日常活动产生的损益,以收入扣减费用后的净额列示,不属于抵销。非日常活动的发生具有偶然性，不是企业的经常性活动以及与经常性活动相关的其他活动。非日常活动产生的损益以收入扣减费用后的净额列示，更有利于财务报告使用者的经济决策，不属于抵销。

（六）比较信息的列报

企业当期财务报表的列报，至少应当提供所有列报项目上一可比会计期间的比较数据，以及与理解当期财务报表相关的说明，目的是向报表使用者提供对比数据，提高信息在会计期间的可比性，以反映企业财务状况、经营成果和现金流量的发展趋势，提高报表使用者的判断与决策能力。

在财务报表项目的列报确需发生变更的情况下，企业应当对上期比较数据按照当期的列报要求进行调整，并在附注中披露调整的原因和性质，以及被调整项目的金额。但是，在某些情况下，对上期比较数据进行调整是不切实可行的，则应当在附注中披露不能调整的原因。

（七）财务报表表首的列报要求

财务报表一般分为表首、正表两部分。其中，在表首部分企业应当概括地说明下列基本信息：其一，编报企业的名称，如企业名称在所属当期发生了变更的，还应明确标明；其二，对资产负债表应当列示资产负债表日，利润表、现金流量表、所有者权益变动表应当列示涵盖的会计期间；其三，企业应当以人民币列报，并标明金额单位，如人民币元、人民币万元等；其四，财务报表是合并财务报表的，应当予以标明。

（八）报告期间

企业至少应当编制年度财务报表。根据我国会计法的规定，会计年度自公历1月1日起至12月31日止。因此，在编制年度财务报表时，可能存在年度财务报表涵盖的期间短于一年的情况，比如企业在年度中间（如6月1日）开始设立等，在这种情况下，企业应当披露年度财务报表的实际涵盖期间及其短于一年的原因，并应当说明由此引起财务报表项目与比较数据不具可比性这一事实。

第二节 资产负债表

一、资产负债表及其作用

资产负债表是指反映企业在某一特定日期财务状况的静态报表。它反映企业在某一特定日期所拥有或控制的经济资源、所承担的现时义务和所有者对净资产的要求权。编制资产负债表的目的是将企业的财务状况信息提供给各种报表用户，以供他们作为决策的依据或参考。

作为反映企业财务状况的基本报表,资产负债表在财务报表体系中具有举足轻重的地位,可以向使用者传递十分有用的信息。其作用具体表现为以下几个方面:

(一) 有助于分析、评价、预测企业的短期偿债能力

偿债能力指企业以其资产偿付债务的能力,一般分为短期偿债能力和长期偿债能力。短期偿债能力主要体现为资产和负债的流动性。流动性是指资产转换为现金的速度或负债离到期清偿日的时间,也指企业资产接近现金的速度或负债需要动用现金的期限。在资产项目中,除现金外,资产转换成现金的时间越短、速度越快,表明其流动性越强。负债到期日越短,其流动性越强,表明越早要动用现金。短期债权人关注的是,企业是否有足够的现金和足够的资产可及时转换成现金,以清偿短期内将到期的债务。长期债权人及企业所有者也要评价和预测企业的短期偿债能力,短期偿债能力越低,企业越有可能破产,越没有得到投资回报的保障,越有可能收不回投资。资产负债表分别列示了流动资产和流动负债,本身虽未直接反映出短期偿债能力,但通过将流动资产与流动负债比较,并借助于报表注释,可以分析、评价、预测企业的短期偿债能力。

(二) 有助于分析、评价、预测企业的长期偿债能力和资本结构

企业的长期偿债能力主要是指企业以全部资产清偿全部负债的能力。一般认为,资产越多,负债越少,其长期偿债能力越强;反之,若资不抵债,则企业缺乏长期偿债能力。资不抵债往往由企业长期亏损、蚀耗资产引起,还可能因为举债过多所致。所以,企业的长期偿债能力一方面取决于它的获利能力,另一方面取决于它的资本结构。资本结构通常是指企业的权益总额中负债与所有者权益、负债中流动负债与长期负债、所有者权益中投入资本与留存收益或普通股与优先股的关系。负债与所有者权益的数额表明企业所支配的资产有多少是债权人提供的,又有多少是所有者提供的,这两者的比例关系既影响债权人与所有者的利益分配,又牵涉债权人和所有者投资的相对风险及企业的长期偿债能力。资产负债表按照资产、负债和所有者权益三大会计要素分类,列示了重要项目,可据以分析、评价、预测企业的长期偿债能力和资本结构,为管理部门和债权人信贷决策提供重要的依据。

(三) 有助于分析、评价、预测企业的财务弹性

财务弹性又称财务适应性,是指企业在面临突发性现金需要时,能够在资金调度上采取有效行动、做出迅速反应的能力。良好的财务弹性能帮助企业渡过财务上的难关或抓住有利的机会,从而得到充分的发展。一般而言,财务风险越强,企业失败的风险就越低。财务弹性主要来自于资产变现能力、从经营活动中产生现金流入的能力、对外筹资和调度资金的能力,以及在不影响正常经营的前提下变卖资产获取现金的能力。资产负债表本身并不能直接提供有关企业财务弹性的信息,但是它所列示的资产分布、负债流动性及资本结构等信息与利润表及其他报表信息结合起来,可以间接地分析、评价、预测企业的财务弹性,并为管理部门增强企业在市场经济的适应能力提

供指导。

（四）有助于分析、评价、预测企业的经营业绩

企业经营业绩的好坏，直接影响到投资者、债权人的利益，也影响到职工及经营管理者的报酬，从而影响到企业的持续经营和发展能力。企业的经营业绩主要表现为获利能力，从绝对指标来衡量，主要体现为期间的损益；从相对指标来衡量，可以用资产收益率和成本收益率等指标来反映。因此，用相对指标来评价企业的经营业绩就离不开资产负债表的信息。资产负债表和利润表等信息结合起来，可较全面地评价、预测企业的经营绩效，并可深入剖析企业经营绩效优劣之根源，进而寻求提高企业资金使用效率的途径。

资产负债表固然有上述重要作用，但其局限性也不能视而不见。

第一，历史成本计量使资产负债表可能无法真实地反映企业的财务状况。资产负债表的很多项目的计量是以历史成本为基础的，这就使这些项目不能反映资产、负债和所有者权益的现行市场价值，因此表中信息虽具有客观、可核实等优点，但是当现行价值与历史成本严重背离时，资产负债表就无法真实可靠地反映企业的财务状况。

第二，货币计量使某些信息无法在表内体现。货币计量是会计的一大特点，会计信息主要用货币表述的信息，因此资产负债表难免遗漏许多无法用货币计量的重要经济资源和义务信息，如企业的人力资源、固定资产在全行业的先进程度等，诸如此类的信息对决策都会产生影响，然而因无法用货币进行计量，现行实务并不将其作为资产和负债纳入资产负债表。

第三，资产负债表的信息包含许多估计数。例如，坏账准备、固定资产折旧、无形资产摊销分别基于对未来可收回价值、固定资产使用年限和无形资产摊销期限等因素的估计。估计的数据难免主观，从而影响信息的可靠性。

二、资产负债表的内容和结构

（一）资产负债表的内容

资产负债表主要反映以下三方面的内容：

1. 资产

资产负债表中的资产反映由过去的交易、事项形成并由企业在某一特定日期所拥有或控制的、预期会给企业带来经济利益的资源。资产应当按照流动资产和非流动资产两大类别在资产负债表中列示，在流动资产和非流动资产类别下进一步按性质分项列示。

流动资产是指预计在一个正常营业周期中变现、出售或耗用，或者主要为交易目的而持有，或者预计在资产负债表日起一年内（含一年）变现的资产，或者自资产负债表日起一年内交换其他资产或清偿负债的能力不受限制的现金或现金等价物。

正常营业周期通常是指企业从购买用于加工的资产起至实现现金或现金等价物的

期间。正常营业周期通常短于一年,但是,也存在正常营业周期长于一年的情况,如房地产开发企业开发用于出售的房地产开发产品,造船企业制造用于出售的大型船只等,从购买原材料进入生产制造出产品出售并收回现金或现金等价物的过程,往往超过一年,在这种情况下,与生产循环相关的产成品、应收账款、原材料尽管是超过一年才变现、出售或耗用,仍应作为流动资产列示。正常营业周期不能确定的,应当以一年(12个月)作为正常营业周期。

资产负债表中列示的流动资产项目通常包括货币资金、交易性金融资产、应收票据、应收账款、预付款项、应收利息、应收股利、其他应收款、存货和一年内到期的非流动资产等。

非流动资产是指流动资产以外的资产。资产负债表中列示的非流动资产项目通常包括:长期股权投资、固定资产、在建工程、工程物资、固定资产清理、无形资产、开发支出、长期待摊费用以及其他非流动资产等。

2. 负债

资产负债表中的负债反映在某一特定日期企业所承担的、预期会导致经济利益流出企业的现时义务。负债应当按照流动负债和非流动负债在资产负债表中进行列示,在流动负债和非流动负债类别下再进一步按性质分项列示。

流动负债是指预计在一个正常营业周期中清偿,或者主要为交易目的而持有,或者自资产负债表日起一年内(含一年)到期应予以清偿,或者企业无权自主地将清偿推迟至资产负债表日后一年以上的负债。资产负债表中列示的流动负债项目通常包括短期借款、应付票据、应付账款、预收款项、应付职工薪酬、应交税费、应付利息、应付股利、其他应付款、一年内到期的非流动负债等。

非流动负债是指流动负债以外的负债。非流动负债项目通常包括长期借款、应付债券和其他非流动负债等。

对于在资产负债表日起一年内到期的负债,企业预计能够自主地将清偿义务展期至资产负债表日后一年以上的,应当归类为非流动负债;不能自主地将清偿义务展期的,即使在资产负债表日后、财务报告批准报出日前签订了重新安排清偿计划协议,该项负债仍应归类为流动负债。

企业在资产负债表日或之前违反了长期借款协议,导致贷款人可随时要求清偿的负债,应当归类为流动负债。贷款人在资产负债表日或之前同意提供在资产负债表日后一年以上的宽限期,企业能够在此期限内改正违约行为,且贷款人不能要求随时清偿,该项负债应当归类为非流动负债。

3. 所有者权益

资产负债表中的所有者权益是企业资产扣除负债后的剩余权益,反映企业在某一特定日期股东(投资者)拥有的净资产的总额,它一般按照实收资本(或股本)、资本公积、盈余公积和未分配利润分项列示。

（二）资产负债表的结构

资产负债表各类项目的在表中的排列结构，就形成了各式各样的资产负债表格式。资产负债表按其具体格式不同可分为账户式、报告式和财务状况式三种。我国企业的资产负债表格式采用账户式（具体如表13-1所示）。账户式资产负债表分左右两方，左方为资产项目，按资产的流动性大小排列，流动性大的资产如"货币资金""交易性金融资产"等排在前面，流动性小的资产如"长期股权投资""固定资产"等排在后面。右方为负债及所有者权益项目，一般按要求清偿时间的先后顺序排列："短期借款""应付票据""应付账款"等需要在一年以内或者长于一年的一个正常营业周期内偿还的流动负债排在前面，"长期借款"等在一年以上才需偿还的非流动负债排在中间，在企业清算之前不需要偿还的所有者权益项目排在后面。账户式资产负债表中的资产各项目的合计等于负债和所有者权益各项目的合计，即资产负债表左方和右方平衡。因此，通过账户式资产负债表，可以反映资产、负债、所有者权益之间的内在关系，即"资产=负债+所有者权益"。

表13-1 资产负债表

项目	金额	项目	金额
资产		负债	
……		……	
		负债合计	
		所有者权益	
		……	
		所有者权益合计	
资产合计		负债及所有者权益合计	

三、资产负债表的填列[①]

企业应以日常会计核算记录的数据为基础进行归类、整理和汇总，加工成报表项目，形成资产负债表。

（一）资产负债表项目的填列方法

1. "年初余额"的填列方法

"年初余额"栏内各项目数字，应根据上年末资产负债表"期末余额"栏内所列

[①] 由于银行、证券、保险等金融企业在经营内容上不同于一般的工商企业，导致其报表的构成项目也与一般工商企业有所不同，具有特殊性，因此金融企业报表的格式与填列方法均有别于一般工商企业。本章仅限于一般工商企业各类报表的填列，不涉及金融企业报表填列的相关内容。

数字填列。如果本年度资产负债表规定的各个项目的名称和内容同上年度不相一致,应对上年年末资产负债表各项目的名称和数字按本年度的规定进行调整,按调整后的数字填入本表"年初余额"栏内。

2. "期末余额"的填列方法

"期末余额"是指某一资产负债表日的数字,即月末、季末、半年末或年末的数字。资产负债表各项目"期末余额"的数据来源,可以通过以下几种方式取得:

(1) 根据总账科目的余额填列。例如,"交易性金融资产""工程物资""固定资产清理""递延所得税资产""短期借款""交易性金融负债""应付票据""应付职工薪酬""应交税费""应付利息""应付股利""其他应付款""专项应付款""预计负债""递延所得税负债""实收资本(或股本)""资本公积""库存股""盈余公积"等项目,应根据有关总账科目的余额填列。

有些项目则需根据几个总账科目的余额计算填列。例如,"货币资金"项目,应根据"库存现金""银行存款""其他货币资金"三个总账科目余额的合计数填列;"其他非流动资产""其他流动资产"项目,应根据有关科目的期末余额分析填列。

(2) 根据明细账科目的余额计算填列。例如,"开发支出"项目,应根据"研发支出"科目中所属的"资本化支出"明细科目期末余额填列;"应付账款"项目,应根据"应付账款"和"预付账款"科目所属的相关明细科目的期末贷方余额合计数填列;"一年内到期的非流动资产""一年内到期的非流动负债"项目,应根据有关非流动资产或负债项目的明细科目余额分析填列;"应付债券"项目,应根据"应付债券"科目的明细科目余额分析填列;"未分配利润"项目应根据"利润分配"科目中所属的"未分配利润"明细科目期末余额填列。

(3) 根据总账科目和明细账科目的余额分析计算填列。例如"长期借款"项目,需根据"长期借款"总账科目余额扣除"长期借款"科目所属的明细科目中将在资产负债表日起一年内到期,且企业不能自主地将清偿义务展期的长期借款后的金额计算填列;"长期待摊费用"项目,应根据"长期待摊费用"科目的期末余额减去将于一年内(含一年)摊销的数额后的金额填列;"其他非流动负债"项目,应根据有关科目的期末余额减去将于一年内(含一年)到期偿还数后的金额填列。

(4) 根据有关科目余额减去其备抵科目余额后的净额填列。例如,"可供出售金融资产""持有至到期投资""长期股权投资""在建工程"目,应根据相关科目的期末余额填列,已计提减值准备的,还应扣减相应的减值准备;"固定资产""无形资产""投资性房地产""生产性生物资产""油气资产"项目,应根据相关科目的期末余额扣减相关的累计折旧(或摊销、折耗)填列,已计提减值准备的,还应扣减相应的减值准备,采用公允价值计量的上述资产,应根据相关科目的期末余额填列;"长期应收款"项目,应根据"长期应收款"科目的期末余额,减去相应的"未实现融资收益"科目和"坏账准备"科目所属相关明细科目期末余额后的金额填列;"长期应付款"项目,应根据"长期应付款"科目的期末余额,减去相应的"未确认融资费用"科目期末余额后的金额填列。

（5）综合运用上述填列方法分析填列。主要包括"应收票据""应收利息""应收股利""其他应收款"项目，应根据相关科目的期末余额，减去"坏账准备"科目中有关坏账准备期末余额后的金额填列；"应收账款"项目，应根据"应收账款"和"预收账款"科目所属各明细科目的期末借方余额合计数，减去"坏账准备"科目中有关应收账款计提的坏账准备期末余额后的金额填列；"预付款项"项目，应根据"预付账款"和"应付账款"科目所属各明细科目的期末借方余额合计数，减去"坏账准备"科目中有关预付款项计提的坏账准备期末余额后的金额填列；"存货"项目，应根据"材料采购""原材料""发出商品""库存商品""周转材料""委托加工物资""生产成本""受托代销商品"等科目的期末余额合计，减去"受托代销商品款""存货跌价准备"科目期末余额后的金额填列，材料采用计划成本核算，以及库存商品采用计划成本核算或售价核算的企业，还应按加或减材料成本差异、商品进销差价后的金额填列。

【例 13-1】 蒙利公司期末结账后有关科目余额如表 13-2 所示。

表 13-2 科目余额表

单位：万元

总账科目名称	借方余额	贷方余额	明细科目名称	借方余额	贷方余额
预付账款	4		甲公司	10	
			乙公司		6
应付账款		3	丙公司		15
			丁公司	12	

根据上述资料，该企业在资产负债表中相关项目的期末金额如下：

"预付款项"项目的金额为：10+12=22（万元）

"应付账款"项目的金额为：6+15=21（万元）

（二）资产负债表项目的填列说明

资产负债表中资产、负债和所有者权益主要项目的填列说明如下：

1. 资产项目的填列说明

（1）"货币资金"项目，反映企业库存现金、银行结算户存款、外埠存款、银行汇票存款、银行本票存款、信用卡存款、信用证保证金存款等的合计数。本项目应根据"库存现金""银行存款""其他货币资金"科目期末余额的合计数填列。

（2）"交易性金融资产"项目，反映企业持有的以公允价值计量且其变动计入当期损益的为交易目的所持有的债券投资、股票投资、基金投资、权证投资等金融资产。本项目应当根据"交易性金融资产"科目的期末余额填列。

(3)"应收票据"项目,反映企业因销售商品、提供劳务等而收到的商业汇票,包括银行承兑汇票和商业承兑汇票。本项目应根据"应收票据"科目的期末余额,减去"坏账准备"科目中有关应收票据计提的坏账准备期末余额后的净额填列。

(4)"应收账款"项目,反映企业因销售商品、提供劳务等经营活动应收取的款项。本项目应根据"应收账款"和"预收账款"科目所属各明细科目的期末借方余额合计减去"坏账准备"科目中有关应收账款计提的坏账准备期末余额后的金额填列。如"应收账款"科目所属明细科目期末有贷方余额的,应在"预收款项"项目内填列。

(5)"预付款项"项目,反映企业按照购货合同规定预付给供应单位的款项等。本项目应根据"预付账款"和"应付账款"科目所属各明细科目的期末借方余额合计数,减去"坏账准备"科目中有关预付款项计提的坏账准备期末余额后的金额填列。如"预付账款"科目所属各明细科目期末有贷方余额的,应在资产负债表"应付账款"项目内填列。

(6)"应收利息"项目,反映企业应收取的债券投资等的利息。本项目应根据"应收利息"科目的期末余额,减去"坏账准备"科目中有关应收利息计提的坏账准备期末余额后的净额填列。

(7)"应收股利"项目,反映企业应收取的现金股利和应收取其他单位分配的利润。本项目应根据"应收股利"科目的期末余额,减去"坏账准备"科目中有关应收股利计提的坏账准备期末余额后的净额填列。

(8)"其他应收款"项目,反映企业除应收票据、应收账款、预付账款、应收股利、应收利息等经营活动以外的其他各种应收、暂付的款项。本项目应根据"其他应收款"科目的期末余额,减去"坏账准备"科目中有关其他应收款计提的坏账准备期末余额后的净额填列。

(9)"存货"项目,反映企业期末在库、在途和在加工中的各种存货的可变现净值。本项目应根据"在途物资(或材料采购)""原材料""低值易耗品""库存商品""周转材料""委托加工物资""委托代销商品""生产成本"等科目的期末余额合计,减去"受托代销商品款""存货跌价准备"科目期末余额后的净额填列。材料采用计划成本核算,以及库存商品采用计划成本核算或售价核算的企业,还应按加或减材料成本差异、商品进销差价后的净额填列。

(10)"一年内到期的非流动资产"项目,反映企业将于一年内到期的非流动资产项目金额。本项目应根据有关科目的期末余额填列。

(11)"可供出售金融资产"项目,反映企业持有的以公允价值计量的可供出售的股票投资、债券投资等金融资产。本项目应根据"可供出售金融资产"科目的期末余额,减去"可供出售金融资产减值准备"科目期末余额后的金额填列。

(12)"持有至到期投资"项目,反映企业持有的以摊余成本计量的持有至到期投资。本项目应根据"持有至到期投资"科目的期末余额,减去"持有至到期投资减值准备"科目期末余额后的金额填列。

(13)"长期应收款"项目,反映企业融资租赁产生的应收款项和采用递延方式分期收款、实质上具有融资性质的销售商品及提供劳务等经营活动产生的长期应收款项。本项目应根据"长期应收款"科目所属的相关明细科目期末余额减去相应的"未实现融资收益"科目和"坏账准备"科目所属的相关明细科目期末余额后的金额填列。

(14)"长期股权投资"项目,反映企业持有的对子公司、联营企业和合营企业的长期股权投资。本项目应根据"长期股权投资"科目的期末余额,减去"长期股权投资减值准备"科目的期末余额后的净额填列。

(15)"投资性房地产"项目,反映企业为赚取租金和资本增值或两者兼有而持有的房地产。企业采用成本模式计量投资性房地产的,应根据"投资性房地产"科目的期末余额,减去"投资性房地产累计折旧(摊销)"和"投资性房地产减值准备"科目期末余额后的金额填列本项目;若采用公允价值模式计量投资性房地产的,应根据"投资性房地产"科目的期末余额来填列本项目。

(16)"固定资产"项目,反映企业各种固定资产原价减去累计折旧和累计减值准备后的净额。本项目应根据"固定资产"科目的期末余额,减去"累计折旧"和"固定资产减值准备"科目期末余额后的净额填列。

(17)"在建工程"项目,反映企业期末各项未完工程的实际支出,包括交付安装的设备价值、未完建筑安装工程已经耗用的材料、工资和费用支出等的可收回金额。本项目应根据"在建工程"科目的期末余额,减去"在建工程减值准备"科目期末余额后的净额填列。

(18)"工程物资"项目,反映企业尚未使用的各项工程物资的实际成本。本项目应根据"工程物资"科目的期末余额填列。

(19)"固定资产清理"项目,反映企业因出售、毁损、报废等原因转入清理但尚未清理完毕的固定资产的净值,以及固定资产清理过程中所发生的清理费用和变价收入等各项金额的差额。本项目应根据"固定资产清理"科目的期末借方余额填列,如"固定资产清理"科目期末为贷方余额,以"—"号填列。

(20)"无形资产"项目,反映企业持有的无形资产,包括专利权、非专利技术、商标权、著作权、土地使用权等。本项目应根据"无形资产"的期末余额,减去"累计摊销"和"无形资产减值准备"科目期末余额后的净额填列。

(21)"开发支出"项目,反映企业开发无形资产过程中能够资本化形成无形资产成本的支出部分。本项目应当根据"研发支出"科目中所属的"资本化支出"明细科目期末余额填列。

(22)"长期待摊费用"项目,反映企业已经发生但应由本期和以后各期负担的分摊期限在一年以上的各项费用。长期待摊费用中在一年内(含一年)摊销的部分,在资产负债表"一年内到期的非流动资产"项目填列。本项目应根据"长期待摊费用"科目的期末余额减去将于一年内(含一年)摊销的数额后的金额填列。

(23)"递延所得税资产"项目,反映企业确认的可抵扣暂时性差异产生的递延所得税资产。本项目应根据"递延所得税资产"科目的期末余额填列。

(24)"其他非流动资产"项目，反映企业除长期股权投资、固定资产、在建工程、工程物资、无形资产等以外的其他非流动资产。本项目应根据有关科目的期末余额填列。

2. 负债项目的填列说明

(1)"短期借款"项目，反映企业向银行或其他金融机构等借入的期限在一年以下（含一年）的各种借款。本项目应根据"短期借款"科目的期末余额填列。

(2)"应付票据"项目，反映企业购买材料、商品和接受劳务供应等而开出、承兑的商业汇票，包括银行承兑汇票和商业承兑汇票。本项目应根据"应付票据"科目的期末余额填列。

(3)"应付账款"项目，反映企业因购买材料、商品和接受劳务供应等经营活动应支付的款项。本项目应根据"应付账款"和"预付账款"科目所属各明细科目的期末贷方余额合计数填列；如"应付账款"科目所属明细科目期末有借方余额的，应在资产负债表"预付款项"项目内填列。

(4)"预收款项"项目，反映企业按照销售合同等规定预收购货单位的款项。本项目应根据"预收账款"和"应收账款"科目所属各明细科目的期末贷方余额合计数填列；如"预收账款"科目所属各明细科目期末有借方余额，应在资产负债表"应收账款"项目内填列。

(5)"应付职工薪酬"项目，反映企业根据有关规定应付给职工的工资、职工福利、社会保险费、住房公积金、工会经费、职工教育经费、非货币性福利、辞退福利等各种薪酬。外商投资企业按规定从净利润中提取的职工奖励及福利基金，也在本项目列示。本项目应根据"应付职工薪酬"科目的期末余额填列。

(6)"应交税费"项目，反映企业按照税法规定计算应交纳的各种税费，包括增值税、消费税、所得税、资源税、土地增值税、城市维护建设税、房产税、土地使用税、车船使用税、教育费附加、矿产资源补偿费等。企业代扣代交的个人所得税，也通过本项目列示。企业所交纳的税金不需要预计应交数的，如印花税、耕地占用税等，不在本项目列示。本项目应根据"应交税费"科目的期末贷方余额填列；如"应交税费"科目期末为借方余额，应以"—"号填列。

(7)"应付利息"项目，反映企业按照规定应当支付的利息，包括分期付息到期还本的长期借款应支付的利息、企业发行的企业债券应支付的利息等。本项目应当根据"应付利息"科目的期末余额填列。

(8)"应付股利"项目，反映企业分配的现金股利或利润。企业分配的股票股利，不通过本项目列示。本项目应根据"应付股利"科目的期末余额填列。

(9)"其他应付款"项目，反映企业除应付票据、应付账款、预收款项、应付职工薪酬、应付股利、应付利息、应交税费等经营活动以外的其他各项应付、暂收的款项。本项目应根据"其他应付款"科目的期末余额填列。

(10)"一年内到期的非流动负债"项目,反映企业非流动负债中将于资产负债表日后一年内到期部分的金额,如将于一年内偿还的长期借款。本项目应根据有关科目的期末余额填列。

(11)"长期借款"项目,反映企业向银行或其他金融机构借入的期限在一年以上(不含一年)的各项借款。本项目应根据"长期借款"总账科目余额扣除"长期借款"科目所属的明细科目中将在资产负债表日起一年内到期,且企业不能自主地将清偿义务展期的长期借款后的金额计算填列。

(12)"应付债券"项目,反映企业为筹集长期资金而发行的债券本金和利息。本项目应根据"应付债券"科目的期末余额填列。

(13)"长期应付款"项目,反映企业除长期借款和应付债券以外的其他各种长期应付款。本项目应根据"长期应付款"科目的期末余额,减去相应的"未确认融资费用"科目期末余额后的金额列示。

(14)"预计负债"项目,反映企业确认的对外提供担保、未决诉讼、产品质量保证、重组义务、亏损合同等预计负债。本项目应根据"预计负债"科目的期末余额填列。

(15)"递延所得税负债"项目,反映企业确认的应纳税暂时性差异产生的所得税负债。本项目应根据"递延所得税负债"科目的期末余额填列。

(16)"其他非流动负债"项目,反映企业除长期借款、应付债券等项目以外的其他非流动负债。本项目应根据有关科目的期末余额填列。其他非流动负债项目应根据有关科目期末余额减去将于一年内(含一年)到期偿还数后的余额填列。非流动负债各项目中将于一年内(含一年)到期的非流动负债,应在"一年内到期的非流动负债"项目内单独反映。

3. 所有者权益项目的填列说明

(1)"实收资本(或股本)"项目,反映企业各投资者实际投入的资本(或股本)总额。本项目应根据"实收资本"(或"股本")科目的期末余额填列。

(2)"资本公积"项目,反映企业资本公积的期末余额。本项目应根据"资本公积"科目的期末余额填列。

(3)"其他综合收益"项目,反映企业其他综合收益的期末余额。本项目应根据"其他综合收益"科目的期末余额填列。

(4)"盈余公积"项目,反映企业盈余公积的期末余额。本项目应根据"盈余公积"科目的期末余额填列。

(5)"未分配利润"项目,反映企业尚未分配的利润。本项目应根据"本年利润"科目和"利润分配"科目的余额计算填列。未弥补的亏损在本项目内以"—"号填列。

四、资产负债表编制举例

【例13-2】 蒙利公司20×6年12月31日的资产负债表(年初余额略)及20×7

年12月31日的科目余额表分别见表13-3和表13-4。假定该公司未来很可能获得足够的应纳税所得额用来抵扣可抵扣暂时性差异，适用的所得税税率为25%。

表13-3 资产负债表　　　　　　　　会企01表

编制单位：蒙利股份有限公司　　20×6年12月31日　　　　　单位：元

资产	期末余额	年初余额	负债和股东权益	期末余额	年初余额
流动资产			流动负债		
货币资金	1 406 300		短期借款	300 000	
交易性金融资产	15 000		交易性金融负债	0	
应收票据	246 000		应付票据	200 000	
应收账款	299 100		应付账款	953 800	
预付款项	100 000		预收款项	0	
应收利息	0		应付职工薪酬	110 000	
应收股利	0		应交税费	36 600	
其他应收款	5 000		应付利息	1 000	
存货	2 580 000		应付股利	0	
一年内到期的非流动资产	0		其他应付款	50 000	
其他流动资产	200 000		一年内到期的非流动负债	1 000 000	
流动资产合计	4 851 400		其他流动负债	100 000	
非流动资产			流动负债合计	2 751 400	
可供出售金融资产	0		非流动负债		
持有至到期投资	0		长期借款	600 000	
长期应收款	0		应付债券	0	
长期股权投资	250 000		长期应付款	0	
投资性房地产	0		专项应付款	0	
固定资产	1 100 000		预计负债	0	
在建工程	1 500 000		递延所得税负债	0	
工程物资	0		其他非流动负债	0	
固定资产清理	0		非流动负债合计	600 000	
生产性生物资产	0		负债合计	3 351 400	
油气资产	0		股东权益		
无形资产	600 000		股本	5 000 000	
开发支出	0		资本公积	0	
商誉	0		减：库存股	0	

续表

资产	期末余额	年初余额	负债和股东权益	期末余额	年初余额
长期待摊费用	0		其他综合收益	0	
递延所得税资产	0		盈余公积	100 000	
其他非流动资产	200 000		未分配利润	50 000	
非流动资产合计	3 650 000		股东权益合计	5 150 000	
资产总计	8 501 400		负债和股东权益总计	8 501 400	

表 13-4 科目余额表

20×7 年 12 月 31 日　　　　　　　　　　　　　　　　　　单位：元

科目名称	借方余额	科目名称	贷方余额
库存现金	2 000	短期借款	50 000
银行存款	776 135	应付票据	100 000
其他货币资金	7 300	应付账款	953 800
交易性金融资产	0	其他应付款	50 000
应收票据	66 000	应付职工薪酬	180 000
应收账款	600 000	应交税费	226 731
坏账准备	-1 800	应付利息	0
预付账款	100 000	应付股利	32 215.85
其他应收款	5 000	一年内到期的非流动负债	0
材料采购	275 000	其他流动负债	100 000
原材料	45 000	长期借款	1 160 000
周转材料	38 050	股本	5 000 000
库存商品	2 122 400	盈余公积	124 771
材料成本差异	4 250	利润分配（未分配利润）	190 723.15
其他流动资产	200 000		
长期股权投资	250 000		
固定资产	2 401 000		
累计折旧	-170 000		
固定资产减值准备	-30 000		
工程物资	150 000		
在建工程	578 000		
无形资产	600 000		

续表

科目名称	借方余额	科目名称	贷方余额
累计摊销	-60 000		
递延所得税资产	9 906		
其他非流动资产	200 000		
合计	8 168 241	合计	8 168 241

根据已知资料,编制蒙利公司20×7年12月31日的资产负债表,见表13-5。

根据资产负债表的填列方法,表13-5的有关项目计算如下:

货币资金=2 000+776 135+7 300=785 435(元)

应收账款=600 000-1 800=598 200(元)

存货=275 000+45 000+38 050+2 122 400+4 250[①]=2 484 700(元)

固定资产=2 401 000-170 000-30 000=2 201 000(元)

无形资产=600 000-60 000=540 000(元)

其他项目根据科目余额表的有关数值直接填列。

表13-5 资产负债表　　　　　　　　　会企01表

编制单位：蒙利股份有限公司　　20×7年12月31日　　　　　　单位：元

资产	期末余额	年初余额	负债和所有者权益（或股东权益）	期末余额	年初余额
流动资产			流动负债		
货币资金	785 435	1 406 300	短期借款	50 000	300 000
交易性金融资产	0	15 000	交易性金融负债	0	0
应收票据	66 000	246 000	应付票据	100 000	200 000
应收账款	598 200	299 100	应付账款	953 800	953 800
预付款项	100 000	100 000	预收款项	0	0
应收利息	0	0	应付职工薪酬	180 000	110 000
应收股利	0	0	应交税费	226 731	36 600
其他应收款	5 000	5 000	应付利息	0	1 000
存货	2 484 700	2 580 000	应付股利	32 215.85	0
一年内到期的非流动资产	0	0	其他应付款	50 000	50 000

①　"材料成本差异"科目用来核算企业材料实际成本与计划成本之间的差异,月末借方余额,表示库存各种材料的实际成本大于计划成本的差异(超支差),贷方余额表示实际成本小于计划成本的差异(节约差)。本题"材料成本差异"科目为借方余额,表示实际成本大于计划成本,故计算存货项目的金额时应加上"材料成本差异"账户的借方余额。

续表

资产	期末余额	年初余额	负债和所有者权益（或股东权益）	期末余额	年初余额
其他流动资产	200 000	200 000	一年内到期的非流动负债	0	1 000 000
流动资产合计	4 239 335	4 851 400	其他流动负债	100 000	100 000
非流动资产			流动负债合计	1 692 746.85	2 751 400
可供出售金融资产	0	0	非流动负债		
持有至到期投资	0	0	长期借款	1 160 000	600 000
长期应收款	0	0	应付债券	0	0
长期股权投资	250 000	250 000	长期应付款	0	0
投资性房地产	0	0	专项应付款	0	0
固定资产	2 201 000	1 100 000	预计负债	0	0
在建工程	578 000	1 500 000	递延所得税负债	0	0
工程物资	150 000	0	其他非流动负债	0	0
固定资产清理	0	0	非流动负债合计	1 160 000	600 000
生产性生物资产	0	0	负债合计	2 852 746.85	3 351 400
油气资产	0	0	所有者权益（或股东权益）		
无形资产	540 000	600 000	实收资本（或股本）	5 000 000	5 000 000
开发支出	0	0	资本公积	0	0
商誉	0	0	减：库存股	0	0
长期待摊费用	0	0	其他综合收益	0	0
递延所得税资产	9 906	0	盈余公积	124 771	100 000
其他非流动资产	200 000	200 000	未分配利润	190 723.15	50 000
非流动资产合计	3 928 906	3 650 000	所有者权益（或股东权益）合计	5 315 494.15	5 150 000
资产总计	8 168 241	8 501 400	负债和所有者权益（或股东权益）总计	8 168 241	8 501 400

第三节 利润表

一、利润表及其作用

利润表是反映企业在一定会计期间经营成果的报表,是一张动态报表。利润表的列报必须充分反映企业经营业绩的主要来源和构成,有助于使用者判断净利润的质量及其风险,有助于使用者预测净利润的持续性,从而做出正确的决策。作为一种基本报表,利润表在以下方面发挥着重要作用。

(一) 有助于分析、评价、预测企业的经营成果和获利能力

经营成果和获利能力都与利润表紧密相连。经营成果是指企业在其所控制的资源上取得的报酬,它直接可以体现为一定期间的利润总额;而获利能力则指企业运用一定经济资源获取经营成果的能力,它可以通过相对指标予以体现,如资产收益率、净资产收益率等。通过当期利润表的数据可以反映出一个企业当期的经营成果和获利能力;通过比较和分析同一企业不同时期、不同企业同一时期的收益情况,可据以评价企业经营成果的好坏和获利能力的高低,预测未来的发展趋势。

(二) 有助于分析、评价、预测企业的偿债能力

偿债能力是指企业以资产清偿债务的能力。利润表本身并不提供偿债能力信息,但是企业的偿债能力不仅取决于资产的流动性和资本结构,也取决于企业的获利能力。获利能力不强,企业资产的流动性和资本结构必将逐步恶化,最终危及企业的偿债能力,陷入资不抵债的困境。因此,从长远观点看,债权人和管理人员通过比较、分析利润表的有关信息,可以间接地评价、预测企业的偿债能力,尤其是长期偿债能力,并揭示偿债能力的变化趋势,进而做出各种信贷决策和改进企业管理工作的决策。债权人可据以决定维持、扩大或收缩现有信贷规模,并提出相应的信贷条件;管理者可据以找出偿债能力不强的原因,努力提高企业的偿债能力,改善企业的公共形象。

(三) 有助于评价、考核管理人员的绩效

企业实现利润的多少,是体现管理人员绩效的一个重要方面,是管理成功与否的重要体现。通过比较前后期利润表上的各种收入、费用、成本及收益的增减变动情况,并分析发生差异的原因,可据以评价各职能部门和人员的业绩及其业绩与企业经营成果的关系,以便评判各管理部门的功过得失,及时做出生产、人事、销售等方面的调整,提出奖惩任免的建议。

利润表要真正地发挥上述功能,与它所揭示信息质量的好坏直接相关,而信息质量则取决于企业在收入确认、费用确认以及利润表其他项目确定时所采用的方法。由

于会计程序和方法的可选择性，企业可能会选用对其有利的程序和方法，从而导致收益偏高或偏低。例如，对折旧费用和已售商品成本等都可按多种会计方法计算，因此就产生多种选择，影响会计信息的可比性和可靠性。因此，报表使用者只有与资产负债表和现金流量表结合起来分析，才能全面评估一个企业的经营成果。

二、利润表的内容和结构

（一）利润表的内容

利润表主要反映以下几方面的内容：其一，营业收入，由主营业务收入和其他业务收入组成。其二，营业利润，营业收入减去营业成本（包括主营业务成本和其他业务成本）、税金及附加、销售费用、管理费用、财务费用、资产减值损失，加上公允价值变动收益、投资收益，即为营业利润。其三，利润总额，营业利润加上营业外收入，减去营业外支出，即为利润总额。其四，净利润，利润总额减去所得税费用即为净利润。其五，综合收益，包括其他综合收益和综合收益总额。其中，其他综合收益反映企业根据企业会计准则规定未在损益中确认的各项利得和损失扣除所得税影响后的净额；综合收益总额是企业净利润与其他综合收益的合计金额。其六，每股收益，普通股或潜在普通股已公开交易的企业，以及正处于公开发行普通股或潜在普通股过程中的企业，还应当在利润表中列示每股收益信息，包括基本每股收益和稀释每股收益两项指标。

（二）利润表的结构

常见的利润表结构主要有单步式和多步式两种。单步式利润表是将企业汇总的本期各项收入的合计数与各项成本、费用的合计数相抵后，一次计算求得本期最终损益的表式。多步式利润表通过对当期的收入、费用、支出项目按性质加以归类，按利润形成的主要环节列示一些中间性利润指标，分步计算当期净损益的表式。在我国，财务报表列报准则规定，企业应当采用多步式列报利润表（见表13-7），将不同性质的收入和费用类别进行对比，从而可以得出一些中间性的利润数据，便于使用者理解企业经营成果的不同来源。

三、利润表的填列

（一）利润表的填列方法

1. 上期金额栏的填列方法

利润表"上期金额"栏内各项数字，应根据上年利润表"本期金额"栏内所列数字填列。如果上年该期利润表规定的各项目的名称和内容同本期不相一致，应对上年该期利润表各项目的名称和数字按本期的规定进行调整，填入利润表"上期金额"栏内。

2. 本期金额栏的填列方法

利润表"本期金额"栏反映各项目的本期实际发生数，一般根据损益类科目的发

生额分析填列。具体数据来源,可以通过以下几种方式取得:

(1) 根据有关总分类账户的本期发生额分析填列。例如,营业收入、营业成本、税金及附加、销售费用、管理费用、财务费用、资产减值损失、公允价值变动收益、投资收益、营业外收入、营业外支出、所得税费用等项目。

(2) 根据利润表项目的数字计算后填列。例如,营业利润、利润总额、净利润和综合收益总额项目。

(3) 根据企业相关资料分析计算填列。例如,每股收益、其他综合收益项目。

(二) 利润表项目的填列说明

1. "营业收入" 项目

反映企业经营主要业务和其他业务所确认的收入总额。本项目应根据 "主营业务收入" 和 "其他业务收入" 科目的发生额分析填列。

2. "营业成本" 项目

反映企业经营主要业务和其他业务所发生的成本总额。本项目应根据 "主营业务成本" 和 "其他业务成本" 科目的发生额分析填列。

3. "税金及附加" 项目

反映企业经营业务应负担的消费税、城市建设维护税、资源税、土地增值税和教育费附加等。本项目应根据 "税金及附加" 科目的发生额分析填列。

4. "销售费用" 项目

反映企业在销售商品过程中发生的包装费、广告费等费用和为销售本企业商品而专设的销售机构的职工薪酬、业务费等经营费用。本项目应根据 "销售费用" 科目的发生额分析填列。

5. "管理费用" 项目

反映企业为组织和管理生产经营发生的管理费用。本项目应根据 "管理费用" 的发生额分析填列。

6. "财务费用" 项目

反映企业筹集生产经营所需资金等而发生的筹资费用。本项目应根据 "财务费用" 科目的发生额分析填列。

7. "资产减值损失" 项目

反映企业各项资产发生的减值损失。本项目应根据 "资产减值损失" 科目的发生额分析填列。

8. "公允价值变动收益" 项目

反映企业应当计入当期损益的资产或负债公允价值变动收益。本项目应根据 "公允价值变动损益" 科目的发生额分析填列,如为净损失,本项目以 "—" 号填列。

9. "投资收益" 项目

反映企业以各种方式对外投资所取得的收益。本项目应根据 "投资收益" 科目的发生额分析填列。如为投资损失,本项目以 "—" 号填列。

10. "营业利润"项目

反映企业实现的营业利润。本项目应根据利润表项目的数字计算后填列。如为亏损,本项目以"—"号填列。

11. "营业外收入"项目

反映企业发生的与经营业务无直接关系的各项收入。本项目应根据"营业外收入"科目的发生额分析填列。

12. "营业外支出"项目

反映企业发生的与经营业务无直接关系的各项支出。本项目应根据"营业外支出"科目的发生额分析填列。

13. "利润总额"项目

反映企业实现的利润。本项目应根据利润表项目的数字计算后填列。如为亏损,本项目以"—"填列。

14. "所得税费用"项目

反映企业应从当期利润总额中扣除的所得税费用。本项目应根据"所得税费用"科目的发生额分析填列。

15. "净利润"项目

反映企业实现的净利润。本项目应根据利润表项目的数字计算后填列。如为亏损,本项目以"—"号填列。

16. "其他综合收益的税后净额"项目

反映除净利润之外的所有综合收益。本项目应根据"其他综合收益"科目及其所属明细科目的本期发生额分析填列。其他综合收益,具体分为"以后会计期间不能重分类进损益的其他综合收益项目"和"以后会计期间在满足规定条件时将重分类进损益的其他综合收益项目"两类,并以扣除相关所得税影响后的净额列报。

17. "综合收益总额"项目

反映企业净利润与其他综合收益税后净额的合计金额。本项目应根据利润表项目的数字计算后填列。

18. 每股收益又称每股税后利润、每股盈余

指税后利润与股本总数的比率,包括"基本每股收益"和"稀释每股收益"两项指标。"基本每股收益"在计算时仅考虑当期实际发行在外的普通股股份,按照归属于普通股股东的当期净利润除以当期实际发行在外普通股的加权平均数予以确定,我国没有优先股,所以这里计算时不需要考虑优先股的影响。"稀释每股收益"是企业存在稀释性潜在普通股的情况下,应当根据其影响分别调整归属于普通股股东的当期净利润(调整分子)以及发行在外普通股的加权均数(调整分母),并据以计算稀释每股收益。

四、利润表编制举例

【例13-3】 蒙利公司20×7年度有关损益类科目本年累计发生净额见表13-6,根

据该资料，编制蒙利公司20×7年度利润表，见表13-7。

表13-6　损益类科目20×7年度累计发生净额

单位：元

科目名称	借方发生额	贷方发生额
主营业务收入		1 250 000
主营业务成本	750 000	
税金及附加	2 000	
销售费用	20 000	
管理费用	157 100	
财务费用	41 500	
资产减值损失	30 900	
投资收益		31 500
营业外收入		50 000
营业外支出	19 700	
所得税费用	112 590	

表13-7　利润表

会企02表

编制单位：蒙利股份有限公司　　20×7年　　　　　　　　　单位：元

项　目	本期金额	上期金额
一、营业收入	1 250 000	
减：营业成本	750 000	
税金及附加	2 000	
销售费用	20 000	
管理费用	157 100	
财务费用	41 500	
资产减值损失	30 900	
加：公允价值变动收益（损失以"—"号填列）	0	
投资收益（损失以"—"号填列）	31 500	
其中：对联营企业和合营企业的投资收益	0	
二、营业利润（亏损以"—"号填列）	280 000	
加：营业外收入	50 000	
减：营业外支出	19 700	
其中：非流动资产处置损失	（略）	

续表

项 目	本期金额	上期金额
三、利润总额（亏损总额以"—"号填列）	310 300	
减：所得税费用	112 590	
四、净利润（净亏损以"—"号填列）	197 710	
五、其他综合收益的税后净额	0	
（一）以后不能重分类进损益的其他综合收益		
（二）以后将重分类进损益的其他综合收益		
六、综合收益总额	197 710	
七、每股收益		
（一）基本每股收益	（略）	
（二）稀释每股收益	（略）	

第四节　现金流量表

一、现金流量表及其作用

现金流量表，是指反映企业在一定会计期间现金和现金等价物流入和流出的报表，是一种动态报表。现金流量表按照收付实现制原则编制，将权责发生制下的盈利信息调整为收付实现制下的现金流量信息，便于信息使用者了解企业净利润的质量。通过报告企业现金的来源、运用、净额的增减等信息，有助于信息使用者了解企业资产的流动性，为信息使用者提供在一定期间内企业的现金来源、用途及现金余额变动的原因等信息。现金流量表的作用具体体现在以下几个方面。

（一）现金流量表是资产负债表和利润表信息的必要补充

现金流量表与资产负债表、利润表一同构成了分别以权责发生制和收付实现制两种渠道反映企业的财务状况、经营业绩和财务状况变动（主要是现金流量）的完整体系。

资产负债表是反映企业某一特定日期财务状况的报表，它没有说明一个企业的资产、负债所有者权益为什么发生变化。利润表是反映企业在一定会计期间经营成果的报表，通过利润表中有关营业收入和营业成本等信息说明了经营活动对财务状况的影响，一定程度上说明了财务状况变动的原因，但由于利润表是按照权责发生制原则确认和计量收入与费用的，它没有提供经营活动引起的现金流入和现金流出的信息。利润表中有关投资收益和财务费用的信息反映了企业投资和筹资活动的效率和最终成果，但没有反映投资和筹资本身的情况，即投资的规模和投向以及筹资的规模和来源。资产负债表和利润表只提供了企业某一方面的信息，因此这就需要现金流量表在资产负债表和利润表已经反映了企业财务状况和经营成果的基础上，进一步提供企业现金流量信息，即财务状况信息。资产负债表、利润表和现金流量表共同构成了分别以权责发生制和收付实现制两种渠道反映的企业财务状况、经营成果和财务状况变动，是现金流量的完整体系。

（二）现金流量表是企业活动的综合概括

企业活动包括经营活动、投资活动和筹资活动，现金流量表恰是反映企业三类活动产生现金流量的报表。将这三类活动集中在一张报表上，可以对企业当期活动一览无余。如果要了解本年度企业经营活动可以阅读报表的经营活动部分；如果要了解企业在厂房、设备及外部投资等方面进行哪些新的投资，可以看报表的投资活动部分；如果要了解企业当年的筹资情况，可以在报表的筹资活动部分找到答案。

（三）现金流量表有利于分析、评价和预测企业现金流量、偿债及支付股利的能力和收益质量

投资者、债权人从事投资和信贷活动的主要目的是取得股利和利息，增加未来现金流入。从事物发展趋势看，过去的现金流量信息是未来现金流量金额、时间和不确定性的指示器。分析现金流量表可以揭示过去现金流入和流出及现金流量净额变动的原因，借以预测企业未来的现金流量。

评估企业是否具有支付能力，最直接有效的方法是分析其现金流量。只有企业产生有利的现金流量，才能够还本付息、支付现金股利；反之，企业会陷入财务困难。现金流量表提供了企业当期现金流量的信息，因此分析现金流量表可以对企业的支付能力和偿债能力以及企业对外部资金的需求情况做出较为可靠的判断。

通过现金流量表比较当期净利润与当期经营活动产生的净现金流量，可以看出非现金流动资产吸收利润的情况，评价企业产生经营活动净现金流量是否偏低，进而可以评价企业的收益质量。

二、现金流量表的编制基础

现金流量表以现金及现金等价物为基础编制，划分为经营活动、投资活动和筹资活动，按照收付实现制原则编制，将权责发生制下的盈利信息调整为收付实现制下的现金流量信息。

（一）现金

现金，是指企业库存现金以及可以随时用于支付的存款。不能随时用于支付的存款不属于现金。现金主要包括以下内容：

1. 库存现金

库存现金是指企业持有可随时用于支付的现金，与"库存现金"科目的核算内容一致。

2. 银行存款

银行存款是指企业存入金融机构、可以随时用于支取的存款，与"银行存款"科目核算内容基本一致，但不包括不能随时用于支付的存款。例如，不能随时支取的定期存款等不应作为现金；提前通知金融机构便可支取的定期存款则应包括在现金范围内。

3. 其他货币资金

其他货币资金是指存放在金融机构的外埠存款、银行汇票存款、银行本票存款、信用卡存款、信用证保证金存款等，与"其他货币资金"科目核算内容一致。

(二) 现金等价物

现金等价物，是指企业持有的期限短、流动性强、易于转换为已知金额现金、价值变动风险很小的投资。其中，"期限短"一般是指从购买日起3个月内到期。例如，可在证券市场上流通的3个月内到期的短期债券等。

现金等价物虽然不是现金，但其支付能力与现金的差别不大，可视为现金。例如，企业为保证支付能力，手持必要的现金，为了不使现金闲置，可以购买短期债券，在需要现金时，随时可以变现。

现金等价物的定义本身，包含了判断一项投资是否属于现金等价物的四个条件：①期限短；②流动性强；③易于转换为已知金额的现金；④价值变动风险很小。其中，期限短、流动性强，强调了变现能力，而易于转换为已知金额的现金、价值变动风险很小，则强调了支付能力的大小。现金等价物通常包括3个月内到期的短期债券投资。权益性投资变现的金额通常不确定，因而不属于现金等价物。

三、现金流量表的内容和结构

(一) 现金流量表的内容

根据企业业务活动的性质和现金流量的来源，现金流量表在结构上将企业一定期间产生的现金流量分为三大类：经营活动产生的现金流量、投资活动产生的现金流量和筹资活动产生的现金流量。

(二) 现金流量表的结构

现金流量表的具体格式见表13-8。

1. 经营活动产生的现金流量

经营活动是指企业投资活动和筹资活动以外的所有交易和事项。经营活动产生的现金流量包括销售商品或提供劳务、购买商品或接受劳务、收到的税费返还、支付职工薪酬、支付各项税费、支付广告费用等。通过经营活动产生的现金流量，可以说明企业的经营活动对现金流入和流出的影响程度，判断企业在不动用对外筹得资金的情况下，是否足以维持生产经营、偿还债务、支付股利、对外投资等。

2. 投资活动产生的现金流量

投资活动是指企业长期资产的购建和不包括在现金等价物范围的投资及其处置活动。投资活动产生的现金流量包括收回投资收到的现金、取得投资收益收到的现金、处置固定资产、无形资产和其他长期资产收回的现金净额、处置子公司及其他营业单位收到的现金净额、收到其他与投资活动有关的现金、购建固定资产、无形资产和其他长期资产支付的现金、投资支付的现金、取得子公司及其他营业单位支付的现金净额、支付其他与投资活动有关的现金等。投资活动的现金流量可以反映企业通过投资获取现金流量的能力，以及投资活动现金流量对企业总体现金流量的影响。

3. 筹资活动产生的现金流量

筹资活动是指导致企业资本及债务规模和构成发生变化的活动。筹资活动产生的现金流量包括吸收投资收到的现金、取得借款收到的现金、收到其他与筹资活动有关的现金、偿还债务支付的现金、分配股利、利润或偿付利息支付的现金及支付其他与筹资活动有关的现金。筹资活动的现金流量可以反映企业通过筹资获取现金流量的能力，以及筹资活动现金流量对企业总体现金流量的影响。

对于企业日常活动之外特殊的、不经常发生的特殊项目，如自然灾害损失、保险赔款、捐赠等，应当归并到相关类别中，并单独反映。比如，对于自然灾害损失和保险赔款，如果能够确指属于流动资产损失，应当列入经营活动产生的现金流量；属于固定资产损失，应当列入投资活动产生的现金流量。如果不能确指，则可以列入经营活动产生的现金流量。捐赠收入和支出，可以列入经营活动。如果特殊项目的现金流量金额不大，则可以列入现金流量类别下的"其他"项目，不单列项目。

在现金流量表中，现金和现金等价物被视为一个整体，企业现金形式的转换不会产生现金的流入和流出。例如，企业从银行提取现金是企业现金存放形式的转换，并未流出企业，不构成现金流量。同样，现金和现金等价物之间的转换也不属于现金流量，例如，企业用现金购买3个月到期的国库券。

四、现金流量表的填列

（一）经营活动产生的现金流量

由于现金流量表中的"经营活动产生的现金流量"要按收付实现制确认的损益来反映，而企业在日常会计核算中对于损益的确认采用的是权责发生制，因此，企业利润表的本期净利润或净亏损并不正好等于现金流量表中的"经营活动产生的现金流量"。在编制现金流量表时，若根据利润表所提供的资料计算经营活动产生的现金流量，就必须将按权责发生制确认的净利润（净亏损）转换为收付实现制确认的损益，由此可按直接法和间接法两种方法转换。

所谓直接法，是指通过现金收入和现金支出的主要类别列示经营活动产生的现金流量。即以本期营业收入为起算点，调整与经营活动有关的流动资产与流动负债的增减变动，列示销售收入及其他收入的收现数、销售成本与其他费用的付现数，以现金收支表达各项经营活动的现金流量。具体来说，采用直接法编制现金流量表时，应以利润表中各主要收支项目为基础，并对实际的现金收入和现金支出进行调整，结出现金流入量与现金流出量及其净流量。

所谓间接法，是指以净利润为起算点，调整不涉及现金的收入、费用、营业外收支等有关项目，剔除投资活动、筹资活动对现金流量的影响，据此计算出经营活动产生的现金流量。由于净利润是按照权责发生制原则确定的，且包括了与投资活动和筹资活动相关的收益和费用，将净利润调节为经营活动现金流量，实际上就是将按权责发生制原则确定的净利润调整为现金净流入，并剔除投资活动和筹资活动对现金流量的影响。

采用直接法和间接法编制的现金流量表其结果相同，但由于方法上的不同，导致了报表上所反映的信息内容不同。直接法最突出的优点是比较直观地反映了经营活动产生的现金总流入量和现金总流出量，因此，它比间接法更符合编制现金流量表的目的，提供企业一定会计期间内现金和现金等价物流入与流出的信息。直接法的另一个优点是它的调整比较简单，易于理解，因此，比较受报表使用者欢迎，但直接法却无法说明企业报告期的税后净利与同期现金增减数之间差额的原因。

采用间接法，则符合企业主要是按照权责发生制来反映经营活动的现实，并能揭示企业的净收益与经营活动提供现金之间的差额，但却不利于预测企业未来的现金流量，从而降低了现金流量的作用。

鉴于上述原因，我国企业会计准则规定，企业应当采用直接法列示经营活动产生的现金流量，在附注中按照间接法披露将净利润调节为经营活动现金流量的信息。

采用直接法列示经营活动产生的现金流量时，企业有关现金流量的信息可从会计记录中直接获得，也可以在利润表营业收入、营业成本等数据的基础上，通过调整当期存货及经营性应收和应付项目的变动，以及固定资产折旧、无形资产摊销、计提资产减值准备等项目后获得。具体来说，经营活动产生的现金流量各项目的内容及列报方法如下：

1. "销售商品、提供劳务收到的现金"项目

本项目反映企业销售商品、提供劳务实际收到的现金（包括应向购买者收取的增值税销项税额），包括本期销售商品、提供劳务收到的现金，以及前期销售和前期提供劳务本期收到的现金以及本期预收的账款，减去本期销售本期退回的商品和前期销售本期退回的商品支付的现金。企业销售材料收到的现金，也在本项目中反映。

企业因对外销售商品或提供劳务而取得的收入，即营业收入，在日常的会计核算中是按权责发生制原则进行处理的，而在编制现金流量表时，为了确定营业收入的收现数，就需要对按权责发生制原则确认的营业收入进行调整，将其调整为按收付实现制原则确认的现金收入。其中有两个方面的因素需要调整，即赊销和预收账款销售。

在企业销售产品或提供劳务采用赊销方式的情况下，对于发生的应收账款或应收票据，在营业收入不变的情况下，应收账款或应收票据增加，则使现金收入减少；反之，应收账款或应收票据减少，则使现金收入增加。由此可见，对于销售收入的收现数，可根据应收账款或应收票据的增减变化来确定，即一定时期内的营业收入收现数应该等于营业收入净额加上应收账款的收现数和应收票据的到期价值减去应收账款和应收票据的发生数。

在企业销售产品或提供劳务采用预收款销售方式的情况下，对于发生的预收账款，在发生时，尽管企业的营业收入并没有增加，但是，企业的现金增加了，所以应在销售收入净额的基础上加回来；企业按合同规定交货时，冲减预收账款，同时确认营业收入，但现金并没有增加，所以应在营业收入净额基础上减回去。

由于销售商品、提供劳务收现数包括增值税销项税额收现，因此，该项目在填列时，还应将"应交税费——应交增值税（销项税额）"加回销售收入。这样，"销售商品、提供劳务收到的现金"的公式可写成：

$$\text{销售商品、提供劳务收到的现金} = \text{营业收入} + \text{应收账款（票据）减少数} - \text{应收账款（票据）增加数} + \text{预收账款增加数} - \text{预收账款减少数} + \text{应交税费（销项税额）}$$

式中，"营业收入"项目的金额可从利润表中查得；有关项目的增减数额可从比较资产负债表中查得。该项目也可根据"库存现金""银行存款""应收账款""应收票据""预收账款""主营业务收入""其他业务收入"等科目的记录分析填列。

2. "收到的税费返还"项目

本项目反映企业收到返还的各种税费，包括收到的返还的增值税、消费税、关税、所得税、教育费附加等。本项目可以根据"库存现金""银行存款""其他应收款"等科目的记录分析填列。

3. "收到的其他与经营活动有关的现金"项目

本项目反映企业除了上述各项目外，收到的其他与经营活动有关的现金流入，如罚款收入、流动资产损失中由个人赔偿的现金收入、经营租赁的租金等。其他现金流入价值较大的，应单列项目反映。该项目可以根据"库存现金""银行存款""营业外收入"等科目的记录分析填列。

4. "购买商品、接受劳务支付的现金"项目

本项目反映企业购买商品、接受劳务实际支付的现金（包括增值税进项税额），包括本期购入材料和商品、接受劳务支付的现金，以及本期支付前期购入商品、接受劳务的未付款项和本期预付款项。本期发生的购货退回收到的现金应从本项目内减去。

企业在日常生产经营活动中为购买原材料、周转材料、商品等货物而支付的现金，是企业经营活动现金流出量的主要组成部分。企业购入货物时，在会计核算上，一方面增加存货；另一方面减少现金或者增加应付账款等。为了确定企业购买货物所支付

的现金，应当首先确定企业本期购买货物的金额。对于大多数企业来说，当期购入存货的金额可根据销货成本和存货余额进行推算：

存货期末余额＝存货期初余额＋本期购入存货金额－本期销货成本

本期购入存货金额＝本期销货成本＋存货期末余额－存货期初余额

上述公式也可以写作：

本期购入存货金额＝本期销货成本＋存货增加数－存货减少数

在企业当期购入存货金额的基础上，通过调整，确定当期购买货物所支付的现金。应当指出的是，企业当期购入货物的金额并不等于企业本期内为购买货物而支付的现金。这是因为，企业当期内为购买货物而支付的现金，既包括当期购买货物当期支付的现金，也包括前期购买货物于当期支付的现金，还包括当期为购买货物而预付的现金等。反过来说，企业当期购买货物当期支付的现金也不等于企业当期购买货物的金额。因为企业当期购买的货物，并不一定全部在本期内付款，有的要在下期付款，有的在前期已经预付。这样，在会计核算时，就产生了应付账款、应付票据和预付账款的核算。

此外，由于企业购买商品、接受劳务支付的现金还包括在支付货款时同时支付的增值税进项税额，因此，企业在填列该项目时，还应该将"应交税费——应交增值税（进行税额）"加回销货成本。这样"购买商品、接受劳务支付的现金"的公式可写成：

$$\begin{aligned}\text{购买商品、接受}\\\text{劳务所支付现金}\end{aligned}=\text{销货}\atop\text{成本}+\text{存货}\atop\text{增加数}-\text{存货}\atop\text{减少数}+\text{应付账款}\atop\text{（票据）减少数}-\text{应付账款}\atop\text{（票据）增加数}+\text{预付账款}\atop\text{增加数}-\text{预付账款}\atop\text{减少数}+\text{应交税费}\atop\text{（进项税额）}$$

式中，"销货成本"项目的金额可从利润表中查得；有关项目的增减数额可从比较资产负债表中查得。该项目也可以根据"库存现金""银行存款""应付账款""应付票据""主营业务成本"等科目的记录分析填列。

需要强调指出的是，对于工业企业来说，在填列该项目时，应当注意以下几个问题：

（1）对于列入工业企业产品的生产成本、制造费用的折旧费，由于其不涉及现金支出但影响销货成本的，如固定资产的折旧费用等项目，因此在填列该项目时，应当从销货成本中减去。

（2）对于列入生产成本、制造费用的职工薪酬，由于现金流量表中单设项目加以反映，因此，在填列该项目时，也应当从销货成本中减去。

5. "支付给职工以及为职工支付的现金"项目

本项目反映企业本期实际支付给职工的工资、奖金、各种津贴和补贴等，以及为职工支付的其他费用。企业代扣代缴的职工个人所得税，也在本项目反映。本项目不包括支付给离退休人员的各项费用及支付给在建工程人员的工资及其他费用。企业支付给离退休人员的各项费用,在"支付的其他与经营活动有关的现金"项目反映;支付给在建工程人员的工资及其他费用,在"购建固定资产、无形资产和其他长期资产所支付的现金"项目反映。该项目可以根据"应付职工薪酬""库存现金""银行存款"等科目的记录分析填列。

6. "支付的各项税费"项目

本项目反映企业本期发生并支付的、本期支付以前各期发生的以及本期预交的税费,包括所得税、增值税、消费税、印花税、房产税、土地增值税、车船使用税、教育费附加、矿产资源补偿费等,但不包括计入固定资产价值、实际支付的耕地占用税,也不包括本期退回增值税、所得税。本期退回增值税、所得税在"收到的税费返还"项目反映。该项目可以根据"应交税费""库存现金""银行存款"等科目的记录分析填列。

7. "支付的其他与经营活动有关的现金"项目

本项目反映企业除上述各项目外,支付的其他与经营活动有关的现金流出,如罚款支出、支付的差旅费、业务招待费现金支出、支付的保险费等,其他现金流出如价值较大的,应单列项目反映。该项目可以根据"库存现金""银行存款""管理费用""营业外支出"等科目的记录分析填列。

(二) 投资活动产生的现金流量

1. "收回投资所收到的现金"项目

本项目反映企业出售、转让或到期收回除现金等价物以外的权益工具、债务工具和合营中的权益等投资收到的现金。收回债务工具实现的投资收益、处置子公司及其他营业单位收到的现金净额不包括在本项目内。该项目可以根据"可供出售金融资产""持有至到期投资""长期股权投资""库存现金""银行存款"等科目的记录分析填列。

2. "取得投资收益所收到的现金"项目

本项目反映企业除现金等价物以外的对其他企业的权益工具、债务工具和合营中的权益投资分回的现金股利和利息等,不包括股票股利。该项目可以根据"库存现金""银行存款""投资收益"等科目的记录分析填列。

3. "处置固定资产、无形资产和其他长期资产所收回的现金净额"项目

本项目反映企业出售、报废固定资产、无形资产和其他长期资产所取得的现金(包括因资产毁损而收到的保险赔偿收入),减去为处置这些资产而支付的有关费用后的净额,但如果收回的现金净额为负数,则应在"支付的其他与投资活动有关的现金"项目中反映。该项目可以根据"固定资产清理""库存现金""银行存款"等科目的记录分析填列。

4. "处置子公司及其他营业单位收到的现金净额"项目

本项目反映企业处置子公司及其他营业单位所取得的现金,减去相关处置费用以及子公司及其他经营单位持有的现金和现金等价物后的净额。该项目可以根据"长期

股权投资""库存现金""银行存款"等科目的记录分析填列。

5. "收到的其他与投资活动有关的现金"项目

本项目反映企业除了上述各项目外，收到的其他与投资活动有关的现金流入。比如企业收回购买股票和债券时支付的已宣告但尚未领取的现金股利或已到付息期但尚未领取的债券利息。若其他现金流入价值较大的，应单列项目反映。该项目可以根据"应收股利""应收利息""银行存款""库存现金"等科目的记录分析填列。

6. "购建固定资产、无形资产和其他长期资产所支付的现金"项目

本项目反映企业本期购买和建造固定资产、取得无形资产和其他长期资产所支付的现金，以及用现金支付的应由在建工程和无形资产负担的职工薪酬，不包括为购建固定资产而发生的借款利息资本化部分，以及融资租入固定资产所支付的租赁费。企业支付的借款利息和融资租入固定资产所支付的租赁费，在筹资活动产生的现金流量中反映。该项目可以根据"固定资产""在建工程""无形资产""库存现金""银行存款"等科目的记录分析填列。

7. "投资所支付的现金"项目

本项目反映企业取得的除现金等价物外的权益工具、债务工具和合营中的权益投资所支付的现金，以及支付的佣金、手续费等交易费用，但取得子公司及其他营业单位支付的现金净额除外。该项目可以根据"可供出售金融资产""持有至到期投资""长期股权投资""库存现金""银行存款"等科目的记录分析填列。

8. "取得子公司及其他营业单位支付的现金净额"项目

本项目反映企业购买子公司及其他营业单位购买出价中以现金支付的部分，减去子公司及其他营业单位持有的现金和现金等价物后的净额。该项目可以根据"长期股权投资""库存现金""银行存款"等科目的记录分析填列。

9. "支付的其他与投资活动有关的现金"项目

本项目反映企业除了上述各项目外，支付的其他与投资活动有关的现金流出。比如企业购买股票时实际支付的价款中包含已宣告但尚未领取的现金股利，购买债券时支付的价款中包含的已到付息期但尚未领取的债券利息等。若某项其他现金流出价值较大，应单列项目反映。该项目可以根据"应收股利""应收利息""银行存款""库存现金"等科目的记录分析填列。

(三) 筹资活动产生的现金流量

1. "吸收投资所收到的现金"项目

本项目反映企业以发行股票、债券等方式筹集资金实际收到的款项，减去直接支付的佣金、手续费、宣传费、咨询费、印刷费等发行费用后的净额。该项目可以根据"实收资本（或股本）""库存现金""银行存款"等科目的记录分析填列。

2. "取得借款收到的现金"项目

本项目反映企业举借各种短期、长期借款而收到的现金。本项目可以根据"短期借款""长期借款""库存现金""银行存款"等科目的记录分析填列。

3. "收到的其他与筹资活动有关的现金"项目

本项目反映企业除上述各项目外所收到的其他与筹资活动有关的现金流入,如接受现金捐赠等。其他现金流入如金额较大的,应单列项目反映。本项目可以根据"库存现金""银行存款""营业外收入"等科目的记录分析填列。

4. "偿还债务所支付的现金"项目

本项目反映企业偿还债务本金所支付的现金,包括偿还金融企业的借款本金、偿还债券本金等。企业支付的借款利息和债券利息,在"分配股利、利润或偿付利息所支付的现金"项目中反映,不包括在本项目内。本项目可以根据"短期借款""长期借款""应付债券""库存现金""银行存款"等科目的记录分析填列。

5. "分配股利、利润或偿付利息所支付的现金"项目

本项目反映企业实际支付的现金股利、支付给其他投资单位的利润或以现金支付的借款利息、债券利息等。本项目可以根据"应付股利""应付利息""财务费用""库存现金""银行存款"等科目的记录分析填列。

6. "支付的其他与筹资活动有关的现金"项目

本项目反映企业除了上述各项目外,支付的其他与筹资活动有关的现金流出,如捐赠现金支出、融资租入固定资产支付的租赁费等。其他现金流出如金额较大的,应单列项目反映。本项目可以根据"营业外支出""长期应付款""库存现金""银行存款"等科目的记录分析填列。

(四)汇率变动对现金及现金等价物的影响

本项目反映企业外币现金流量及境外子公司的现金流量折算为人民币时,所采用的现金流量发生日的即期汇率或按照系统合理的方法确定的、与现金流量发生日即期汇率近似的汇率折算的人民币金额与"现金及现金等价物净增加额"中外币现金净增加额按期末汇率折算的人民币金额之间的差额。

(五)现金流量表补充资料

除现金流量表反映的信息外,企业还应在附注中披露将净利润调节为经营活动现金流量、不涉及现金收支的重大投资和筹资活动、现金及现金等价物净变动情况等信息。

1. 将净利润调节为经营活动现金流量

如前所述,在我国,现金流量表补充资料应采用间接法反映经营活动产生的现金流量情况,以对现金流量表中采用直接法反映的经营活动现金流量进行核对和补充说明。

采用间接法列报经营活动产生的现金流量时,需要对四大类项目进行调整:①实际没有支付现金的费用;②实际没有收到现金的收益;③不属于经营活动的损益;④经营性应收应付项目的增减变动。

(1)资产减值准备。该项目反映企业本期实际计提的各项资产减值准备,包括坏

账准备、存货跌价准备、长期股权投资减值准备、持有至到期投资减值准备、投资性房地产减值准备、固定资产减值准备、在建工程减值准备等。本项目可以根据"资产减值损失"科目的记录分析填列。

（2）固定资产折旧、油气资产折耗、生产性生物资产折旧。该项目反映企业本期累计计提的固定资产折旧、油气资产折耗、生产性生物资产折旧。本项目可以根据"累计折旧""累计折耗"等科目的贷方发生额分析填列。

（3）无形资产摊销。该项目反映企业本期累计摊入成本费用的无形资产的价值。本项目可以根据"累计摊销"科目的贷方发生额分析填列。

（4）长期待摊费用摊销。该项目反映企业本期累计摊入成本的费用的长期待摊费用。本项目可以根据"长期待摊费用"科目的贷方发生额分析填列。

（5）处置固定资产、无形资产和其他长期资产的损失。该项目反映企业本期处置固定资产、无形资产和其他长期资产发生的净损失（或净收益）。如为净收益以"—"号列示。本项目可以根据"营业外支出""营业外收入"等科目所属有关明细科目的记录分析填列。

（6）固定资产报废损失。该项目反映企业本期发生的固定资产盘亏净损失。本项目可以根据"营业外支出"和"营业外收入"科目所属有关明细科目的记录分析填列。

（7）公允价值变动损失。该项目反映企业持有的交易性金融资产、交易性金融负债、采用公允价值模式计算的投资性房地产等公允价值变动形成的净损失。如为净收益以"—"号列示。本项目可以根据"公允价值变动损益"科目所属有关明细科目的记录分析填列。

（8）财务费用。该项目反映企业本期实际发生的属于投资活动或筹资活动的财务费用。属于投资活动、筹资活动的部分，在计算净利润时已经扣除，但这部分发生的现金流出不属于经营活动现金流量的范畴，所以在将净利润调节为经营活动现金流量时，需要予以加回。本项目可以根据"财务费用"科目的本期借方发生额分析填列。如为收益，以"—"号列示。

（9）投资损失。该项目反映企业对外投资实际发生的投资损失减去收益后的净损失。本项目可以根据利润表"投资收益"项目的数字填列；如为投资收益，以"—"号列示。

（10）递延所得税资产减少。该项目反映企业资产负债表"递延所得税资产"项目期初余额与期末余额的差额。本项目可以根据"递延所得税资产"科目发生额分析填列。

（11）递延所得税负债增加。该项目反映企业资产负债表"递延所得税负债"项目期初余额与期末余额的差额。本项目可以根据"递延所得税负债"科目发生额分析填列。

（12）存货的减少。该项目反映企业资产负债表"存货"项目期初余额与期末余额的差额。期末数大于期初数的差额，以"—"号列示。

（13）经营性应收项目的减少。该项目反映企业本期经营性应收项目（包括应收票据、应收账款、预付账款、长期应收款和其他应收款等经营性应收项目中与经营活动有关的部分及应收的增值税销项税额等）的期初余额与期末余额的差额。期末数大于期初数的差额，以"—"号列示。

（14）经营性应付项目的增加。该项目反映企业本期经营性应付项目（包括应付票据、应付账款、预收账款、应付职工薪酬、应交税费和其他应付款等经营性应付项目中与经营活动有关的部分及应付的增值税进项税额等）的期初余额与期末余额的差额。期末数小于期初数的差额，以"—"号列示。

2. 不涉及现金收支的重大投资和筹资活动

该项目反映企业一定会计期间内影响资产和负债但不形成该期现金收支的所有重大投资和筹资活动的信息。这些投资和筹资活动是企业的重大理财活动，对以后各期的现金流量会产生重大影响，因此应单列项目在补充资料中反映。目前，我国企业现金流量表补充资料中列示的不涉及现金收支的重大投资和筹资活动项目主要有以下几项：

（1）"债务转为资本"项目，反映企业本期转为资本的债务金额。

（2）"一年内到期的可转换公司债券"项目，反映企业一年内到期的可转换公司债券的本息。

（3）"融资租入固定资产"项目，反映企业本期融资租入固定资产的最低租赁付款额扣除应分期计入利息费用的未确认融资费用后的净额。

3. 现金及现金等价物净变动情况

该项目反映企业一定会计期间现金及现金等价物的期末余额减去期初余额后的净增加额（或净减少额），是对现金流量表中"现金及现金等价物净增加额"项目的补充说明。该项目的金额应与现金流量表"现金及现金等价物净增加额"项目的金额核对相符。

五、现金流量表编制举例

在具体编制现金流量表时，可以采用工作底稿法或T型账户法，也可以根据有关科目记录分析填列。

（一）工作底稿法

采用工作底稿法编制现金流量表，是以工作底稿为手段，以资产负债表和利润表数据为基础，对每一项目进行分析并编制调整分录，从而编制现金流量表。工作底稿法的程序如下：

第一步，将资产负债表的期初数和期末数过入工作底稿的期初数栏和期末数栏。

第二步，对当期业务进行分析并编制调整分录。编制调整分录时，要以利润表项目为基础，从"营业收入"开始，结合资产负债表项目逐一进行分析。在调整分录中，有关现金和现金等价物的事项，并不直接借记或贷记现金，而是分别计入"经营活动产生的现金流量""投资活动产生的现金流量""筹资活动产生的现金流量"有关项目,借记表示现金流入,贷记表示现金流出。

第三步,将调整分录过入工作底稿中的相应部分。

第四步,核对调整分录,借方、贷方合计数均已经相等,资产负债表项目期初数加减调整分录中的借贷金额以后,也等于期末数。

第五步,根据工作底稿中的现金流量表项目部分编制正式的现金流量表。

(二) T 型账户法

采用 T 型账户法编制现金流量表,是以 T 型账户为手段,以资产负债表和利润表数据为基础,对每一项目进行分析并编制调整分录,从而编制现金流量表。T 型账户法的程序是:

第一步,为所有的非现金项目(包括资产负债表项目和利润表项目)分别开设 T 型账户,并将各自的期末期初变动数过入各该账户。如果项目的期末数大于期初数,则将差额过入和项目余额相同的方向;反之,过入相反的方向。

第二步,开设一个大的"现金及现金等价物"T 型账户,每边分为经营活动、投资活动和筹资活动三个部分,左边记现金流入,右边记现金流出。与其他账户一样,过入期末期初变动数。

第三步,以利润表项目为基础,结合资产负债表分析每一个非现金项目的增减变动,并据此编制调整分录。

第四步,将调整分录过入各 T 型账户,并进行核对,该账户借贷相抵后的余额与原先过入的期末期初变动数应当一致。

第五步,根据大的"现金及现金等价物"T 型账户编制正式的现金流量表。

(三) 分析填列法

分析填列法是直接根据资产负债表、利润表和有关会计科目明细账的记录,分析计算出现金流量表各项目的金额,并据以编制现金流量表的一种方法。

下面仅以分析填列法为例,说明现金流量表的编制方法。

【例 13-4】 沿用【例 13-2】【例 13-3】的有关资料,并假定蒙利公司其他相关资料如下:

1. 20×7 年度利润表有关项目的明细资料如下:

(1) 管理费用的组成:职工薪酬 17 100 元,无形资产摊销 60 000 元,折旧费 20 000 元,支付其他费用 60 000 元。

(2) 财务费用的组成:计提借款利息 21 500 元,支付应收票据贴现利息 20 000 元。

(3) 资产减值损失的组成:计提坏账准备 900 元,计提固定资产减值准备 30 000 元。上年年末坏账准备余额为 1 800 元。

(4) 投资收益的组成:收到股息收入 30 000 元,与本金一起收回的交易性股票投资收益 500 元，自公允价值变动损益结转投资收益 1 000 元。

（5）营业外收入的组成：处置固定资产净收益 50 000 元（其所处置固定资产原价为 400 000 元，累计折旧为 150 000 元，收到处置收入 300 000 元）。假定不考虑与固定资产处置有关的税费。

（6）营业外支出的组成：报废固定资产净损失 19 700 元（其所报废固定资产原价为 200 000 元，累计折旧 180 000 元，支付清理费用 500 元，收到残值收入 800 元）。

（7）所得税费用的组成：当期所得税费用为 122 496 元，递延所得税收益 9 906 元。

除上述项目外，利润表中的销售费用至期末均已支付。

2. 资产负债表有关项目的明细资料如下：

（1）本期收回交易性股票本金 15 000 元，公允价值变动 1 000 元，同时实现投资收益 500 元。

（2）存货中生产成本、制造费用的组成：职工薪酬 324 900 元，折旧费 80 000 元。

（3）应交税费的组成：本期增值税进项税额 42 466 元，增值税销项税额 212 500 元，已交增值税 100 000 元；应交所得税期末余额为 20 097 元，应交所得税期初余额为 0。应交税费期末数中应由在建工程负担的部分为 100 000 元。

（4）应付职工薪酬的期初数无应付在建工程人员的部分，本期支付在建工程人员职工薪酬 200 000 元。应付职工薪酬的期末数中应付在建工程人员的部分为 28 000 元。

（5）本期应付利息均为短期借款利息，其中本期计提利息 11 500 元，支付利息 12 500 元。

（6）本期用现金购买固定资产 101 000 元，购买工程物资 150 000 元。

（7）本期用银行存款偿还短期借款 250 000 元，偿还一年内到期的长期借款 1 000 000 元；借入长期借款 400 000 元。

根据以上资料，采用分析填列的方法，编制蒙利公司 20×7 年度的现金流量表。

1. 蒙利公司 20×7 年度现金流量表各项目金额分析确定如下：

（1）销售商品、提供劳务收到的现金 = 主营业务收入 + 应交税费（应交增值税——销项税额）+（应收账款年初余额 - 应收账款期末余额）+（应收票据年初余额 - 应收票据期末余额）+（预收账款期末余额 - 预收账款年初余额）- 当期计提的坏账准备 - 票据贴现的利息 = 1 250 000 + 212 500 +（299 100 - 598 200）+（246 000 - 66 000）- 900 - 20 000 = 1 322 500（元）

（2）购买商品、接受劳务支付的现金 = 主营业务成本 + 应交税费（应交增值税——进项税额）+（应付账款年初余额 - 应付账款期末余额）+（应付票据年初余额 - 应付票据期末余额）+（预付账款期末余额 - 预付账款年初余额）-（存货年初余额 - 存货期末余额）- 当期列入生产成本、制造费用的职工薪酬 - 当期列入生产成本、制造费用的折旧费和固定资产修理费 = 750 000 + 42 466 +（953 800 - 953 800）+（200 000 - 100 000）+（100 000 - 100 000）-（2 580 000 - 2 484 700）- 324 900 - 80 000 = 392 266（元）

（3）支付给职工以及为职工支付的现金＝生产成本、制造费用、管理费用中职工薪酬＋（应付职工薪酬年初余额－应付职工薪酬期末余额）－[应付职工薪酬（在建工程）年初余额－应付职工薪酬（在建工程）期末余额]＝324 900＋17 100＋（110 000－180 000）－（0－28 000）＝300 000（元）

（4）支付的各项税费＝税金及附加＋当期所得税费用＋应交税费（应交增值税——已交税金）－（应交所得税期末余额－应交所得税期初余额）＝2 000＋122 496＋100 000－（20 097－0）＝204 399（元）

（5）支付的其他与经营活动有关的现金＝销售费用＋其他管理费用＝20 000＋60 000＝80 000（元）

（6）收回投资收到的现金＝交易性金融资产贷方发生额＋与交易性金融资产一起收回的投资收益＝16 000＋500＝16 500（元）

（7）取得投资收益收到的现金＝收到的股息收入＝30 000（元）

（8）处置固定资产收回的现金净额＝300 000＋（800－500）＝300 300（元）

（9）购建固定资产支付的现金＝支付给在建工程人员的薪酬＋用现金购买的固定资产及工程物资＝200 000＋101 000＋150 000＝451 000（元）

（10）取得借款收到的现金＝400 000（元）

（11）偿还债务支付的现金＝250 000＋1 000 000＝1 250 000（元）

（12）偿还利息支付的现金＝12 500（元）

2. 将净利润调节为经营活动现金流量各项目计算分析如下：

（1）资产减值准备＝900＋30 000＝30 900（元）

（2）固定资产折旧＝20 000＋80 000＝100 000（元）

（3）无形资产摊销＝60 000（元）

（4）处置固定资产、无形资产和其他长期资产的损失（减：收益）＝－50 000（元）

（5）固定资产报废损失＝19 700（元）

（6）财务费用＝41 500－20 000＝21 500（元）

（7）投资损失（减：收益）＝－31 500（元）

（8）递延所得税资产减少＝0－9 906＝－9 906（元）

（9）存货的减少＝2 580 000－2 484 700＝95 300（元）

（10）经营性应收项目的减少＝（246 000－66 000）＋（299 100＋900－598 200－1 800）＝－120 000（元）

（11）经营性应付项目的增加＝（100 000－200 000）＋（953 800－953 800）＋[（180 000－28 000）－110 000]＋[（226 731－100 000）－36 600]＝32 131（元）

3. 根据上述数据，编制现金流量表（见表13-8）及其补充资料（见表13-9）。

表 13-8　现金流量表　　　　　　　　　　　　　会企 03 表

编制单位：蒙利股份有限公司　　　　20×7 年　　　　　　　　　　单位：元

项　目	本期金额	上期金额
一、经营活动产生的现金流量		略
销售商品、提供劳务收到的现金	1 322 500	
收到的税费返还	0	
收到其他与经营活动有关的现金	0	
经营活动现金流入小计	1 322 500	
购买商品、接受劳务支付的现金	392 266	
支付给职工以及为职工支付的现金	300 000	
支付的各项税费	204 399	
支付其他与经营活动有关的现金	80 000	
经营活动现金流出小计	976 665	
经营活动产生的现金流量净额	345 835	
二、投资活动产生的现金流量		
收回投资收到的现金	16 500	
取得投资收益收到的现金	30 000	
处置固定资产、无形资产和其他长期资产收回的现金净额	300 300	
处置子公司及其他营业单位收到的现金净额	0	
收到其他与投资活动有关的现金	0	
投资活动现金流入小计	346 800	
购建固定资产、无形资产和其他长期资产支付的现金	451 000	
投资支付的现金	0	
取得子公司及其他营业单位支付的现金净额	0	
支付其他与投资活动有关的现金	0	
投资活动现金流出小计	451 000	
投资活动产生的现金流量净额	−104 200	
三、筹资活动产生的现金流量		
吸收投资收到的现金	0	
取得借款收到的现金	400 000	
收到其他与筹资活动有关的现金	0	
筹资活动现金流入小计	400 000	
偿还债务支付的现金	1 250 000	
分配股利、利润或偿付利息支付的现金	12 500	

续表

项　目	本期金额	上期金额
支付其他与筹资活动有关的现金	0	
筹资活动现金流出小计	1 262 500	
筹资活动产生的现金流量净额	-862 500	
四、汇率变动对现金及现金等价物的影响	0	
五、现金及现金等价物净增加额	-620 865	
加：期初现金及现金等价物余额	1 406 300	
六、期末现金及现金等价物余额	785 435	

表13-9　现金流量表补充资料

补充资料	本期金额	上期金额
1. 将净利润调节为经营活动现金流量		略
净利润	197 710	
加：资产减值准备	30 900	
固定资产折旧、油气资产折耗、生产性生物资产折旧	100 000	
无形资产摊销	60 000	
长期待摊费用摊销	0	
处置固定资产、无形资产和其他长期资产的损失（收益以"—"号填列）	-50 000	
固定资产报废损失（收益以"—"号填列）	19 700	
公允价值变动损失（收益以"—"号填列）	0	
财务费用（收益以"—"号填列）	21 500	
投资损失（收益以"—"号填列）	-31 500	
递延所得税资产减少（增加以"—"号填列）	-9 906	
递延所得税负债增加（减少以"—"号填列）	0	
存货的减少（增加以"—"号填列）	95 300	
经营性应收项目的减少（增加以"—"号填列）	-120 000	
经营性应付项目的增加（减少以"—"号填列）	32 131	
其他	0	
经营活动产生的现金流量净额	345 835	
2. 不涉及现金收支的重大投资和筹资活动		
债务转为资本	0	

续表

补充资料	本期金额	上期金额
一年内到期的可转换公司债券	0	
融资租入固定资产	0	
3. 现金及现金等价物净变动情况		
现金的期末余额	785 435	
减：现金的期初余额	1 406 300	
加：现金等价物的期末余额	0	
减：现金等价物的期初余额	0	
现金及现金等价物净增加额	-620 865	

第五节　所有者权益变动表

一、所有者权益变动表及其作用

所有者权益变动表是指反映构成所有者权益各组成部分当期增减变动情况的报表。所有者权益变动表应当全面反映一定时期所有者权益变动的情况，不仅包括所有者权益总量的增减变动，还包括所有者权益增减变动的重要结构性信息，让报表使用者准确理解所有者权益增减变动的根源。

二、所有者权益变动表的内容和结构

在所有者权益变动表中，综合收益和与所有者（或股东）的资本交易导致的所有者权益的变动，应当分别列示。企业至少应当单独列示反映下列信息的项目：综合收益总额；会计政策变更和差错更正的累积影响金额；所有者投入资本和向所有者分配利润等；提取的盈余公积；所有者权益各组成部分的期初和期末余额及其调节情况。

为了清楚地表明构成所有者权益的各组成部分当期的增减变动情况，所有者权益变动表应当以矩阵的形式列示：一方面，列示导致所有者权益变动的交易或事项，改变了以往仅仅按照所有者权益的各组成部分反映所有者权益变动情况，而是从所有者权益变动的来源对一定时期所有者权益变动情况进行全面反映；另一方面，按照所有者权益各组成部分（包括实收资本、资本溢价、其他综合收益、盈余公积、未分配利润和库存股等）及其总额列示交易或事项对所有者权益的影响。此外，企业还需要提供比较所有者权益变动表，所有者权益变动表还就各项目再分为"本年金额"和"上年金额"两栏分别填列。所有者权益变动表的具体格式见表13-10。

三、所有者权益变动表的填列方法

(一)"上年年末余额"项目

"上年年末余额"项目。反映企业上年资产负债表中实收资本(或股本)、资本公积、库存股、盈余公积、未分配利润的年末余额。

(二)"会计政策变更""前期差错更正"项目

"会计政策变更""前期差错更正"项目。分别反映企业采用追溯调整法处理的会计政策变更的累积影响金额和采用追溯重述法处理的会计差错更正的累积影响金额。

(三)"本年增减变动额"项目

1. "综合收益总额"项目

反映企业当年实现的综合收益的金额。

2. "所有者投入和减少资本"项目

反映企业当年所有者投入的资本和减少的资本。

(1)"所有者投入资本"项目。反映企业接受投资者投入资本而形成的实收资本(或股本)和资本溢价(或股本溢价)的金额,并对应列在"实收资本"和"资本公积"栏。

(2)"股份支付计入所有者权益"项目。反映企业处于等待期中的权益结算的股份支付当年计入资本公积的金额,并对应列在"资本公积"栏。

3. "利润分配"项目

反映企业当年的利润分配金额。

(1)"提取盈余公积"项目。反映企业按照规定提取的盈余公积金额。提取盈余公积金只会改变所有者权益构成,不会改变其总金额。

(2)"对所有者(或股东)的分配"项目。反映对所有者(或股东)分配利润或股利的金额。对所有者分配利润会使所有者权益总额减少。

4. "所有者权益内部结转"项目

反映企业构成所有者权益的组成部分之间的增减变动情况。

(1)"资本公积转增资本(或股本)"项目。反映企业以资本公积转增资本或股本的金额。

(2)"盈余公积转增资本(或股本)"项目。反映企业以盈余公积转增资本或股本的金额。

(3)"盈余公积弥补亏损"项目。反映企业以盈余公积弥补亏损的金额。

四、所有者权益变动表编制举例

【例13-5】 沿用【例13-2】【例13-3】和【例13-4】的有关资料,另假定蒙利公司的其他资料为:提取盈余公积24 771元,向投资者分配现金股利32 215.85元。

根据上述资料,编制蒙利公司20×7年的所有者权益变动表,见表13-10。

中级财务会计（第二版）

编制单位：蒙利股份有限公司

表13-10 所有者权益变动表

20×7年

会企04表

单位：元

项目	本年金额						上年金额（略）					
	实收资本（或股本）	资本公积	减：库存股	其他综合收益	盈余公积	未分配利润	所有者权益合计	实收资本（或股本）	资本公积	减：库存股	其他综合收益	盈余公积	未分配利润	所有者权益合计
一、上年年末余额	5 000 000	0	0	0	100 000	50 000	5 150 000						
加：会计政策变更													
前期差错更正													
二、本年年初余额	5 000 000	0	0	0	100 000	50 000	5 150 000						
三、本年增减变动金额（减少以"-"号填列）													
（一）综合收益总额				0		197 710	197 710						
（二）所有者投入和减少资本													
1. 所有者投入资本													
2. 股份支付计入所有者权益的金额													
3. 其他													
（三）利润分配					24 771	−32 215.85	−32 215.85						
1. 提取盈余公积						−24 771	0						
2. 对所有者（或股东）的分配													
3. 其他													
（四）所有者权益内部结转													
1. 资本公积转增资本（或股本）													
2. 盈余公积转增资本（或股本）													
3. 盈余公积弥补亏损													
4. 其他													
四、本年年末余额	5 000 000	0	0	0	124 771	190 723.15	5 315 494.15						

— 360 —

第六节 附 注

一、附注的主要内容

附注是财务报表的重要组成部分，是对在资产负债表、利润表、现金流量表和所有者权益变动表等报表中列示项目的文字描述或明细资料，以及对未能在这些报表中列示项目的说明等。

财务报表中的数字是经过分类与汇总后的结果，是对企业发生的经济业务的高度简化和浓缩的数字，如有没有形成这些数字所使用的会计政策、理解这些数字所必需的披露，财务报表就不可能充分发挥效用。因此，附注与资产负债表、利润表、现金流量表、所有者权益变动表等报表具有同等的重要性，是财务报表的重要组成部分。报表使用者了解企业的财务状况、经营成果和现金流量，应当全面阅读附注。

企业应当按照规定披露附注信息，主要包括下列内容：

（一）企业的基本情况

- 企业注册地、组织形式和总部地址
- 企业的业务性质和主要经营活动
- 母公司以及集团最终母公司的名称
- 财务报告的批准报出者和财务报告批准报出日

（二）遵循企业会计准则的声明

企业应当声明编制的财务报表符合企业会计准则的要求，真实、完整地反映了企业的财务状况、经营成果和现金流量等有关信息。

（三）重要会计政策和会计估计

根据财务报表列报准则的规定，企业应当披露采用的重要会计政策和会计估计，不重要的会计政策和会计估计可以不披露。

1. 重要会计政策的说明

企业在发生某项交易或事项允许选用不同的会计处理方法时，应当根据准则的规定从允许的会计处理方法中选择适合本企业特点的会计政策。比如，存货的计价可以选择先进先出法、加权平均法、个别计价法等，为了有助于报表使用者理解，有必要对这些会计政策加以披露。包括：

（1）财务报表项目的计量基础。会计计量属性包括历史成本、重置成本、可变现净值、现值和公允价值，这直接显著影响报表使用者的分析，这项披露要求便于使用者了解企业财务报表中的项目是按何种计量基础予以计量的，如存货是按成本还是可变现净值计量等。

（2）会计政策的确定依据，主要是指企业在运用会计政策过程中所作的对报表中确认的项目金额最具影响的判断。例如，企业应当根据本企业的实际情况说明确定金融资产分类的判断标准等；这些判断对在报表中确认的项目金额具有重要影响。因此，这项披露要求有助于使用者理解企业选择和运用会计政策的背景，增加财务报表的可理解性。

2. 重要会计估计的说明

财务报表列报准则强调了对会计估计不确定因素的披露要求，企业应当披露会计估计中所采用的关键假设和不确定因素的确定依据，这些关键假设和不确定因素在下一会计期间内很可能导致对资产、负债账面价值进行重大调整。

在确定报表中确认的资产和负债的账面金额过程中，企业有时需要对不确定的未来事项在资产负债表日对这些资产和负债的影响加以估计。例如，固定资产可收回金额的计算需要根据其公允价值减去处置费用后的净额与预计未来现金流量的现值两者之间的较高者确定，在计算资产预计未来现金流量的现值时需要对未来现金流量进行预测，并选择适当的折现率，应当在附注中披露未来现金流量预测所采用的假设及其依据、所选择的折现率为什么是合理的等。又如，为正在进行中的诉讼确认预计负债时最佳估计数的确定依据等。这些假设的变动对这些资产和负债项目金额的确定影响很大，有可能会在下一个会计年度内做出重大调整。因此，强调这一披露要求，有助于提高财务报表的可理解性。

（四）会计政策和会计估计变更以及差错更正的说明

企业应当按照《企业会计准则第 28 号——会计政策、会计估计变更和差错更正》及其应用指南的规定，披露会计政策和会计估计变更以及差错更正的有关情况。

（五）报表重要项目的说明

企业对报表重要项目的说明，应当按照资产负债表、利润表、现金流量表、所有者权益变动表及其项目列示的顺序，采用文字和数字描述相结合的方式进行披露。报表重要项目的明细金额合计，应当与报表项目金额相衔接。

（六）其他需要说明的重要事项

主要包括或有和承诺事项、资产负债表日后非调整事项、关联方关系及其交易等需要说明的事项。

此外，企业应当在附注中披露在资产负债表日后、财务报告批准报出日前提议或宣布发放的股利总额和每股股利金额（或向投资者分配的利润总额）。

二、分部报告

（一）经营分部的认定

经营分部，是指企业内同时满足下列条件的组成部分：该组成部分能够在日常活动中产生收入、发生费用；企业管理层能够定期评价该组成部分的经营成果，以决定向其配置资源、评价其业绩；企业能够取得该组成部分的财务状况、经营成果和现金流量等有关会计信息。

企业应当以内部组织结构，管理要求、内部报告制度为依据确定经营分部。经济特征不相似的经营分部，应当分别确定为不同的经营分部。企业存在相似经济特征的两个或多个经营分部，例如，具有相近的长期财务业绩，包括具有相近的长期平均毛利率、资金回报率、未来现金流量等，将其合并披露可能更为恰当。具有相似经济特征的两个或多个经营分部，在同时满足下列条件时，可以合并为一个经营分部：

其一，各单项产品或劳务的性质相同或相似，包括产品或劳务的规格、型号，最终用途等。通常情况下，产品和劳务的性质相同或相似的，其风险、报酬率及其成长率可能较为接近，一般可以将其划分到同一经营分部中。对于性质完全不同的产品或劳务，不应当将其划分到同一经营分部中。

例如，蒙利公司主要从事食品的生产和销售，业务范围包括饮料、奶制品及冰激凌；碗碟、炊具用品；巧克力、糖果及饼干；制药产品等。在确定经营分部时，蒙利公司应当分别将其作为不同的经营分部处理，而不能将碗碟、炊具用品与巧克力、糖果及饼干食品等作为一个经营分部。

其二，生产过程的性质相同或相似，包括采用劳动密集或资本密集方式组织生产、使用相同或相似设备和原材料、采用委托生产或加工方式等。对于其生产过程的性质相同或相似的，可以将其划分为一个经营分部，如按资本密集型和劳动密集型划分经营部门。对于资本密集型的部门而言，其占用的设备较为先进，占用的固定资产较多，相应所负担的折旧费也较多，其经营成本受资产折旧费用影响较大，受技术进步因素的影响也较大；而对于劳动密集型部门而言，其使用的劳动力较多，相对而言，劳动力的成本即人工费用较大，其经营成果受人工成本的高低影响较大。

其三，产品或劳务的客户类型相同或相似，包括大宗客户、零散客户等。对于购买产品或接受劳务的同一类型的客户，如果其销售条件基本相同，如相同或相似的销售价格、销售折扣，相同或相似的售后服务，因而具有相同或相似的风险和报酬，而不同的客户，其销售条件不尽相同，由此可能导致其具有不同的风险和报酬。

其四，销售产品或提供劳务的方式相同或相似，包括批发、零售、自产自销、委托销售、承包等。企业销售产品或提供劳务的方式不同，其承受的风险和报酬也不相同。比如，在赊销方式下，可以扩大销售规模，但发生的收账费用较大，并且发生应收账款坏账的风险也很大；而在现销方式下，则不存在应收账款的坏账问题，不会发生收账费用，但销售规模的扩大有限。

其五，生产产品或提供劳务受法律、行政法规的影响相同或相似，包括经营范围或交易定价机制等。企业生产产品或提供劳务总是处于一定的经济法律环境之下，其所处的环境必然对其经营活动产生影响。对在不同法律环境下生产的产品或提供的劳务进行分类，进而向会计信息使用者提供不同法律环境下产品生产或劳务提供的信息，有利于会计信息使用者对企业未来的发展走向做出判断和预测；对相同或相似法律环境下的产品生产或劳务提供进行归类，以提供其经营活动所生成的信息，同样有利于明晰地反映该类产品生产和劳务提供的会计信息。比如，商业银行、保险公司等金融企业易受特别的、严格的监管政策，在考虑该类企业确定某组成部分的产品和劳务是否相关时，应当考虑所受监管政策的影响。

（二）报告分部的确定

1. 重要性标准的判断

企业应当以经营分部为基础确定报告分部。经营分部满足下列条件之一的，应当确定为报告分部：

（1）该分部的分部收入占所有分部收入合计的10%或者以上。分部收入，是指可归属于分部的对外交易收入和对其他分部交易收入。分部收入主要由可归属于分部的对外交易收入构成，通常为营业收入。可以归属于分部的收入来源于两个渠道：其一，可以直接归属于分部的收入，即直接由分部的业务交易而产生；其二，可以间接归属于分部的收入，即将企业交易产生的收入在相关分部之间进行分配，按属于某分部的收入金额确认为分部收入。

（2）该分部的分部利润（亏损）的绝对额，占所有盈利分部利润合计额或者所有亏损分部亏损合计额的绝对额两者中较大者的10%或者以上。分部利润（亏损），是指分部收入减去分部费用后的余额。不属于分部收入和分部费用的项目，在计算分部利润（亏损）时不得作为考虑的因素。

分部费用，是指可归属于分部的对外交易费用和对其他分部交易费用。分部费用主要由可归属于分部的对外交易费用构成，通常包括营业成本、税金及附加、销售费用等。与分部收入的确认相同，归属于分部的费用也来源于两个渠道：一是可以直接归属于分部的费用，即直接由分部的业务交易而发生；二是可以间接归属于分部的费用，即将企业交易发生的费用在相关分部之间进行分配，按属于某分部的费用金额确认为分部费用。

（3）该分部的分部资产占所有分部资产合计额的10%或者以上。分部资产，是指分部经营活动使用的可归属于该分部的资产，不包括递延所得税资产。如果与两个或多个经营分部共用资产相关的收入和费用也分配给这些经营分部，该共用资产应分配给这些经营分部。共用资产的折旧费或摊销在计量分部经营成果时被扣减的，该资产应包括在分部资产中。企业在计量分部资产时，应当按照分部资产的账面价值进行计量，即按照扣除相关累计折旧或摊销额以及累计减值准备后的金额计量。

2. 低于10%重要性标准的选择

经营分部未满足上述10%重要性标准的，可以按照下列规定确定报告分部：

（1）企业管理层认为披露该经营分部信息对会计信息使用者有用的，可以将其确定为报告分部。在这种情况下，无论该经营分部是否满足10%的重要性标准，企业可以直接将其指定为报告分部。

（2）将该经营分部与一个或一个以上的具有相似经济特征、满足经营分部合并条件的其他经营分部合并，作为一个报告分部。对经营分部10%的重要性测试可能会导致企业存在大量未满足10%数量临界线的经营分部，在这种情况下，如果企业没有直接将这些经营分部指定为报告分部，可以将其与一个或一个以上具有相似经济特征、满足经营分部合并条件的其他经营分部合并成一个报告分部。

（3）不将该经营分部直接指定为报告分部，也不将该经营分部与其他未作为报告分部的经营分部合并为一个报告分部的，企业在披露分部信息时，应当将该经营分部的信息与其他组成部分的信息合并，作为其他项目单独披露。

3. 报告分部75%的标准

企业的经营分部达到规定的10%重要性标准认定为报告分部后，确定为报告分部的经营分部的对外交易收入合计额占合并总收入或企业总收入的比重应当达到75%的比例。如果未达到75%的标准，企业必须增加报告分部的数量，将其他未作为报告分部的经营分部纳入报告分部的范围，直到该比重达到75%。此时，其他未作为报告分部的经营分部很可能未满足前述规定的10%重要性标准，但为了使报告分部的对外交易收入合计额占合并总收入或企业总收入的总体比重能够达到75%的比例要求，也应当将其确定为报告分部。

4. 报告分部的数量

根据前述的确定报告分部的原则，企业确定的报告分部数量可能超过10个，此时，企业提供的分部信息可能变得非常烦琐，不利于会计信息使用者理解和使用。因此，报告分部的数量通常不应当超过10个。如果报告分部的数量超过10个，企业应当考虑将具有相似经济特征、满足经营分部合并条件的报告分部进行合并，以使合并后的报告分部数量不超过10个。

5. 为提供可比信息确定报告分部

企业在确定报告分部时，除应当遵循相应的确定标准外，还应当考虑不同会计期间分部信息的可比性和一贯性。对于某一经营分部，在上期可能满足报告分部的确定条件从而确定为报告分部，但本期可能并不满足报告分部的确定条件。此时，如果企业认为该经营分部仍然重要，单独披露该经营分部的信息能够更有助于会计信息使用者了解企业的整体情况，则不需考虑该经营分部的重要性标准，仍应当将该经营分部确定为本期的报告分部。

对于某一经营分部，在本期可能满足报告分部的确定条件从而确定为报告分部，但上期可能并不满足报告分部的确定条件未确定为报告分部。此时，出于比较目的提供的以前会计期间的分部信息应当重述，以将该经营分部反映为一个报告分部，即使其不满足确定为报告分部的条件。如果重述需要的信息无法获得，或者不符合成本效益原则，则不需要重述以前会计期间的分部信息。

（三）分部信息的披露

企业披露的分部信息，应当有助于会计信息使用者评价企业所从事经营活动的性质和财务影响以及经营所处的经济环境。

企业应当在附注中披露报告分部的下列信息：其一，确定报告分部考虑的因素及报告分部的产品和劳务的类型。其二，每一报告分部的利润（亏损）总额相关信息。其三，每一报告分部的资产总额、负债总额相关信息。其四，除上述已经作为报告分部信息组成部分的披露内容外，企业还应当披露下列信息：每一产品和劳务或每一类似产品和劳务的对外交易收入。但是，披露相关信息不切实可行的除外。企业披露相关信息不切实可行的，应当披露这一事实。企业取得的来自于本国的对外交易收入总额，以及企业从其他国家取得的对外交易收入总额。但是，披露相关信息不切实可行的除外。企业披露相关信息不切实可行的，应当披露这一事实。企业取得的位于本国的非流动资产（不包括金融资产、独立账户资产、递延所得税资产，下同）总额，以及企业位于其他国家的非流动资产总额。但是，披露相关信息不切实可行的除外。企业披露相关信息不切实可行的，应当披露这一事实。企业对主要客户的依赖程度。企业与某一外部客户交易收入占合并总收入或企业总收入的10%或以上，应当披露这一事实以及来自该外部客户的总收入和相关报告分部的特征。

报告分部信息总额与企业信息总额的衔接。报告分部收入总额应当与企业收入总额相衔接；报告分部利润（亏损）总额应当与企业利润（亏损）总额相衔接；报告分部资产总额应当与企业资产总额相衔接；报告分部负债总额应当与企业负债总额相衔接。

比较信息。企业在披露分部信息时，为可比起见，应当提供前期的比较数据。对于某一经营分部，如果本期满足报告分部的确定条件确定为报告分部，即使前期没有满足报告分部的确定条件未确定为报告分部，也应当提供前期的比较数据。但是，重述信息不切实可行的除外。

 【本章小结】

财务报告包括财务报表和其他应当在财务报告中披露的相关信息和资料。财务报表至少应当包括资产负债表、利润表、现金流量表、所有者权益（或股东权益，下同）变动表和附注。企业应当以持续经营为基础，考虑报表项目的重要性和不同会计期间的一致性，编制财务报表。资产和负债项目、收入和费用项目，除满足抵销条件外，不得相互抵销。财务报表至少应当提供上一可比会计期间的比较数据。

资产负债表应当分别流动资产和非流动资产、流动负债和非流动负债列示资产项目和负债项目，其"年初余额"栏内各项目数字，应根据上年末资产负债表"期末余额"栏内所列数字填列，其"期末余额"栏的填列方法包括根据总账科目的余额填列、根据明细账科目的余额计算填列、根据总账科目和明细账科目的余额分析计算填列、根据有关科目余额减去其备抵科目余额后的净额填列和综合运用上述填列方法分析填列等。

利润表应当分别列示营业收入、营业利润、利润总额、净利润、每股收益和综合收益等内容。利润表"上期金额"栏内各项数字,应根据上年利润表"本期金额"栏内所列数字填列,利润表"本期金额"栏反映各项目的本期实际发生数,一般根据损益类科目的发生额分析填列。

现金流量表分为经营活动、投资活动和筹资活动三个部分,每类活动又分为各具体项目,这些项目从不同角度反映企业业务活动的现金流入与流出。现金流量表应当采用直接法列示经营活动产生的现金流量,并在报表附注中采用间接法列示经营活动产生的现金流量。

所有者权益变动表应当分别反映综合收益总额以及与所有者的资本交易导致的所有者权益变动等内容。

附注应当披露财务报表的编制基础,相关信息应当与资产负债表、利润表、现金流量表和所有者权益变动表等报表中列示的项目相互参照。

【思考题】

1. 财务报表列报应遵循哪些基本要求?
2. 编制资产负债表时,资产、负债项目的流动性应当如何区分?
3. 如何理解现金流量表中现金的概念?
4. 如何采用分析填列法编制现金流量表?
5. 所有者权益变动表应当单独列示反映的信息有哪些?
6. 财务报表附注中应披露的信息有哪些?

【练习题】

1. 兴达公司 20×7 年 12 月 31 日的有关资料如下:
(1) 科目余额见表 13-11。

表 13-11 科目余额表

单位:元

科目名称	借方余额	贷方余额
库存现金	10 000	
银行存款	57 000	
应收票据	60 000	
应收账款	80 000	
预付账款		30 000

续表

科目名称	借方余额	贷方余额
坏账准备——应收账款		5 000
原材料	70 000	
低值易耗品	10 000	
发出商品	90 000	
材料成本差异		55 000
库存商品	100 000	
交易性金融资产	2 000	
固定资产	800 000	
累计折旧		300 000
在建工程	40 000	
无形资产	150 000	
短期借款		10 000
应付账款		70 000
预收账款		10 000
应付职工薪酬	4 000	
应交税费		13 000
长期借款		80 000
实收资本		500 000
盈余公积		200 000
未分配利润		200 000

(2) 债权债务明细科目余额。
1) 应收账款明细资料如下：
应收账款——A 公司　　　借方余额 100 000 元
应收账款——B 公司　　　贷方余额 20 000 元
2) 预付账款明细资料如下：
预付账款——C 公司　　　借方余额 20 000 元
预付账款——D 公司　　　贷方余额 50 000 元
3) 应付账款明细资料如下：
应付账款——E 公司　　　贷方余额 100 000 元
应付账款——F 公司　　　借方余额 30 000 元
4) 预收账款明细资料如下：
预收账款——G 公司　　　贷方余额 40 000 元

预收账款——H 公司　　　　　　借方余额 30 000 元

（3）长期借款共 2 笔，均为到期一次性还本付息。金额及期限如下：

1）从工商银行借入 30 000 元（本利和），期限从 2007 年 6 月 1 日至 2011 年 6 月 1 日。

2）从建设银行借入 50 000 元（本利和），期限从 2008 年 8 月 1 日至 2012 年 8 月 1 日。

【要求】 编制兴达公司 20×7 年 12 月 31 日的资产负债表。

2. 甲公司 20×7 年度有关资料如下：

（1）应收账款项目：年初数 100 万元，年末数 120 万元。

（2）应收票据项目：年初数 40 万元，年末数 20 万元。

（3）预收款项项目：年初数 80 万元，年末数 90 万元。

（4）主营业务收入 6 000 万元。

（5）应交税费——应交增值税（销项税额）1 020 万元。

（6）其他有关资料如下：本期计提坏账准备 5 万元，收到客户用 11.7 万元商品（货款 10 万元，增值税 1.7 万元）抵偿前欠账款 12 万元。

【要求】 根据上述资料计算销售商品、提供劳务收到的现金。

3. 甲公司 20×7 年度有关资料如下：

（1）应付账款项目：年初数 100 万元，年末数 120 万元。

（2）应付票据项目：年初数 40 万元，年末数 20 万元。

（3）预付款项项目：年初数 80 万元，年末数 90 万元。

（4）存货项目：年初数为 100 万元，年末数为 80 万元。

（5）主营业务成本 4 000 万元。

（6）应交税费——应交增值税（进项税额）600 万元。

（7）其他有关资料如下：用固定资产偿还应付账款 10 万元，生产成本中直接工资项目含有本期发生的生产工人工资费用 100 万元，本期制造费用发生额为 60 万元（其中消耗的物料为 5 万元），工程项目领用的本企业产品 10 万元。

【要求】 根据上述资料，计算购买商品、接受劳务支付的现金。

第十四章 资产负债表日后事项

📖 **学习目标**

▶ 掌握
资产负债表日后调整事项的会计处理。
▶ 理解
资产负债表日后调整事项与非调整事项的区别。
▶ 了解
资产负债表日后事项概念和分类。

第一节 资产负债表日后事项概述

一、资产负债表日后事项的概念

（一）资产负债表日后事项的意义

在我国，企业的会计年度从1月1日开始，至12月31日结束。因此，企业的年度财务报告应该反映企业在该年度12月31日（资产负债表日）的财务状况、该会计年度的经营成果与现金流量等信息。然而，企业财务报告的编制需要一定的时间，因此，资产负债表日与财务报告的批准报出日之间往往存在时间差，这段时间发生的一些事项可能对财务报告使用者有重要影响，可能会影响财务报告使用者做出正确的估计和决策。因此，为了使财务报告的使用者能够全面、客观地了解企业的财务信息，就有必要对上述交易或事项进行分析、评价，以确定是否需要调整将要报出的报告年度的财务会计报告；或者是否需要在财务报表附注中进行披露，以便使用者能够获取与财务报告公布日最为相关的信息。

（二）资产负债表日后事项的概念

资产负债表日后事项是指资产负债表日至财务报告批准报出日之间发生的有利或不利事项。理解这一定义，需要注意以下几方面。

1. 资产负债表日

资产负债表日是指会计年度末和会计中期期末。其中，年度资产负债表日是指公历12月31日；中期是指短于一个完整的会计年度的报告期间，包括半年度、季度和月度。相应地，会计中期期末是指公历6月30日、9月30日和3月31日等。

如果母公司或者子公司在国外，无论该母公司或子公司如何确定会计年度和会计中期，其向国内提供的财务报告都应根据我国《会计法》和会计准则的要求确定资产负债表日。

2. 财务报告批准报出日

财务报告批准报出日是指董事会或类似机构批准财务报告报出的日期。通常是指对财务报告的内容负有法律责任的单位或个人批准财务报告对外公布的批准日期。

财务报告的批准者包括所有者、所有者中的多数、董事会或类似的管理单位、部门和个人。公司制企业的董事会有权批准对外公布财务报告，因此，公司制企业财务报告批准报出日是指董事会批准财务报告报出的日期。对于非公司制企业，财务报告批准报出日是指经理（厂长）会议或类似机构批准财务报告报出的日期。

3. 有利或不利事项

资产负债表日后事项包括有利事项和不利事项。"有利或不利事项"的含义，是指资产负债表日后事项肯定对企业财务状况和经营成果具有一定影响（既包括有利影响也包括不利影响）。如果某些事项的发生对企业并无任何影响，那么，这些事项既不是有利事项，也不是不利事项，也就不属于这里所说的资产负债表日后事项。

二、资产负债表日后事项涵盖的期间

资产负债表日后事项涵盖的期间是自资产负债表日次日起至财务报告批准报出日止的一段时间。对上市公司而言，这一期间内涉及几个日期，包括完成财务报告编制日、注册会计师出具审计报告日、董事会批准财务报告可以对外公布日、实际对外公布日等。

具体而言，资产负债表日后事项涵盖的期间应当包括：其一，报告期下一期间的第一天至董事会或类似机构批准财务报告对外公布的日期；其二，财务报告批准报出以后、实际报出之前又发生与资产负债表日后事项有关的事项，并由此影响财务报告对外公布日期的，应以董事会或类似机构再次批准财务报告对外公布的日期为截止日期。

如果公司管理层由此修改了财务报表，注册会计师应当根据具体情况实施必要的审计程序并针对修改后的财务报表出具新的审计报告。

【例14-1】蒙利公司20×2年的年度财务报告于20×3年2月25日编制完成，注册会计师完成年度财务报表审计工作并签署审计报告的日期为20×3年4月16日，董事会批准财务报告对外公布的日期为20×3年4月17日，财务报告实际对外公布的日期为20×3年4月23日，股东大会召开日期为20×3年5月10日。

根据资产负债表日后事项涵盖期间的规定，在本例中，蒙利公司20×2年年报资产负债表日后事项涵盖的期间为20×3年1月1日至20×3年4月17日。如果在4月17日至23日之间发生了重大事项，需要调整财务报表相关项目的数字或需要在财务报表附注中披露，假如经调整或说明后的财务报告，再经董事会批准报出的日期为20×3年4月27日，实际报出的日期为20×3年4月30日，则资产负债表日后事项涵盖的期间为20×3年1月1日至20×3年4月27日。

三、资产负债表日后事项的内容

资产负债表日后事项包括资产负债表日后调整事项和资产负债表日后非调整事项两类。

（一）调整事项

资产负债表日后调整事项，是指对资产负债表日已经存在的情况提供了新的或进一步证据的事项。

调整事项的特点：其一，在资产负债表日已经存在，资产负债表日后得以证实的事项；其二，对资产负债表日存在状况编制的财务报表产生重大影响的事项。

如果资产负债表日及所属会计期间已经存在某种情况，但当时并不知道其存在或者不能知道确切结果，资产负债表日后发生的事项能够证实该情况的存在或者确切结果，则该事项属于资产负债表日后事项中的调整事项。如果资产负债表日后事项对资产负债表日的情况提供了进一步的证据，证据表明的情况与原来的估计和判断不完全一致，则需要对原来的会计处理进行调整。

【例14-2】蒙利公司因产品质量问题被D公司起诉。20×2年12月31日人民法院尚未判决，考虑到D公司胜诉及要求赔偿的可能性较大，蒙利公司为此确认了1 000 000元的预计负债。20×3年2月25日，在蒙利公司20×2年度财务报告对外报出之前，人民法院判决客户胜诉，要求蒙利公司支付赔偿款3 000 000元。

【分析】蒙利公司在20×2年12月31日结账时已知D公司胜诉的可能性较大，但不知道人民法院判决的确切结果，因此确认了1 000 000元的预计负债。20×3年2月25日（财务报告对外报出之前）人民法院判决结果为蒙利公司预计负债的存在提供了进一步的证据。因此，属于资产负债表日后调整事项。此时，按照20×2年12月31日存在状况编制的财务报表所提供的信息已不能真实反映蒙利公司的实际情况，据此应对财务报表相关项目的数字进行调整。

【例14-3】蒙利公司应收乙企业账款66万元，按合同约定应在20×2年11月16日偿还。在20×2年12月31日结账时，蒙利公司尚未收到这笔应收账款，并已知乙企业财务状况不佳，近期内难以偿还债务，蒙利公司对该项应收账款提取2%的坏账准备。20×3年2月10日，在蒙利公司报出财务报告之前收到乙企业通知，乙企业已宣告破产，无法偿还部分欠款。

【分析】蒙利公司于20×2年12月31日结账时已经知道乙企业财务状况不佳，即在 20×2 年 12 月 31 日，乙企业财务状况不佳的事实已经存在，但未得到乙企业破产的确切证据。20×3 年 2 月 10 日蒙利公司正式收到乙企业通知，得知乙企业已破产，并且无法偿还部分欠款。即 20×3 年 2 月 10 日对 20×2 年 12 月 31 日存在的情况提供了新的证据，表明根据 20×2 年 12 月 31 日存在情况提供的资产负债表所反映的应收乙企业账款中已有部分成为坏账，据此应对财务报表相关项目的数字进行调整。

（二）非调整事项

资产负债表日后非调整事项，是指表明资产负债表日后发生的情况的事项。

非调整事项的发生不影响资产负债表日的存在情况，不影响资产负债表日企业的财务报表数字，只说明资产负债表日后发生了某些情况。对于财务报告使用者来说，非调整事项说明的情况有的重要，有的不重要；其中，重要的非调整事项虽然与资产负债表日的财务报表数字无关，但可能影响资产负债表日以后的财务状况和经营成果，若不加以说明，将会影响财务报告使用者做出正确的估计和决策，因此，必须以适当的方式披露这类事项。

非调整事项的特点：其一，资产负债表日并未存在，完全是日后发生和事项；其二，对理解和分析财务报告有重大影响事项。

【例 14-4】 蒙利公司 20×2 年度财务报告于 20×3 年 3 月 10 日经董事会批准对外公布。20×3 年 2 月 25 日，蒙利公司与银行签订了 8 000 万元的贷款合同，用于生产项目的技术改造，贷款期限自 20×3 年 3 月 1 日起至 20×4 年 3 月 1 日止。

【分析】 蒙利公司向银行贷款的事项发生在 20×3 年度，且在公司 20×2 年度财务报告尚未批准对外公布的期间内，即该事项发生在资产负债表日后事项所涵盖的期间内。该事项在 20×2 年 12 月 31 日尚未发生，与资产负债表日存在的状况无关，不影响资产负债表日企业的财务报表数字。但是，该事项属于重要事项，会影响公司以后期间的财务状况和经营成果，因此，需要在附注中予以披露。

（三）调整事项与非调整事项的区别

如何确定资产负债表日后发生的某一事项是调整事项还是非调整事项，是运用资产负债表日后事项准则的关键。某一事项究竟是调整事项还是非调整事项，取决于该事项表明的情况在资产负债表日或资产负债表日以前是否已经存在。若该情况在资产负债表日或之前已经存在，则属于调整事项；反之，则属于非调整事项。

这两类事项共同点是，调整事项与非调整事项都是在资产负债表日后至财务报告批准报出日之间存在或发生的。

【例 14-5】 20×3 年 12 月 31 日，蒙利公司的应收账款情况如下：

（1）债务人乙公司于 20×3 年 12 月 31 日财务状况良好，蒙利公司预计应收账款可按时收回；乙公司于 20×4 年 1 月 20 日发生重大火灾，导致蒙利公司 50% 的应收账款无法收回。蒙利公司财务报告批准报出日为 20×4 年 3 月 10 日。

（2）债务人丁公司于 20×3 年 12 月 31 日财务状况出现了危机，蒙利公司根据掌握的资料判断，丁公司有可能破产清算，蒙利公司估计对丁公司的应收账款将有10%无法收回，故按10%的比例计提坏账准备。一周后蒙利公司接到通知，乙公司已被宣告破产清算，蒙利公司估计有70%的债权无法收回。

【分析】

（1）导致蒙利公司20×3年度应收账款损失的因素是火灾，应收账款发生损失这一事实在资产负债表日以后才发生，因此乙公司发生火灾导致蒙利公司应收款项发生坏账的事项属于非调整事项。

（2）导致蒙利公司20×3年度应收账款无法收回的事实是丁公司财务状况恶化，该事实在资产负债表日已经存在，丁公司被宣告破产只是证实了资产负债表日财务状况恶化的情况，因此该事项属于调整事项。

第二节 资产负债表日后调整事项的处理

一、常见的资产负债表日后调整事项

企业发生的资产负债表日后调整事项，通常包括下列各项：

其一，资产负债表日后诉讼案件结案，法院判决证实了企业在资产负债表日已经存在现时义务，需要调整原先确认的与诉讼案件相关的预计负债，或确认一项新负债；这一事项是指在年度资产负债表日以前，或在年度资产负债表日已经存在的赔偿事项，在年度资产负债表日至财务报告批准报出日之间提供了新的证据，表明企业需要支付赔偿款。如果这一新的证据对资产负债表日所做的估计需要调整的，应对会计报表进行调整。

其二，资产负债表日后取得确凿证据，表明某项资产在资产负债表日发生了减值或者需要调整该项资产原先确认的减值金额；这一事项是指在年度资产负债表日以前，或在年度资产负债表日，根据当时资料判断某项资产可能发生了损失或永久性减值，但是没有最后确定是否会发生，因而按照当时最佳的估计金额反映在财务报表中。然而，在年度资产负债表日至财务报告批准报出日之间，所取得的新的或进一步的证据已证明该事实成立，即某资产已经发生了损失或永久性减值，则应对资产负债表日所做的估计予以修正。

其三，资产负债表日后进一步确定了资产负债表日前购入资产的成本或售出资产的收入；这一事项是指在年度资产负债表日以前，或在年度资产负债表日，根据合同规定所销售的存货已经发出，与该存货所有权相关的风险和报酬也已经转移，货款能够收回，根据收入确认原则确认了收入，并结转了相关成本。但在年度资产负债表日至财务报告批准报出日之间，所取得证据已证明该批已确认为销售收入的存货确实已

经退回，此时应作为调整事项并做相关会计处理，调整资产负债表日编制的财务报表有关收入、费用、资产、负债、所有者权益等项目的数字。需要说明的是，资产负债表日后事项中的销售退回，既包括报告年度销售的存货在报告年度的资产负债表日后的退回，也包括报告年度前销售的存货在报告年度的资产负债表日后的退回。

其四，资产负债表日后发现了财务报表舞弊或差错。如果在资产负债表日后发现了财务报表舞弊或差错，则应当根据《企业会计准则第28号——会计政策、会计估计变更和差错更正》中有关重要前期会计的会计处理要求，采用追溯重述法对财务报表相关项目进行更正。

二、资产负债表日后调整事项的处理原则

企业发生资产负债表日后调整事项，应当调整资产负债表日已编制的财务报表。对于年度财务报告而言，由于资产负债表日后事项发生在报告年度的次年，报告年度的有关账目已经结转，特别是损益类科目在结账后已无余额。因此，年度资产负债表日后发生的调整事项，应分别按以下情况进行处理：

第一，涉及损益的事项，通过"以前年度损益调整"科目核算。调整增加以前年度利润或调整减少以前年度亏损的事项，记入"以前年度损益调整"科目的贷方；反之，记入"以前年度损益调整"科目的借方。

需要注意的是，涉及损益的调整事项如果发生在资产负债表日所属年度（即报告年度）所得税汇算清缴前的，应按准则要求调整报告年度应纳税所得额、应纳所得税税额；发生在报告年度所得税汇算清缴后的，应按准则要求调整本年度（即报告年度的次年）应纳所得税税额。

第二，涉及利润分配调整的事项，直接在"利润分配——未分配利润"科目中核算。

第三，不涉及损益以及利润分配的事项，调整相关科目。

第四，通过上述账务处理后，还应同时调整财务报表相关项目的数字，包括：资产负债表日编制的财务报表相关项目的期末数或本年发生数；当期编制的财务报表相关项目的期初数或上年数；经过上述调整后，如果涉及报表附注内容的，还应做出相应调整。

三、资产负债表日后调整事项的具体会计处理

以下举例说明资产负债表日后调整事项的具体会计处理。假定蒙利公司财务报告批准报出日是次年3月31日，所得税税率为25%，按净利润的10%提取法定盈余公积，提取法定盈余公积后不再作其他分配；调整事项按税法规定均可调整应交纳的所得税；涉及递延所得税资产的，均假定未来期间很可能取得用来抵扣暂时性差异的应纳税所得额。

(一) 资产负债表日后诉讼案件结案，法院判决证实了企业在资产负债表日已经存在现时义务，需要调整原先确认的与该诉讼案件相关的预计负债，或确认一项新负债

这一事项是指导致诉讼的事项在资产负债表日已经发生，但尚不具备确认负债的条件而未确认，资产负债表日后至财务报告批准报出日之间获得了新的或进一步的证据（法院判决结果），表明符合负债的确认条件，因此应在财务报告中确认为一项新负债；或者在资产负债表日虽已确认，但需要根据判决结果调整已确认负债的金额。

【例14-6】 蒙利公司与乙公司签订一项销售合同，合同中签订蒙利公司应在20×2年8月销售给乙公司一批物资。由于蒙利公司未能按照合同发货，致使乙公司发生重大经济损失。20×2年12月，乙公司将蒙利公司告上法庭，要求蒙利公司赔偿450万元。20×2年12月31日法院尚未判决，蒙利公司按或有事项准则对该诉讼事项确认预计负债300万元。20×3年2月10日，经法院判决蒙利公司应赔偿乙公司400万元，蒙利公司与乙公司双方均服从判决。判决当日，蒙利公司向乙公司支付赔偿款400万元。两公司20×2年所得税汇算清缴均在20×3年3月20日完成（假定该项预计负债产生的损失不允许在预计时税前抵扣，只有在损失实际发生时，才允许税前抵扣）。公司适用的所得税税率为25%。

【分析】 20×3年2月10日的判决证实了蒙利公司和乙公司在资产负债表日（即20×2年12月31日）分别存在现实赔偿义务和获赔权利，因此两公司都应将"法院判决"这一事项作为调整事项进行处理。蒙利公司和乙公司20×2年所得税汇算清缴均在20×3年3月20日完成，因此，应根据法院判决结果调整报告年度应纳税所得额和应纳所得税税额。

1. 蒙利公司的账务处理

(1) 20×3年2月10日，记录支付的赔款，并调整递延所得税资产。

借：以前年度损益调整　　　　　　　　　　　　　　1 000 000
　　贷：其他应付款　　　　　　　　　　　　　　　　　　1 000 000
借：应交税费——应交所得税　　　　　　　　　　　　250 000
　　贷：以前年度损益调整　　　　　　（1 000 000×25%）250 000
借：应交税费——应交所得税　　（3 000 000×25%）750 000
　　贷：以前年度损益调整　　　　　　　　　　　　　　　750 000
借：以前年度损益调整　　　　　　　　　　　　　　　750 000
　　贷：递延所得税资产　　　　　　　　　　　　　　　　750 000
借：预计负债　　　　　　　　　　　　　　　　　　3 000 000
　　贷：其他应付款　　　　　　　　　　　　　　　　　3 000 000
借：其他应付款　　　　　　　　　　　　　　　　　4 000 000
　　贷：银行存款　　　　　　　　　　　　　　　　　　4 000 000

注：20×2 年末因确认预计负债 300 万元时已确认相应的递延所得税资产，资产负债表日后事项发生后递延所得税资产不复存在，故应冲销相应记录。

（2）将"以前年度损益调整"科目余额转入未分配利润。

借：利润分配——未分配利润　　　　　　　　　　　　　　750 000
　　贷：以前年度损益调整　　　　　　　　　　　　　　　　　　　750 000

（3）因净利润变动，调整盈余公积。

借：盈余公积　　　　　　　　　　　　　　　　　　　　　　75 000
　　贷：利润分配——未分配利润（750 000×10%）　　　　　　　　75 000

（4）调整报告年度财务报表。

其一，资产负债表项目的年末数调整。调减递延所得税资产 75 万元；调增其他应付款 400 万元，调减应交税费 100 万元，调减预计负债 300 万元；调减盈余公积 7.5 万元，调减未分配利润 67.5 万元，见表 14-1。

表 14-1　资产负债表

编制单位：蒙利公司　　　　　　　20×2 年 12 月 31 日　　　　　　　　单位：元

资产	调整前	调整后	负债和股东权益	调整前	调整后
流动资产			流动负债		
货币资金	50 000 000	50 000 000	短期借款	25 000 000	25 000 000
交易性金融资产	10 000 000	10 000 000	交易性金融负债	3 000 000	3 000 000
应收票据	5 000 000	5 000 000	应付票据	5 000 000	5 000 000
应收账款	76 000 000	76 000 000	应付账款	5 000 000	5 000 000
预付款项	1 000 000	1 000 000	预收款项	10 000 000	10 000 000
应收利息	1 000 000	1 000 000	应付职工薪酬	6 000 000	6 000 000
应收股利			应交税费	25 000 000	24 000 000
其他应收款	2 000 000	2 000 000	应付利息		
存货	29 000 000	29 000 000	应付股利		
一年内到期的非流动资产	6 000 000	6 000 000	其他应付款	4 000 000	8 000 000
其他流动资产			一年内到期的非流动负债		
流动资产合计	180 000 000	180 000 000	其他流动负债		
非流动资产			流动负债合计	83 000 000	86 000 000
可供出售金融资产	20 000 000	20 000 000	非流动负债		
持有至到期投资	10 000 000	10 000 000	长期借款	30 000 000	30 000 000
长期应收款	15 000 000	15 000 000	应付债券	20 000 000	20 000 000
长期股权投资	55 000 000	55 000 000	长期应付款	10 000 000	10 000 000

续表

资产	调整前	调整后	负债和股东权益	调整前	调整后
投资性房地产			专项应付款		
固定资产	60 000 000	60 000 000	预计负债	12 000 000	9 000 000
在建工程	20 000 000	20 000 000	递延所得税负债		
工程物资			其他非流动负债		
固定资产清理			非流动负债合计	72 000 000	69 000 000
生产性生物资产			负债合计	155 000 000	155 000 000
油气资产			股东权益		
无形资产	80 000 000	80 000 000	股本	200 000 000	200 000 000
开发支出	10 000 000	10 000 000	资本公积	50 000 000	50 000 000
商誉			减：库存股		
长期待摊费用			盈余公积	300 000 000	29 925 000
递延所得税资产	5 000 000	4 250 000	未分配利润	20 000 000	19 325 000
其他非流动资产			股东权益合计	300 000 000	299 250 000
非流动资产合计	275 000 000	274 250 000			
资产总计	455 000 000	454 250 000	负债和股东权益总计	455 000 000	454 250 000

其二，利润表项目的调整。调增营业外支出 100 万元，调减所得税费用 25 万元，调减净利润 75 万元。

利润表略。

其三，所有者权益变动表项目的调整。调减净利润 75 万元，提取盈余公积项目中盈余公积一栏调减 7.5 万元，未分配利润一栏调增 7.5 万元。

所有者权益变动表略。

2. 乙公司的账务处理

（1）20×3 年 2 月 10 日，记录收到的赔款，并调整应交所得税。

借：其他应收款　　　　　　　　　　　　　　　　　　　　4 000 000
　　贷：以前年度损益调整　　　　　　　　　　　　　　　　　　4 000 000
借：以前年度损益调整　　　　　　　　　（4 000 000×25%）1 000 000
　　贷：应交税费——应交所得税　　　　　　　　　　　　　　1 000 000
借：银行存款　　　　　　　　　　　　　　　　　　　　　　4 000 000
　　贷：其他应收款　　　　　　　　　　　　　　　　　　　　4 000 000

（2）将"以前年度损益调整"科目余额转入未分配利润。

借：以前年度损益调整　　　　　　　　　　　　　　　　　　3 000 000
　　贷：利润分配——未分配利润　　　　　　　　　　　　　　3 000 000

(3) 因净利润增加，补提盈余公积。

借：利润分配——未分配利润　　　　　　　　　　　　300 000

　　贷：盈余公积（3 000 000×10%）　　　　　　　　　　　　300 000

(4) 调整报告年度财务报表相关项目的数字（财务报表略）。

其一，资产负债表项目的年末数调整。调增其他应收款400万元，调增应交税费100万元，调增盈余公积30万元，调增未分配利润270万元。

其二，利润表项目的调整。调增营业外收入400万元，调增所得税费用100万元，调增净利润300万元。

其三，所有者权益变动表项目的调整。调增净利润300万元，提取盈余公积项目中盈余公积一栏调增30万元，未分配利润一栏调减30万元。

（二）资产负债表日后取得确凿证据，表明某项资产在资产负债表日发生了减值或者需要调整该项资产原先确认的减值金额

这一事项是指在资产负债表日，根据当时的资料判断某项资产可能发生了损失或减值，但没有最后确定是否会发生，因而按照当时的最佳估计金额反映在财务报表中；但在资产负债表日至财务报告批准报出日之间，所取得的确凿证据能证明该事实成立，即某项资产已经发生了损失或减值，则应对资产负债表日所作的估计予以修正。

【例14-7】　20×2年4月蒙利公司销售给乙公司一批产品，货款为58 000元（含增值税），乙公司于5月收到所购物资并验收入库，按合同规定，乙公司应于收到所购物资后一个月内付款。由于乙公司财务状况不佳，到20×2年12月31日仍未付款。蒙利公司于12月31日编制20×2年度财务报表时，已为该项应收账款提取坏账准备2 900元；12月31日资产负债表上"应收账款"项目的金额为76 000元，其中55 100元为该项应收账款。蒙利公司于20×3年2月2日（所得税汇算清缴前）收到法院通知，乙公司已宣告破产清算，无力偿还所欠部分货款。蒙利公司预计可收回应收账款的40%。适用的所得税税率为25%。

【分析】　蒙利公司在收到法院通知后，首先可判断该事项属于资产负债表日后调整事项；然后应根据调整事项的处理原则进行处理。具体过程如下：

(1) 补提坏账准备。

应补提的坏账准备=58 000×60%-2 900=31 900（元）

借：以前年度损益调整　　　　　　　　　　　　　　31 900

　　贷：坏账准备　　　　　　　　　　　　　　　　　　　31 900

(2) 调整递延所得税资产。

借：递延所得税资产　　　　　　　　　　　　　　　7 975

　　贷：以前年度损益调整（31 900×25%）　　　　　　　　　7 975

(3) 将"以前年度损益调整"科目的余额转入利润分配。

借：利润分配——未分配利润　　　　　　　　　　　23 925

    贷：以前年度损益调整（31 900-7975）   23 925
  (4) 调整利润分配有关数字。
  借：盈余公积   2 392.50
    贷：利润分配——未分配利润（23925×10%）   2 392.50
  (5) 调整报告年度财务报表。
  其一，资产负债表项目的调整。调减应收账款年末数31 900元；调增递延所得税资产7 975元；调减盈余公积2 392.50元；调减未分配利润21 532.50元。
  其二，利润表项目的调整。调整资产减值损失31 900元；调减所得税费用7 975元。
  其三，所有者权益变动表项目的调整。调减净利润23 925元，提取盈余公积项目中盈余公积一栏调减2 392.50元，未分配利润一栏调增2 392.50元。

（三）资产负债表日后进一步确定了资产负债表日前购入资产的成本或售出资产的收入

  这类调整事项包括两方面的内容：①若资产负债表日前购入的资产已经按暂估金额等入账，资产负债表日后获得证据，可以进一步确定该资产的成本，则应该对已入账的资产成本进行调整。②企业在资产负债表日已根据收入确认条件确认资产销售收入，但资产负债表日后获得关于资产收入的进一步证据，如发生销售退回等，此时也应调整财务报表相关项目的金额。需要说明的是，资产负债表日后发生的销售退回，既包括报告年度或报告中期销售的商品在资产负债表日后发生的销售退回，也包括以前期间销售的商品在资产负债表日后发生的销售退回。
  资产负债表所属期间或以前期间所售商品在资产负债表日后退回的，应作为资产负债表日后调整事项处理。发生于资产负债表日后至财务报告批准报出日之间的销售退回事项，可能发生于年度所得税汇算清缴之前，也可能发生于年度所得税汇算清缴之后，其会计处理分别如下：
  第一，涉及报告年度所属期间的销售退回发生于报告年度所得税汇算清缴之前，应调整报告年度利润表的收入、成本等，并相应调整报告年度的应纳税所得额以及报告年度应缴纳的所得税等。
  【例14-8】 蒙利公司20×2年12月20日销售一批商品给丙企业，取得收入100 000元（不含税，增值税率17%）。蒙利公司发出商品后，按照正常情况已确认收入，并结转成本80 000元。此笔货款到年末尚未收到，蒙利公司未对应收账款计提坏账准备。20×3年1月18日，由于产品质量问题，本批货物被退回。蒙利公司于20×3年2月28日完成20×2年所得税汇算清缴。公司适用的所得税税率为25%。
  【分析】 销售退回业务发生在资产负债表日后事项涵盖期间内，应属于资产负债表日后调整事项。
  蒙利公司的账务处理如下：

(1) 20×3 年 1 月 18 日，调整销售收入。

借：以前年度损益调整　　　　　　　　　　　　　　　　　　　100 000
　　应交税费——应交增值税（销项税额）　　　　　　　　　　　17 000
　　　贷：应收账款　　　　　　　　　　　　　　　　　　　　　　　117 000

(2) 调整销售成本。

借：库存商品　　　　　　　　　　　　　　　　　　　　　　　　80 000
　　　贷：以前年度损益调整　　　　　　　　　　　　　　　　　　　80 000

(3) 调整应缴纳的所得税。

借：应交税费——应交所得税　　　　　　　　　　　　　　　　　5 000
　　　贷：以前年度损益调整　　　　　　　　　　　　　　　　　　　5 000

注：5000=(100 000−80 000)×25%

(4) 将"以前年度损益调整"科目余额转入未分配利润。

借：利润分配——未分配利润　　　　　　　　　　　　　　　　　15 000
　　　贷：以前年度损益调整　　　　　　　　　　　　　　　　　　　15 000

(5) 调整盈余公积。

借：盈余公积　　　　　　　　　　　　　　　　　　　　　　　　1 500
　　　贷：利润分配——未分配利润　　　　　　　　　　　　　　　　1 500

(6) 调整报告年度相关财务报表。

其一，资产负债表项目的年末数调整。调减应收账款 117 000 元；调增库存商品 80 000 元；调减盈余公积 1 500 元；调减未分配利润 13 500 元。

其二，利润表项目的调整。调减营业收入 100 000；调减营业成本 80 000 元。

其三，所有者权益表项目的调整。调减净利润 20 000 元，提取盈余公积项目中盈余公积一栏调减 1 500 元，未分配利润一栏调增 1 500 元。

第二，资产负债表日后事项中涉及报告年度所属期间的销售退回发生于报告年度所税汇算清缴之后，应调整报告年度会计报表的收入、成本等，但按照税法规定在此期间的销售退回所涉及的应缴所得税，应作为本年度的纳税调整事项。

【例 14-9】　沿用【例 14-8】的资料，假定销售退回的时间改为 20×3 年 3 月 5 日（即报告期所得税汇算清缴后）。

蒙利公司的账务处理如下：

(1) 20×3 年 3 月 5 日，调整销售收入。

借：以前年度损益调整　　　　　　　　　　　　　　　　　　　100 000
　　应交税费——应交增值税（销项税额）　　　　　　　　　　　17 000
　　　贷：应收账款　　　　　　　　　　　　　　　　　　　　　　　117 000

(2) 调整销售成本。

借：库存商品　　　　　　　　　　　　　　　　　　　　　　　　80 000
　　　贷：以前年度损益调整　　　　　　　　　　　　　　　　　　　80 000

(3) 将"以前年度损益调整"科目余额转入未分配利润。

借：利润分配——未分配利润　　　　　　　　　　　　　　20 000
　　　贷：以前年度损益调整　　　　　　　　　　　　　　　　　20 000

(4) 调整盈余公积。

借：盈余公积　　　　　　　　　　　　　　　　　　　　　　2 000
　　　贷：利润分配——未分配利润　　　　　　　　　　　　　　2 000

(5) 调整报告年度相关财务报表。

其一，资产负债表项目的年末数调整。调减盈余公积2 000元；调减未分配利润18 000元。

其二，利润表项目的调整。调减应收账款117 000元；调增库存商品80 000元；调减营业收入100 000元；调减营业成本80 000元。

其三，所有者权益表项目的调整。调减净利润20 000元；提取盈余公积项目中盈余公积一栏调减2 000元，未分配利润一栏调增2 000元。

(四) 资产负债表日后发现了财务报表舞弊或差错

这一事项是指资产负债表日后发现报告期或以前期间存在的财务报表舞弊或差错。企业发生这一事项后，应当将其作为资产负债表日后调整事项，调整报告期间财务报告相关项目的数字。

第三节　资产负债表日后非调整事项的处理

一、常见的资产负债表日后非调整事项

企业发生的资产负债表日后非调整事项，通常包括下列各项：

(一) 资产负债表日后发生重大诉讼、仲裁、承诺

资产负债表日后发生的重大诉讼等事项，对企业影响较大，为防止误导投资者及其他财务报告使用者，应当在报表附注中进行相关披露。

(二) 资产负债表日后资产价格、税收政策、外汇汇率发生重大变化

【例14-10】　蒙利公司有一笔长期美元贷款，在编制20×2年12月31日的财务报表时已按20×2年末的汇率进行折算（假设20×2年末的汇率为1美元兑换7.63元人民币），假设国家规定从20×3年1月1日起进行外汇管理体制改革，外汇管理体制改革后人民币对美元的汇率发生重大变化。

【分析】　蒙利公司在资产负债表日已经按照规定的汇率对有关账户进行调整，因此，无论资产负债表日后的资产价格和汇率如何变化，均不应影响资产负债表日的财

务状况和经营成果。但是，如果资产负债表日后资产价格、外汇汇率发生重大变化，应对由此产生的影响在报表附注中进行披露。同样，国家税收政策发生重大改变将会影响企业的财务状况和经营成果，也应当在报表附注中及时披露该信息。

(三) 资产负债表日后因自然灾害导致资产发生重大损失

【例 14-11】 蒙利公司拥有某外国企业（乙企业）15%的股权，无重大影响，投资成本 5 000 000 元。乙企业的股票在国外的某家股票交易所上市交易。在编制 20×2 年 12 月 31 日的资产负债表时，蒙利公司对乙企业投资的账面价值按初始投资成本反映。20×3 年 1 月，该国发生海啸造成乙企业的股票市场价值大幅下跌，蒙利公司对乙企业的股权投资遭受重大损失。

【分析】 自然灾害导致的资产重大损失对企业资产负债表日后财务状况的影响较大，如果不加以披露，有可能使财务报告使用者做出错误的决策，因此应作为非调整事项在报表附注中进行披露。本例中，海啸发生在 20×3 年 1 月，属于资产负债表日后才发生或存在的事项，蒙利公司应当作为非调整事项在 20×2 年度报表附注中进行披露。

(四) 资产负债表日后发行股票和债券以及其他巨额举债

企业在资产负债表日后发行股票、债券以及向银行或非银行金融机构举借巨额债务都是比较重大的事项，虽然这一事项与企业资产负债表日的存在状况无关，但这一事项的披露能使财务报告使用者了解与此有关的情况及可能带来的影响，因此应当在财务报表附注中进行披露。

【例 14-12】 蒙利公司于 20×3 年 1 月 20 日经批准发行 5 年期债券 12 000 000 元，面值 100 元，年利率 6%，公司按 120 元的价格发行，并于 20×3 年 3 月 5 日结束发行。

【分析】 蒙利公司发行债券虽然与公司资产负债表日（20×2 年 12 月 31 日）的存在状况无关，但这一事项的披露能使财务报告使用者了解与此有关的情况及可能带来的影响，蒙利公司应当将此事项作为非调整事项在 20×2 年度财务报表附注中进行披露。

(五) 资产负债表日后资本公积转增资本

企业以资本公积转增资本将会改变企业的资本（或股本）结构，影响较大，需要在报表附注中进行披露。

【例 14-13】 蒙利公司 20×3 年 1 月经批准将 50 000 000 元资本公积转增资本。

【分析】 蒙利公司于 20×3 年 1 月将资本公积转增资本，属于资产负债表日后才发生的事项，但对公司资产负债表日后财务状况的影响较大，蒙利公司应当将此事项作为非调整事项在 20×2 年度财务报表附注中进行披露。

(六) 资产负债表日后发生巨额亏损

企业资产负债表日后发生巨额亏损将会对企业报告期以后的财务状况和经营成果产生重大影响，应当在报表附注中及时披露该事项，以便为投资者或其他财务报告使用者做出正确决策提供信息。

【例14-14】 蒙利公司20×3年1月出现巨额亏损,净利润由20×2年12月的60 000 000元变为亏损8 000 000元。

【分析】 蒙利公司出现巨额亏损发生于20×3年1月,虽然属于资产负债表日后才发生的事项,但由盈利转为亏损,会对公司资产负债表日后财务状况和经营成果产生重大影响,蒙利公司应当将此事项作为非调整事项在20×2年度财务报表附注中进行披露。

(七)资产负债表日后发生企业合并或处置子公司

企业合并或者处置子公司的行为可以影响股权结构、经营范围等方面,对企业未来生产经营活动能产生重大影响。因此,企业应在附注中披露处置子公司的信息。

【例14-15】 蒙利公司20×3年1月15日将其全资子公司丙公司出售给乙公司。

【分析】 蒙利公司出售子公司发生于20×3年1月,与公司资产负债表日(20×2年12月31日)的存在状况无关,但是出售子公司可能对蒙利公司的股权结构、经营范围等方面产生较大影响,蒙利公司应当将此事项作为非调整事项在20×2年度财务报表附注中进行披露。

(八)资产负债表日后,企业利润分配方案中拟分配的以及经审议批准宣告发放的股利或利润

资产负债表日后,企业制定利润分配方案,拟分配或经审议批准宣告发放股利或利润的行为,并不会致使企业在资产负债表日形成现时义务,因此虽然发生该事项可导致企业负有支付股利或利润的义务,但支付义务在资产负债表日尚不存在,不应该调整资产负债表日的财务报告,因此,该事项为非调整事项。但由于该事项对企业资产负债表日后的财务状况有较大影响,可能导致现金较大规模流出、企业股权结构变动等,为便于财务报告使用者更充分了解相关信息,企业需要在财务报告中适当披露该信息。

【例14-16】 20×3年1月18日,蒙利公司董事会审议通过了20×2年利润分配方案,决定以公司20×2年末总股本为基数,分派现金股利15 000 000元,每10股派送1元(含税),该利润分配方案于20×3年4月10日经公司股东大会审议批准。

【分析】 蒙利公司制订利润分配方案,拟分配或经审议批准宣告发放股利或利润的行为,并不会致使公司在资产负债表日形成现时义务,因此虽然该事项可导致公司负有支付股利或利润的义务,但支付义务在资产负债表日尚不存在,不应该调整资产负债表日的财务报告,因此,该事项为非调整事项。但由于该事项对公司资产负债表日后的财务状况有较大影响,可能导致现金较大规模流出、公司股权结构变动等,为便于财务报告使用者更充分了解相关信息,蒙利公司需要在20×2年度财务报表附注中单独披露该信息。

第十四章　资产负债表日后事项

二、资产负债表日后非调整事项的处理原则

资产负债表日后发生的非调整事项，是表明资产负债表日后发生的情况的事项，与资产负债表日存在状况无关，不应当调整资产负债表日的财务报表。但有的非调整事项对财务报告使用者具有重大影响，如不加以说明，将不利于财务报告使用者做出正确估计和决策，因此，资产负债表日后发生的非调整事项，应当在报表附注中披露每项重要的资产负债表日后非调整事项的性质、内容，及其对财务状况和经营成果的影响。无法做出估计的，应当说明原因。

【本章小结】

资产负债表日后事项是指资产负债表日至财务报告批准报出日之间发生的有利或不利事项，其包括资产负债表日后调整事项和资产负债表日后非调整事项两类。

资产负债表日后调整事项，是指对资产负债表日已经存在的情况提供了新的或进一步证据的事项。如果资产负债表日后事项对资产负债表日的情况提供了进一步的证据，证据表明的情况与原来的估计和判断不完全一致，则需要对原来的会计处理进行调整。企业发生资产负债表日后调整事项，应当调整资产负债表日已编制的财务报表。

资产负债表日后非调整事项，是指表明资产负债表日后发生的情况的事项。资产负债表日后发生的非调整事项，是表明资产负债表日后发生的情况的事项，与资产负债表日存在状况无关，不应当调整资产负债表日的财务报表。但有的非调整事项对财务报告使用者具有重大影响，如不加以说明，将不利于财务报告使用者做出正确估计和决策，因此，资产负债表日后发生的非调整事项，应当在报表附注中披露每项重要的资产负债表日后非调整事项的性质、内容，及其对财务状况和经营成果的影响。无法做出估计的，应当说明原因。

【思考题】

1. 什么是资产负债表日后事项？为什么要考虑资产负债表日后事项？
2. 什么是资产负债表日后调整事项？日后调整事项应如何进行会计处理？
3. 什么是资产负债表日后非调整事项？
4. 资产负债表日后调整事项与资产负债表日后非调整事项的区别是什么？

【练习题】

兴利公司系上市公司，属于增值税一般纳税企业，适用的增值税税率为17%，适用的所得税税率为25%，所得税采用债务法核算。不考虑除增值税、所得税之外的其

他相关税费。兴利公司按当年实现净利润的10%提取法定盈余公积。

兴利公司2011年度所得税汇算清缴于2012年4月30日完成，在此之前发生的2011年度纳税调整事项，均可进行纳税调整。兴利公司2011年度财务报告于2012年3月31日经董事会批准对外报出。

2012年1月1日至3月31日，兴利公司发生如下交易或事项：

(1) 2月1日，兴利公司受台风袭击，企业基本生产车间毁坏，造成净损失240万元。

(2) 2月15日，兴利公司向乙公司销售一批产品，但是，乙公司在验收时，发现存在重大质量问题。3月8日兴利公司收到了乙公司退回的产品，同时收到退回的原开出的增值税专用发票。退回的产品已入库，其售价为300万元（不含增值税），销售成本为12万元。

(3) 2月2日，兴利公司收到丙公司通知，被告知丙公司已破产清算，估计该公司所欠兴利公司的130万元账款只能收回10%，该公司因长期经营不善，连续发生巨额亏损，2011年12月31日已资不抵债，兴利公司在2011年12月31日对该笔应收账款计提了60%的坏账准备。

(4) 3月2日，兴利公司董事会确定提请批准的利润分配方案：①按净利润的25%提取盈余公积；②分配现金股利200万元。

(5) 3月5日，兴利公司持有的某一作为短期投资的股票市价下跌，该股票账面价值为200万元，现行市价为180万元。

【要求】

(1) 指出兴利公司发生的上述事项哪些属于资产负债表日后调整事项。

(2) 对于兴利公司的调整事项，编制有关调整会计分录（要求写出相关科目的明细科目，涉及调整盈余公积内容的，应分别对每笔事项编制调整分录，上述调整分录均不考虑所得税调整因素）。

参考文献

1. 中华人民共和国财政部：《企业会计准则 2006》，经济科学出版社 2006 年版。
2. 中华人民共和国财政部：《企业会计准则——应用指南》，中国财政经济出版社 2006 年版。
3. 财政部会计司编写组：《企业会计准则讲解》，人民出版社 2016 年版。
4. 王建新：《财务会计概念框架》，东北财经大学出版社 2007 年版。
5. 葛家澍、杜兴强：《会计理论》，复旦大学出版社 2005 年版。
6. 注册会计师全国统一考试辅导教材：《会计》，中国财政经济出版社 2016 年版。
7. 全国会计专业技术资格考试辅导教材：《中级会计实务》，经济科学出版社 2016 年版。
8. 全国会计专业技术资格考试辅导教材：《初级会计实务》，经济科学出版社 2017 年版。
9. 刘永泽、陈立军：《中级财务会计》，东北财经大学出版社 2014 年第 4 版。
10. 戴德明、林钢、赵西卜：《财务会计学》，中国人民大学出版社 2015 年第 8 版。
11. 财政部会计司：《企业内部控制规范讲解》，经济科学出版社 2010 年版。
12. 葛家澍：《建立中国财务会计概念框架的总体设想》，《会计研究》2004 年第 1 期。
13. 路国平、黄中生：《中级财务会计》，高等教育出版社 2015 年版。
14. 赵建勇：《中级财务会计》，中国人民大学出版社 2015 年版。
15. 臧红文、于红：《中级财务会计》，高等教育出版社 2015 年版。
16. 林刚：《中级财务会计》，中国人民大学出版社 2016 年版。